Volker Barth

[redacted]

[redacted]

Kaufmännische Steuerung und Kontrolle

Berufe der Lagerlogistik

- **Buchführung**
- **Fachrechnen**
  - **Wirtschaftsrechnen**
  - **Lagercontrolling**
  - **Frachtrechnen**

5. Auflage

Bestellnummer 00367

Bildungsverlag EINS

Abkürzungen

AB	Anfangsbestand
AfW	Aufwendungen für Waren
AO	Abgabenordnung
AR	Ausgangsrechnung
AV	Anlagevermögen
AW	Anschaffungswert
BGA	Betriebs- und Geschäftsausstattung
d.h.	das heißt
EB	Endbestand
EK	Eigenkapital
ER	Eingangsrechnung
ESP	Einstandspreis
FK	Fremdkapital
GoB	Grundsätze ordnungsmäßiger Buchführung
GuV	Gewinn- und Verlustrechnung
HGB	Handelsgesetzbuch
i.d.R.	in der Regel
lt.	laut
MwSt.	Mehrwertsteuer
Rg.	Rechnung
RW	Restwert
SB	Schlussbilanz
u.a.	unter anderem
USt	Umsatzsteuer
usw.	und so weiter
UV	Umlaufvermögen
u.v.m.	und vieles mehr
Verz.	Verzeichnis
z.B.	zum Beispiel
zz.	zurzeit

www.bildungsverlag1.de

Bildungsverlag EINS
Sieglarer Straße 2, 53842 Troisdorf

ISBN 978-3-427-**00367**-0

Vorwort

Mit vorliegendem Unterrichtsbuch ‚Kaufmännische Steuerung und Kontrolle' wurde die Absicht verfolgt, die Inhalte aus den Bereichen Buchführung und Fachrechnen in einem Fachbuch zusammenzufassen, um die Fachkräfte aus dem Logistikbereich, insbesondere die Auszubildenden zur Fachkraft für Lagerlogistik, zu befähigen „grundlegende Kenntnisse und Fertigkeiten in der Erfassung, Berechnung und Auswertung von Daten zur Planung und Kontrolle betrieblicher Vorgänge zu erwerben"[1] und anzuwenden. Damit wurde sowohl dem aktuellen KMK-Lehrplan als auch dem neuen Lehrplan für Steuerung und Kontrolle von Baden-Württemberg entsprochen, wodurch ein Einsatz sowohl in Baden-Württemberg als auch bundesweit ermöglicht wird.

Für den Teil **Buchführung** wird darauf hingewiesen, dass in Ermangelung eines explizit vorgegebenen Kontenrahmens für die Berufe der Lagerwirtschaft und der Tatsache, dass verschiedene Branchen diesen Beruf ausbilden, diesem Buch der für Baden-Württemberg vorgeschriebene, am Abschlussgliederungsprinzip orientierte Kontenrahmen des Großhandels zugrunde gelegt wurde. Um den Anforderungen der unterschiedlichen Branchen gerecht zu werden, wurde die Warenverbuchung sowohl nach dem bestandsorientierten als auch nach dem verbrauchsorientierten Verfahren dargestellt.

Der Bereich **Fachrechnen** wird in vorliegendem Buch aus Gründen der Übersichtlichkeit in nachfolgende drei Teilbereiche untergliedert:

- **Wirtschaftsrechnen,** worin die traditionellen kaufmännischen Rechengebiete ausführlich und berufsbezogen dargestellt werden;
- **Lagercontrolling,** das sich vorwiegend mit der Lagerkalkulation sowie den im Lager wichtigen Kennziffern zur Überwachung und Anzeige der Lagerbestände und deren Bewegungen beschäftigt;
- **Frachtrechnen,** das die praxisbezogenen Frachtermittlungssysteme unter Zuhilfenahme der aktuellen Preislisten beinhaltet.

Selbstverständlich wird der von den vorliegenden Fachbüchern her bekannte Aufbau in

1. Problemstellung und Sachdarstellung,
2. Erläuterung anhand von Musteraufgaben, Musterlösungen und Lösungsschritten,
3. Zusammenfassung der wichtigsten Lernziele sowie
4. ausführliche Übungsaufgaben

konsequent beibehalten. Diese Vorgehensweise befähigt die Schülerinnen und Schüler überdies, sich die Inhalte im Selbststudium anzueignen. Darüber hinaus wurde in die Neuauflage des Buches bei einigen Inhalten ein 5. Aufbaupunkt „Prüfungsaufgaben" aufgenommen.

Fachliche Verbindungen werden dabei durch Querverweise hergestellt:

LOP → Logistische Prozesse – Berufe der Lagerlogistik, Bestell.-Nr. 00360

WSP → Wirtschafts- und Sozialprozesse – Fachkraft für Lagerlogistik, Bestell.-Nr. 00363

Kritische Hinweise und Verbesserungsvorschläge werden jederzeit gerne entgegengenommen und bei einer Neuauflage berücksichtigt.

Der Verfasser

[1] Richtziel des Lehrplans „Buchführung" der Fachkraft für Lagerwirtschaft (Baden-Württemberg).

Inhaltsverzeichnis

II Lagercontrolling

III Frachtrechnen

Hinweis: Der **gesamte Teil A Buchführung** sowie die **farbig unterlegten Inhalte** sind nicht für den Fachlageristen relevant; sie können jedoch behandelt werden.
Die Angaben der einzelnen Lernfelder beziehen sich auf den Rahmenlehrplan.

A Buchführung

1 Das betriebliche Rechnungswesen

Historie

Johann Wolfgang von Goethe hat der vom Franziskanermönch Luca Pacioli 1494 veröffentlichten ersten systematischen Darstellung der Buchhaltung ein einzigartiges Zeugnis ausgestellt, als er befand, die Buchführung sei „eine der schönsten Erfindungen des menschlichen Geistes", versteht sie es doch, die Mathematik für die Kaufleute nutzbar zu machen. Selbst Leonardo da Vinci war von Paciolis Lehre so beeindruckt, dass er sich mit ihm befreundete und dessen Buch illustrierte.

Natürlich wurden Paciolis Ideen in den nächsten Jahrhunderten ständig verfeinert und durch neue kaufmännische Erkenntnisse weiterentwickelt. Heute ist die Buchhaltung die wichtigste Grundlage des betrieblichen Rechnungswesens, denn sie zeichnet sämtliche Geschäftsvorfälle eines Unternehmens planmäßig und lückenlos auf und liefert vielfältige Daten für unternehmerische Entscheidungen.

1.1 Grundlagen des betrieblichen Rechnungswesens

SITUATION

Ludwig Dittmann, im weiteren Verlauf kurz Ludwig genannt, Auszubildender bei der Spedition und Lagerei Emil Neumann AG, Mannheim, muss während seiner Ausbildung zur Fachkraft für Logistik auch sechs Wochen die Rechnungswesenabteilung durchlaufen.

Gleich zu Beginn wird er von dem Leiter der RW-Abt., Herrn Albert Barth, darauf hingewiesen, dass die Rechnungswesenabteilung quasi das Herz des Unternehmens sei, laufen hier doch sämtliche Informationen zusammen, die es anschließend auszuwerten gilt.

HANDLUNGSAUFTRÄGE

1. Erläutern Sie anhand des auf Seite 10 dargestellten Schaubildes, in welche Teilbereiche sich das Rechnungswesen untergliedern lässt und wie die einzelnen Bereiche miteinander verbunden sind.
2. Stellen Sie fest, in welchen gesetzlichen Regelungen die Buchführungspflicht niedergelegt ist.
3. Beschreiben Sie die Aufgaben der Buchführung.

1.1.1 Aufgaben und Teilbereiche des betrieblichen Rechnungswesens

Aufgaben und Ziele des Rechnungswesens

Das Rechnungswesen verfolgt sowohl die interne Aufgabe, das Geschehen des Unternehmens zu erfassen **(Dokumentationsfunktion)**, zu überprüfen **(Kontrollfunktion)** und auszuwerten **(Dispositionsfunktion)**, als auch die externe Aufgabe, außenstehende Interessengruppen zu informieren **(Informationsfunktion)** und Rechenschaft gegenüber den Finanzbehörden abzulegen **(Rechenschaftsfunktion)**.

Teilbereiche des Rechnungswesens

Um diesen unterschiedlichen Ansprüchen gerecht zu werden, unterteilte man das Rechnungswesen in die vier Bereiche

- Buchführung (Zeitrechnung),
- Kosten- und Leistungsrechnung (Zeit- und Stückrechnung),
- Statistik (Vergleichsrechnung),
- Planung (Vorschaurechnung),

die organisatorisch eng miteinander verbunden sind, da ein Datenaustausch zwischen ihnen stattfindet.

Datenaustausch zwischen den Teilbereichen des Rechnungswesens

Verdeutlichen lässt sich dieser Datenaustausch an folgender Darstellung:

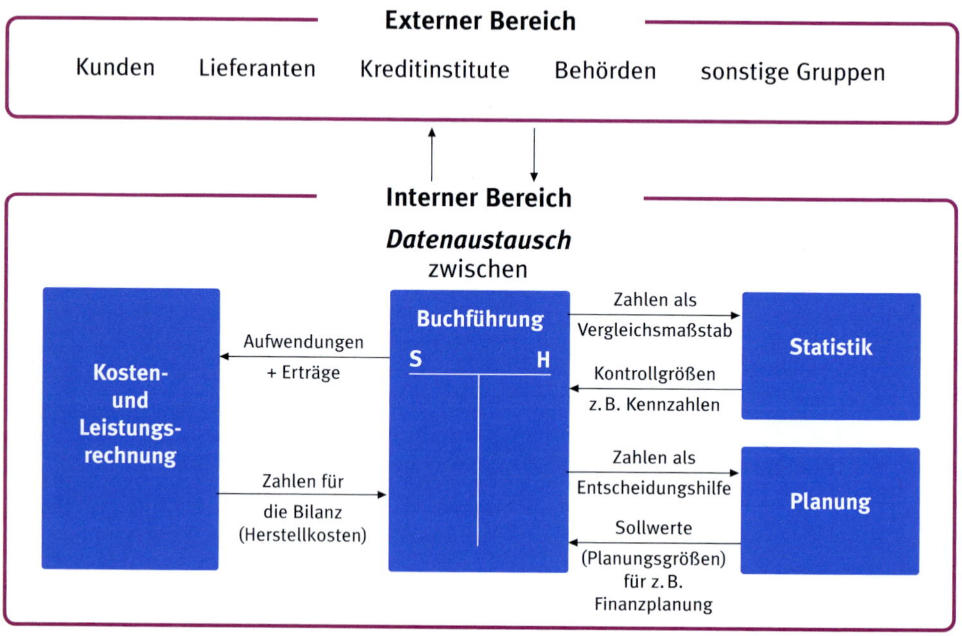

Übersicht über die Bereiche des Rechnungswesens

Teilbereiche	Buchführung	Kosten- und Leistungsrechnung	Statistik	Planung
Grundlagen	Handels- und steuerrechtliche Vorschriften	Einzig die betriebliche Zweckmäßigkeit	Betriebs- und branchenbezogene Daten	Einzig die betriebliche Zweckmäßigkeit
Aufgaben	Lückenlose Erfassung aller Wertveränderungen einer Unternehmung	Verursachungsgerechte Erfassung und Verrechnung aller Kosten und Leistungen	Vergleich der erfassten Zahlenwerte	Optimale Zielerreichung durch zukunftsorientiertes Planen, Steuern und Überwachen
Ziele	Zurverfügungstellung von Daten für die – Kosten- u. Leistungsrechnung – Statistik – Planung	Ermittlung der – Preisuntergrenzen – Selbstkosten – Verkaufspreise	Vergleich der aufbereiteten Daten mit Vorperioden oder der Branche	Risikosenkung durch Vorwegnahme der zukünftigen Entwicklung (Zahlen dienen als Entscheidungsbasis)

1.1.2 Die Buchführung als grundlegender Teil des Rechnungswesens

1.1.2.1 Notwendigkeit und Aufgaben der Buchführung

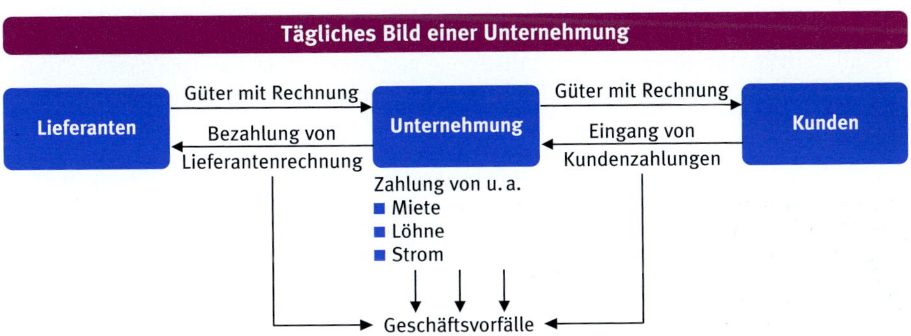

Wie aus der Darstellung hervorgeht werden in einem Unternehmen täglich vielfältige Aufgaben ausgeführt. So werden Güter eingekauft, gelagert und schließlich wieder verkauft, Rechnungen an Kunden geschrieben, eingehende Rechnungen von Lieferanten bezahlt, Löhne und Gehälter an unsere Mitarbeiter überwiesen und vieles mehr.

Da es unmöglich ist, all diese Vorgänge im Gedächtnis zu speichern, sind Aufzeichnungen über diese Vorfälle, die im Folgenden **Geschäftsvorfälle** genannt werden, erforderlich. Diese Aufzeichnungen, die früher in Büchern erfolgten, nennt man **Buchführung**.

MERKE

Unter **Buchführung** versteht man die lückenlose Aufzeichnung aller Geschäftsvorfälle einer Unternehmung in der richtigen zeitlichen Reihenfolge.

Neben dieser Hauptaufgabe dient die Buchführung:

- der Ermittlung des Vermögens und der Schulden am Jahresende,
- der Feststellung aller Veränderungen des Vermögens und der Schulden während des Jahres,
- der Erfolgsermittlung (Gewinn oder Verlust),
- der Lieferung von Zahlen für die Preisfestlegung (Kalkulation),
- der Lieferung von Kennzahlen für die innerbetriebliche Kontrolle und für Betriebsvergleiche.
- der Lieferung von Grundlagen für die gerechte Steuerfestlegung,
- als Beweismittel bei Rechtsstreitigkeiten mit Lieferanten, Kunden, Kreditgebern und Behörden.

1.1.2.2 Gesetzliche Grundlagen der Buchführung

Buchführungspflicht

Zum Schutz des Unternehmungseigners und der Gläubiger verpflichten zahlreiche Gesetze und Verordnungen den Kaufmann zur Buchführung. So z. B.:

1. Handelsgesetzbuch (HGB) § 238 (1)

§ 238 **Buchführungspflicht.** (1) Jeder Kaufmann ist verpflichtet, Bücher zu führen und in diesen seine Handelsgeschäfte und die Lage seines Vermögens nach den **Grundsätzen ordnungsmäßiger Buchführung** ersichtlich zu machen. Die Buchführung muss so beschaffen sein, dass sie einem sachverständigen Dritten innerhalb angemessener Zeit einen Überblick über die Geschäftsvorfälle und über die Lage des Unternehmens vermitteln kann. Die Geschäftsvorfälle müssen sich in ihrer Entstehung und Abwicklung verfolgen lassen.

2. Abgabenordnung (AO) § 141

In der Abgabenordnung wird die steuerrechtliche Buchführungspflicht festgelegt. Sie gilt jedoch nur für solche Unternehmen, die eine der nachfolgenden Voraussetzungen erfüllen:

- jährlicher **Umsatz** von mehr als 500 000,00 EUR
- jährlicher **Gewinn** von mehr als 30 000,00 EUR

Neben diesen beiden wichtigen Gesetzen/Verordnungen ist jedoch noch eine ganze Reihe weiterer rechtsformspezifischer und steuerrechtlicher Vorschriften zu beachten.

Grundsätze ordnungsmäßiger Buchführung (GoB)

LOP

Bevor es das **HGB** sowie die übrigen Gesetze und Verordnungen gab, richteten sich die Kaufleute bei ihrer Buchführung nach ganz bestimmten Regeln. Diese Regeln oder besser gesagt Grundsätze werden allgemein als **„Grundsätze ordnungsmäßiger Buchführung"**, kurz **„GoB"** bezeichnet.

Die Buchführung gilt laut HGB § 238 (1) dann als ordnungsgemäß, wenn sie so beschaffen ist, dass sie einem sachverständigen Dritten (z. B. Steuerprüfer, Prüfer des

Finanzamtes) innerhalb angemessener Zeit einen Überblick über die Geschäftsvorfälle und über die Lage des Unternehmens vermitteln kann.

Um dieser Anforderung gerecht zu werden, muss man folgende Kernsätze der GoB beachten:

1. Die Buchführung muss klar und übersichtlich sein;
2. Eintragungen müssen in einer lebenden Sprache vorgenommen werden;
3. leere Zwischenräume sind durch Winkelstriche (sog. Buchhalternasen) zu entwerten;
4. Buchungen dürfen nicht unleserlich gemacht werden (Radieren ist verboten!);
5. Bleistifteintragungen sind nicht erlaubt;
6. Kasseneinnahmen und -ausgaben müssen täglich aufgezeichnet werden;
7. zu jeder Buchung muss ein Beleg vorliegen, wobei alle Belege fortlaufend sortiert aufzubewahren sind;

MERKE

Keine Buchung ohne Beleg!

8. Bücher, Inventare, Bilanzen und sonstige Geschäftspapiere wie z. B. Belege müssen 10 Jahre, nicht buchungswirksame Geschäftskorrespondenz sechs Jahre aufbewahrt werden;
9. zum Geschäftsbeginn sowie am Ende eines jeden Geschäftsjahres muss ein Inventar und eine Bilanz erstellt werden.

Verstöße gegen Gesetze und Verordnungen bewirken, dass die Buchführung keine Beweiskraft mehr besitzt. Sie können

1. eine Schätzung der Besteuerungsgrundlage zur Folge haben und
2. mit einer Freiheitsstrafe bis zu drei Jahren oder einer Geldstrafe geahndet werden.

KERNWISSEN

- **Das Rechnungswesen lässt sich in folgende Teilbereiche untergliedern**
  - Buchführung
  - Kosten- und Leistungsrechnung
  - Statistik
  - Planung
- **Hauptaufgaben des Rechnungswesens u. a.**
  - interne Aufgaben
    - Dokumentationsfunktion
    - Kontrollfunktion
    - Dispositionsfunktion
  - externe Aufgaben
    - Informationsfunktion
    - Rechenschaftsfunktion
- Buchführung = die lückenlose Aufzeichnung aller Geschäftsvorfälle einer Unternehmung in der richtigen zeitlichen Reihenfolge
- **Hinweise auf die Buchführungspflicht findet man in**
  - HGB
  - Abgabenordnung
  - GoB

1.2 Inventur, Inventar und Bilanz

LOP

1.2.1 Inventur

SITUATION

Am Jahresende erhält Ludwig zusammen mit seinen Arbeitskollegen den Auftrag, sämtliche im Lager befindlichen Vermögenswerte sorgfältig zu erfassen, um der Unternehmensleitung einen Überblick über die aktuelle Vermögenslage zu ermöglichen.

HANDLUNGSAUFTRÄGE

1. Begründen Sie, warum es erforderlich ist, sowohl die Bestände des Vermögens als auch der Schulden eines Unternehmens mindestens einmal jährlich zu erfassen.
2. Erläutern Sie, wie und wann eine solche Bestandserfassung sinnvollerweise durchgeführt wird.

Nach HGB § 240 hat jeder Kaufmann sowohl bei der Gründung als auch zum Schluss eines jeden Geschäftsjahres sein **Vermögen** und seine **Schulden** festzustellen.

HGB § 240 Inventar. (1) Jeder Kaufmann hat zu Beginn seines Handelsgewerbes seine Grundstücke, seine Forderungen und Schulden, den Betrag seines baren Geldes sowie seine sonstigen Vermögensgegenstände genau zu verzeichnen und dabei den Wert der einzelnen Vermögensgegenstände und Schulden anzugeben.

Die hierfür erforderliche Aufnahme der Bestände bezeichnet man als **Inventur**. Sie kann durch:

- zählen z. B. Ersatzteile, Motoren
- messen z. B. Stoffe
- wiegen z. B. Nägel, Schrauben
- berechnen z. B. Öl- oder Benzinvorräte
- schätzen z. B. Kies, Kohle

erfolgen.

MERKE

Unter **Inventur** versteht man die mengen- und wertmäßige Bestandsaufnahme aller Vermögenswerte und Schulden.

Ziel der Inventur:

Durch die Inventur soll eine Kontrolle gegeben sein, dass die in der Buchhaltung aufgezeichneten Bestände an Gütern (Sollbestände) mit den tatsächlich vorhandenen Beständen (Istbeständen) übereinstimmen. Abweichungen zwischen Soll- und Istbeständen werden dabei als Inventurdifferenzen bezeichnet, deren Ursachen es zu analysieren gilt.

Arten der Inventur:

(1) Nach der betrieblichen Existenzphase unterscheidet man die Inventur wegen:
- Geschäftseröffnung,
- Geschäftsübergabe,
- Geschäftsübernahme,
- Geschäftsaufgabe.

(2) Nach dem Zeitpunkt der Bestandsaufnahme sieht das HGB insbesondere für die Inventur der Warenvorräte folgende Möglichkeiten vor:

- **Stichtagsinventur**, d.h. Bestandsaufnahme aller Vermögenswerte und Schulden zu einem bestimmten Zeitpunkt (= Stichtag; i.d.R. der 31. Dezember eines jeden Jahres). Da eine Inventur selten an einem Tag zu bewältigen ist, gesteht die Einkommensteuerrichtlinie eine zeitnahe Inventur zu, wobei unter „zeitnah“ rund 10 Tage zu verstehen sind.
- **Permanente Inventur** meint die fortlaufende Erfassung aller Vermögenswerte und Schulden während des gesamten Geschäftsjahres. Diese Art der Inventur ist steuerlich jedoch nur dann zulässig, wenn eine ordnungsgemäße Lagerbuchführung vorhanden ist, in der die Bestände so fortgeschrieben werden können, dass der Buchbestand jederzeit feststellbar ist. Hilfsmittel: EDV, Lagerkartei.
- **Verlegte Inventur:** Bei ihr muss die Inventur innerhalb der letzten drei Monate vor bzw. zwei Monate nach dem Geschäftsjahresende durchgeführt werden. Danach sind sämtliche Werte auf den Stichtag fortzuschreiben bzw. zurückzurechnen.

KERNWISSEN

- Inventur = mengen- und wertmäßige Bestandsaufnahme aller Vermögenswerte und Schulden
- 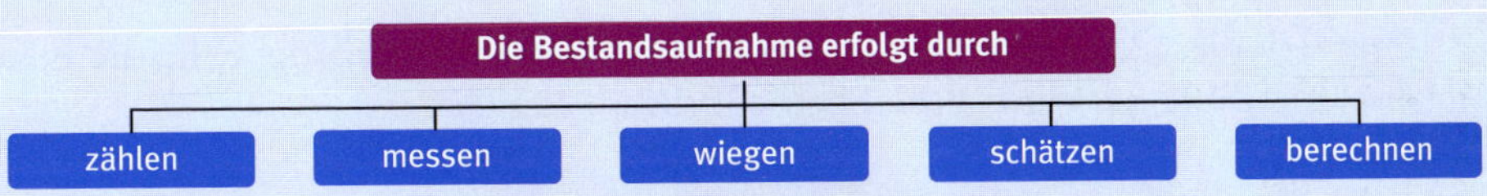

- 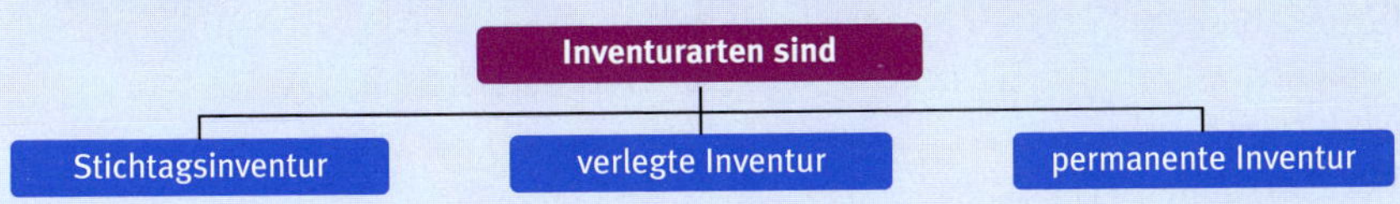

1.2.2 Inventar

SITUATION

Nachdem Ludwig die von ihm und seinen Kollegen erfassten Bestände an den Lagerleiter, Herrn Ausanio, übergeben hat, sollen diese anschließend zusammen mit den ermittelten Schulden in der Rechnungswesenabteilung geordnet werden.

HANDLUNGSAUFTRÄGE

1. Unterbreiten Sie einen Vorschlag, wie die erfassten Vermögenswerte und Schulden sinnvoll geordnet werden können.
2. Erläutern Sie, wie man das Reinvermögen eines Unternehmens ermitteln kann.

Wesen und Aufbau des Inventars

Die durch die Inventur ermittelten Werte werden in einem besonderen Verzeichnis – dem **Inventar** – aufgestellt; siehe hierzu auch HGB § 240, Seite 12!

Merke

Das **Inventar** ist ein lückenloses Verzeichnis aller Vermögenswerte und Schulden nach Art, Menge und Wert.

Das Inventar wird in drei Teile untergliedert:

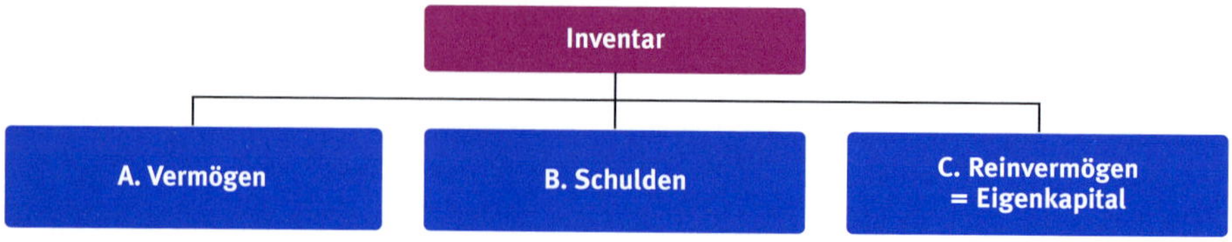

A. Vermögen

Darunter versteht man alle Werte, die dem Unternehmen gehören.

Die Anordnung der einzelnen Positionen innerhalb des Vermögens erfolgt nach dem Grundsatz der steigenden Liquidität (Flüssigkeit); d. h. zunächst werden all jene Vermögenswerte aufgegliedert, die sich nur sehr schwer in Geld umwandeln lassen, wie z. B. Grundstücke. Am Ende der Aufstellung sind die Geldmittel, über die man jederzeit verfügen kann, wie z. B. die Kasse, aufgeführt.

Das Vermögen lässt sich in zwei Teile untergliedern:

I. Anlagevermögen (AV)

Die Teile des Anlagevermögens dienen dem Betrieb langfristig, d. h., sie bilden die Grundlage der eigentlichen betrieblichen Tätigkeit.

Dazu zählen u. a.:

- Grundstücke
- Gebäude
- Maschinen
- Fuhrpark
- Geschäftsausstattung

II. Umlaufvermögen (UV)

Hierunter fallen all jene Vermögenswerte, die häufig umgeschlagen werden und sich somit ständig verändern. Dies hat zur Folge, dass die Vermögenswerte nur kurzfristig im Betrieb bleiben.

Zum Umlaufvermögen zählen u. a.:

- **Waren**
- **Forderungen**
  = Gelder, die wir von unseren Kunden noch zu bekommen – zu fordern – haben
- **Geldmittel**
  – Bank – Postbank* – Kasse

B. Schulden

Schulden sind Zahlungen, die noch zu leisten sind. In der Buchhaltung bezeichnet man diese Schulden als sog. **Verbindlichkeiten.** Die Schulden bzw. Verbindlichkeiten lassen sich nach der Fälligkeit bzw. Dringlichkeit in zwei Gruppen untergliedern:

* In Baden-Württemberg unterscheidet man nicht mehr zwischen „Bank“ und „Postbank“, sondern fasst vielmehr beide Teile unter der Position „Guthaben bei Kreditinstituten“ zusammen.

I. Langfristige Schulden

wie z. B.:
- Hypothekenschulden
- Darlehensschulden

II. Kurzfristige Schulden

wie z. B.:
- Bankschulden
- Liefererschulden

} **Fremdkapital**

C. Reinvermögen (Eigenkapital)

Zum Schluss werden vom Vermögen die Schulden abgezogen. Die Differenz stellt das Reinvermögen oder Eigenkapital des Unternehmens dar.

ERRECHNUNG DES REINVERMÖGENS (EIGENKAPITAL):

Vermögenswerte
− Schulden
= Reinvermögen (Eigenkapital)

MUSTERAUFGABE

Erstellen Sie das Inventar für das Hi-Fi-Fachgeschäft Marcel Barth & Co. zum 31. Dezember 20.., wenn bei der Inventur folgende Werte ermittelt wurden:

		EUR	EUR
Grundstücke, Gebäude			340000,00
Fuhrpark			
– 1 Kleintransporter		22500,00	
– 1 Pkw		15800,00	
Geschäftsausstattung lt. Verzeichnis			55700,00
Waren			
– 15 CD-Player	à 320,00 EUR		
– 17 Tuner	à 300,00 EUR		
– 8 Verstärker	à 437,50 EUR		
– 20 Plattenspieler	à 250,00 EUR		
Forderungen			
– M. Kajmer, Viernheim		1525,00	
– D. Unger, Mannheim		2375,00	
– J. Stahnke, Karlsruhe		1800,00	
Bankguthaben			
– Stadtsparkasse, Mannheim		9150,00	
– Dresdner Bank, Mannheim		12750,00	
Kassenbestand			20000,00
Hypothek bei der Dresdner Bank, Mannheim			280000,00
Darlehen bei der Stadtsparkasse, Mannheim			55000,00
Verbindlichkeiten			
– E. Traub, München		44500,00	
– H. Christ OHG, Frankfurt		37500,00	

MUSTERLÖSUNG

Inventar des Hi-Fi-Fachgeschäfts Marcel Barth, Mannheim, für den 31. Dezember 20..		EUR	EUR
A. Vermögen			
I. Anlagevermögen			
1. Grundstücke, Gebäude			340000,00
2. Fuhrpark			
– 1 Kleintransporter		22500,00	
– 1 Pkw		15800,00	38300,00
3. Geschäftsausstattung lt. Verzeichnis			55700,00
II. Umlaufvermögen			
1. Waren			
– 15 CD-Player	à 320,00 EUR	4800,00	
– 17 Tuner	à 300,00 EUR	5100,00	
– 8 Verstärker	à 437,50 EUR	3500,00	
– 20 Plattenspieler	à 250,00 EUR	5000,00	18400,00
2. Forderungen an Kunden			
– M. Kajmer, Viernheim		1525,00	
– D. Unger, Mannheim		2375,00	
– J. Stahnke, Karlsruhe		1800,00	5700,00
3. Bankguthaben			
– Stadtsparkasse, Mannheim		9150,00	
– Dresdner Bank, Mannheim		12750,00	21900,00
4. Kasse			20000,00
Summe des Vermögens			500000,00
B. Schulden			
I. Langfristige Schulden			
1. Hypothek bei der Dresdner Bank, Mannheim			280000,00
2. Darlehen bei der Stadtsparkasse, Mannheim			55000,00
II. Kurzfristige Schulden			
1. Verbindlichkeiten aus Lieferungen und Leistungen			
– E. Traub, München		44500,00	
– H. Christ OHG, Frankfurt		37500,00	82000,00
Summe der Schulden			417000,00
C. Reinvermögen (Eigenkapital)			
Summe des Vermögens			500000,00
– **Summe der Schulden**			417000,00
Reinvermögen/Eigenkapital			83000,00

LÖSUNGSSCHRITTE

① Einteilen der Vermögenswerte in Anlagevermögen und Umlaufvermögen mit anschließendem Ordnen nach dem Prinzip der **zunehmenden Flüssigkeit**.

② Einteilung der Schulden in langfristige und kurzfristige Schulden und anschließendem Ordnen nach dem Prinzip der **abnehmenden Fristigkeit**.

③ Ermittlung des Reinvermögens als Differenz zwischen Vermögen und Schulden.

KERNWISSEN

- Inventar = ein lückenloses Verzeichnis aller Vermögenswerte und Schulden nach Art, Menge und Wert
- Das Vermögen wird in Anlage- und Umlaufvermögen untergliedert, wobei alle Vermögensteile nach dem Prinzip der zunehmenden Flüssigkeit (steigende Liquidität) angeordnet werden.
- Die Schulden (Fremdkapital) werden nach der abnehmenden Fälligkeit bzw. Fristigkeit in lang- und kurzfristig unterschieden.
- Schematischer Aufbau des Inventars

A. Vermögen

I. Anlagevermögen (AV)
- bebaute Grundstücke und Gebäude
- Maschinen
- Fuhrpark
- Betriebs- und Geschäftsausstattung (BGA)

II. Umlaufvermögen (UV)
- Waren
- Forderungen
- flüssige Mittel
- Bank
- Kasse

B. Schulden = Fremdkapital (FK)

I. Langfristige Schulden
- Hypothekenschulden
- Darlehensschulden

II. Kurzfristige Schulden
- Verbindlichkeiten an Lieferanten
- sonstige Verbindlichkeiten

C. Reinvermögen = Eigenkapital (EK)

Vermögenswerte
− Schulden
____
= Reinvermögen (Eigenkapital)

Übungsaufgaben

1. Die Fahrradgroßhandlung Bastian Gottmann, Nürnberg, Burgstraße 25, machte am 31. Dezember 20.. Inventur. Dabei wurden folgende Werte ermittelt:

	EUR	EUR
Gebäude		135 000,00
Fuhrpark		30 000,00
Geschäftsausstattung lt. Verzeichnis		12 850,00
Waren lt. Verzeichnis		55 650,00
Forderungen		
– Dorothea Klug, Heidelberg	1 280,00	
– Alexander Lenz, Darmstadt	3 580,00	
– Cornelia Unger, Mannheim	850,00	
Bankguthaben		14 600,00
Kassenbestand		4 950,00
Darlehensschuld bei der Deutschen Bank, Nürnberg		62 000,00
Verbindlichkeiten		
– Judith Kajmer, Viernheim	12 350,00	
– Esen GmbH, Frankfurt	18 650,00	
– Schneider & Co., Saarbrücken	8 200,00	

Stellen Sie aus den ermittelten Werten das Inventar auf.

2. Erstellen Sie nach folgenden Angaben das Inventar der Werkzeuggroßhandlung Marco Schweighoffer & Co., Berlin, zum 31. Dezember 20.. und ermitteln Sie den Jahreserfolg.

	EUR	EUR
Forderungen lt. Verzeichnis		33 000,00
Bargeld		6 780,00
Waren lt. Verzeichnis		387 300,00
Verbindlichkeiten		
– Maschinenfabrik Leipzig	82 350,00	
– Werkzeugbau AG, Hamburg	135 800,00	
Gebäude, Im Sand 85, Berlin		590 000,00
Hypothek bei der Handelsbank, Berlin		390 000,00
Bankguthaben		130 000,00
Fuhrpark lt. Verzeichnis		62 000,00
Geschäftsausstattung lt. Verzeichnis		156 000,00

3. Sie sind in der Lagerabteilung der Firma Peter Zöphel Eiltransporte GmbH beschäftigt und werden von Herrn Zöphel gebeten, aus dem unten angegebenen Inventurauszug eine übersichtliche bzw. aussagekräftige Auflistung der vorhandenen Anlagegüter vorzunehmen.

Auszug aus den Vermögenswerten des Anlagevermögens der Peter Zöphel Eiltransporte GmbH					
Anlagegüter		Stückzahl	Einzelpreis in EUR	Gesamtpreis in EUR	prozentualer Anteil je Anlagegruppe
Fuhrpark	Lkw-18-t	2	175 000,00	?	
	Lkw-3-t	1	35 000,00	?	
	Pkw-Kombi	2	32 500,00	?	
	Pkw-Limousine	1	42 000,00	?	
	1. Zwischensumme			?	?
Büromöbel	Büroschränke	12	2 800,00	?	
	Schreibtische	4	1 600,00	?	
	Bürostühle	6	525,00	?	
	2. Zwischensumme			?	?
Büromaschinen	PC	4	3 700,00	?	
	Laptop	2	3 200,00	?	
	Drucker	2	1 200,00	?	
	Faxgerät	1	420,00	?	
	Handy	5	275,00	?	
	3. Zwischensumme			?	?
	Gesamtsumme			?	?

a) Erstellen Sie eine Tabelle mit obigen Daten.
b) Berechnen Sie die fehlenden Angaben.
c) Erstellen Sie eine verständliche Grafik, in der die prozentualen Anteile je Anlagegruppe dargestellt sind.

Erfolgsermittlung durch Kapitalvergleich

Mithilfe zweier aufeinanderfolgender Inventare lässt sich der Erfolg (Gewinn/Verlust) eines Unternehmens ermitteln. Dazu vergleicht man das Eigenkapital am Anfang des Jahres mit dem am Ende des Jahres. Ergibt sich eine Kapitalmehrung, so liegt ein **Gewinn** vor, ergibt sich eine Kapitalminderung, so spricht man von einem **Verlust**.

BEISPIEL ZUR ERFOLGSERMITTLUNG

Reinvermögen lt. Inventar	Unternehmen A	Unternehmen B
31. Dezember Vorjahr	83 000,00	88 000,00
31. Dezember Berichtsjahr	100 000,00	80 000,00
Erfolg	**+ 17 000,00**	**− 8000,00**
→	**Gewinn** oder	**Verlust**

Kernwissen

- Der Erfolg eines Unternehmens lässt sich u.a. auch durch einen Kapitalvergleich ermitteln.
- 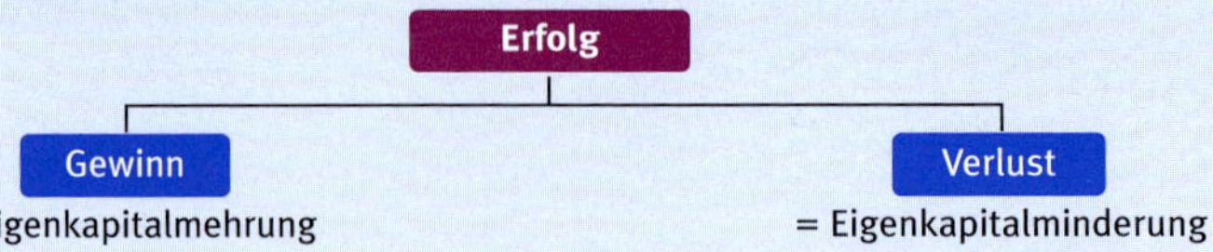

Übungsaufgaben

1. Das Eigenkapital einer Sanitärgroßhandlung betrug am Anfang des Geschäftsjahres 2800000,00 EUR.

Wie hoch war das Eigenkapital am Ende des Jahres, wenn das Unternehmen
a) einen Gewinn von 180000,00 EUR bzw.
b) einen Verlust von 75000,00 EUR ausweist?

2. Das Inventar des Einzelhändlers Anton Dittmann weist ein Eigenkapital von 485000,00 EUR auf. Am Ende des folgenden Jahres macht Anton Dittmann wieder Inventur. Die Vermögenswerte belaufen sich nun auf 538000,00 EUR, die Schulden auf 27000,00 EUR.

Ermitteln Sie, wie hoch sein Erfolg am Jahresende ist.

1.2.3 Bilanz

Situation

Auf Ludwigs Frage, was denn nun mit dem umfassenden Zahlenmaterial des Inventars geschieht, antwortet der Lagerleiter, Herr Ausanio, dass daraus die Bilanz erstellt wird.

Handlungsaufträge

1. Unterbreiten Sie einen Vorschlag, wie man das sehr umfangreiche Zahlenmaterial des Inventars wesentlich vereinfacht darstellen könnte.
2. Stellen Sie ausgehend vom Inventar der Seite 18 eine Bilanz auf.

Neben dem Inventar, d.h. der ausführlichen Auflistung aller Vermögenswerte und Schulden, verlangt das HGB in § 242 eine kurz gefasste Übersicht, die es dem Betrachter ermöglicht, sich einen sofortigen Überblick über die Lage des Unternehmens zu verschaffen.

Eine solche Übersicht ist die **Bilanz**.

HGB §242. Pflicht zur Aufstellung. (1) Der Kaufmann hat zu Beginn seines Handelsgewerbes und für den Schluss eines jeden Geschäftsjahrs einen das Verhältnis seines Vermögens und seiner Schulden darstellenden Abschluss (Eröffnungsbilanz, Bilanz) aufzustellen. Auf die Eröffnungsbilanz sind die für den Jahresabschluss geltenden Vorschriften entsprechend anzuwenden, soweit sie sich auf die Bilanz beziehen.

MERKE

Die **Bilanz** ist eine kurz gefasste Gegenüberstellung von Vermögen und Kapital einer Unternehmung.

Die Bilanz wird deshalb als eine Kurzfassung des Inventars bezeichnet, weil sie

1. auf die mengenmäßige Darstellung der einzelnen Positionen verzichtet und lediglich die Gesamtwerte gleichartiger Posten ausweist, wie es folgendes Beispiel verdeutlicht:

   Inventarmäßiger Ausweis der Position „Waren" lt. Inventar S. 18

Waren		
– 15 CD-Player	à 320,00 EUR	4800,00 EUR
– 17 Tuner	à 300,00 EUR	5100,00 EUR
– 8 Verstärker	à 437,50 EUR	3500,00 EUR
– 20 Plattenspieler	à 250,00 EUR	5000,00 EUR

   Bilanzmäßiger Ausweis der Position „Waren"

Waren	18400,00 EUR

2. die einzelnen Positionen nach einem anderen Schema anordnet. Während z.B. das Inventar die Vermögenswerte und Schulden untereinander aufführt, sog. Staffelform, stellt die Bilanz die beiden Werte einander gegenüber, sog. Kontenform, d.h. auf der linken Seite stehen die Vermögenswerte, auf der rechten Seite die Schulden und – als Ausgleich – die Position Eigenkapital.

   Diese Ausgleichsposition bewirkt, dass zwangsläufig beide Seiten der Bilanz (ital. bilancia = Waage) die gleichen Summen aufweisen müssen.

   Die Vermögenswerte nennt man bei der Bilanz **Aktiva**, die Kapitalwerte **Passiva**.

Allgemeiner Aufbau der Bilanz nach dem Bilanzgliederungsprinzip:

Schematischer Aufbau der Bilanz

Aktiva	Bilanz Passiva
I. Anlagevermögen	**I. Eigenkapital**
– bebaute Grundstücke	**II. Fremdkapital**
– unbebaute Grundstücke	– langfristig
– Maschinen	■ Hypotheken
– Fuhrpark	■ Darlehen
– Betriebs- und Geschäftsausstattung	– kurzfristig
II. Umlaufvermögen	■ Verbindlichkeiten
– Waren	
– Forderungen	
– Bank	
– Kasse	
Summe der Aktiva =	Summe der Passiva

Ort und Datum

Unterschrift

Reduziert man die Positionen der Bilanz auf ihre Grundstruktur, so ergibt sich folgende Kurzform:

Grundstruktur der Bilanz

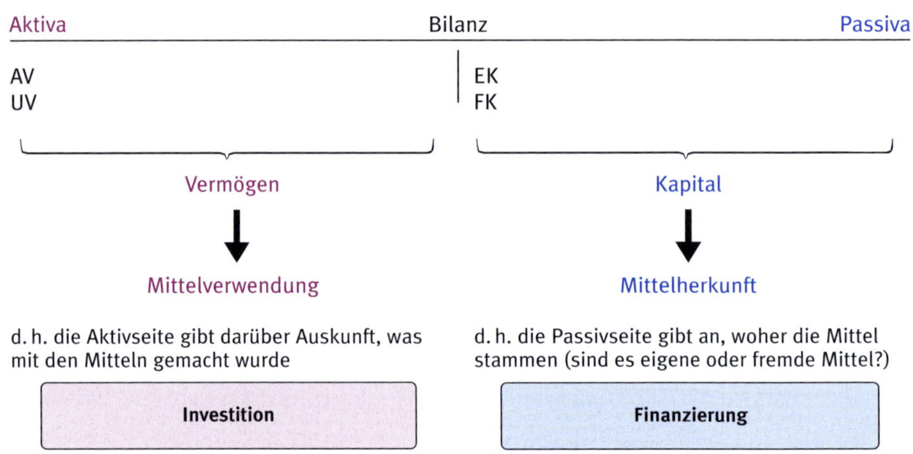

Da beide Bilanzseiten stets ausgeglichen sein müssen (Eigenkapital dient als Ausgleichsposition), lässt sich aus obiger Grundstruktur sofort die **Bilanzgleichung** ableiten:

Aktiva = **Passiva**

oder

Vermögen = **Kapital**

MERKE

1. Grundlage der Bilanzerstellung ist das Inventar.
2. Die Vermögenswerte nennt man **Aktiva**, die Kapitalwerte **Passiva**.
3. Die Bilanz ist stets ausgeglichen. Daraus ergibt sich die Bilanzgleichung:
   Aktiva = Passiva bzw.
   Vermögen = Kapital

MUSTERAUFGABE

Erstellen Sie anhand des Inventars von S. 18 die Bilanz!

MUSTERLÖSUNG

Vermögen = Aktiva	Bilanz		Kapital = Passiva
I. Anlagevermögen		I. Eigenkapital	83000,00
– Grundstücke und Gebäude	340000,00	II. Fremdkapital	
– Fuhrpark	38300,00	– Hypothek	280000,00
– Geschäftsausstattung	55700,00	– Darlehen	55000,00
II. Umlaufvermögen		– Verbindlichkeiten	82000,00
– Waren	18400,00		
– Forderungen	5700,00		
– Bank	21900,00		
– Kasse	20000,00		
	500000,00		500000,00

Mannheim, 31. Dezember 20.. *Marcel Barth*

LÖSUNGSSCHRITTE

① Zusammenfassen der Inventarwerte zu einzelnen Bilanzpositionen.

② Anordnung der einzelnen Positionen innerhalb der Bilanz nach dem Bilanzgliederungsprinzip.

③ Abschluss der Bilanz.

KERNWISSEN

- Grundlage der Bilanzerstellung ist das Inventar.
- In der Bilanz werden Vermögen und Kapital gegenübergestellt.
- Die Vermögenswerte nennt man **Aktiva**, die Kapitalwerte **Passiva.**
- Das Eigenkapital bildet den Ausgleich zwischen Vermögen und Schulden.
- Die Bilanz (ital. bilancia = Waage) ist somit stets ausgeglichen. Daraus ergibt sich die Bilanzgleichung:
  Aktiva = Passiva
  bzw.
  Vermögen = Kapital

ÜBUNGSAUFGABE

1. Die Sanitärgroßhändlerin Karin Mühlburger ermittelte aufgrund der Inventur vom 31.12.20.. nachfolgende Werte (in EUR).

Grundstücke und Gebäude		850 000,00
Fuhrpark		
– VW Transporter MA – BV 115	12 000,00	
– Pkw MA – SM 220	17 500,00	
BGA lt. Verzeichnis		58 200,00
Waren lt. Verzeichnis		124 500,00
Forderungen		
– Uwe Leuck e. K., Heidelberg	8 500,00	
– Cornelia Unger OHG, Viernheim	1 350,00	
– Gerd Lehmann e. K., Mannheim	12 200,00	
Bankguthaben		
– Deutsche Bank	35 200,00	
– Sparkasse	22 050,00	
Kassenbestand		8 500,00
Verbindlichkeiten aus Lieferungen und Leistungen		
– Fuad Esen GmbH, Ludwigshafen	51 700,00	
– Brigitte Weber & Co. KG, Karlsruhe	19 300,00	
– Freddy Münster e. K., Worms	36 200,00	
Hypothekendarlehen		620 000,00

Erstellen Sie aus den vorliegenden Werten zunächst das Inventar und anschließend die Bilanz.

1.2.4 Zusammenhang: Inventur, Inventar und Bilanz

SITUATION

In einer ruhigen Minute gehen Ludwig nochmals die Begriffe Inventur, Inventar und Bilanz durch den Kopf und er fragt sich, ob und wenn ja wie ein Zusammenhang zwischen diesen Begriffen besteht.

HANDLUNGSAUFTRÄGE

1. Zeigen Sie den Zusammenhang zwischen Inventur, Inventar und Bilanz auf.
2. Erklären Sie Ludwig, welche Gemeinsamkeiten und Unterschiede Inventar und Bilanz aufweisen.

Wie aus nachfolgender Abbildung hervorgeht dient die Inventur der Aufstellung des Inventars, das wiederum als Grundlage für die Bilanzerstellung anzusehen ist.

Inventur =
mengen- und wertmäßige Bestandsaufnahme aller Vermögenswerte und Schulden

↓ führt zu

Inventar =
ein lückenloses Verzeichnis aller Vermögenswerte und Schulden nach Art, Menge und Wert

↓ liefert Kontrollzahlen

Bilanz =
kurzgefasste Gegenüberstellung von Vermögen und Schulden einer Unternehmung

Betrachtet man Inventar und Bilanz genauer, so lassen sich folgende *Gemeinsamkeiten* feststellen:

1. beide zeigen den Stand des Vermögens und des Kapitals einer Unternehmung,
2. beide sind vom Inhaber zu unterschreiben und zehn Jahre aufzubewahren (HGB § 257 [4]),
3. beide sind bei der Gründung sowie regelmäßig zum Schluss eines jeden Geschäftsjahres aufzustellen.

An **Unterschieden** ergeben sich:

Inventar	Bilanz
■ ausführlich, aber unübersichtlich	■ kurz und übersichtlich
■ Angaben von Mengen, Einzelpreisen und Gesamtpreisen	■ nur Angabe von Gesamtpreisen
■ Darstellung in Staffelform	■ Darstellung in Kontenform

KERNWISSEN

Inventur
= Bestandsaufnahme aller Vermögenswerte und Schulden

→ Inventar
= **ausführliches** Bestandsverzeichnis aller Vermögenswerte und Schulden

↓ Staffelform
Mengen, Einzelpreise, Gesamtpreise

→ Bilanz
= **kurz gefasste** Darstellung aller Vermögenswerte und Schulden

↓ Kontenform
Gesamtpreise

Aufbewahrungsfrist: 10 Jahre
Regelmäßige Aufstellung

2 Buchen auf Bestandskonten

2.1 Wertveränderungen in der Bilanz

SITUATION

Wegen seines offensichtlichen Interesses an der Buchführung und seines guten Einsatzes bei der Inventur wird Ludwig zum Leiter der RW-Abteilung, Herrn Barth, gerufen, der ihm die erstellte Bilanz vorlegt. Während des Gespräches versucht der Abteilungsleiter, Ludwig die Auswirkungen verschiedener Geschäftsvorfälle auf die Bilanz zu verdeutlichen.

HANDLUNGSAUFTRAG

Überlegen Sie, wie sich Geschäftsvorfälle grundsätzlich auf die Bilanz auswirken könnten.

Jeder Geschäftsvorfall verändert die Bilanz in zweifacher Weise. Nach der Art der Auswirkung unterscheidet man vier typische Möglichkeiten, die wir nun anhand unseres Eingangsbeispiels darlegen wollen.

Aktiva	Bilanz		Passiva
Grundstücke	340000,00	Eigenkapital	83000,00
Fuhrpark	38300,00	Hypothekenschulden	280000,00
Geschäftsausstattung	55700,00	Darlehen	55000,00
Waren	18400,00	Verbindlichkeiten	82000,00
Forderungen	5700,00		
Bank	21900,00		
Kasse	20000,00		
	500000,00		500000,00

1. **Aktivtausch**

   Beispiel: Wir kaufen Waren für 5000,00 EUR gegen Barzahlung.

   Ergebnis:
   Der Geschäftsvorfall betrifft nur die Aktivseite der Bilanz:

Waren	+ 5000,00	auf	23400,00
Kasse	− 5000,00	auf	15000,00

   Wie man erkennen kann, bleibt die Bilanzsumme in ihrer Höhe unverändert, da es lediglich zu einer Umschichtung innerhalb der Aktivseite der Bilanz kommt.

2. **Passivtausch**

   Beispiel: Eine kurzfristige Verbindlichkeit in Höhe von 10000,00 EUR wird in ein Darlehen umgewandelt.

   Ergebnis:
   Der Geschäftsvorfall betrifft nur die Passivseite der Bilanz:

Verbindlichkeiten	− 10000,00	auf	72000,00
Darlehen	+ 10000,00	auf	65000,00

   Auch in diesem Fall bleibt die Bilanzsumme in ihrer Höhe unverändert, wenngleich es zu einer Umschichtung innerhalb der Passivseite gekommen ist.

3. **Aktiv-Passivmehrung**

Beispiel: Wir kaufen Waren für 5000,00 EUR auf Ziel.[1]

Ergebnis:

Der Geschäftsvorfall betrifft sowohl die Aktivseite (Waren) als auch die Passivseite (Verbindlichkeiten):

Waren	+ 5000,00	auf	23400,00
Verbindlichkeiten	+ 5000,00	auf	87000,00

Im vorliegenden Fall wird die Summe der Bilanz um 5000,00 EUR verlängert, da einer Vermehrung der Aktivseite eine ebenso große Vermehrung der Passivseite gegenübersteht. Die Bilanzgleichung bleibt somit gewahrt.

4. **Aktiv-Passivminderung**

Beispiel: Wir bezahlen eine Liefererrechnung in Höhe von 10000,00 EUR durch Banküberweisung.

Ergebnis:

Auch bei diesem Geschäftsvorfall werden beide Seiten der Bilanz berührt:

Bank	– 10000,00	auf	11900,00
Verbindlichkeiten	– 10000,00	auf	72000,00

Der Verminderung eines Aktivkontos „Bank“ steht eine Verminderung des Passivkontos „Verbindlichkeiten“ in der gleichen Höhe gegenüber. Die Bilanz wird demzufolge verkürzt. Das Bilanzgleichgewicht bleibt auch hier erhalten.

KERNWISSEN

- Jeder Geschäftsvorfall verändert mindestens zwei Posten in der Bilanz.
- Je nach der Art der Veränderung unterscheidet man:
  - Aktivtausch = Veränderung auf der Aktivseite
  - Passivtausch = Veränderung auf der Passivseite
  - Aktiv-Passivmehrung = Vermehrung beider Bilanzseiten
  - Aktiv-Passivminderung = Verminderung auf beiden Bilanzseiten
- Bei allen vier Veränderungsarten bleibt die Bilanzgleichung erhalten. Es ändert sich lediglich die wertmäßige Zusammensetzung der einzelnen Posten.

ÜBUNGSAUFGABE

1. Bei jedem der folgenden Geschäftsvorfälle sind diese Fragen zu beantworten:

a) Welche Bilanzpositionen werden berührt?

b) Handelt es sich um Aktiv- oder Passivpositionen der Bilanz?

c) Wie wirkt sich der Geschäftsvorfall auf die Bilanz aus?

d) Welche Art der Bilanzveränderung liegt dem jeweiligen Geschäftsvorfall zugrunde?

[1] „Auf Ziel“ bedeutet in diesem Fall, dass wir die Ware nicht sofort, sondern erst nach Ablauf eines vorgegebenen Zeitraums (Ziel) bezahlen müssen. Bis zur endgültigen Zahlung haben wir unseren Lieferanten gegenüber Schulden bzw. Verbindlichkeiten.

Geschäftsvorfälle:	EUR
1. Kauf einer EDV-Anlage auf Ziel	5 400,00
2. Begleichen einer Lieferantenrechnung durch Banküberweisung	3 800,00
3. Ein Kunde begleicht eine Rechnung über durch Banküberweisung	3 500,00
4. Einkauf von Waren bar	8 200,00
5. Barverkauf eines Pkw	12 000,00
6. Umwandlung einer Verbindlichkeit in ein Darlehen	20 000,00
7. Wareneinkauf auf Ziel	9 000,00
8. Tilgung eines Darlehens durch Banküberweisung	20 000,00

2.2 Die Auflösung der Bilanz in Konten

SITUATION

Nachdem Ludwig die unterschiedlichen Veränderungsmöglichkeiten in der Bilanz aufgezeigt wurden, fragt er den Abteilungsleiter, ob denn nun nach jedem Geschäftsvorfall eine neue Bilanz erstellt werden muss, verbieten doch die GoB das Radieren bzw. Unleserlichmachen.

HANDLUNGSAUFTRAG

Unterbreiten Sie einen Vorschlag, wie sich die laufenden (Bestands-)Verbuchungen von Geschäftsvorfällen organisieren lassen, ohne dass die Bilanz ständig verändert werden muss.

Eine neue Erstellung der Bilanz nach jedem Geschäftsvorfall ist in der Praxis nicht möglich und auch nicht nötig, da die Wertveränderungen auch außerhalb der Bilanz erfasst werden können. Dazu ist es jedoch erforderlich, für jede Position auf der Aktiv- und Passivseite ein eigenes Konto einzurichten und die vorhandenen Anfangsbestände darauf vorzutragen.

Das Konto (ital. „conto" = Rechnung) wird i. d. R. in T-Form zur getrennten und übersichtlichen Aufzeichnung von Geschäftsvorfällen geführt.

Die linke Seite des Kontos nennt man dabei **„Soll"**, die rechte Seite **„Haben"**.

Das Führen eines Kontos, d. h. das Eintragen von Veränderungen bezeichnet man als „buchen".

Da die Positionen der Aktiv- und Passivseite ihre **Anfangsbestände** (AB) aus der Eröffnungsbilanz übernehmen, bezeichnet man sie auch als **Bestandskonten**.

MUSTERAUFGABE

Die auf Seite 25 erstellte Bilanz soll in ihre einzelnen Konten aufgelöst werden!

MUSTERLÖSUNG

Aktiva — Eröffnungsbilanz — Passiva

Aktiva		Passiva	
Grundstücke	340 000,00	Eigenkapital	83 000,00
Fuhrpark	38 300,00	Hypothekenschulden	280 000,00
Geschäftsausstattung	55 700,00	Darlehen	55 000,00
Waren	18 400,00	Verbindlichkeiten	82 000,00
Forderungen	5 700,00		
Bank	21 900,00		
Kasse	20 000,00		
	500 000,00		500 000,00

S	Grundstücke	H
AB[1]	340 000,00	

S	Fuhrpark	H
AB	38 300,00	

S	Geschäftsausstattung	H
AB	55 700,00	

S	Waren	H
AB	18 400,00	

S	Forderungen	H
AB	5 700,00	

S	Bank	H
AB	21 900,00	

S	Kasse	H
AB	20 000,00	

Aktivkonten

Bei ihnen werden die Anfangsbestände auf der linken Seite (im **„Soll"**) verbucht, weil sie auch in der Bilanz links stehen.

S	Eigenkapital	H
	AB	83 000,00

S	Hypothekenschulden	H
	AB	280 000,00

S	Darlehen	H
	AB	55 000,00

S	Verbindlichkeiten	H
	AB	82 000,00

Passivkonten

Die Anfangsbestände werden rechts (im **„Haben"**) verbucht, weil sie auch in der Bilanz auf der rechten Seite stehen.

LÖSUNGSSCHRITTE

① Zunächst werden alle Konten der Aktivseite nacheinander als eigenständige Konten eröffnet.
Dabei gilt: **Aktivkonten** haben ihre Anfangsbestände immer im **Soll**.

② Anschließend werden die einzelnen Passivkonten eröffnet.
Dabei gilt: **Passivkonten** haben ihre Anfangsbestände immer im **Haben.**

[1] AB = Anfangsbestand

KERNWISSEN

- Wertveränderungen werden auf eigenen Konten, sog. „T-Konten" erfasst, wobei gilt:

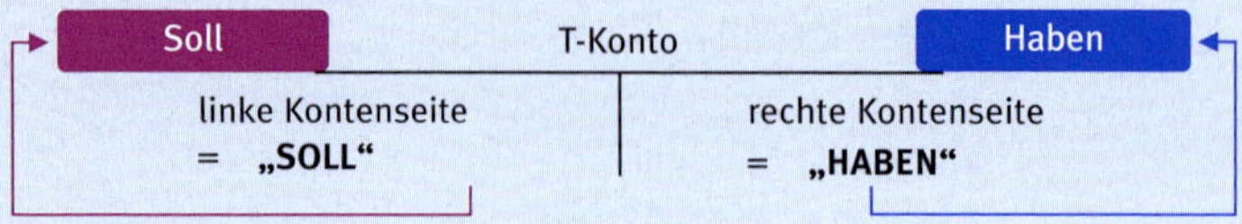

- Aktiv- und Passivkonten bezeichnet man auch als Bestandskonten, weil sie Bestände aufzeigen.

2.3 Buchen auf Aktiv- und Passivkonten

SITUATION

Herr Barth, der Leiter der Abteilung Rechnungswesen, macht Ludwig, der von den vielen Besonderheiten der Buchführung bereits irritiert ist, darauf aufmerksam, dass es für die Veränderungen bei Aktiv- und Passivkonten eine einfache Regel gibt, die man immer anwenden kann.

HANDLUNGSAUFTRAG

Überlegen Sie sich eine Regelung, mit der man die Veränderungen sowohl bei Aktiv- als auch bei Passivkonten aufzeigen könnte.

Jeder Geschäftsvorfall ruft Veränderungen auf mindestens zwei Konten hervor, sodass immer genau überlegt sein muss, ob durch die Veränderungen ein Aktiv- oder Passivkonto betroffen ist.

1. Veränderungen bei Aktivkonten:

S	Aktivkonten H
Anfangsbestand (AB)	– Minderungen (Abgänge)
+ Mehrungen (Zugänge)	Saldo = Endbestand (EB)

Regel:
Bei Aktivkonten gilt: Zugänge → **Soll**
Abgänge → **Haben**

2. Veränderungen bei Passivkonten:

S	Passivkonten H
– Minderungen (Abgänge)	Anfangsbestand (AB)
Saldo = Endbestand (EB)	+ Mehrungen (Zugänge)

Regel:
Bei Passivkonten gilt: Zugänge → **Haben**
Abgänge → **Soll**

Merke

Vor jeder Buchung gilt es, folgende Überlegungen anzustellen:
1. Welche Konten werden durch den zugrunde liegenden Geschäftsvorfall berührt?
2. Handelt es sich dabei um Aktiv- oder Passivkonten?
3. Liegt ein Zu- oder ein Abgang vor?
4. Auf welchen Kontenseiten ist demzufolge zu buchen?

Beispiele

Folgende Geschäftsvorfälle sind auf den Bestandskonten zu verbuchen:

1. Barverkauf eines Pkw für 15000,00 EUR.

Feststellung:

Kasse:	Zugang + 15000,00 → Aktivkonto	⇒ **Soll**	**Aktivtausch**
Fuhrpark:	Abgang − 15000,00 → Aktivkonto	⇒ **Haben**	

Buchung:

Kasse	→ Soll	15000,00
Fuhrpark	→ Haben	15000,00

2. Wir kaufen Waren auf Ziel für 2000,00 EUR.

Feststellung:

Waren:	Zugang + 2000,00 → Aktivkonto	⇒ **Soll**	**Aktiv-/Passiv-mehrung**
Verbindlichkeiten:	Zugang + 2000,00 → Passivkonto	⇒ **Haben**	

Buchung:

Waren	→ Soll	2000,00
Verbindlichkeiten	→ Haben	2000,00

3. Wir überweisen einen Teil unserer Verbindlichkeiten in Höhe von 1000,00 EUR durch Banküberweisung.

Feststellung:

Verbindlichkeiten:	Abgang − 1000,00 → Passivkonto	⇒ **Soll**	**Aktiv-/Passiv-minderung**
Bank:	Abgang − 1000,00 → Aktivkonto	⇒ **Haben**	

Buchung:

Verbindlichkeiten	→ Soll	1000,00
Bank	→ Haben	1000,00

4. Umwandlung einer kurzfristigen Verbindlichkeit in ein langfristiges Darlehen in Höhe von 4000,00 EUR.

Feststellung:

Verbindlichkeiten:	Abgang − 4000,00 → Passivkonto	⇒ **Soll**	**Passivtausch**
Darlehen:	Zugang + 4000,00 → Passivkonto	⇒ **Haben**	

Buchung:

Verbindlichkeiten	→ Soll	4000,00
Darlehen	→ Haben	4000,00

KERNWISSEN

- Die Mehrungen (Zugänge) stehen immer auf der Seite der Anfangsbestände, weil sie diese Bestände vergrößern.
- Die Minderungen (Abgänge) stehen immer auf der entgegengesetzten Seite.
- Nach der Ermittlung des Saldos müssen beide Seiten gleich groß sein.
- Jeder Geschäftsvorfall ist doppelt zu buchen und berührt mindestens zwei Konten und zwar:
  einmal im **Soll** und
  einmal im **Haben**
- Für jeden Geschäftsvorfall gilt:
  Gebuchter **Soll**-Betrag = gebuchter **Haben**-Betrag

2.4 Der Buchungssatz

SITUATION

Das bisher benutzte „Überlegungsschema" zur Feststellung der erforderlichen Buchungen auf den Bestandskonten erscheint Ludwig sehr zeitaufwendig. Deshalb überlegt er, wie man die Buchungen vereinfachen könnte.

HANDLUNGSAUFTRAG

Stellen Sie anhand eines beliebigen Geschäftsvorfalls fest, welche Informationen für die Verbuchung unbedingt erforderlich sind.

2.4.1 Der einfache Buchungssatz

Wie bereits gezeigt löst jeder Geschäftsvorfall eine „Soll-" und eine „Habenbuchung" aus, wobei zunächst im „Soll" und anschließend im „Haben" gebucht wird.

MERKE

Erst Soll, dann Haben!

Bevor jedoch die Buchung auf dem Konto vorgenommen wird, ist sie im **Grundbuch,** auch Tagebuch oder Journal genannt, zu erfassen. Für diese Erfassung entwickelte die Praxis den Buchungssatz, der die Konten angibt, auf denen zu buchen ist.

Der Buchungssatz nennt dabei zunächst

- das Konto der **Soll**-Buchung,
- dann das Wörtchen **„an"** und schließlich
- das Konto der **Haben**-Buchung.

MERKE

Soll

an Haben

Musteraufgabe

Barverkauf eines Pkw für 15000,00 EUR.

Musterlösung

Buchungssatz:

Kasse		15000,00	
an	Fuhrpark		15000,00

a) **Verbuchung im Grundbuch:**

Grundbuch			
Datum	Buchungssatz	Soll	Haben
11. Mai 20..	Kasse an Fuhrpark	15 000,00	 15 000,00

b) **Verbuchung im Hauptbuch:**
In den einzelnen Bestandskonten, die das Hauptbuch darstellen, ergeben sich dadurch folgende Buchungen:

Hauptbuch

S	Kasse		H
AB	20 000,00		
Fuhrpark	15 000,00		

S	Fuhrpark		H
AB	38 300,00	Kasse	15 000,00

Aus Gründen der Überprüfbarkeit wird bei der Eintragung des Buchungssatzes auf den Konten des Hauptbuches stets das jeweilige Gegenkonto angegeben.

Lösungsschritte

① Welche Konten werden durch den Geschäftsvorfall berührt?
Hier: Kasse und Fuhrpark

② Handelt es sich dabei um Aktiv- oder Passivkonten?
Hier: Aktivkonten

③ Liegt auf den einzelnen Konten ein Zu- (+) oder ein Abgang (–) vor?
Hier: Kasse + / Fuhrpark –

④ Auf welchen Kontenseiten ist demnach zu buchen?
Hier: Kasse: Zunahme ⇒ Soll
Fuhrpark: Abnahme ⇒ Haben

⑤ Wie lautet demnach der Buchungssatz?
Hier: Kasse an Fuhrpark

KERNWISSEN

- Beim Buchungssatz handelt es sich um eine kurz gefasste Anweisung (sog. Kontenanruf), wie ein Geschäftsvorfall zu buchen ist.
- Beim einfachen Buchungssatz werden zwei Konten berührt.
- Zunächst wird der Betrag auf ein Konto auf der Sollseite und danach auf ein Konto auf der Habenseite gebucht; vereinfacht:
  Soll an Haben
- Für jeden Buchungssatz gilt:
  Summe der Sollbuchungen = Summe der Habenbuchungen

ÜBUNGSAUFGABEN

1. Sie sollen als Mitarbeiter/-in der Düngemittelwerke Fritz OHG in Mannheim nachfolgende Belege verbuchen.

Bareinzahlung
auf **eigenes** Girokonto „bei uns"

Sparkasse
Rhein Neckar Nord

Für Einzahlungen auf fremde Girokonten bitte Zahlscheine verwenden.

Kontonummer: 19072
Name des Kontoinhabers: Düngemittelwerke Fritz OHG

EUR
Betrag: 2.000,00

eigene Einzahlung

185 070 / So

☐ **Regelmäßiger Einzahler:** Schön, Michael
Name, Vorname

Überweisungsauftrag/Zahlschein

Benutzen Sie bitte diesen Vordruck für die Überweisung des Betrages von Ihrem Konto oder zur Bareinzahlung. Den Vordruck bitte nicht beschädigen, knicken, bestempeln oder beschmutzen.

Sparkasse Rhein Neckar Nord (Name und Sitz des beauftragten Kreditinstituts) 67050101 (Bankleitzahl)

Empfänger: Name, Vorname/Firma (max. 27 Stellen)
BASF AG, Ludwigshafen

Konto-Nr. des Empfängers: 122399
Bankleitzahl: 67510101

bei (Kreditinstitut)
Dresdner Bank, Ludwigshafen

EUR
Betrag: 18.000,00 -----------

Kunden-Referenznummer - noch Verwendungszweck, ggf. Name und Anschrift des Auftraggebers - (nur für Empfänger)
Rg. Nr. 1704 vom 18. 06. ..

noch Verwendungszweck (insgesamt max. 2 Zeilen à 27 Stellen)

Kontoinhaber/Einzahler: Name (max. 27 Stellen, keine Straßen- oder Postfachangaben)
Düngemittelwerke Fritz OHG

Konto-Nr. des Kontoinhabers: 19072

18

113 278 000 03.98

18. 07. .. Andrea Fritz
Datum Unterschrift

170023

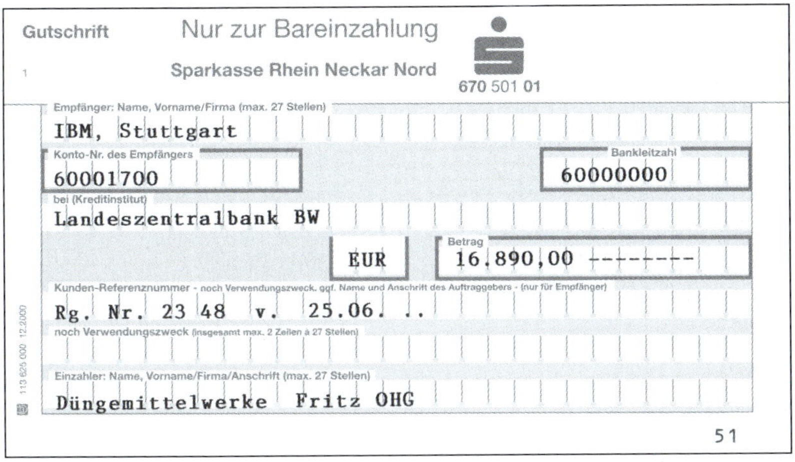

Gutschrift Nur zur Bareinzahlung

Sparkasse Rhein Neckar Nord

670 501 01

Empfänger: Name, Vorname/Firma (max. 27 Stellen)

IBM, Stuttgart

Konto-Nr. des Empfängers

60001700

Bankleitzahl

60000000

bei (Kreditinstitut)

Landeszentralbank BW

EUR

Betrag

16.890,00 ---------

Kunden-Referenznummer - noch Verwendungszweck, ggf. Name und Anschrift des Auftraggebers - (nur für Empfänger)

Rg. Nr. 23 48 v. 25.06. ..

noch Verwendungszweck (insgesamt max. 2 Zeilen à 27 Stellen)

Einzahler: Name, Vorname/Firma/Anschrift (max. 27 Stellen)

Düngemittelwerke Fritz OHG

51

2. Bei der Firma Dorothea Klug, Bad Mergentheim, ergeben sich folgende Geschäftsvorfälle:

		EUR
1.	Warenverkauf gegen Bankscheck	8000,00
2.	Zieleinkauf von Waren	15000,00
3.	Kauf einer Schreibmaschine auf Ziel	1200,00
4.	Barzahlung eines Kunden	800,00
5.	Aufnahme eines Darlehens; der Betrag wird unserem Bankkonto gutgeschrieben	25000,00
6.	Barabhebung von unserem Bankkonto	2500,00
7.	Barzahlung an einen Lieferer zum Ausgleich einer Verbindlichkeit	3900,00
8.	Bareinzahlung auf unser Bankkonto	5000,00
9.	Umwandlung einer Liefererschuld in eine Darlehensschuld	8000,00
10.	Teilrückzahlung der Darlehensschuld bar	2000,00

Bilden Sie die entsprechenden Buchungssätze und tragen Sie diese in das Grundbuch ein.

3. Bei der Großhandlung Neumann & Ausanio GmbH ergeben sich folgende Geschäftsvorfälle, durch die die Vermögensbestände verändert werden.

		EUR
1.	Wareneinkauf bar	1000,00
2.	Ein Kunde überweist auf unser Bankkonto	1800,00
3.	Kauf eines PC auf Ziel	6300,00
4.	Warenverkauf auf Ziel	750,00
5.	Verkauf eines Pkw gegen Banküberweisung	12000,00
6.	Banküberweisung an Lieferer	4200,00
7.	Kauf eines Grundstücks gegen Bankscheck	35000,00
8.	Überweisung vom Postbankkonto auf das Bankkonto	3000,00

Bilden Sie die entsprechenden Buchungssätze und übertragen Sie diese in das Grundbuch.

2.4.2 Der zusammengesetzte Buchungssatz

Während beim einfachen Buchungssatz lediglich zwei Konten angerufen wurden, berührt der zusammengesetzte Buchungssatz mindestens drei Konten.

Musteraufgabe 1

Ein Unternehmen kauft einen Pkw für 25000,00 EUR, indem es 10000,00 EUR bar bezahlt und den Rest mit einem Bankscheck begleicht.

Musterlösung 1

Buchungssatz:

Fuhrpark		25000,00	
an	Kasse		10000,00
	Bank		15000,00

a) **Verbuchung im Grundbuch:**

Grundbuch

Datum	Buchungssatz	Soll	Haben
29. Mai 20..	Fuhrpark an Kasse Bank	25 000,00	 10 000,00 15 000,00

b) **Verbuchung im Hauptbuch:**

Hauptbuch

S	Fuhrpark		H
AB	38 300,00		
Kasse/ Bank	25 000,00		

S	Kasse		H
AB	20 000,00	Fuhrpark	10 000,00

S	Bank		H
AB	21 900,00	Fuhrpark	15 000,00

MUSTERAUFGABE 2

Ein Kunde begleicht eine Rechnung über 12000,00 EUR durch Banküberweisung 8000,00 EUR und Postbanküberweisung 4000,00 EUR.

MUSTERLÖSUNG 2

Buchungssatz:

Bank		8000,00	
Postbank		4000,00	
an	Forderungen		12000,00

a) **Verbuchung im Grundbuch:**

Grundbuch			
Datum	Buchungssatz	Soll	Haben
17. Oktober ..	Bank Postbank an Forderungen	8 000,00 4 000,00	 12 000,00

b) **Verbuchung im Hauptbuch:**

Hauptbuch

S Bank H

S	H
AB 21 900,00	
Forderungen 8 000,00	

S Postbank H

S	H
AB 17 000,00	
Forderungen 4 000,00	

S Forderungen H

S	H
AB 15 700,00	Bank/Postbank 12 000,00

LÖSUNGSSCHRITTE

(bezogen auf die Musterlösung 2)

① Welche Konten werden berührt?
Hier: Bank, Postbank und Forderungen

② Handelt es sich dabei um Aktiv- oder Passivkonten?
Hier: Aktivkonten

③ Liegt bei den einzelnen Konten ein Zu- (+) oder ein Abgang (–) vor?
Hier: Bank, Postbank + / Forderungen –

④ Wo sind demnach die Zu- bzw. Abnahmen zu verbuchen?
Hier: Bank: Zunahme → Soll
Postbank: Zunahme → Soll
Forderungen: Abnahme → Haben

⑤ Wie lautet demnach der Buchungssatz?
Hier: Bank, Postbank an Forderungen

KERNWISSEN

- Beim zusammengesetzten Buchungssatz werden mehr als zwei Konten berührt.
- Für jeden Buchungssatz gilt:
  Summe der Sollbuchungen = Summe der Habenbuchungen

ÜBUNGSAUFGABEN

1. Verbuchen Sie folgende Geschäftsvorfälle im Grundbuch.

	EUR
1. Begleichen einer Liefererrechnung über 24 000,00 EUR	
– durch Banküberweisung	16 000,00
– durch Postbanküberweisung	5 000,00
– bar	3 000,00
2. Ein Kunde zahlt seine Rechnung über 12 800,00 EUR	
– durch Banküberweisung	10 000,00
– durch Postbanküberweisung	2 800,00
3. Wareneinkauf über 25 500,00 EUR	
– gegen Barscheck	5 500,00
– auf Ziel	20 000,00
4. Verkauf einer alten EDV-Anlage zum Buchwert von 2 900,00 EUR	
– gegen Barzahlung	900,00
– auf Ziel	2 000,00
5. Kauf eines Pkw zum Preis von 45 000,00 EUR	
– gegen Barzahlung	5 000,00
– gegen Bankscheck	20 000,00
– gegen Postbankscheck	10 000,00
– Rest auf Ziel	?

2. Wie lauten die Buchungssätze für folgende Geschäftsvorfälle?

	EUR
1. Tilgung einer Darlehensschuld	
– durch Barzahlung	12 000,00
– durch Banküberweisung	18 000,00
2. Bareinzahlungen	
– auf das Bankkonto	3 000,00
– auf das Postbankkonto	2 800,00

3. Kauf einer Bestückmaschine zum Preis von 17 000,00 EUR, indem 5 000,00 EUR bar angezahlt werden. Der Rest verteilt sich im Verhältnis 2 : 1 auf Bank- und Postbankkonto.

3. Bilden Sie die Geschäftsvorfälle, die folgenden Buchungssätzen zugrunde liegen.

Nr.	Konten	Soll	Haben
1.	Bank	20 000,00	
	Postbank	5 000,00	
	Kasse	3 500,00	
	an Fuhrpark		28 500,00
2.	Waren	17 500,00	
	an Bank		10 000,00
	Verbindlichkeiten		7 500,00
3.	Verbindlichkeiten	7 500,00	
	an Kasse		2 500,00
	Bank		5 000,00
4.	Grundstück	80 000,00	
	an Hypothekenschuld		50 000,00
	Bank		25 000,00
	Kasse		5 000,00
5.	Kasse	10 000,00	
	an Bank		10 000,00
6.	Hypothekenschuld	20 000,00	
	an Bank		20 000,00
7.	Bank	40 000,00	
	Forderungen	170 000,00	
	an Gebäude		210 000,00

4. Bilden Sie die Buchungssätze zu folgenden Geschäftsvorfällen:

		EUR
1.	Wareneinkauf auf Ziel	500,00
2.	Verkauf eines gebrauchten Pkw gegen:	
	– Barzahlung	800,00
	– Postbankscheck	1 200,00
	– Bankscheck	4 000,00
	– Ziel	5 000,00
3.	Barzahlung an einen Lieferer zum Ausgleich einer Rechnung	1 300,00
4.	Barzahlung eines Kunden	400,00
5.	Aufnahme eines Darlehens bar	20 000,00
6.	Wareneinkauf auf Ziel	6 000,00
7.	Barabhebung von unserem Bankkonto	3 500,00
8.	Kauf einer EDV-Anlage auf Ziel	4 300,00
9.	Eine Liefererrechnung wird bar	300,00
	und durch Postbanküberweisung bezahlt	2 000,00
10.	Bareinzahlung auf eigenes Bankkonto	2 700,00
11.	Kauf eines Gabelstaplers auf Ziel	39 500,00
12.	Eine Verbindlichkeit wird in ein Darlehen umgewandelt	8 000,00

5. Verbuchen Sie folgende Geschäftsvorfälle im Grundbuch.

		EUR
1.	Banküberweisung an unseren Lieferer	8 000,00
2.	Warenverkauf auf Ziel	3 500,00
3.	Kauf eines Grundstückes gegen:	
	– Bankscheck	42 000,00
	– Postbankscheck	27 000,00
	– Ziel	131 000,00
4.	Verkauf einer gebrauchten EDV-Anlage bar	1 200,00
5.	Ein Kunde begleicht seine Rechnung durch Bankscheck	2 800,00
6.	Wareneinkauf bar	5 700,00
7.	Bareinzahlung auf unser Bankkonto	8 200,00
8.	Teilrückzahlung unseres Darlehens durch Banküberweisung	25 000,00
9.	Kauf einer Produktionsmaschine auf Ziel	12 800,00
10.	Kauf eines gebrauchten Pkw gegen:	
	– Barzahlung	5 000,00
	– Bankscheck	13 000,00
	– Postbankscheck	12 000,00

2.5 Der Abschluss der Bestandskonten

SITUATION

Nachdem am Jahresende sämtliche Buchungen abgeschlossen sind, soll Ludwig im Betriebsunterricht u.a. den Stand der Konten ‚Kasse‘ und ‚Bank‘ ermitteln und eine stark vereinfachte Bilanz erstellen.

HANDLUNGSAUFTRÄGE

1. Unterbreiten Sie einen Vorschlag, wie man die Schlussbestände der einzelnen Bestandskonten ermitteln kann.
2. Erläutern Sie die einzelnen Schritte des Kontenabschlusses.
3. Erstellen Sie eine Schlussbilanz.

Sobald alle Geschäftsvorfälle im Hauptbuch verbucht sind, müssen die Salden, d.h. die Schluss- oder Endbestände sämtlicher Konten, ermittelt werden. Deren Gegenbuchung erfolgt in der Schlussbilanz, die es anschließend – i.d.R. am Jahresende – zu erstellen gilt.

Die **Abschlussbuchungen** dazu lauten:

a) *für die Aktivkonten:*

Schlussbilanz
an Aktivkonten

b) *für die Passivkonten:*

Passivkonten
an Schlussbilanz

Musteraufgabe

1. Erstellen Sie anhand der Inventarwerte von Seite 18 die Eröffnungsbilanz!
2. Eröffnen Sie die einzelnen Bestandskonten!
3. Verbuchen Sie die Geschäftsvorfälle von Seite 33 auf den einzelnen Konten!
4. Erstellen Sie danach die Schlussbilanz, indem Sie die einzelnen Konten des Hauptbuches abschließen!

Musterlösung

a) **Buchungssätze:**

(Anhand der Geschäftsvorfälle von Seite 33 ergeben sich folgende Buchungssätze!)

1.	Kasse		15 000,00	
	an	Fuhrpark		15 000,00
2.	Waren		2 000,00	
	an	Verbindlichkeiten		2 000,00
3.	Verbindlichkeiten		1 000,00	
	an	Bank		1 000,00
4.	Verbindlichkeiten		4 000,00	
	an	Darlehen		4 000,00

Abschlussbuchungen:

I.	Schlussbilanz	
	an	Aktivkonten
II.	Passivkonten	
	an	Schlussbilanz

b) Abschluss der Bestandskonten auf T-Konten:

Eröffnungsbilanz zum 1. Januar 20..

Aktiva		Passiva	
Grundstücke	340 000,00	Eigenkapital	83 000,00
Fuhrpark	38 300,00	Hypothek	280 000,00
BGA[1]	55 700,00	Darlehen	55 000,00
Waren	18 400,00	Verbindlichkeiten	82 000,00
Forderungen	5 700,00		
Bank	21 900,00		
Kasse	20 000,00		
	500 000,00		500 000,00

Grundstücke

S			H
AB	340 000,00	EB	340 000,00

Fuhrpark

S			H
AB	38 300,00	①	15 000,00
		EB	23 300,00
	38 300,00		38 300,00

BGA

S			H
AB	55 700,00	EB	55 700,00

Waren

S			H
AB	18 400,00	EB	20 400,00
②	2 000,00		
	20 400,00		20 400,00

Forderungen

S			H
AB	5 700,00	EB	5 700,00

Bank

S			H
AB	21 900,00	③	1 000,00
		EB	20 900,00
	21 900,00		21 900,00

Kasse

S			H
AB	20 000,00	EB	35 000,00
①	15 000,00		
	35 000,00		35 000,00

Eigenkapital

S			H
EB	83 000,00	AB	83 000,00

Hypothek

S			H
EB	280 000,00	AB	280 000,00

Darlehen

S			H
EB	59 000,00	AB	55 000,00
		④	4 000,00
	59 000,00		59 000,00

Verbindlichkeiten

S			H
③	1 000,00	AB	82 000,00
④	4 000,00	②	2 000,00
EB	79 000,00		
	84 000,00		84 000,00

Schlussbilanz zum 31. Dezember 20..

Aktiva		Passiva	
Grundstücke	340 000,00	Eigenkapital	83 000,00
Fuhrpark	23 300,00	Hypothek	280 000,00
BGA	55 700,00	Darlehen	59 000,00
① Waren	20 400,00	Verbindlichkeiten	79 000,00 ⑪
Forderungen	5 700,00		
Bank	20 900,00		
Kasse	35 000,00		
	501 000,00		501 000,00

LÖSUNGSSCHRITTE

① Aufstellen der Eröffnungsbilanz aufgrund der Inventarwerte.

② Eröffnung der Aktiv- und Passivkonten aus der Bilanz, dabei gilt:
- Aktivkonten haben den AB immer im Soll.
- Passivkonten haben den AB immer im Haben.

③ Übertragung der Buchungssätze des Grundbuches auf das Hauptbuch (T-Konten).

④ Ermittlung der Salden (Schlussbestände/Endbestände) und Abschluss der Bestandskonten über die Schlussbilanz.

[1] BGA = Betriebs- und Geschäftsausstattung

KERNWISSEN

- Alle Aktiv- und Passivkonten werden über die Schlussbilanz abgeschlossen. Hierbei gilt:
  - Endbestände der Vermögenswerte → Aktivseite der Bilanz
  - Endbestände der Kapitalwerte → Passivseite der Bilanz
- Da bei jedem Geschäftsvorfall der gleiche Betrag im Soll und im Haben gebucht wird, müssen die Summen der Aktiva und Passiva gleich sein.

ÜBUNGSAUFGABEN

1. **Anfangsbestände:**

	EUR
Betriebs- und Geschäftsausstattung	30000,00
Bank	8460,00
Kasse	5600,00
Waren	32000,00
Forderungen	3200,00
Verbindlichkeiten	12500,00
Darlehensschuld	4000,00
Eigenkapital	?

Geschäftsvorfälle:

1. Ein Kunde zahlt bar	580,00
2. Wareneinkauf auf Ziel	7500,00
3. Banküberweisung an einen Lieferer	4900,00
4. Teilrückzahlung einer Darlehensschuld durch Banküberweisung	2000,00
5. Bareinzahlung auf eigenes Bankkonto	3500,00

Abschlussangaben:

1. Stellen Sie die Eröffnungsbilanz auf.
2. Eröffnen Sie die einzelnen Konten und tragen Sie die entsprechenden Anfangsbestände ein.
3. Bilden Sie die Buchungssätze und übertragen Sie diese auf die Konten.
4. Schließen Sie die einzelnen Konten über die Schlussbilanz ab.

2. **Anfangsbestände:**

	EUR
Geschäftsgebäude	520000,00
Betriebs- und Geschäftsausstattung	125000,00
Fuhrpark	85000,00
Waren	275000,00
Forderungen	62000,00
Kasse	17800,00
Bank	43200,00
Verbindlichkeiten	117000,00
Hypothekenschulden	320000,00
Eigenkapital	?

Geschäftsvorfälle:

	EUR
1. Ausgleich einer Liefererschuld durch Banküberweisung	22 300,00
2. Kauf einer EDV-Anlage auf Ziel	7 200,00
3. Barkauf von Waren	12 300,00
4. Aufnahme einer Hypothek bei der Stadtsparkasse	80 000,00
5. Verkauf eines gebrauchten Pkw gegen Bankscheck	13 400,00
6. Barabhebung von unserem Bankkonto	8 000,00
7. Banküberweisung unseres Kunden	17 200,00

Abschlussangaben:

1. Erstellen Sie die Eröffnungsbilanz.
2. Eröffnen Sie die einzelnen Bestandskonten und tragen Sie die entsprechenden Anfangsbestände vor.
3. Bilden Sie die Buchungssätze und verbuchen Sie diese auf den entsprechenden T-Konten.
4. Schließen Sie die einzelnen Konten über die Schlussbilanz ab.

3. **Anfangsbestände:**

	EUR
Geschäftsgebäude	485 000,00
Waren	160 000,00
Betriebs- und Geschäftsausstattung	193 000,00
Forderungen	53 500,00
Kasse	12 700,00
Bank	33 500,00
Verbindlichkeiten	92 400,00
Hypothekenschulden	200 000,00
Eigenkapital	?

Geschäftsvorfälle:

1. Wareneinkauf auf Ziel	17 500,00
2. Ein Kunde begleicht seine Rechnung durch Banküberweisung	6 200,00
3. Teilrückzahlung der Hypothek durch Banküberweisung	25 000,00
4. Banküberweisung an einen Lieferer	5 100,00
5. Bareinzahlung auf unser Bankkonto	8 000,00
6. Barverkauf einer gebrauchten EDV-Anlage	2 500,00
7. Barkauf eines Telefaxgerätes	1 300,00
8. Begleichen der Rechnung eines Lieferers durch Banküberweisung	1 200,00

Abschlussangaben:

1. Erstellen Sie die Eröffnungsbilanz.
2. Eröffnen Sie die einzelnen Bestandskonten und tragen Sie die Anfangsbestände vor.
3. Bilden Sie die Buchungssätze und verbuchen Sie diese auf den entsprechenden Konten.
4. Schließen Sie die einzelnen Konten über die Schlussbilanz ab.

3 Buchen auf Erfolgskonten

Situation

Auf Ludwigs Frage, ob das Unternehmen das vergangene Geschäftsjahr denn nun mit einem Gewinn oder Verlust abgeschlossen habe, antwortet Herr Barth, dass man dazu zunächst neben den Bestandskonten auch noch die Erfolgskonten betrachten müsse.

Handlungsaufträge

1. Zeigen Sie neben den bereits bekannten Bestandskonten noch weitere Konten auf, die für ein Unternehmen bedeutsam sind.
2. Erklären Sie, wie sich diese Konten auf das Eigenkapital des Unternehmens auswirken könnten.
3. Unterbreiten Sie einen Vorschlag, wie sich der Erfolg eines Unternehmens ermitteln ließe.

3.1 Aufwands- und Ertragskonten

Bei unseren bisherigen Betrachtungen veränderten wir lediglich Bestände innerhalb der Bilanz; das Eigenkapital haben wir stillschweigend davon ausgenommen, d.h. die gebuchten Geschäftsvorfälle hatten keinen Einfluss auf den Erfolg (Gewinn oder Verlust) des Unternehmens – sie waren **erfolgsneutral**.

Merke Geschäftsvorfälle, die das Eigenkapital nicht verändern, nennt man **erfolgsneutral**.

Jeder Kaufmann ist allerdings bestrebt, sein eingesetztes Kapital zu vermehren, indem er Gewinne erwirtschaftet. Gleichwohl setzt er sich durch seine unternehmerische Tätigkeit immer dem Risiko aus, dass er Verluste erzielt und sich dadurch sein Eigenkapital vermindert.

Merke Geschäftsvorfälle, die das Eigenkapital verändern, nennt man **erfolgswirksam.**

Aufwandskonten – Minderungen des Eigenkapitals

Ausgaben für den Gebrauch und Verbrauch von Gütern und Leistungen, wie z.B. Miete, Löhne und Gehälter, verändern das Eigenkapital der Unternehmung, da diese Vorgänge einerseits das Vermögen (Geld, Maschinen usw.) betreffen, andererseits jedoch kein entsprechender Vermögenszuwachs oder Schuldennachlass auftritt.

Man bezeichnet solche Ausgaben als **Aufwendungen**. Sie **vermindern** das Eigenkapital.

Merke Unter Aufwendungen versteht man den gesamten Werteverzehr einer Unternehmung während einer Rechnungsperiode.

Aufwendungen **vermindern** das Eigenkapital.

Zu den Aufwendungen zählen u. a.:

a) Personalkosten
   - Löhne
   - Gehälter
   - gesetzliche und freiwillige Leistungen

b) Raumkosten
   - Miete
   - Strom
   - Wasser
   - Heizung

c) Abschreibungen (Wertminderungen des Anlagevermögens)

d) Steuern

e) Werbekosten

f) Allgemeine Verwaltungskosten

Ertragskonten – Mehrungen des Eigenkapitals

Einnahmen, die ein Unternehmen erzielt, wenn es anderen Güter oder Leistungen zum Gebrauch zur Verfügung stellt, bezeichnet man als **Erträge**. Sie **erhöhen** das Eigenkapital.

MERKE

Unter Erträgen versteht man alle Wertezuwächse einer Unternehmung während einer Rechnungsperiode.

Erträge **vermehren** das Eigenkapital.

Zu den Erträgen zählen u. a.:

a) Umsatzerlöse (Verkaufserlöse)

b) Zinserträge

c) Mieterträge (Mieteinnahmen)

d) Provisionserträge

KERNWISSEN

- Geschäftsvorfälle, die das Eigenkapital
  - verändern → nennt man → erfolgswirksam
  - nicht verändern → nennt man → erfolgsneutral
- 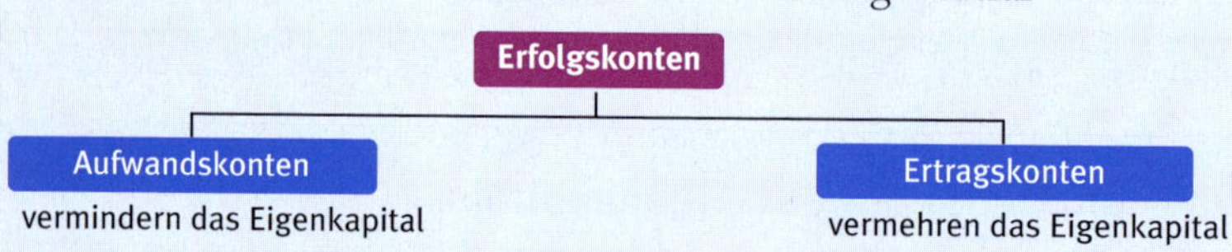

- Aufwands- und Ertragskonten weisen keine Bestände auf.

3.2 Erfolgskonten als Unterkonten des Kapitalkontos

Wie bereits dargestellt verändern die Aufwendungen und Erträge das Kapitalkonto unmittelbar und müssten demzufolge auf dem Konto „Eigenkapital“ verbucht werden. Aus Gründen der Klarheit und Übersichtlichkeit ist es jedoch notwendig, für die einzelnen Aufwands- und Ertragsarten eigenständige Konten zu führen. Diese Konten nennt man **Erfolgskonten**. Sie sind als Unterkonten des Eigenkapitalkontos anzusehen.

MERKE

1. Erfolgskonten sind Unterkonten des Kontos Eigenkapital; d.h. für sie gelten dieselben Regeln wie für das Eigenkapitalkonto:
   Minderungen = Aufwendungen
   Mehrungen = Erträge
2. Aufwendungen stehen immer im Soll.
3. Erträge stehen immer im Haben.

Anhand zweier Musteraufgaben wird die Verbuchung von Aufwendungen und Erträgen dargestellt:

MUSTERAUFGABE 1

Durch eine Banküberweisung werden 3600,00 EUR Miete für Geschäftsräume sowie 400,00 EUR für Energiekosten beglichen.

MUSTERLÖSUNG 1

Buchungssatz:

Mietaufwand	3600,00	
Energiekosten	400,00	
an Bank		4000,00

a) **Verbuchung im Grundbuch:**

Grundbuch

Datum	Buchungssatz	Soll	Haben
27. November ..	Mietaufwand Energiekosten an Bank	3 600,00 400,00	 4 000,00

b) **Verbuchung im Hauptbuch:**

Hauptbuch

S	Mietaufwand	H
Bank	3 600,00	

S	Energiekosten	H
Bank	400,00	

S	Bank	H
	Mietaufwand	3 600,00
	Energiekosten	400,00

MUSTERAUFGABE 2

Die Bank schreibt 450,00 EUR Zinsen sowie 4700,00 EUR Provisionserträge gut.

MUSTERLÖSUNG 2

Buchungssatz:

Bank		5150,00	
an	Zinserträge		450,00
	Provisionserträge		4700,00

a) **Verbuchung im Grundbuch:**

Grundbuch

Datum	Buchungssatz	Soll	Haben
15. Januar ..	Bank an Zinserträge Provisionserträge	5 150,00	 450,00 4 700,00

Hinweis: Im weiteren Verlauf wird bei den Musterlösungen auf eine gesonderte Darstellung der Verbuchung im Grundbuch verzichtet!

b) **Verbuchung im Hauptbuch:**

Hauptbuch

S	Bank		H
Zins-/Provisionserträge	5 150,00		

S	Zinserträge		H
		Bank	450,00

S	Provisionserträge		H
		Bank	4 700,00

LÖSUNGSSCHRITTE

(bezogen auf die Musterlösung 1 und 2)

① Welche Konten werden berührt:
  a) Erfolgskonten oder
  b) Bestandskonten?

② Überlegung:
  a) Aufwands- oder Ertragskonto?
  - Aufwandskonto **immer** im Soll
  - Ertragskonto **immer** im Haben

  b) Aktiv- oder Passivkonto?

  Aktivkonto:
  - Zunahme **immer** im Soll
  - Abnahme **immer** im Haben

  Passivkonto:
  - Zunahme **immer** im Haben
  - Abnahme **immer** im Soll

③ Zunächst das Konto verbuchen, das eindeutig bestimmt werden konnte. Das Gegenkonto muss entsprechend dem System der doppelten Buchführung auf der entgegengesetzten Kontoseite verbucht werden.

Kernwissen

- Erfolgskonten sind Unterkonten des Kontos Eigenkapital, d.h. für sie gelten dieselben Regeln:
  Aufwendungen = Minderungen des Eigenkapitals → SOLL
  Erträge = Mehrungen des Eigenkapitals → HABEN
- Schematische Darstellung:

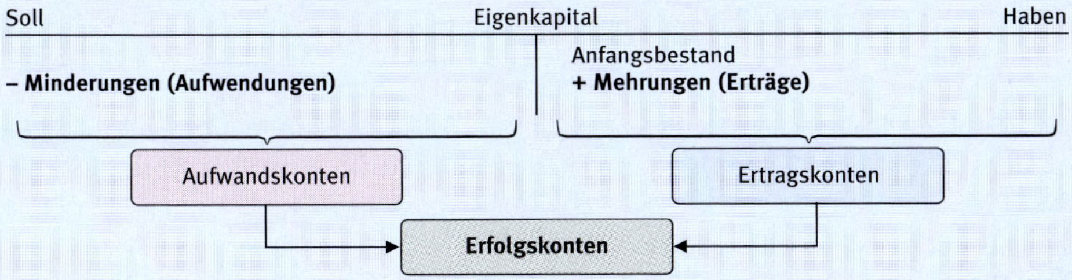

Übungsaufgabe

1. Bilden Sie zu den folgenden Geschäftsvorfällen die Buchungssätze.

		EUR
1.	Kauf eines PC gegen Barzahlung	4500,00
2.	Aufnahme eines Darlehens bei der Bank	20000,00
3.	Zinsgutschrift unserer Bank	450,00
4.	Gehaltszahlungen bar	12480,00
5.	Begleichen einer Steuerschuld durch Banküberweisung	4900,00
6.	Verkauf eines gebrauchten Pkw auf Ziel	22350,00
7.	Begleichen einer Rechnung des Lieferanten durch Bankscheck	2840,00
8.	Wir erhalten Miete bar	2900,00
9.	Ein Kunde zahlt durch Banküberweisung	6700,00
10.	Begleichung der Telefonrechnung durch Postbankscheck	360,00
11.	Zahlung von Darlehenszinsen durch Banküberweisung	1800,00
12.	Bareinzahlung auf unser Bankkonto	9000,00

3.3 Abschluss der Erfolgskonten

Am Jahresende gilt es, die Erfolgskonten abzuschließen. Dazu werden sämtliche Aufwendungen und Erträge gesammelt und einander gegenübergestellt. Aus dieser Gegenüberstellung wird der Gewinn bzw. Verlust des Unternehmens ermittelt. Das Konto, auf dem diese Gegenüberstellung vorgenommen wird, nennt man

Gewinn- und Verlustkonto (GuV-Konto).

Merke

Die Gewinn- und Verlustrechnung (GuV) ist neben der Bilanz und dem Anhang Bestandteil des Jahresabschlusses. In der GuV werden die im Geschäftsjahr erzielten Erträge den entsprechenden Aufwendungen gegenübergestellt. Als Resultat ergibt sich der Jahreserfolg (Gewinn oder Verlust) des Unternehmens.

Die **Abschlussbuchungen** dazu lauten:

a) *für die Aufwandskonten:*

GuV
an Aufwandskonten

b) *für die Ertragskonten:*

Ertragskonten
an GuV

Der ermittelte Reingewinn/Reinverlust wird anschließend über das Eigenkapitalkonto verbucht. Somit dient das GuV-Konto letztlich als Unterkonto für das Konto Eigenkapital.

Die entsprechende **Abschlussbuchung** lautet:

a) *bei Gewinn:*

GuV
an Eigenkapital

b) *bei Verlust:*

Eigenkapital
an GuV

Schematische Darstellung des Abschlusses der Erfolgskonten

1. *bei einer Gewinnsituation*

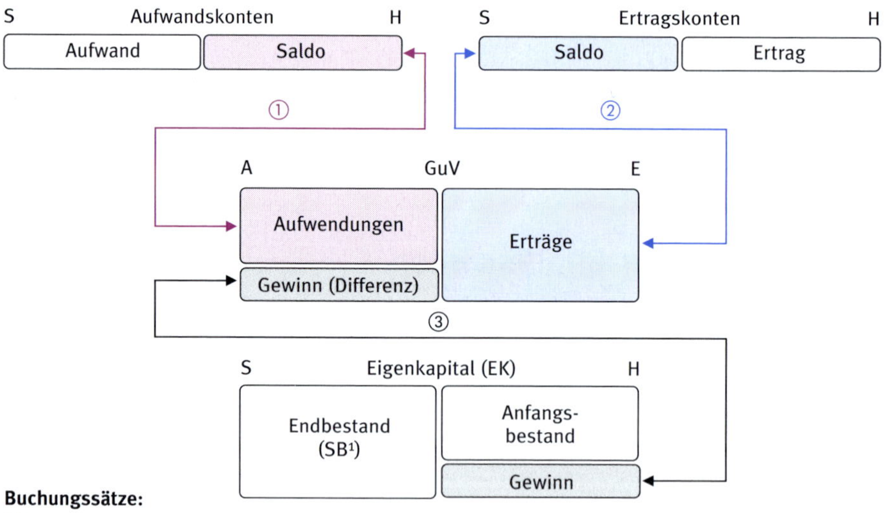

Buchungssätze:

① GuV an Aufwandskonten
② Ertragskonten an GuV
③ GuV an Eigenkapital

[1] SB = Schlussbilanz

2. bei einer Verlustsituation

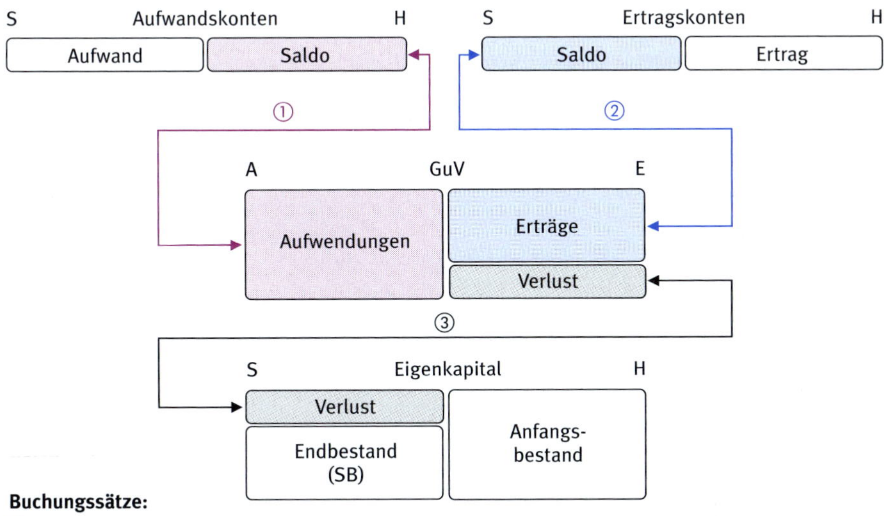

Buchungssätze:

① GuV an Aufwandskonten
② Ertragskonten an GuV
③ Eigenkapital an GuV

MUSTERAUFGABE

Anhand der bereits unter Abschnitt 3.2 (S. 49 und 50) besprochenen Geschäftsvorfälle soll nachfolgend das GuV-Konto erstellt und über das Eigenkapitalkonto abgeschlossen werden.

Auf eine Darstellung der Bestandskonten wird dabei aus Gründen der Übersichtlichkeit verzichtet!

Annahme: Das Eigenkapitalkonto weist einen Anfangsbestand von 83000,00 EUR auf.

MUSTERLÖSUNG

a) **Buchungssätze:**

1.	GuV		3600,00	
	an	Mietaufwand		3600,00
2.	GuV		400,00	
	an	Energiekosten		400,00
3.	Zinserträge		450,00	
	an	GuV		450,00
4.	Provisionserträge		4700,00	
	an	GuV		4700,00
5.	GuV (Gewinn)		1150,00	
	an	Eigenkapital		1150,00

b) **Abschluss der Erfolgskonten auf T-Konten:**

S	Mietaufwand		H
Bank	3 600,00	① GuV	3 600,00

S	Zinserträge		H
③ GuV	450,00	Bank	450,00

S	Energiekosten		H
Bank	400,00	② GuV	400,00

S	Provisionserträge		H
④ GuV	4 700,00	Bank	4 700,00

A	GuV		E
① Mietaufwand	3 600,00	③ Zinserträge	450,00
② Energiekosten	400,00	④ Provisionserträge	4 700,00
⑤ Gewinn (EK)	1 150,00		
	5 150,00		5 150,00

S	Eigenkapital		H
EB (SB)	84 150,00	AB	83 000,00
		⑤ Gewinn (GuV)	1 150,00
	84 150,00		84 150,00

LÖSUNGSSCHRITTE

① Abschluss der Aufwandskonten über das GuV-Konto.

Hier:	1. GuV	an	Mietaufwand
	2. GuV	an	Energiekosten

② Abschluss der Ertragskonten über das GuV-Konto.

Hier:	3. Zinserträge	an	GuV
	4. Provisionserträge	an	GuV

③ Ermittlung des Erfolgs und Verbuchung über das Konto Eigenkapital.

Hier:	5. GuV (Gewinn)	an	Eigenkapital

KERNWISSEN

- Der Abschluss der Erfolgskonten erfolgt über das Gewinn- und Verlustkonto (GuV).
- Der Saldo (Gewinn oder Verlust) wird auf das Eigenkapitalkonto übertragen, wobei gilt:

  Gewinn (Erträge > Aufwendungen) → Eigenkapitalmehrung
  Verlust (Erträge < Aufwendungen) → Eigenkapitalminderung

ÜBUNGSAUFGABEN

1. Entscheiden Sie bei den folgenden Konten, ob sie über die GuV-Rechnung oder die Schlussbilanz abgeschlossen werden.

- Bank
- Mieterträge
- Waren
- Steuern
- Darlehen
- Eigenkapital
- unbebaute Grundstücke
- Maschinen
- Forderungen
- Verbindlichkeiten
- Löhne
- Mietaufwand
- Energiekosten
- Postbank
- Werbeaufwand
- Provisionserträge

2. Bilden Sie zu nachfolgenden Geschäftsvorfällen die entsprechenden Buchungssätze, schließen Sie die Aufwands- und Ertragskonten über die GuV-Rechnung ab und verbuchen Sie den Erfolg auf dem Eigenkapitalkonto.

Geschäftsvorfälle:	EUR
1. Wir erhalten Mietzahlungen bar	4800,00
2. Bezahlung von Darlehenszinsen durch Banküberweisung	1800,00
3. Gehaltszahlungen bar	3950,00
4. Provisionserträge werden dem Bankkonto gutgeschrieben	750,00
5. Postbanküberweisung der Telefongebühren	375,00

3. Verbuchen Sie nachfolgende Geschäftsvorfälle im Grundbuch.

	EUR
1. Barkauf von Kopierpapier	450,00
2. Warenverkauf auf Ziel	2300,00
3. Kauf eines neuen Kopiergerätes auf Ziel	1800,00
4. Postbanküberweisung unserer Stromkosten	580,00
5. Ein Kunde zahlt mit Postscheck	880,00
6. Zinsgutschrift unserer Bank	2100,00
7. Lohnzahlungen bar	2950,00
8. Mietzahlung durch Banküberweisung	3200,00
9. Wareneinkauf auf Ziel	5200,00
10. Begleichung einer Liefererrechnung durch Banküberweisung	1900,00
11. Die Bank belastet uns mit Darlehenszinsen in Höhe von	1400,00
12. Banküberweisung der Kfz-Steuer	770,00

4 Der Abschluss der Bestands- und Erfolgskonten

SITUATION

Im Betriebsunterricht erhält Ludwig die Aufgabe, auf Grundlage vereinfachter Daten für die Spedition und Lagerei Emil Neumann AG einen kompletten Abschluss zu erstellen.

HANDLUNGSAUFTRAG

Unterbreiten Sie einen Vorschlag, wie man einen derartigen Abschluss am sinnvollsten erstellt.

Das folgende Beispiel beschreibt den Abschluss der Bestands- und Erfolgskonten.

MUSTERAUFGABE

Ausgangspunkt der folgenden Aufgabe ist die unten angeführte Bilanz.

A	Schlussbilanz 31. Dezember 20..		P
Fuhrpark	50 000,00	Eigenkapital	70 000,00
BGA	70 000,00	Darlehen	60 000,00
Bank	30 000,00	Verbindlichkeiten	20 000,00
	150 000,00		150 000,00

31.12. 20.. *Marcel Barth*

Kontenplan: Neben der Eröffnungs- und Schlussbilanz werden noch folgende Konten benötigt:
Bestandskonten: Fuhrpark, BGA, Bank, Eigenkapital, Darlehen, Verbindlichkeiten
Erfolgskonten: Mietaufwand, Energiekosten, Zinserträge, Provisionserträge

Hinweis: Der Kontenplan enthält diejenigen Konten, die für die Verbuchung der nachfolgenden Geschäftsvorfälle benötigt werden!

Geschäftsvorfälle:	EUR
1. Verkauf eines Pkw gegen Bankscheck	15 000,00
2. Die Bank schreibt Zinsen	450,00
sowie Provisionserträge in Höhe von	4 700,00
gut	
3. Begleichen eines Teils der Verbindlichkeiten durch Bankscheck	10 000,00
4. Kauf einer EDV-Anlage auf Ziel	7 000,00
5. Wir bezahlen unsere Miete über	3 600,00
sowie Energiekosten in Höhe von	400,00
durch Banküberweisung	

Musterlösung

a) **Buchungssätze:**

1.	Bank		15 000,00	
	an	Fuhrpark		15 000,00
2.	Bank		5 150,00	
	an	Zinserträge		450,00
		Provisionserträge		4 700,00
3.	Verbindlichkeiten		10 000,00	
	an	Bank		10 000,00
4.	BGA		7 000,00	
	an	Verbindlichkeiten		7 000,00
5.	Mietaufwand		3 600,00	
	Energiekosten		400,00	
	an	Bank		4 000,00

Abschlussbuchungen:

I.	GuV	
	an	Aufwandskonten
II.	Ertragskonten	
	an	GuV
III.	GuV (Gewinn)	
	an	Eigenkapital
IV.	Schlussbilanz	
	an	Aktivkonten
V.	Passivkonten	
	an	Schlussbilanz

b) **Abschluss der Bestands- und Erfolgskonten auf T-Konten (im Hauptbuch):**

Eröffnungsbilanz 1. Januar 20..

Aktiva		Passiva	
Fuhrpark	50 000,00	Eigenkapital	70 000,00
BGA	70 000,00	Darlehen	60 000,00
Bank	30 000,00	Verbindlichkeiten	20 000,00
	150 000,00		150 000,00

S Fuhrpark H

S		H	
AB	50 000,00	①	15 000,00
		EB	35 000,00
	50 000,00		50 000,00

S Eigenkapital H

S		H	
EB	71 150,00	AB	70 000,00
		Ⓘⓘⓘ Gewinn	1 150,00
	71 150,00		71 150,00

S BGA H

S		H	
AB	70 000,00	EB	77 000,00
④	7 000,00		
	77 000,00		77 000,00

S Darlehen H

S		H	
EB	60 000,00	AB	60 000,00

S Bank H

S		H	
AB	30 000,00	③	10 000,00
①	15 000,00	⑤	4 000,00
②	5 150,00	EB	36 150,00
	50 150,00		50 150,00

S Verbindlichkeiten H

S		H	
③	10 000,00	AB	20 000,00
EB	17 000,00	④	7 000,00
	27 000,00		27 000,00

S Mietaufwand H

S		H	
⑤	3 600,00	GuV	3 600,00

S Zinserträge H

S		H	
GuV	450,00	②	450,00

S Energiekosten H

S		H	
⑤	400,00	GuV	400,00

S Provisionserträge H

S		H	
GuV	4 700,00	②	4 700,00

Ⓘ Ⓘⓘ

GuV

Aufwand		Ertrag	
Mietaufwand	3 600,00	Zinserträge	450,00
Energiekosten	400,00	Provisionserträge	4 700,00
Ⓘⓘⓘ Gewinn (EK)	1 150,00		
	5 150,00		5 150,00

Ⓘⓥ Ⓥ

Schlussbilanz 31. Dezember 20..

Aktiva		Passiva	
Fuhrpark	35 000,00	Eigenkapital	71 150,00
BGA	77 000,00	Darlehen	60 000,00
Bank	36 150,00	Verbindlichkeiten	17 000,00
	148 150,00		148 150,00

Lösungsschritte

① Verbuchung der Geschäftsvorfälle im Grundbuch.
② Erstellung der Eröffnungsbilanz aufgrund der Schlussbilanz des Vorjahres.
③ Eröffnung der Bestandskonten (Aktiv- und Passivkonten) aus der Bilanz.
④ Einrichtung der erforderlichen Erfolgskonten.
⑤ Übertragung der Buchungssätze des Grundbuches auf das Hauptbuch.
⑥ Abschluss der Erfolgskonten (Aufwands- und Ertragskonten) über das GuV-Konto.
⑦ Abschluss des GuV-Kontos über das Konto Eigenkapital.
⑧ Abschluss der Bestandskonten über die Schlussbilanz.

Kernwissen

- Man unterscheidet in der Buchführung grundsätzlich zwischen Bestandskonten und Erfolgskonten:
  - Bestandskonten → Abschluss über die **Schlussbilanz**
  - Erfolgskonten → Abschluss über die **Gewinn- und Verlustrechnung**
- Das Konto Eigenkapital dient als Bindeglied zwischen beiden Kontenkreisen, da der Erfolg des Unternehmens über das Konto Eigenkapital verbucht wird;
- daraus ergeben sich zwei Möglichkeiten, den Erfolg eines Unternehmens zu ermitteln:
  - durch einen Vergleich des Eigenkapitals,
  - durch die Erfolgsermittlung auf dem GuV-Konto.

Darstellung des Systems der doppelten Buchführung

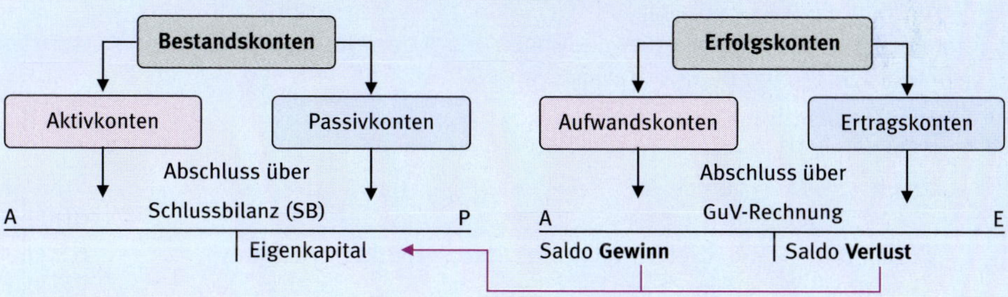

Übungsaufgaben

1. Anfangsbestände:

	EUR		EUR
BGA	20 000,00	Eigenkapital	?
Waren	30 000,00	Darlehen	35 000,00
Forderungen	15 000,00	Verbindlichkeiten	18 000,00
Bank	8 000,00		
Kasse	7 000,00		

Kontenplan: Neben der Eröffnungs- und Schlussbilanz werden noch folgende Konten benötigt:
Bestandskonten: BGA, Waren, Forderungen, Bank, Kasse, Eigenkapital, Darlehen, Verbindlichkeiten
Erfolgskonten: Mietaufwand, Löhne, Provisionserträge, Gewinn- und Verlustkonto

Geschäftsvorfälle:	EUR
1. Wareneinkauf auf Ziel	5 000,00
2. Barzahlung der Geschäftsmiete	3 500,00
3. Ein Kunde begleicht seine Rechnung durch Banküberweisung	2 800,00
4. Wir erhalten Provisionen durch Banküberweisung	8 700,00
5. Lohnzahlungen bar	3 000,00

Abschlusshinweise:
1. Bilden Sie die Buchungssätze im Grundbuch.
2. Erstellen Sie die Eröffnungsbilanz sowie die einzelnen Konten und verbuchen Sie die Buchungssätze auf T-Konten.
3. Ermitteln Sie den Gewinn und erstellen Sie die Schlussbilanz.

2.

Anfangsbestände:	EUR		EUR
Fuhrpark	135 000,00	Eigenkapital	?
BGA	75 000,00	Darlehen	100 000,00
Waren	80 000,00	Verbindlichkeiten	35 000,00
Forderungen	20 000,00		
Bank	60 000,00		
Kasse	12 000,00		

Kontenplan: Neben der Eröffnungs- und Schlussbilanz werden noch folgende Konten benötigt:
Bestandskonten: Fuhrpark, BGA, Waren, Forderungen, Bank, Kasse, Darlehen, Verbindlichkeiten, Eigenkapital
Erfolgskonten: sonstige Aufwendungen für Kommunikation, Löhne, Zinserträge, Mieterträge, Gewinn- und Verlustkonto

Geschäftsvorfälle:	EUR
1. Kauf eines Pkw	
gegen: – Barzahlung	5 000,00
– Ziel	40 000,00
2. Begleichung einer Liefererrechnung durch Banküberweisung	6 500,00
3. Zinsgutschrift auf unserem Bankkonto	2 800,00
4. Wareneinkauf gegen Bankscheck	6 700,00
5. Mieteinnahmen bar	7 900,00
6. Kauf einer EDV-Anlage bar	6 000,00
7. Bezahlung unserer Telefonrechnung durch Banküberweisung	380,00
8. Lohnzahlungen durch Banküberweisung	8 900,00

Abschlusshinweise:
1. Bilden Sie die Buchungssätze.
2. Erstellen Sie die Eröffnungsbilanz sowie die einzelnen Konten des Hauptbuches und verbuchen Sie die Buchungssätze auf den T-Konten.
3. Ermitteln Sie den Gewinn und erstellen Sie die Schlussbilanz.

3. Aus der Bilanz des vorangegangenen Geschäftsjahres stehen folgende Anfangsbestände für das neue Geschäftsjahr zur Verfügung:

Aktiva	Schlussbestand 31.12. 20..		Passiva
BGA	125 000,00	Eigenkapital	140 000,00
Postbank	60 000,00	Darlehen	45 000,00
Kasse	13 000,00	Verbindlichkeiten	13 000,00
	198 000,00		198 000,00

Kontenplan: Neben der Eröffnungs- und Schlussbilanz werden noch folgende Konten benötigt:
Bestandskonten: BGA, Postbank, Kasse, Darlehen, Verbindlichkeiten, Eigenkapital
Erfolgskonten: Zinsaufwand, Gehälter, Mieterträge, Provisionserträge, Gewinn- und Verlustkonto

Geschäftsvorfälle:	EUR
1. Barkauf einer EDV-Anlage	5 800,00
2. Wir erhalten Miete bar	2 950,00
3. Zahlung von Darlehenszinsen durch Postbanküberweisung	2 300,00
4. Gehaltszahlung bar	4 800,00
5. Begleichen einer Liefererrechnung durch Postbankscheck	2 500,00
6. Wir erhalten Provisionen durch Postbanküberweisung	5 200,00

Abschlusshinweise:
1. Bilden Sie die einzelnen Buchungssätze.
2. Erstellen Sie die Eröffnungsbilanz.
3. Eröffnen Sie die einzelnen Konten und verbuchen Sie die Geschäftsvorfälle auf den T-Konten.
4. Schließen Sie die Erfolgskonten über die GuV-Rechnung ab.
5. Ermitteln Sie das neue Eigenkapital.
6. Erstellen Sie die Schlussbilanz am Jahresende.

5 Warenkonten

SITUATION

LOP

Rico Spinelli, ein befreundeteter Auszubildender bei der Sanitärgroßhandlung Karin Mühlburger KG, erzählt Ludwig, dass zum einen der **Wareneinkauf** und der **Warenverkauf** nach Aussage seiner Chefin nicht auf einem gemeinsamen Konto „Waren“ verbucht werden darf, zum anderen würde der Wareneingang je nach zugrunde liegender Verbuchungsmethode entweder direkt auf das Bestandskonto „Waren“ oder aber sofort auf das Erfolgskonto „Aufwendungen für Waren“ verbucht.

HANDLUNGSAUFTRÄGE

1. Erläutern Sie, warum der Warenein- und -verkauf nicht auf einem gemeinsamen Konto „Waren“ verbucht werden sollte und die Chefin von Rico wohl recht hat.
2. Erklären Sie, wann die beiden unterschiedlichen Buchungsmethoden beim Wareneinkauf angewandt werden.
3. Stellen Sie den Warenabschluss anhand der bestandsorientierten Methode dar.

5.1 Die Trennung der Warenkonten

Bei unseren bisherigen Ausführungen wurde das Warenkonto als reines Bestandskonto betrachtet, d.h. wir unterstellten, dass die zu Einstandspreisen (ESP) eingekauften Waren auch wieder zu demselben Preis verkauft würden, sodass durch die Verkaufstätigkeit weder Gewinn noch Verlust entstehen konnte.

Hauptaufgabe des Handels ist es jedoch, Waren günstig einzukaufen und teurer wieder zu verkaufen, um dadurch Gewinne zu erzielen.

Diesen Gewinn, der sich aufgrund der Verkaufstätigkeit ergibt, bezeichnet man als Rohgewinn.

MERKE

Verkaufspreis
− Einstandspreis
= Rohgewinn

Addiert man zum **Rohgewinn** die sonstigen Erträge, wie z.B. Zinserträge, Provisionserträge usw., und subtrahiert die übrigen Aufwendungen, wie etwa Gehälter, Miete usw., so bekommt man den **Reingewinn** des Unternehmens.

MERKE

Rohgewinn
+ sonstige Erträge
− sonstige Aufwendungen
= Reingewinn

Der bereits in der Einführung dargestellte Grundsatz der Klarheit und Übersichtlichkeit der Buchführung verbietet jedoch, dass ein Konto sowohl den Bestand (Bestandskonto) als auch den Erfolg (Erfolgskonto) eines Unternehmens ausweist. Um ein solchermaßen gemischtes Konto zu vermeiden, ergibt sich die Notwendigkeit, die Warenbewegungen wie folgt zu untergliedern:

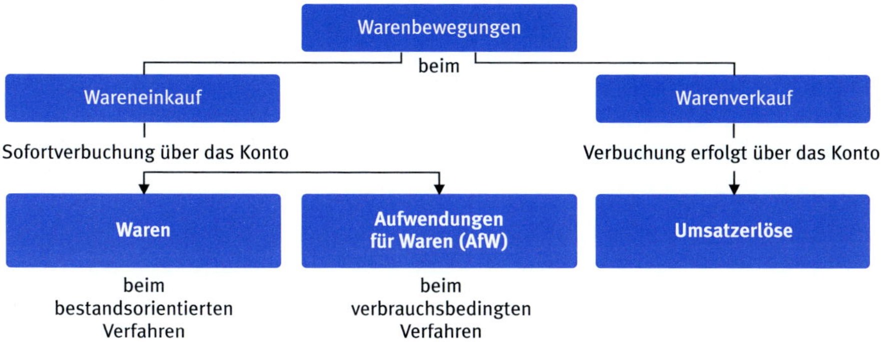

5.2 Buchungen beim Warenverkauf

Unabhängig vom zugrunde liegenden Buchungsverfahren beim Wareneinkauf erfolgt die Verbuchung des Warenverkaufs immer über das Ertragskonto

„Umsatzerlöse“

im Haben.

a) Vorgehensweise beim Warenverkauf

Beim Konto „Umsatzerlöse“ handelt es sich um ein Ertragskonto, bei dem die Warenverkäufe sofort im Haben verbucht werden.

S	Umsatzerlöse	H
	Warenverkäufe zu Verkaufspreisen	

BUCHUNGSSATZ

Kasse/Bank/Forderungen
an Umsatzerlöse

b) Vorgehensweise beim Abschluss

Am Jahresende wird der Saldo des Kontos „Umsatzerlöse“ über das GuV-Konto abgeschlossen.

S	Umsatzerlöse	H
Saldo → *GuV*	Warenverkäufe zu Verkaufspreisen	

BUCHUNGSSATZ

Umsatzerlöse
an Gewinn- und Verlustrechnung

KERNWISSEN

- Die Warenverkäufe werden grundsätzlich auf das Ertragskonto **Umsatzerlöse** gebucht.
- Am Jahresende werden die Umsatzerlöse über die GuV abgeschlossen.

5.3 Buchungen beim Wareneinkauf

Die Verbuchung des Wareneinkaufs erfolgt zunächst je nach der zugrunde liegenden bestands- oder verbrauchsbedingten Methode entweder auf dem Konto „Waren“ oder auf dem Konto „Aufwendungen für Waren (AfW)“.

5.3.1 Warenverbuchungen und Abschluss beim bestandsorientierten Verfahren

Warenverbuchungen beim bestandsorientierten Verfahren

Beim bestandsorientierten Verfahren wird unterstellt, dass die eingehende Ware gelagert und erst später weiterverarbeitet bzw. verkauft wird. Das bedeutet, dass der Wareneinkauf unmittelbar auf dem Bestandskonto

„Waren“

als Zugang im Soll verbucht und erst am Ende des Abrechnungszeitraums über das Konto

„Aufwendungen für Waren“

abgeschlossen wird.

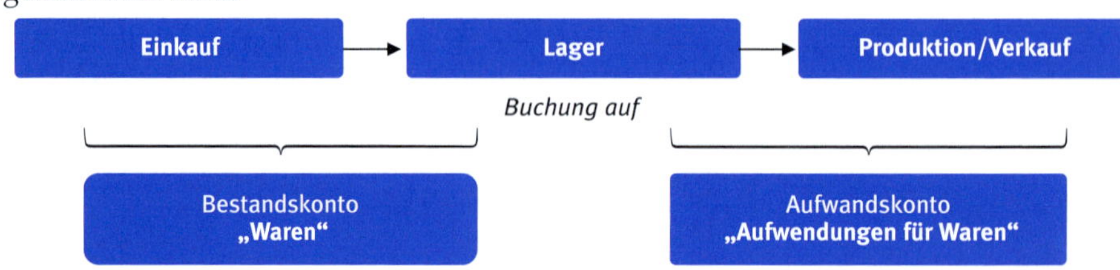

a) Vorgehensweise beim Wareneingang

Beim Konto „Waren“ handelt es sich um das bisher betrachtete Bestandskonto „Waren“, das im Soll neben dem Anfangsbestand noch die Zugänge aufnimmt.

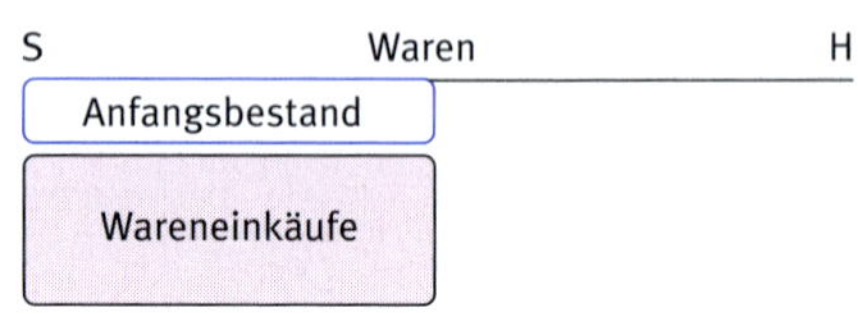

BUCHUNGSSATZ

Waren
an Kasse/Bank/Verbindlichkeiten

b) Vorgehensweise beim Warenabschluss

Am Jahresende wird der End- bzw. Schlussbestand laut Inventur aus der Schlussbilanz übernommen und im „Haben“ des Warenkontos gegengebucht.

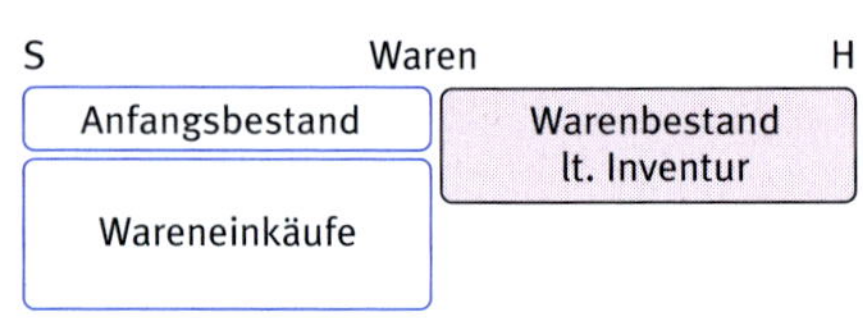

BUCHUNGSSATZ

Schlussbilanz
an Waren

Als Ausgleichsposition (Saldo) ergibt sich der Wareneinkauf zu Einstandspreisen, der auf dem Konto „Aufwendungen für Waren" verbucht wird.

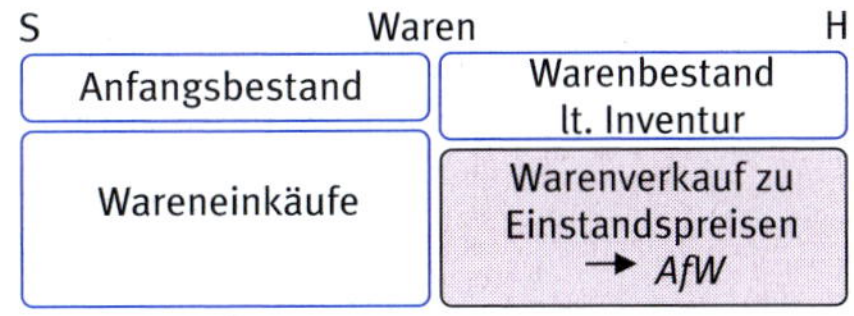

BUCHUNGSSATZ

Aufwendungen für Waren (AfW)
an Waren

Das Aufwandskonto „Aufwendungen für Waren" (AfW) wird letztlich über das Gewinn- und Verlustkonto abgeschlossen.

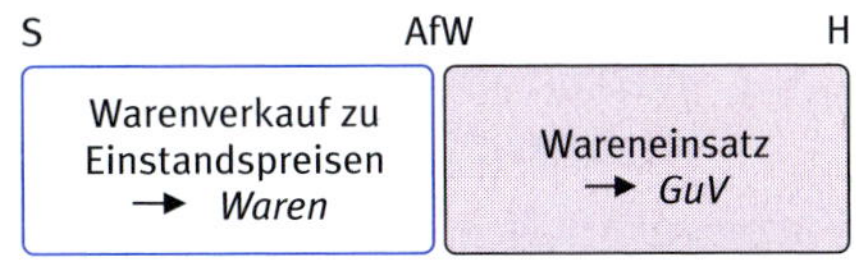

BUCHUNGSSATZ

Gewinn- und Verlustrechnung
an Aufwendungen für Waren

Abschluss beim bestandsorientierten Verfahren

Nachfolgend wird der Abschluss der Warenkonten zunächst schematisch und anschließend anhand einer Musteraufgabe gezeigt.

Schematische Darstellung der Warenbuchungen beim bestandsorientierten Verfahren

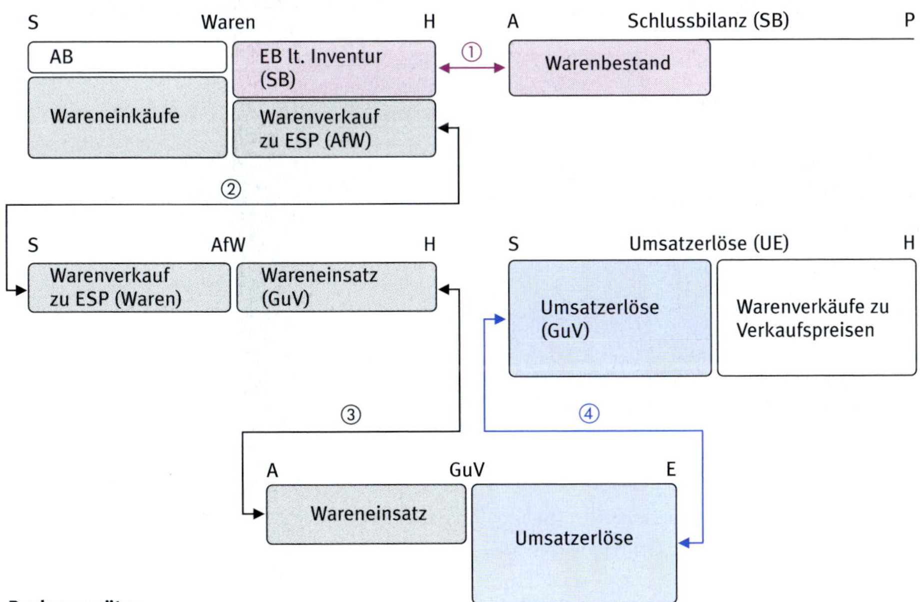

Buchungssätze:

① Schlussbilanz	an	Waren
② AfW	an	Waren
③ GuV	an	AfW
④ Umsatzerlöse	an	GuV

KERNWISSEN

- Das Konto „Waren“ wird weiterhin als Bestandskonto geführt.
  Es weist neben dem Anfangsbestand und dem Endbestand auch noch den Wareneinkauf auf.
- Der Abschluss des Warenkontos erfolgt am Ende des Betrachtungszeitraums über das Aufwandskonto „Aufwendungen für Waren“.
- Der Abschluss erfolgt wie bei jedem Aufwandskonto über die Gewinn- und Verlustrechnung.

5.3.2 Warenverbuchungen und Abschluss beim verbrauchsorientierten Verfahren

Warenverbuchungen beim verbrauchsorientierten Verfahren

Bei der Warenverbuchung nach dem verbrauchsorientierten Verfahren, auch **„Just-in-time-Buchung“** genannt, wird unterstellt, dass die eingehende Ware sofort verbraucht/verkauft wird, wodurch die Lagerhaltung überflüssig wird.

Demzufolge wird der Wareneingang unmittelbar auf dem Aufwandskonto

„Aufwendungen für Waren“ (AfW)

im Soll verbucht.

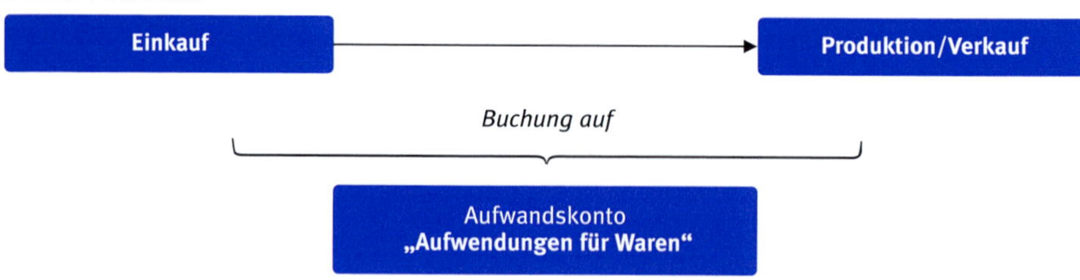

a) Vorgehensweise beim Wareneingang

Beim Konto „Aufwendungen für Waren“ handelt es sich um ein Aufwandskonto, bei dem die Wareneinkäufe sofort im Soll verbucht werden.

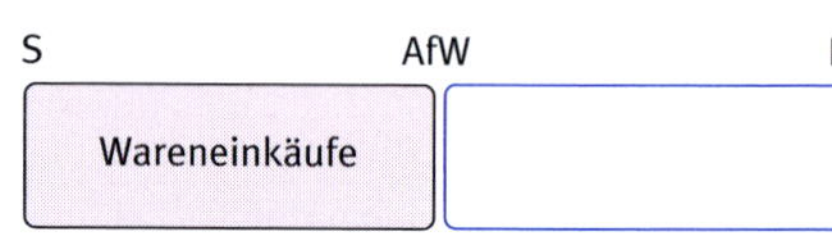

BUCHUNGSSATZ

Aufwendungen für Waren
an Kasse/Bank/Verbindlichkeiten

b) Vorgehensweise beim Warenabschluss

Neben den Zugängen werden auf diesem Konto noch die sich auf dem Warenkonto als Differenz zwischen Anfangs- und Endbestand ergebenden Mehr- oder Minderbestände an Waren verbucht.

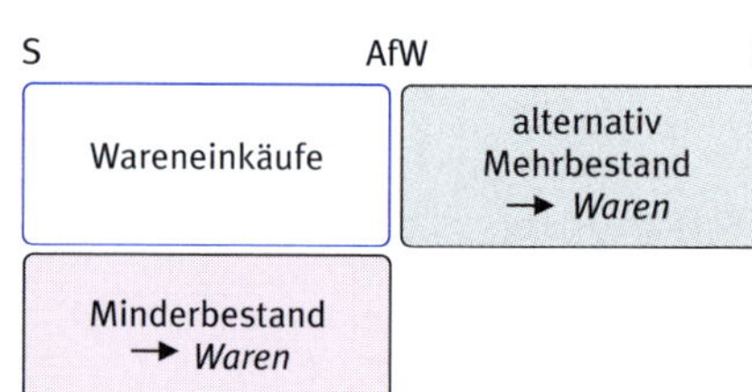

BUCHUNGSSATZ BEI EINEM MINDERBESTAND

Aufwendungen für Waren
an Waren

BUCHUNGSSATZ BEI EINEM MEHRBESTAND

Waren
an Aufwendungen für Waren

Am Jahresende wird der Saldo des Kontos „Aufwendungen für Waren“ über die GuV abgeschlossen.

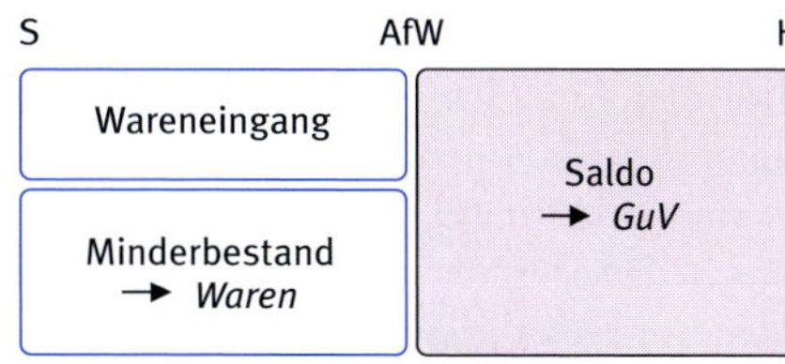

BUCHUNGSSATZ

Gewinn- und Verlustrechnung
an Aufwendungen für Waren

Der Abschluss beim verbrauchsorientierten Verfahren

Der Abschluss der Warenbewegungen beim verbrauchsorientierten Verfahren soll nachfolgend anhand eines unterstellten Minderbestands, d. h. am Jahresende sind weniger Waren im Lager als zu Beginn des Jahres (Warenbestand < Warenanfangsbestand), dargestellt werden.

Schematische Darstellung der Warenbuchungen

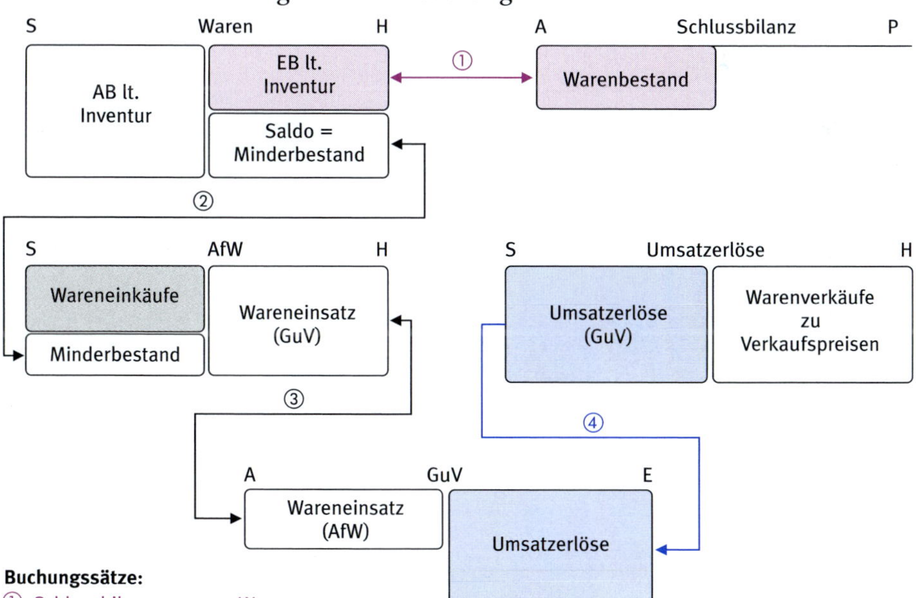

Buchungssätze:

① Schlussbilanz an Waren
② AfW an Waren (bei Minderbestand)
③ GuV an Waren
④ Umsatzerlöse an GuV

KERNWISSEN

- Das Aufwandskonto „Aufwendungen für Waren" erfasst sämtliche Warenzugänge.
- Am Ende der Abrechnungsperiode übernimmt es den Mehr- oder Minderbestand an Waren vom Bestandskonto „Waren".
- Der Abschluss erfolgt wie bei jedem Aufwandskonto über die Gewinn- und Verlustrechnung.

Hinweis: Aus Gründen der Klarheit und Übersichtlichkeit soll im Folgenden jedoch die zuerst vorgestellte und im Großhandel und großen Teilen der Industrie angewandte bestandsorientierte Warenverbuchung zugrunde gelegt werden. Dies erscheint umso gerechtfertigter, als die Fachkräfte für Lagerlogistik überwiegend in diesen beiden Bereichen eingesetzt werden.

5.4 Beispiel eines Warenabschlusses, dargestellt anhand der bestandsorientierten Methode

MUSTERAUFGABE

Der Geschäftsleitung der Elektrogroßhandlung Dieter Mott, Karlsruhe, liegen hinsichtlich des Warenbereichs folgende Daten vor:

	EUR
Warenanfangsbestand zum 1. Januar 20..	280 000,00
Wareneinkäufe lt. ER[1] im Geschäftsjahr	1 300 000,00
Erlöse aus Warenverkäufen im Geschäftsjahr lt. AR[2]	1 700 000,00
Warenendbestand lt. Inventur vom 31. Dezember 20..	310 000,00
Daneben weist das Konto Eigenkapital einen Anfangsbestand auf von	3 500 000,00

a) Bilden Sie die Abschlussbuchungen,
   - um den Rohgewinn bzw. Rohverlust zu ermitteln;
   - um die Eigenkapitalveränderung in der Schlussbilanz zu ermitteln.

b) Übertragen Sie die Abschlussbuchungen ins Hauptbuch und schließen Sie die Warenkonten am Jahresende ab.

[1] ER = Eingangsrechnung
[2] AR = Ausgangsrechnung

MUSTERLÖSUNG

a) **Abschlussbuchungen:**

		Soll	Haben
1.	Schlussbilanz	310 000,00	
	an Waren		310 000,00
2.	Aufwendungen für Waren (AfW)	1 270 000,00	
	an Waren		1 270 000,00
3.	GuV	1 270 000,00	
	an AfW		1 270 000,00
4.	Umsatzerlöse	1 700 000,00	
	an GuV		1 700 000,00
5.	GuV (Gewinn)	430 000,00	
	an Eigenkapital		430 000,00
6.	Eigenkapital	3 930 000,00	
	an Schlussbilanz		3 930 000,00

b) **Abschluss auf T-Konten (dem Hauptbuch):**

S Waren H

S		H	
AB	280 000,00	① SB	310 000,00
Einkäufe	1 300 000,00	② AfW	1 270 000,00
	1 580 000,00		1 580 000,00

S Umsatzerlöse H

S		H	
④ GuV	1 700 000,00	Verkäufe	1 700 000,00

S AfW H

S		H	
② Waren	1 270 000,00	③ GuV	1 270 000,00

A GuV E

A		E	
③ AfW	1 270 000,00	④ Umsatzerlöse	1 700 000,00
⑤ Gewinn/EK	430 000,00		
	1 700 000,00		1 700 000,00

S Eigenkapital H

S		H	
⑥ EB/SB	3 930 000,00	AB	3 500 000,00
		⑤ Gewinn/GuV	430 000,00
	3 930 000,00		3 930 000,00

A Schlussbilanz (SB) P

A		P	
.		⑥ Eigenkapital	3 930 000,00
.		.	
.		.	
① Waren	310 000,00	.	
.		.	

LÖSUNGSSCHRITTE

① Verbuchung des Warenendbestands lt. Inventur.
Hier: Schlussbilanz an Waren

② Ermittlung des Warenverkaufs zu Einstandspreisen als Saldogröße auf dem Konto Waren und Gegenbuchung auf dem Konto Aufwendungen für Waren.
Hier: AfW an Waren

③ Abschluss des Kontos AfW über das GuV-Konto.
Hier: GuV an AfW

④ Abschluss des Kontos Umsatzerlöse über das GuV-Konto.
Hier: Umsatzerlöse an GuV

⑤ Ermittlung des Erfolges auf dem GuV-Konto und Abschluss über das Konto Eigenkapital.
Hier: GuV (Gewinn) an Eigenkapital

⑥ Abschluss des Eigenkapitalkontos über die Schlussbilanz.
Hier: Eigenkapital an Schlussbilanz.

ÜBUNGSAUFGABEN

1. Bilden Sie zu nachfolgenden Geschäftsvorfällen die Buchungssätze.

	EUR
1. Wareneinkauf auf Ziel	4800,00
2. Warenverkauf bar	1250,00
3. Wareneinkauf	
gegen: – Bankscheck	4000,00
– Postbankscheck	2800,00
– Ziel	6000,00
4. Warenverkauf auf Ziel	8200,00

2. Buchen Sie auf den Warenkonten und ermitteln Sie den Rohgewinn bzw. Rohverlust.

	EUR
Anfangsbestand der Waren	230000,00
Wareneinkäufe auf Ziel	190000,00
Warenverkäufe auf Ziel	215000,00
Warenendbestand lt. Inventur	225000,00

3. Bilden Sie zu nachfolgenden Geschäftsvorfällen die Buchungssätze (Grundbuch) und verbuchen Sie diese vollständig auf T-Konten (Hauptbuch).

Anfangsbestände:	EUR		EUR
BGA	60000,00	Eigenkapital	?
Waren	75000,00	Darlehen	40000,00
Forderungen	35000,00	Verbindlichkeiten	27000,00
Bank	22500,00		
Postbank	18800,00		
Kasse	11300,00		

Kontenplan: Neben der Eröffnungs- und Schlussbilanz sind noch folgende Konten erforderlich:
Bestandskonten: BGA, Waren, Forderungen, Bank, Postbank, Kasse, Eigenkapital, Darlehen, Verbindlichkeiten
Erfolgskonten: Aufwendungen für Waren, Mietaufwendungen, Gehälter, Zinserträge, Umsatzerlöse, Gewinn- und Verlustkonto

Geschäftsvorfälle:	EUR
1. Zieleinkauf von Waren	8900,00
2. Mietzahlungen bar	6300,00
3. Tilgung eines Darlehen durch Banküberweisung	15000,00
4. Gehaltszahlung durch Postbanküberweisung	5400,00
5. Zielverkauf von Waren	14000,00
6. Zinsgutschrift der Bank	1200,00
7. Ein Kunde begleicht seine Rechnung durch Banküberweisung	4300,00
8. Kauf einer EDV-Anlage gegen Bankscheck	3800,00
9. Warenverkauf gegen Bankscheck	8000,00

Abschlussangaben:
Warenendbestand lt. Inventur 68900,00

Fragen:

a) Ermitteln Sie den Rohgewinn/-verlust.
b) Warum weichen Rohgewinn/-verlust vom Reingewinn/-verlust ab?
c) Wie wirkt sich ein Reingewinn/-verlust auf das Eigenkapitalkonto aus?

4. Bilden Sie zu nachfolgenden Geschäftsvorfällen die Buchungssätze und verbuchen Sie diese vollständig auf T-Konten.

Anfangsbestände:	EUR		EUR
BGA	250000,00	Eigenkapital	?
Waren	175000,00	Darlehen	120000,00
Forderungen	48000,00	Verbindlichkeiten	64000,00
Bank	63000,00		
Kasse	17800,00		

Kontenplan: Neben der Eröffnungs- und Schlussbilanz sind noch folgende Konten einzurichten:
Bestandskonten: BGA, Waren, Forderungen, Bank, Kasse, Eigenkapital, Darlehen, Verbindlichkeiten
Erfolgskonten: Aufwendungen für Waren, Löhne, Zinserträge, Mieterträge, Umsatzerlöse, Gewinn- und Verlustkonto

Geschäftsvorfälle:	EUR
1. Barverkauf einer gebrauchten Schreibmaschine	1200,00
2. Wareneinkauf auf Ziel	17500,00
3. Ein Kunde begleicht seine Rechnung durch Banküberweisung	3200,00
4. Warenverkauf gegen Barzahlung	1800,00
5. Die Bank schreibt uns Zinsen gut	680,00
6. Warenverkauf auf Ziel	22300,00
7. Aufnahme eines Darlehens bei unserer Bank	35000,00
8. Lohnzahlungen bar	7800,00

	EUR
9. Wir begleichen die Rechnung unseres Lieferers bar	1 900,00
10. Wir erhalten Miete bar	8 200,00

Abschlussangaben:

Warenendbestand lt. Inventur	180 000,00

Fragen:

a) Wie hoch ist der Rohgewinn bzw. -verlust?
b) Ermitteln Sie den Reingewinn bzw. -verlust.

5. Bilden Sie zu nachfolgenden Geschäftsvorfällen die Buchungssätze und verbuchen Sie diese vollständig auf T-Konten.

Anfangsbestände:	EUR		EUR
Gebäude	480 000,00	Eigenkapital	?
Maschinen	170 000,00	Hypothekenschuld	300 000,00
BGA	75 500,00	Verbindlichkeiten	62 000,00
Waren	118 000,00		
Forderungen	35 000,00		
Bank	52 000,00		
Kasse	9 000,00		

Kontenplan: Neben der Eröffnungs- und Schlussbilanz sind noch folgende Konten einzurichten:
Bestandskonten: Gebäude, Maschinen, BGA, Waren, Forderungen, Bank, Kasse, Eigenkapital, Hypothekenschuld, Verbindlichkeiten
Erfolgskonten: Aufwendungen für Waren, Zinsaufwendungen, Büromaterial, Gehälter, Umsatzerlöse, Zinserträge, Gewinn- und Verlustkonto

Geschäftsvorfälle:	EUR
1. Warenverkauf bar	14 000,00
2. Banküberweisung an unseren Lieferer	21 000,00
3. Zieleinkauf von Waren	47 500,00
4. Gehaltszahlungen bar	1 600,00
und durch Banküberweisung	11 000,00
5. Banküberweisung unseres Kunden	18 500,00
6. Zinsgutschrift unserer Bank	800,00
7. Warenverkauf auf Ziel	52 000,00
8. Teiltilgung unseres Hypothekendarlehens durch Bankscheck	20 000,00
9. Barkauf von Büromaterial	320,00
10. Hypothekenzinsen in Höhe von werden von unserem Konto abgebucht	4 000,00

Abschlussangaben:

Warenendbestand lt. Inventur	121 000,00

6 Die Umsatzsteuer

SITUATION

Beim Kontrollieren der verschiedenen Rechnungen ist Ludwig auf eine vermeintliche Ungereimtheit gestoßen, beinhalten doch sowohl die Eingangsrechnungen von den Lieferanten, die er gelegentlich bei der Warenannahme zu Gesicht bekommt, als auch die Ausgangsrechnungen an die Kunden, die er ab und zu der kommissionierten Ware beilegt, 19 % Umsatzsteuer.

Wie soll denn da meine Unternehmung noch Gewinn erzielen, wenn sie sowohl beim Einkauf als auch beim Verkauf Umsatzsteuer an den Staat bezahlen soll, überlegt Ludwig.

HANDLUNGSAUFTRÄGE

1. Überprüfen Sie die Überlegungen Ludwigs auf ihre Richtigkeit.
2. Verbuchen Sie sowohl den Wareneinkauf als auch den Warenverkauf unter Berücksichtigung der Umsatzsteuer.
3. Ermitteln Sie den tatsächlich an das Finanzamt abzuführenden Betrag.

6.1 Wesen der Umsatzsteuer

Eine der größten Einnahmepositionen des Staates ist die Umsatzsteuer (USt), die nach § 1 Umsatzsteuergesetz (UStG) auf folgende Umsätze zu erheben ist:

- Umsätze aus Lieferungen und Leistungen im Inland,
- Umsätze, die sich aus dem Eigenverbrauch des Unternehmers ergeben,
- Umsätze aus der Einfuhr von Gütern.

Bemessungsgrundlage für die Höhe der Umsatzsteuer ist der Nettowarenwert, auf den der jeweils geltende Umsatzsteuersatz von zz. 19 % bzw. 7 % anzuwenden ist.

Dem verminderten Umsatzsteuersatz von 7 % unterliegen:

- Grundnahrungsmittel,
- landwirtschaftliche Produkte,
- Bücher, Zeitungen, Zeitschriften,
- Nahverkehr.

MERKE

	Nettowarenwert	100 %	
+	Umsatzsteuer	19 %	(7 %)
=	Bruttowarenwert	119 %	(107 %)

In der Praxis bezeichnet man die Umsatzsteuer häufig als **Mehrwertsteuer**, weil nur vom jeweils entstandenen Mehrwert – der Wertschöpfung – Umsatzsteuer an das Finanzamt abzuführen ist, wie nachfolgendes Beispiel zeigt:

Eingangsrechnung
von unserem Lieferer:

1 CD-Player AX 10	300,00 EUR
+ 19 % USt	57,00 EUR
Rechnungsbetrag	357,00 EUR

Ausgangsrechnung
an unseren Kunden:

1 CD-Player AX 10	400,00 EUR
+ 19 % USt	76,00 EUR
Rechnungsbetrag	476,00 EUR

Einkaufspreis, netto	300,00 EUR
Verkaufspreis, netto	400,00 EUR
Mehrwert	100,00 EUR
davon 19 % USt =	19,00 EUR

ausgehende Steuerbeträge
Uns werden in Rechnung gestellt:
57,00 EUR

(Forderung an das Finanzamt)

eingehende Steuerbeträge
Wir stellen in Rechnung:
76,00 EUR

(Verbindlichkeit gegenüber dem Finanzamt)

Der Unternehmer zahlt an das Finanzamt

	76,00 EUR
–	57,00 EUR
	19,00 EUR

für den von ihm geschaffenen **Mehrwert**

Wie vorliegendes Beispiel verdeutlicht muss der Unternehmer lediglich den auf seiner Umsatzstufe „neu“ hinzugewonnenen Mehrwert versteuern und an das Finanzamt abführen, wenngleich bei der Berechnung der USt zunächst vom gesamten Umsatzwert ausgegangen wird. Von dieser berechneten Steuerschuld können jedoch die bezahlten Umsatzsteuerbeträge, die bei der Lieferung anfallen, abgezogen werden. Der sich als Unterschied ergebende Betrag ist die tatsächlich zu zahlende Steuerschuld, die man **Zahllast** nennt.

Die Zahllast lässt sich auf einfache Weise ermitteln:

Merke

Umsatzsteuer aus dem Verkauf lt. Ausgangsrechnung
– Umsatzsteuer aus dem Einkauf lt. Eingangsrechnung
= Zahllast, die an das Finanzamt abzuführen ist

Kernwissen

- Die Umsatzsteuer wird auf den Nettowarenwert bezogen.
- Die Umsatzsteuer stellt für das Unternehmen eine **durchlaufende Position** dar, d. h. die vom Kunden einbehaltene Umsatzsteuer muss nach Abzug der bereits an den Lieferer gezahlten Umsatzsteuer an das Finanzamt abgeführt werden.
- Die Zahllast stellt die Schuld dar, die das Unternehmen an das Finanzamt abführen muss.
- Nur der Endverbraucher muss die Umsatzsteuer letztlich tragen.

6.2 Die Umsatzsteuer beim Wareneinkauf

Die beim Einkauf von Waren anfallende Umsatzsteuer bezeichnet man als **Vorsteuer**. Sie stellt eine Forderung gegenüber dem Finanzamt dar, deren Zugang auf der Sollseite des Kontos

Vorsteuer

verbucht wird. Demzufolge handelt es sich bei dem Konto „Vorsteuer" um ein **Aktivkonto.**

Hinweis: Eine Umsatzsteuerschuld gegenüber dem Finanzamt entsteht erst dann, wenn die eingekauften Waren weiterverkauft werden!

MUSTERAUFGABE

Zu verbuchen ist folgender Geschäftsvorfall:

Eingangsrechnung:

1 CD-Player AX 10	300,00 EUR
+ 19 % USt	57,00 EUR
Rechnungsbetrag	357,00 EUR

MUSTERLÖSUNG

a) **Buchungssatz:**

Waren		300,00	
Vorsteuer		57,00	
an	Verbindlichkeiten		357,00

b) **Verbuchung auf T-Konten:**

S	Waren		H
Verbindlichkeiten	300,00		

S	Verbindlichkeiten		H
		Waren/Vorsteuer	357,00

S	Vorsteuer		H
Verbindlichkeiten	57,00		

LÖSUNGSSCHRITTE

① Überlegung: Handelt es sich im vorliegenden Geschäftsvorfall um einen Wareneinkauf oder um einen Warenverkauf?
Hier: Wareneinkauf ⇒ Konto „Waren"

② Achtung: Beim Wareneinkauf fällt **immer** Vorsteuer an!

③ Verbuchung des Geschäftsvorfalls.
Hier: Waren + Vorsteuer an Verbindlichkeiten

KERNWISSEN

- Vorsteuer bezeichnet den Teil der Umsatzsteuer, der beim Waren**ein**kauf anfällt.
- Vorsteuer ist ein Aktivkonto.
- Vorsteuer stellt eine Forderung gegenüber dem Finanzamt dar.

6.3 Die Umsatzsteuer beim Warenverkauf

Die beim Warenverkauf anfallende Steuer bezeichnet man als Umsatzsteuer (USt), teilweise noch als Mehrwertsteuer (MwSt.)[1]. Sie stellt eine Verbindlichkeit gegenüber dem Finanzamt dar, deren Zugang auf der Habenseite des Kontos

Umsatzsteuer (Mehrwertsteuer)

verbucht wird. Demzufolge handelt es sich bei dem Konto „Umsatzsteuer" bzw. „Mehrwertsteuer" um ein **Passivkonto**.

Die Verordnung zur Durchführung des Umsatzsteuergesetzes vom 5. November 1976 strich jedoch den Zusatz „Mehrwertsteuer", sodass nur noch der Begriff **„Umsatzsteuer"** verwendet wird.

Daraus ergibt sich – wie aus nachfolgender Darstellung hervorgeht –, dass der Begriff „Umsatzsteuer" doppelt belegt ist.

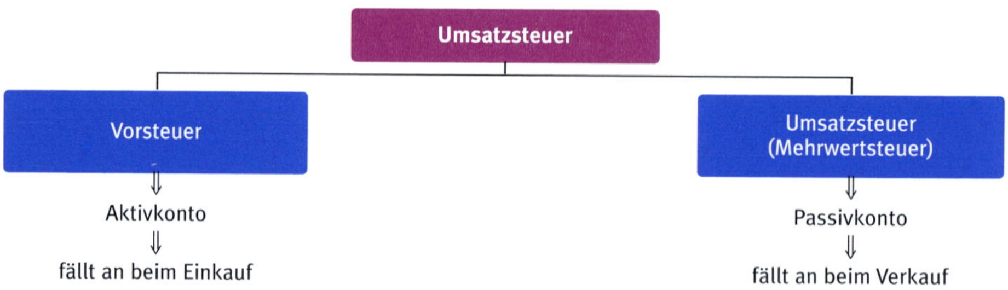

MUSTERAUFGABE

Verbuchen Sie folgenden Geschäftsvorfall:

Ausgangsrechnung:

1 CD-Player AX 10	400,00 EUR
+ 19 % Umsatzsteuer	76,00 EUR
Rechnungsbetrag	476,00 EUR

MUSTERLÖSUNG

a) Buchungssatz:

Forderungen		476,00	
an	Umsatzerlöse		400,00
	Umsatzsteuer		76,00

[1] Um den Schülern aber dennoch eine Hilfe anzubieten, wurde im beiliegenden Kontenrahmen hinter dem Konto „480 Umsatzsteuer" in Klammern die Abkürzung „MwSt." vermerkt.

b) Verbuchung auf T-Konten:

S	Forderungen		H
UE/USt	476,00		

S	Umsatzerlöse (UE)		H
		Forderungen	400,00

S	Umsatzsteuer (USt)		H
		Forderungen	76,00

Lösungsschritte

① Überlegung: Handelt es sich in vorliegendem Fall um einen Wareneinkauf oder um einen Warenverkauf?
Hier: Warenverkauf ⇒ Konto „Umsatzerlöse“

② Beachtung: Beim Warenverkauf fällt **immer** Umsatzsteuer an!

③ Verbuchung des Geschäftsvorfalls:
Hier: Forderungen an Umsatzerlöse + USt

Kernwissen

- Umsatzsteuer bezeichnet den Steueranteil, der beim Waren**ver**kauf anfällt.
- Umsatzsteuer ist ein Passivkonto.
- Umsatzsteuer stellt eine Verbindlichkeit gegenüber dem Finanzamt dar.

ÜBUNGSAUFGABEN

1. Verbuchen Sie als Mitarbeiter/-in der Spedition Weltweit nachfolgende Eingangsrechnung.

BAUER
Büroeinrichtungshaus

Neckarstr. 28
44532 Lünen
Telefon 02306 - 37 56 33
Telefax 02306 - 37 56 44

BAUER AG, Neckarstr. 28, 44532 Lünen

Spedition Weltweit
Frankfurter Str. 12
69157 Heidelberg

Datum: 27. 05. 20..
Projekt: 00-00232
USt-IdNr.: 476819537

Rechnung 00-00232

Sehr geehrte Damen und Herren,

wir bedanken uns für Ihren Auftrag vom 5. Mai 20.. und berechnen wie folgt:

Menge	Bezeichnung	Einzelpreis in EUR	Gesamtpreis in EUR
3	Stahlregale	3 500,00	10 500,00
	19 % USt		1 995,00
	Rechnungsbetrag		12 495,00

Zahlungsziel: 30 Tage rein netto

Mit freundlichen Grüßen

BAUER AG – Büroeinrichtungshaus

ppa. Fürst

Fürst

2. Bilden Sie für folgende Geschäftsvorfälle die Buchungssätze:

	EUR
1. Wareneinkauf auf Ziel	
netto	7 500,00
+ 19 % USt	1 425,00
2. Bareinzahlung auf unser Bankkonto	4 200,00
3. Warenverkauf gegen Bankscheck	
netto	3 200,00
+ 19 % USt	608,00
4. Wir zahlen Miete bar	3 600,00
5. Kauf von zwei Schreibtischen auf Ziel	
netto	2 180,00
+ 19 % USt	414,20
6. Ein Kunde begleicht seine Rechnung durch Banküberweisung	4 750,00
7. Gehaltszahlungen durch Banküberweisung	9 780,00

	EUR
8. Zinsgutschrift unserer Bank	600,00
9. Wareneinkauf	
netto	4500,00
+ 19% USt	855,00
gegen: – Barzahlung	1035,00
– Banküberweisung	2700,00
– Postbanküberweisung	1620,00

3. Verbuchen Sie folgende Geschäftsvorfälle:

	EUR
1. Einkauf von Kopierpapier auf Ziel	
netto	379,00
+ 19% USt	72,01
2. Barzahlung der Ausbildungsvergütung	1150,00
3. Ein Kunde begleicht seine Schuld durch Banküberweisung	4300,00
4. Warenverkauf auf Ziel	
netto	6200,00
+ 19% USt	1178,00
5. Wir erhalten Diskonterträge auf unserem Bankkonto gutgeschrieben	1780,00
6. Kauf eines Pkw	
netto	43000,00
+ 19% USt	8170,00
gegen: – Barzahlung	5000,00
– Bankscheck	23000,00
– Rest auf Ziel	?
7. Postbanküberweisung der Telefongebühren	870,00
8. Wareneinkauf gegen Bankscheck	
netto	23300,00
+ 19% USt	4427,00

6.4 Berechnung und Verbuchung der Umsatzsteuer-Zahllast

Ermittlung der Zahllast

Wie bereits im Eingangsbeispiel gezeigt muss der Unternehmer die dem Kunden berechnete Umsatzsteuer nicht in voller Höhe an das Finanzamt überweisen. Vielmehr kann er die an seinen Lieferanten gezahlte Vorsteuer damit verrechnen.

Die sich ergebende Differenz – i. d. R. ist die Umsatzsteuer größer als die Vorsteuer – bezeichnet man als **Zahllast**.

BUCHUNGSSATZ

Umsatzsteuer
an Vorsteuer

MERKE

Umsatzsteuer
– Vorsteuer
= Zahllast

Abführen der Zahllast

An jedem Monatsende muss der Unternehmer die Zahllast buchhalterisch ermitteln und bis zum 10. des jeweiligen Folgemonats (+ 5 Tage Schonfrist) an das Finanzamt abführen.

Buchungssatz

Umsatzsteuer
an Bank

Musteraufgabe

Ermitteln Sie die Zahllast für unser Eingangsbeispiel und begleichen Sie diese durch Banküberweisung.

Musterlösung

Auf unser Eingangsbeispiel bezogen ergibt sich für die Zahllast folgender Wert:

	Umsatzsteuer aus dem Verkauf	76,00 EUR
−	Vorsteuer aus dem Einkauf	57,00 EUR
=	Zahllast	19,00 EUR

1. a) **Buchungssatz für die Ermittlung der Zahllast:**

	Soll	Haben
Umsatzsteuer	57,00	
an Vorsteuer		57,00

b) **Verbuchung auf T-Konten:**

S	Vorsteuer		H
Verbindlichkeiten	57,00	USt	57,00

S	Umsatzsteuer		H
Vorsteuer	57,00	Forderungen	76,00

2. a) **Buchungssatz zur Abführung der Zahllast an das Finanzamt:**

	Soll	Haben
Umsatzsteuer	19,00	
an Bank		19,00

b) **Verbuchung auf T-Konten:**

S	Umsatzsteuer		H
Vorsteuer	57,00	Forderungen	76,00
Zahllast	19,00		

S	Bank		H
		USt	19,00

Lösungsschritte

① Abschluss des Kontos „Vorsteuer“ über das Konto „Umsatzsteuer“ und Ermittlung der Zahllast als Differenz beider Größen.
Hier: Umsatzsteuer an Vorsteuer

② Überweisung der Zahllast durch Banküberweisung und Abschluss des Kontos „Umsatzsteuer“.
Hier: Umsatzsteuer an Bank

Kernwissen

- Die Zahllast ergibt sich als Differenz zwischen der i. d. R. höheren Umsatzsteuer und der niedrigeren Vorsteuer.
- Die Zahllast stellt eine Verbindlichkeit gegenüber dem Finanzamt dar, die bis zum 10. jeden Monats für den vorausgegangenen Monat an das Finanzamt abgeführt werden muss.

Schematische Darstellung der Ermittlung der Zahllast

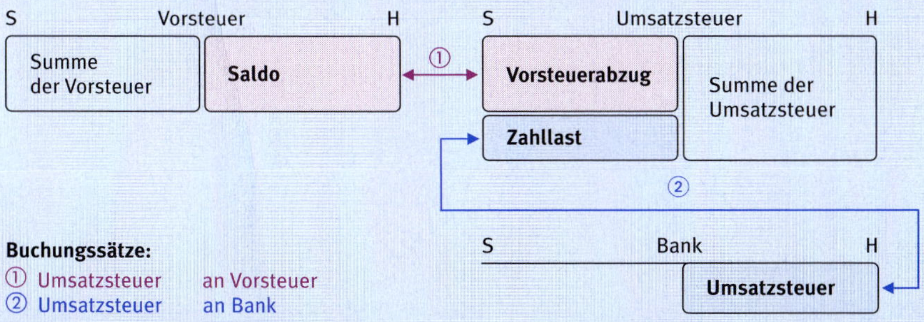

- **Besonderheiten:** Beim Jahresabschluss am 31.12. ist die Zahllast für den Monat Dezember, da noch nicht abgeführt, allerdings auf der Passivseite der Bilanz auszuweisen (zu passivieren)!
- Nur in Ausnahmefällen ist die Vorsteuer einmal höher als die Umsatzsteuer, sodass der Betrieb eine Forderung an das Finanzamt hat.

Übungsaufgaben

1. Verbuchen Sie nachfolgende Rechnungen, ermitteln Sie die Zahllast und begleichen Sie diese durch Banküberweisung.

a) Eingangsrechnung:

Fahrradfabrik
Edgar Traub & Co.
Saarbrücker Str. 25
40476 Düsseldorf

Düsseldorf, ..-03-25

An die
Fahrradgroßhandlung
Rainer Barth
Hauptallee 35
01069 Dresden

Rechnung Nr. 3047

Wir lieferten Ihnen auf Ziel

2 Mountainbikes à 1 150,00 EUR	2 300,00 EUR
+ 19 % USt	437,00 EUR
Gesamtpreis	2 737,00 EUR

b) Ausgangsrechnung:

```
Fahrradgroßhandlung                           Dresden, ..-04-12
Rainer Barth
Hauptallee 35
01069 Dresden


Herrn
Pascal Jaus
Uferstr. 35
01097 Dresden


Rechnung Nr. 2345

Wir lieferten Ihnen auf Ziel

2 Mountainbikes à 1 700,00 EUR                    3 400,00 EUR
+ 19% USt                                           646,00 EUR
                                                  4 046,00 EUR
```

2. Verbuchen Sie folgende Geschäftsvorfälle:

	EUR
1. Wareneinkauf auf Ziel	
netto	14500,00
+ 19% USt	2755,00
2. Banküberweisung unserer Gewerbesteuer	18570,00
3. Bareinzahlung auf unser Bankkonto	8500,00
4. Warenverkauf gegen Postbankscheck	
netto	10000,00
+ 19% USt	1900,00
5. Umbuchung der Vorsteuer auf das Konto Umsatzsteuer	6300,00
6. Banküberweisung der sich ergebenden Zahllast in Höhe von	7800,00
7. Lohnzahlung bar	6350,00
8. Kauf eines Gapelstaplers auf Ziel	
netto	42800,00
+ 19% USt	8123,00
9. Ein Kunde begleicht seine Rechnung durch Postbanküberweisung	2750,00
10. Mietzahlung für unsere Geschäftsräume bar	12000,00

3. Verbuchen Sie folgende Geschäftsvorfälle:

	EUR
1. Unsere Bank schreibt Zinsen gut	3800,00
2. Warenverkauf gegen Bankscheck	
netto	23400,00
+ 19% USt	4446,00
3. Wareneinkauf auf Ziel	
netto	17200,00
+ 19% USt	3268,00

		EUR
4.	Gehaltszahlungen durch Banküberweisung	16380,00
5.	Ein Kunde begleicht seine Schuld	
	durch: – Bankscheck	4000,00
	– Postbankscheck	6500,00
	– bar	2000,00
6.	Umbuchung der Vorsteuer auf das Konto Umsatzsteuer	12800,00
7.	Warenverkauf gegen Barzahlung	
	netto	4200,00
	+ 19% USt	798,00
8.	Zinsgutschrift der Bank	2800,00
9.	Kauf eines Grundstücks	
	gegen: – Barzahlung	15000,00
	– Banküberweisung	30000,00
	– Postbanküberweisung	22000,00
	– Ziel	53000,00
10.	Abführen der Zahllast durch Banküberweisung	14800,00

4. Bilden Sie zu nachfolgenden Geschäftsvorfällen die Buchungssätze, verbuchen Sie diese vollständig auf T-Konten und erstellen Sie die Schlussbilanz.

Anfangsbestände:	EUR		EUR
Fuhrpark	165000,00	Eigenkapital	?
BGA	95000,00	Verbindlichkeiten	75000,00
Waren	235000,00		
Forderungen	53000,00		
Bank	60000,00		
Kasse	9500,00		

Kontenplan: Neben der Eröffnungs- und Schlussbilanz sind noch folgende Konten einzurichten:
Bestandskonten: Fuhrpark, BGA, Waren, Forderungen, Vorsteuer, Bank, Kasse, Verbindlichkeiten, Umsatzsteuer, Eigenkapital
Erfolgskonten: Aufwendungen für Waren, Löhne, Werbeaufwendungen, Büromaterial, Postgebühren, Zinsaufwand, Umsatzerlöse, Gewinn- und Verlustkonto

Geschäftsvorfälle:

		EUR
1.	Barkauf von Kopierpapier	
	netto	300,00
	+ 19% USt	57,00
2.	Warenverkauf auf Ziel	
	netto	25000,00
	+ 19% USt	4750,00
3.	Barzahlung von Löhnen	4850,00
4.	Wareneinkauf auf Ziel	
	netto	11000,00
	+ 19% USt	2090,00
5.	Die Bank belastet uns mit Zinsen in Höhe von	580,00

	EUR
6. Banküberweisung für unsere Werbeanzeige	
netto	800,00
+ 19% USt	152,00
7. Warenverkauf gegen Bankscheck	
netto	13 800,00
+ 19% USt	2 622,00
8. Ein Kunde begleicht seine Rechnung durch Banküberweisung	8 500,00
9. Barkauf einer Wertmarke für unsere Frankiermaschine	500,00
10. Wareneinkauf gegen Bankscheck	
netto	15 000,00
+ 19% USt	2 850,00

Abschlussangaben:

1. Zahllast:
   a) Ermittlung der Zahllast
   b) Passivierung der Zahllast
2. Warenendbestand lt. Inventur 185 000,00

5. Bilden Sie zu nachfolgenden Geschäftsvorfällen die Buchungssätze im Grundbuch, verbuchen Sie diese vollständig auf T-Konten und erstellen Sie die Schlussbilanz.

Anfangsbestände:	EUR		EUR
Bebaute Grundstücke	260 000,00	Eigenkapital	?
BGA	83 000,00	Hypothekenschulden	185 000,00
Waren	42 000,00	Verbindlichkeiten	32 000,00
Forderungen	27 000,00		
Bank	29 000,00		
Postbank	13 500,00		
Kasse	4 500,00		

Kontenplan: Neben der Eröffnungs- und Schlussbilanz sind noch folgende Konten einzurichten:
Bestandskonten: Bebaute Grundstücke, BGA, Waren, Forderungen, Bank, Postbank, Kasse, Vorsteuer, Hypothekenschulden, Verbindlichkeiten, Umsatzsteuer, Eigenkapital
Erfolgskonten: Aufwendungen für Waren, Miete, Steuern, Gehälter, Zinsaufwand, Umsatzerlöse, Provisionserträge, Gewinn- und Verlustkonto

Geschäftsvorfälle:	EUR
1. Banküberweisung für:	
– Miete	8 300,00
– Gewerbesteuer	4 500,00
2. Wareneinkauf	
netto	12 000,00
+ 19% USt	2 280,00
gegen: – Barzahlung	1 860,00
– Bankscheck	8 000,00
– Postbankscheck	4 420,00
3. Gehaltszahlung durch Postbanküberweisung	7 000,00
4. Banküberweisung an unseren Lieferer	3 000,00

	EUR
5. Warenverkäufe auf Ziel	
netto	19 200,00
+ 19 % USt	3 648,00
6. Ein Kunde begleicht seine Rechnung durch Banküberweisung	7 300,00
7. Zinslastschrift unserer Bank	800,00
8. Kauf eines Schreibtisches gegen Bankscheck	
netto	3 700,00
+ 19 % USt	703,00
9. Gutschrift von Zinserträgen auf unserem Postbankkonto	5 800,00

Abschlussangaben:

1. Zahllast:
   a) Ermittlung der Zahllast
   b) Abführen der Zahllast durch Banküberweisung
2. Warenendbestand lt. Inventur: 51 500,00

7 Organisation der Buchführung

SITUATION

Auf Ludwigs Frage, wie man sich denn bei all den unterschiedlichen Konten noch auskennen soll, antwortet Herr Barth, dass es in der Buchführung eine Ordnung bzw. einen Plan – ähnlich einem Stadtplan – gibt, der den Buchhalter zu dem entsprechenden Konto „lotst“.

HANDLUNGSAUFTRÄGE

1. Überlegen Sie, wie eine solche Ordnung bzw. ein solcher Plan aufgebaut sein könnte.
2. Erklären Sie, warum es eine solche Grundordnung für sämtliche Unternehmen einer solchen Branche geben sollte.
3. Führen Sie ab sofort Buchungen mithilfe des beiliegenden Kontenplans durch.

7.1 Notwendigkeit der Ordnung aller Konten

Wie wir bereits gesehen haben umfasst die Buchführung eines Kaufmanns eine Vielzahl von Konten. Um die Übersicht zu behalten, wurden von den Wirtschaftsverbänden für alle Betriebe der gleichen Art einheitliche Kontenrahmen aufgestellt, so z. B. für die Industrie, die Speditionsbetriebe, den Groß- und Einzelhandel, das Handwerk usw.

Aufgabe dieses Kontenrahmens ist es:

- eine klare Übersicht über alle Konten und eine einheitliche Bezeichnung der Konten zu schaffen,
- sämtliche Aufwendungen und Erträge zu erfassen und somit eine genaue Kostenrechnung (Kalkulation) zu gewährleisten,
- die Geldbewegungen des Betriebes zu überwachen,
- die Vergleichbarkeit gleichartiger Betriebe zu ermöglichen.

Hinweis: Da die Fachkräfte für Lagerwirtschaft sowohl im Handel als auch in der Industrie ausgebildet werden, existiert für diesen Ausbildungsberuf kein verbindlich vorgeschriebener Kontenrahmen.

Um die Schüler dennoch mit dem System des Kontenrahmens vertraut zu machen, wurde diesem Schulbuch der für Baden-Württemberg vorgeschriebene Schulkontenrahmen des Großhandels zugrunde gelegt.

KERNWISSEN

- Jede Branche hat einen eigenen Kontenrahmen, der von den jeweiligen Wirtschaftsverbänden aufgestellt wird.
- Der Kontenrahmen ermöglicht eine Übersicht über alle Konten.
- Durch die einheitliche Bezeichnung der Konten wird die Vergleichbarkeit von Betrieben der gleichen Branche ermöglicht.

7.2 Aufbau und Inhalt des Großhandelskontenrahmens

Der 1988 vom Bundesverband des Deutschen Groß- und Außenhandels e. V. (BGA) herausgegebene Großhandelskontenrahmen – der diesem Buch zugrunde liegt – ist nach dem Zehnersystem (dekadischen System) aufgebaut.

Nach diesem System werden die Konten zunächst in 10 Kontenklassen (0 bis 9) eingeteilt, wobei die Kontenklasse 9 der Kosten- und Leistungsrechnung vorbehalten bleibt.

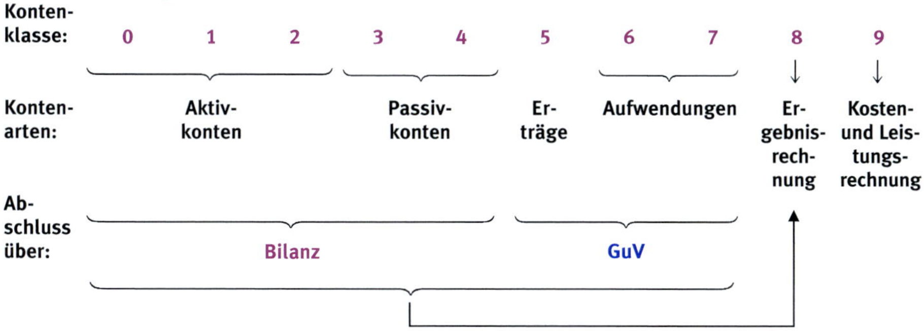

Inhalt des Kontenrahmens

Kontenklasse	Inhalt			
0 1	Immaterielle Vermögensgegenstände und Sachanlagen Finanzanlagen	AV	Aktiva	Bilanz
2	Umlaufvermögen und aktive Rechnungsabgrenzung	UV		
3 4	Eigenkapital, Wertberichtigungen und Rückstellungen Verbindlichkeiten und passive Rechnungsabgrenzung		Passiva	
5	Erträge		Erträge	GuV
6 7	Betriebliche Aufwendungen Weitere Aufwendungen		Aufwendungen	
8	Ergebnisrechnung			
9	**Kosten- und Leistungsrechnung**			

Jede der aufgeführten Kontenklassen lässt sich danach in 10 **Kontengruppen**, jede Kontengruppe in 10 **Kontenarten** und jede Kontenart in 10 **Kontenunterarten** untergliedern.

Beispiel

Konten-Nr.	Konto
2001	**Bezugskosten**

Konten**klasse**: → 2 = Umlaufvermögen und aktive Rechnungsabgrenzung

Konten**gruppe**: → 20 = Waren

Konten**art**: → 200 = Warengruppe I

Konten**unterart**: → 2001 = Bezugskosten

Die oben angeführten Konten sind durchgängig nach dem Abschlussgliederungsprinzip organisiert, d. h.,

(1) die Kontenklassen 0 bis 4 enthalten die Bestandskonten und werden über die Schlussbilanz abgeschlossen;

Bestandskonten				
Kontenklassen				
0	1	2	3	4
Aktivkonten			**Passivkonten**	
Anlagevermögen		Umlaufvermögen	Eigenkapital	Verbindlichkeiten

Aktiva	Schlussbilanz Passiva
Anlagevermögen Umlaufvermögen	Eigenkapital Verbindlichkeiten

(2) die Kontenklassen 5 bis 7 weisen die Erfolgskonten aus, die über die Gewinn- und Verlustrechnung abgeschlossen werden.

Erfolgskonten		
Kontenklassen		
5	6	7
Ertragskonten	**Aufwandskonten**	

Aufwendungen	GuV Erträge
Aufwandskonten	Ertragskonten

KERNWISSEN

- Der Kontenrahmen ist in 10 Kontenklassen eingeteilt.
- Die Kontenklassen 0–4 enthalten die Bestandskonten und werden über die Schlussbilanz abgeschlossen.
- Die Kontenklassen 5–7 enthalten die Erfolgskonten und werden über die Gewinn- und Verlustrechnung abgeschlossen.
- 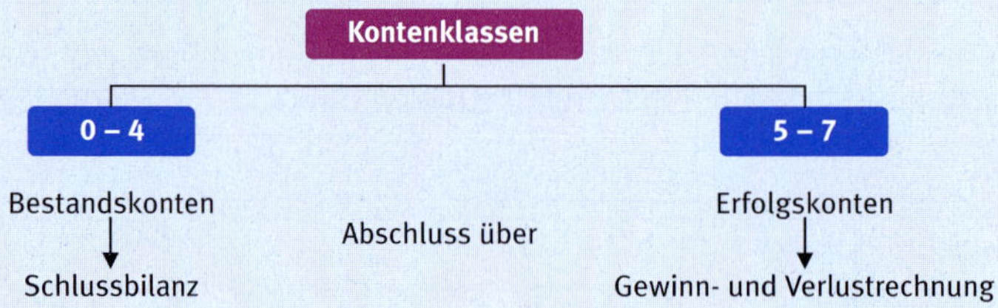

7.3 Vom Kontenrahmen zum Kontenplan

Während der Kontenrahmen die einheitliche Grundordnung einer bestimmten Wirtschaftsbranche festlegt, ermöglicht der Kontenplan das Eingehen auf die besonderen Belange der einzelnen Betriebe, d. h. der Kontenplan enthält demnach die im jeweiligen Unternehmen geführten Konten.

Nachfolgende Darstellung soll diesen Zusammenhang anhand unseres Beispiels „2001 Bezugskosten“ verdeutlichen.

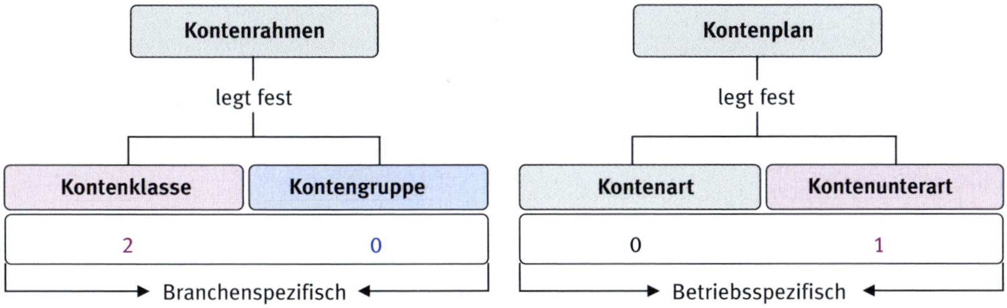

Kernwissen

- Der Kontenrahmen legt die einheitliche Grundordnung – die Kontenklassen und Kontengruppen – eines bestimmten Wirtschaftsbereiches (Branche) fest.
- Der Kontenplan bezieht sich auf die einzelne Unternehmung, d. h. jeder Betrieb kann die Kontenarten und Kontenunterarten frei belegen.

7.4 Die Buchung nach dem Kontenplan

Die Nummerierung der einzelnen Konten ermöglicht den Unternehmen eine wesentlich vereinfachte Buchungsarbeit. So genügt zur Angabe des Buchungssatzes lediglich die Nennung der entsprechenden Kontennummer, d. h. die Kontenbezeichnungen werden durch Kontennummern ersetzt.

Musteraufgabe

Verbuchen Sie nachfolgenden Geschäftsvorfall:

Barabhebung von unserem Bankkonto 3000,00 EUR

Musterlösung

Buchungssatz alt:

Kasse	3000,00	
an Bank		3000,00

Buchungssatz neu:

282 Kasse	3000,00	
an 280 Bank		3000,00

oder einfach:

282	3000,00	
an 280		3000,00

Gelegentlich wird der Buchungssatz noch weiter verkürzt, sodass man nur noch angibt:

282/280 3000,00

LÖSUNGSSCHRITTE

① Überlegen, welche Konten durch den Geschäftsvorfall angesprochen werden.
② Heraussuchen der entsprechenden Kontennummer aus dem Kontenrahmen/Kontenplan.
③ Bildung des vereinfachten Buchungssatzes.

KERNWISSEN

- In Zukunft werden bei Buchungssätzen die Kontennummern den Kontenbezeichnungen vorangestellt, z. B. 280 Bank.
- In der Praxis ersetzen Kontennummern häufig die Kontenbezeichnungen.

ÜBUNGSAUFGABEN

1. Suchen Sie zu nachfolgenden Konten die entsprechenden Kontennummern aus dem Kontenplan:

- Verbindlichkeiten
- Bank
- Grundstücke
- Mietaufwendungen
- Kasse
- Umsatzerlöse
- Umsatzsteuer (MwSt.)
- Gehälter
- Abschreibungen auf Anlagen
- Forderungen
- Vorsteuer
- Zinserträge
- Waren
- Maschinen
- Postgebühren
- Fuhrpark

2. Suchen Sie zu den angegebenen Kontennummern die entsprechenden Kontenbezeichnungen:

- 087
- 680
- 613
- 41
- 240
- 541
- 480
- 687
- 500
- 050
- 260
- 702

3. Bestimmen Sie die den vereinfachten Buchungssätzen zugrunde liegenden Geschäftsvorfälle:

- 282/280
- 670/281
- 240/500+480
- 281/084+480
- 480/280
- 280/571
- 200+260/44
- 085+260/280

4. Bilden Sie unter Angabe der Kontennummern und Kontenbezeichnungen die Buchungssätze für nachfolgende Geschäftsvorfälle:

	EUR
1. Warenverkauf auf Ziel	
netto	4000,00
+ 19% USt	760,00
2. Gehaltszahlungen bar	12500,00
3. Banküberweisung an unseren Lieferer	7600,00
4. Banküberweisung der:	
– Geschäftsmiete	4200,00
– Kfz-Steuer	780,00
5. Verkauf eines gebrauchten Lkw gegen Barzahlung	
netto	17000,00
+ 19% USt	3230,00
6. Wareneinkauf auf Ziel	
netto	8600,00
+ 19% USt	1634,00
7. Teilrückzahlung unseres Darlehens durch Banküberweisung	20000,00
8. Zinsgutschrift unserer Bank	2600,00
9. Banküberweisung unseres Kunden	9500,00
10. Banküberweisung an unseren Lieferer	9890,00
11. Barkauf von Kopierpapier	
netto	300,00
+ 19% USt	57,00
12. Postbanküberweisung für unsere Werbeanzeige	
netto	800,00
+ 19% USt	152,00
13. Kauf eines Gabelstaplers auf Ziel	
netto	40000,00
+ 19% USt	7600,00
14. Warenverkauf	
netto	25000,00
+ 19% USt	4750,00
gegen: – Barzahlung	8000,00
– Scheckzahlung	10000,00
– Rest auf Ziel	?
15. Kauf eines Schreibtischstuhles auf Ziel	
netto	1400,00
+ 19% USt	266,00
16. Banküberweisung für:	
– Büromaterial	800,00
– Benzinrechnung	450,00
– Reisekosten	600,00
– Verbandsbeiträge	320,00
– Leasinggebühren	1200,00
17. Ein Kunde leistet eine Abschlagszahlung durch Bankscheck	4000,00
18. Postbanküberweisung der Zahllast an das Finanzamt	8200,00

8 Personalaufwendungen

SITUATION

WSP

Martin Lenz, ein Arbeitskollege von Ludwig, der nach seiner Ausbildung zur Fachkraft für Logistik im Bereich Kommissionierung übernommen wurde, staunt nicht schlecht: Als er seine erste **Gehaltsabrechnung** erhielt, klaffte doch eine gewaltige Lücke zwischen dem im Arbeitsvertrag vereinbarten Gehalt und dem ausgezahlten Betrag. „Kannst du mir erklären, was da wohl schiefgelaufen ist?“, fragt er Ludwig.

HANDLUNGSAUFTRÄGE

1. Erklären Sie, wie es zu diesem Fehlbetrag zwischen vereinbartem und ausgezahltem Gehalt kommen kann.
2. Erläutern Sie, welche Abzüge von jedem Arbeitnehmer zu leisten sind.
3. Warum werden die Lohn- bzw. Gehaltserhöhungen von den Arbeitgebern nicht sehr positiv gesehen?
4. Führen Sie die Lohn- und Gehaltsverbuchungen durch und erklären Sie deren Auswirkung auf den Erfolg des Unternehmens.

8.1 Grundlagen der Lohn- und Gehaltsabrechnungen

Als eine der wesentlichsten Aufwendungsarten der Unternehmen sind die Personalkosten anzusehen, die als Entgelt für die den Unternehmen zur Verfügung gestellte Arbeitskraft an die Arbeitnehmer ausgezahlt werden. Daraus ergibt sich die besondere Bedeutung der Position **„Personalkosten“** – stellen sie doch für den Betrieb „Aufwendungen“, für die Arbeitnehmer jedoch „Einkommen“ dar. Die an die Arbeiter gezahlten Vergütungen bezeichnet man als **Löhne**, die an die Angestellten als **Gehälter**.

MERKE

Löhne und Gehälte sind
- für die Arbeitgeber → Aufwendungen
- für die Arbeitnehmer → Einkommen

Allgemein versteht man unter *Personalkosten* alle Zahlungen, die den Arbeitnehmern für ihre Arbeitsleistung zustehen. Darin enthalten sind u. a.:

- Arbeitslöhne
- Überstundenlöhne
- Zulagen
- Zuschläge
- Aufwandsentschädigungen
- Gratifikationen

Die aufgeführten Einkünfte unterliegen gemäß § 1 Einkommensteuergesetz (EStG) der Lohn- bzw. Einkommensteuer. Arbeitgeber sind per Gesetz verpflichtet, die vom Arbeitnehmer zu zahlenden Steuern und Beiträge einzubehalten und an die verschiedenen Träger abzuführen.

MERKE

Bruttolöhne
− Abzüge
= Nettolöhne

Die vom Bruttolohn abzuführenden Beträge lassen sich einteilen in:

Abzüge

steuerpflichtige Abzüge

- Lohn- oder Einkommensteuer
- Kirchensteuer
- Solidaritätszuschlag

sozialversicherungspflichtige Abzüge

- Krankenversicherungsbeiträge
- Rentenversicherungsbeiträge
- Arbeitslosenversicherungsbeiträge
- Pflegeversicherungsbeiträge

Steuerpflichtige Abzüge

1. *Lohnsteuer (LSt)*

   Mit der Lohnsteuer werden Einkünfte aus nicht selbstständiger Arbeit besteuert. Die Steuerhöhe richtet sich dabei nach:

   - der Höhe des Lohns/Gehalts
   - der Steuerklasse (diese ist abhängig von persönlichen Merkmalen wie z. B.:
     – Familienstand
     – Kinderzahl)
   - eingetragenen Freibeträgen

   Hinweis: Aufgrund bestehender gesetzlicher Regelungen ist ein Teil der Einkünfte aus nicht selbstständiger Arbeit jedoch steuerfrei.

2. *Kirchensteuer (KiSt)*

   Sie ist nur von denjenigen Arbeitnehmern zu zahlen, die einer steuererhebenden Religionsgemeinschaft angehören. Der Kirchensteuersatz ist nicht bundeseinheitlich und beträgt je nach Bundesland zwischen 8 % bis 9 % der Lohnsteuer. Die Kirchensteuer wird zusammen mit der Lohnsteuer vom Arbeitgeber einbehalten und an das Finanzamt abgeführt.

3. *Solidaritätszuschlag (SolZ)*

   Er ist fast von jedem lohn- bzw. einkommensteuerzahlenden Arbeitnehmer zu entrichten und beträgt zz. 5,5 % der Lohn- bzw. Einkommensteuer.

Sozialversicherungspflichtige Abzüge

Per Gesetz sind alle Arbeitnehmer verpflichtet, in folgende Zweige der **Sozialversicherung** einzuzahlen: **WSP**

1. Krankenversicherung
2. Rentenversicherung
3. Arbeitslosenversicherung
4. Pflegeversicherung

Die Beiträge zu den aufgeführten Zweigen der Sozialversicherung, die von Arbeitgebern und Arbeitnehmern **jeweils etwa zur Hälfte** (Ausnahme: Krankenversicherung) zu tragen sind, werden zu einem Gesamtversicherungsbeitrag zusammengefasst und an die Krankenkassen überwiesen. Die Beiträge zur Unfallversicherung sowie die Beiträge für Geringverdiener muss der Arbeitgeber in voller Höhe zahlen.

Die Höhe der Sozialversicherungsbeiträge richtet sich nach:
1. dem Arbeitsentgelt
2. der Höhe der Beitragsbemessungsgrenze
3. der Zugehörigkeit der Arbeitnehmer zu einzelnen oder allen Zweigen der Sozialversicherung

KERNWISSEN

- Alle Arbeitnehmer, die Einkünfte aus nicht selbstständiger Arbeit beziehen, sind lohnsteuerpflichtig.
- Die Höhe der Lohnsteuer ist abhängig von der Höhe des Arbeitsentgelts und persönlicher Steuermerkmale.
- Kirchensteuerpflichtig ist jeder, der einer steuererhebenden Religionsgemeinschaft angehört.

8.2 Die Verbuchung von Löhnen und Gehältern

Bei den Bruttolöhnen und Bruttogehältern handelt es sich um die **Aufwandskonten**

62 Löhne und 63 Gehälter,

die grundsätzlich im **Soll** erfasst werden. Darüber hinaus werden durch die Abzüge folgende Konten im **Haben** berührt:

1. *für steuerpflichtige Abzüge*

   483 FB-Verbindlichkeiten

   (Sonstige Verbindlichkeiten gegenüber Finanzbehörden)

   Über dieses Konto sind die einbehaltenen Lohn- und Kirchensteuern sowie der Solidaritätszuschlag zu verbuchen.

2. *für sozialversicherungspflichtige Abzüge*

   484 SV-Verbindlichkeiten

   (Verbindlichkeiten gegenüber Sozialversicherungsträgern)

   Auf dieses Konto werden zunächst die vom Arbeitnehmer aufzubringenden Beiträge zur Sozialversicherung verbucht.

Der **Arbeitgeberanteil** zur Sozialversicherung ist als zusätzlicher **Aufwand** im **Soll** auf dem Konto

640 Arbeitgeberanteil zur Sozialversicherung

zu erfassen und auf dem Konto „484 SV-Verbindlichkeiten“ gegenzubuchen.

Notwendige Buchungssätze bei der Lohn-/Gehaltsverbuchung:

1. Buchung der Lohn-/Gehaltszahlung

BUCHUNGSSATZ

62 Löhne
an 280 Bank
483 FB-Verbindlichkeiten
484 SV-Verbindlichkeiten

2. Buchung des Arbeitgeberanteils zur Sozialversicherung

BUCHUNGSSATZ

640 Arbeitgeberanteil
an 484 SV-Verbindlichkeiten

3. Buchung der Überweisung der einbehaltenen Abzüge

BUCHUNGSSATZ

483 FB-Verbindlichkeiten
484 SV-Verbindlichkeiten
an 280 Bank

Darstellung der Lohn- bzw. Gehaltsaufspaltung

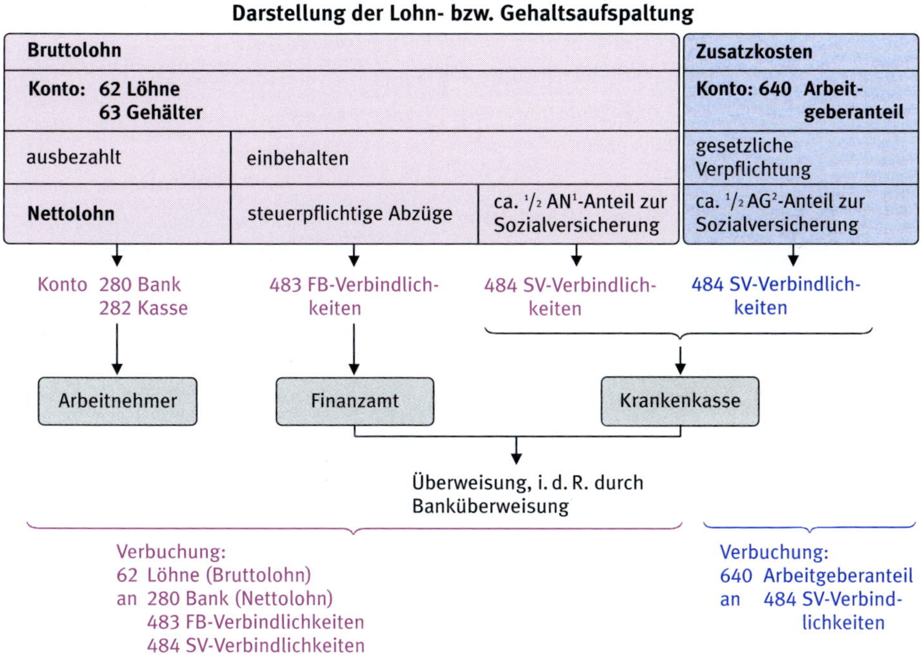

[1] AN = Arbeitnehmer
[2] AG = Arbeitgeber

MUSTERAUFGABE

Der ledige Lagermeister Antonio Ausanio bezieht einen Bruttolohn von 3800,00 EUR, der gemäß Steuerklasse I zu versteuern ist. Nach Abzug der Lohn- und Kirchensteuer sowie des Arbeitnehmerbeitrags zur Sozialversicherung erhält Herr Ausanio ein Nettogehalt von 2308,32 EUR auf seinem Konto gutgeschrieben.

1. Verbuchen Sie die Lohnzahlung, wenn Herr Ausanio folgende Lohnaufstellung für den Monat Mai erhält:

Name	Steuerklasse	Bruttolohn	Abzüge				Gesamtabzüge	Nettolohn
			LSt[1]	KiSt[2]	SolZ[3]	SV[4]		
Ausanio	I/0	3800,00	649,08	51,92	48,68	742,00	1491,68	2308,32

2. Verbuchen Sie den Arbeitgeberanteil zur Sozialversicherung.
3. Die einbehaltenen Abzüge werden am 10. des Folgemonats durch Banküberweisung abgeführt.

MUSTERLÖSUNG

a) **Buchungssätze:**

		Soll	Haben
1.	62 Löhne	3800,00	
	an 280 Bank		2308,32
	483 FB-Verbindlichkeiten		749,68
	484 SV-Verbindlichkeiten		742,00
2.	640 Arbeitgeberanteil	742,00	
	an 484 SV-Verbindlichkeiten		742,00
3.	483 FB-Verbindlichkeiten	749,68	
	484 SV-Verbindlichkeiten	1484,00	
	an 280 Bank		2233,68

b) **Verbuchen auf T-Konten (Hauptbuch):**

S 62 Löhne H

S		H	
①	3 800,00		

S 280 Bank H

S		H	
		①	2 308,32
		③	2 233,68

S 640 Arbeitgeberanteil H

S		H	
②	742,00		

S 483 FB-Verbindlichkeiten H

S		H	
③	749,68	①	749,68

S 484 SV-Verbindlichkeiten H

S		H	
③	1 482,00	①	742,00
		②	742,00
	1 482,00		1 482,00

[1] LSt = Lohnsteuer
[2] KiSt = Kirchensteuer
[3] SolZ = Solidaritätszuschlag
[4] SV = Sozialversicherung

LÖSUNGSSCHRITTE

① Verbuchung der Lohn-/Gehaltszahlung
wobei gilt: – Löhne = Aufwendungen ⇒ Soll
– Gegenbuchungen ⇒ Haben
Hier: 62/280 + 484 + 483

② Verbuchung des Arbeitgeberanteils
wobei gilt: – Arbeitgeberanteil = Aufwendungen ⇒ Soll
– Gegenbuchung ⇒ Haben
Hier: 640/484

③ Überweisung der einbehaltenen Abzüge
– LSt und KiSt ⇒ Finanzamt
– Sozialversicherung ⇒ Krankenkasse
Hier: 483 + 484/280

KERNWISSEN

- Bruttolöhne/-gehälter sowie der Arbeitgeberanteil zur Sozialversicherung stellen für das Unternehmen **Aufwendungen** dar.
- Der Arbeitgeber ist verpflichtet, die FB- und SV-Verbindlichkeiten vom Bruttogehalt des Arbeitnehmers einzubehalten und spätestens bis zum 10. des Folgemonats an das Finanzamt bzw. die Krankenkassen abzuführen; beide Positionen stellen für das Unternehmen durchlaufende Posten dar.
- Die für den Monat Dezember einbehaltenen Abzüge sind am Jahresende auf der Passivseite der Bilanz auszuweisen (zu passivieren)!

Schematische Darstellung der Lohn- bzw. Gehaltsverbuchung

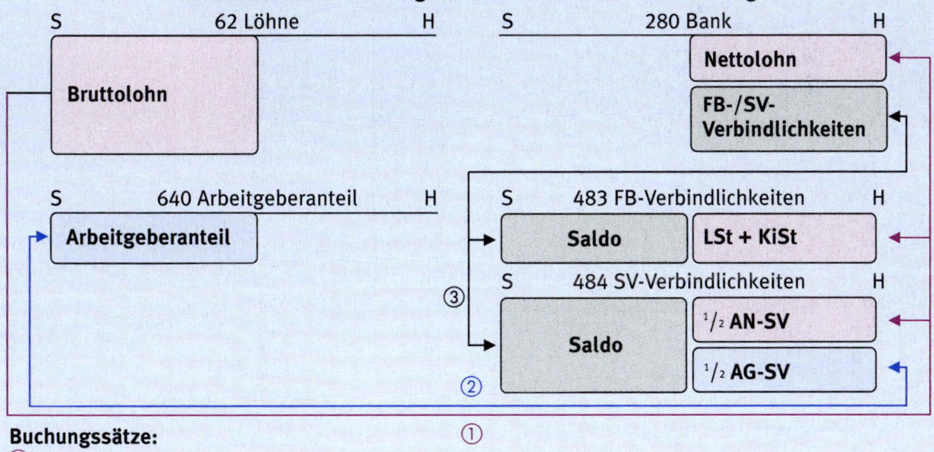

Buchungssätze:
① 62/280 + 483 + 484
② 640/484
③ 483 + 484/280

ÜBUNGSAUFGABEN

1. Verbuchen Sie nachfolgende Gehaltszahlungen an unseren Mitarbeiter Alfred Becker.

Gehaltsabrechnung
März 20..

Abteilung: Lager

Autohaus Transport Mannheim AG

Autohaus Transport Mannheim AG,
Rheinstraße 12, 68165 Mannheim

Herrn
Alfred Becker
In den Schneidergärten 17
68564 Schwetzingen

Tel.: 0621 3744-0
Fax: 0621 374418
E-Mail: AutoTrans@t-online.de

Geburtsdatum	KV	PV	RV	AV	Versicherungs-Nr.
14.10.20..	0	0	2	1	03076176
Eintrittsdatum	**Steuernummer**		**Kinder**	**Kirche**	**Freibetrag monatl.**
02.01.20..	1		0	0	–
Bank					
Stadtsparkasse Schwetzingen					
Kontonummer	**BLZ**		**Personalnummer**		
674521	670 561 01		0349		

Bezeichnung	bezahlte Std.	Std.-Satz	Abzüge in EUR	Beträge in EUR
Stundenlohn	179,00	20,00		3 580,00
Steuerrechtliche Abzüge				
* Lohnsteuer			577,50	
* Kirchensteuer			46,20	
* Solidaritätszuschlag			31,76	655,46
Sozialversicherungsrechtliche Abzüge				
* KV-Beitrag			232,70	
* PV-Beitrag			30,43	
* RV-Beitrag			363,37	
* AV-Beitrag			116,35	742,85
Auszahlungsbetrag				2 181,69

2. Verbuchen Sie nachfolgende Lohnzahlung.

Wir bezahlen Löhne durch Banküberweisung

		EUR
Bruttolohn		2475,00
– Lohnsteuer	470,25 EUR	
– Kirchensteuer	37,62 EUR	
– Sozialversicherungsbeitrag	439,31 EUR	947,18
Nettolohn		1527,82
Arbeitgeberanteil zur Sozialversicherung		439,31

3. Verbuchen Sie nachfolgende Geschäftsvorfälle.

		EUR
1. Gehaltszahlung aufgrund einer Gehaltsliste durch Banküberweisung		
Bruttogehalt		63750,00
– Lohn-, Kirchensteuer und Solidaritätszuschlag	19260,00 EUR	
– Sozialversicherungsbeitrag	10593,00 EUR	29853,00
Nettogehalt		33897,00
2. Arbeitgeberanteil zur Sozialversicherung		10593,00
3. Die einbehaltenen Steuerbeträge werden durch Banküberweisung beglichen		19260,00
4. Wir überweisen per Postbankscheck die Sozialversicherungsbeiträge in Höhe von		21186,00

4. Verbuchen Sie folgende Gehaltsabrechnung unserer Mitarbeiterin Manuela Jaus:

Name	Steuerklasse	Bruttogehalt	Abzüge		Gesamtabzüge	Nettogehalt
			LSt, KiSt, SolZ	SV		
Jaus	I/0	4200,00	907,20	787,50	1694,70	2505,30

5. Ihnen liegt nachfolgender Auszug der **Gehaltsliste** für den Monat Mai einer kleinen Spedition vor: **FR**

Gehaltssumme	Bruttogehälter	Abzüge vom Gehalt			Nettogehälter	AG-Anteil Sozialvers.
		LSt u. KiSt	Sozialvers.	gesamt		
	17000,00	2540,00	3400,00	?	?	?

1. Ermitteln Sie die Netto-Gehälter und den Arbeitgeberanteil zur Sozialversicherung.
2. Buchen Sie die Gehaltsüberweisung und den Arbeitgeberanteil.
3. Verbuchen Sie die Banküberweisung der einbehaltenen Abzüge.

6. Bilden Sie zu nachfolgenden Geschäftsvorfällen die Buchungssätze.

		EUR
1. Wareneinkauf auf Ziel		
netto		17800,00
+ 19 % USt		3382,00
2. Postbanküberweisung der Telefongebühren		1200,00
3. Gehaltszahlung durch Banküberweisung		
Bruttogehalt		7800,00
– LSt, KiSt und SolZ	1900,00 EUR	
– SV-Beiträge	1750,00 EUR	3650,00
Nettogehalt		4150,00
Arbeitgeberanteil zur Sozialversicherung		1750,00
4. Die einbehaltenen Abzüge werden durch Banküberweisung abgeführt:		
– an das Finanzamt		1900,00
– an die Krankenkasse		3500,00

		EUR
5.	Warenverkauf auf Ziel	
	netto	6000,00
	+ 19% USt	1140,00
6.	Banküberweisung für Büromaterial	
	netto	400,00
	+ 19% USt	76,00

8.3 Die Verbuchung von Lohn- und Gehaltsvorschüssen

Vorschüsse sind bereits vor der nächsten Lohn- bzw. Gehaltszahlung an Mitarbeiter ausgezahlte Beträge, die auf dem Konto

265 Forderungen an Mitarbeiter

im Soll erfasst werden und den Charakter eines kurzfristigen Kredites an den Arbeitnehmer, der seine Arbeitsleistung noch nicht vollständig erbracht hat, haben.

Die Gegenbuchung ist auf dem entsprechenden Auszahlungskonto im Haben durchzuführen.

BUCHUNGSSATZ

265 Forderungen an Mitarbeiter
an 282 Kasse

Am Monatsende werden diese Forderungen an unsere Mitarbeiter mit der nächsten Lohn- bzw. Gehaltszahlung verrechnet.

MERKE

Bruttolohn
− Abzüge

Nettolohn
− Vorschuss

= Auszahlungsbetrag

MUSTERAUFGABE

Unser Mitarbeiter Herr Ausanio erhält am 24. Juni 20.. einen Vorschuss in Höhe von 400,00 EUR bar ausbezahlt.

1. Verbuchen Sie die Vorschusszahlung am 24. Juni 20..
2. Berechnen Sie den Auszahlungsbetrag.
3. Verbuchen Sie die Lohnzahlung am Monatsende

MUSTERLÖSUNG

a) **Buchungssätze:**

1. 265 Forderungen an Mitarbeiter 400,00
   an 282 Kasse 400,00

2. **Berechnung des Auszahlungsbetrages**

Bruttolohn	3800,00 EUR
– LSt, SolZ	836,00 EUR
– KiSt	66,88 EUR
– SV-Beträge	742,00 EUR
Nettolohn	2155,12 EUR
– Vorschuss	400,00 EUR
Auszahlungsbetrag	1755,12 EUR

3. 62 Löhne 3800,00
   an 280 Bank 1755,12
   483 FB-Verbindlichkeiten 902,88
   484 SV-Verbindlichkeiten 742,00
   265 Forderung an Mitarbeiter 400,00

b) **Verbuchung auf T-Konten (Hauptbuch):**

S	282 Kasse	H
	①	400,00

S	265 Forderungen an Mitarbeiter	H
① 400,00	③	400,00

S	62 Löhne	H
③ 3 800,00		

S	280 Bank	H
	③	1 755,12

S	483 FB-Verbindlichkeit	H
	③	902,88

S	484 SV-Verbindlichkeit	H
	③	742,00

LÖSUNGSSCHRITTE

① Verbuchung des Vorschusses.
Hier: 265/282

② Berechnung des Auszahlungsbetrages.
wobei gilt: Auszahlungsbetrag = Nettolohn – Vorschuss

③ Verbuchung der Lohn- und Gehaltszahlung unter Berücksichtigung des Vorschusses.
Hier: 62/280 + 483 + 484 + 265

KERNWISSEN

- Vorschüsse werden von Unternehmensseite als kurzfristige Kredite gegenüber den Mitarbeitern angesehen.
- Vorschüsse mindern den Auszahlungsbetrag des nächsten Monats.

ÜBUNGSAUFGABEN

1. Bilden Sie die Buchungssätze zu folgenden Geschäftsvorfällen.

		EUR
1. Gehaltsvorschuss bar an unseren Mitarbeiter Herrn Dieter Mott am 17. Juni 20..		500,00
2. Gehaltszahlung am 30. Juni 20.. an Herrn Mott durch Banküberweisung		
Bruttogehalt		4000,00
– LSt, SolZ	1140,00 EUR	
– KiSt	91,20 EUR	
– SV-Beiträge	684,00 EUR	1915,20
Nettobetrag		2084,80
– Vorschuss		500,00
Überweisungsbetrag		1584,80
3. Arbeitgeberanteil zur Sozialversicherung		684,00
4. Banküberweisung der einbehaltenen Abzüge		
– an das Finanzamt		1231,20
– an die Krankenkasse		1368,00

2. Verbuchen Sie folgende Geschäftsvorfälle.

1. Zahlung eines Lohnvorschusses durch Banküberweisung in Höhe von 350,00 EUR.
2. Lohnabrechnung am Monatsende unter Berücksichtigung des Vorschusses.

Bruttolohn	Abzüge			Gesamtabzüge	Nettolohn	Vorschuss	Auszahlungsbetrag
	LSt, SolZ	KiSt	SV				
2700,00	513,00	41,04	486,00	1040,04	1659,96	350,00	1309,96

3. Die Fachkraft für Lagerwirtschaft Daniel Unger arbeitete im vergangenen Monat 148 Stunden im Zeitlohn. Der Stundenlohnsatz betrug 14,50 EUR.

a) Ermitteln Sie den Bruttoverdienst von Herrn Unger.

b) Vom Bruttolohn entfallen bei Herrn Unger 22 % auf Lohnsteuer und 19,5 % auf sozialversicherungspflichtige Abzüge. Der Kirchensteuersatz beträgt 8 % von der Lohnsteuer. Die Lohnzahlung an Herrn Unger erfolgt durch Banküberweisung.
Verbuchen Sie die Lohnzahlung sowie den Arbeitgeberanteil zur Sozialversicherung.

c) Wie wäre zu buchen, wenn Herr Unger während des Monats bereits einen Vorschuss von 350,00 EUR erhalten hätte?

d) Verbuchen Sie die Abführung der einbehaltenen Abzüge an die verschiedenen Träger durch Banküberweisung.

4. Verbuchen Sie nachfolgende Geschäftsvorfälle.

		EUR
1. Verkauf eines gebrauchten Pkw		
Buchwert		23 000,00
+ 19 % USt		4 370,00
gegen: – Barzahlung		5 000,00
– Scheckzahlung		10 000,00
– Rest auf Ziel		?
2. Wareneinkauf auf Ziel		
netto		7 000,00
+ 19 % USt		1 330,00
3. Gehaltsvorschuss bar		500,00
4. Zinslastschrift unserer Bank		1 200,00
5. Warenverkauf gegen Postbanküberweisung		
netto		800,00
+ 19 % USt		152,00
6. Mieteinnahmen bar		2 800,00
7. Banküberweisung unseres Kunden		1 250,00
8. Gehaltszahlung durch Banküberweisung		
Bruttogehalt		3 200,00
– LSt, KiSt und SolZ	640,00 EUR	
– SV-Beiträge	600,00 EUR	1 240,00
Nettogehalt		1 960,00
– geleisteter Vorschuss		500,00
Auszahlungsbetrag		1 460,00
Arbeitgeberanteil zur Sozialversicherung		600,00
9. Wir begleichen die Rechnung unseres Lieferers durch Banküberweisung		5 000,00
10. Aufnahme eines Darlehens bei der Bank		40 000,00
11. Kauf eines neuen Gabelstaplers		
netto		35 000,00
+ 19 % USt		6 650,00
gegen: – Bankscheck		30 000,00
– Postbankscheck		10 600,00
12. Überweisung der einbehaltenen Gehaltsabzüge durch Banküberweisung		?
13. Banküberweisung der Zahllast für den letzten Monat		4 200,00
14. Kauf von Büromaterial bar		
netto		250,00
+ 19 % USt		47,50

9 Die Abschreibung der Anlagegüter

SITUATION

Zur Ausweitung ihrer Aktivitäten kaufte die Spedition und Lagerei Emil Neumann AG, Mannheim, zu Jahresbeginn einen neuen Lastzug, der seit seiner Anschaffung regelmäßig im Skandinavien-Verkehr genutzt wurde.

Um den Kunden die korrekten Transportpreise in Rechnung stellen zu können, ist es nach Aussage des Leiters der RW-Abt., Herrn Albert Barth, unbedingt erforderlich, auch die durch die Abnutzung entstandene Wertminderung des Lastzuges zu berücksichtigen.

Herr Barth fordert Ludwig daher auf, sich Gedanken über eine korrekte Erfassung der durch die Abnutzung entstandenen Kosten zu machen.

HANDLUNGSAUFTRÄGE

1. Erläutern Sie, wodurch es zu einer Wertminderung kommen kann.
2. Welche Abschreibungsarten lassen sich unterscheiden?
3. Ermitteln Sie die Höhe der Wertminderung bei beiden Abschreibungsverfahren.
4. Erklären Sie, wie sich die Abschreibungen auf den Unternehmenserfolg auswirken.

9.1 Wesen der Abschreibung

Anlagegüter, wie z. B. Gebäude, Maschinen, Fuhrpark und Betriebs- und Geschäftsausstattung, verlieren im Laufe der Zeit an Wert. Verantwortlich für diesen Wertverlust ist:

- die Beanspruchung (durch Gebrauch),
- der natürliche Verschleiß,
- der technische Fortschritt.

Die in der Regel am Geschäftsjahresende erfasste Wertminderung bezeichnet man als **Abschreibung**[1]. Die Abschreibung beginnt mit der Anschaffung des Anlagegutes. Allgemein gilt, dass die Abschreibung nur zeitanteilig – sprich monatsgenau – verrechnet wird, wobei der Monat der Anschaffung mitzuzählen ist.

Die Abschreibung stellt einen **Aufwand** dar und wird auf dem Konto

65 Abschreibungen

im Soll erfasst. Gleichzeitig wird das entsprechende Anlagekonto um den Betrag der Abschreibung im Haben vermindert.

BUCHUNGSSATZ

65 Abschreibungen
an Anlagekonto, z. B.: 05 Gebäude

Das Aufwandskonto „Abschreibung“ wird am Jahresende über die Gewinn- und Verlustrechnung abgeschlossen.

BUCHUNGSSATZ

802 Gewinn- und Verlustkonto
an 65 Abschreibungen

Ausnahme:

Eine Ausnahme von der Regel, wonach bewegliche Wirtschaftsgüter des Anlagevermögens über den Zeitraum der Nutzung abzuschreiben sind, bilden die sogenannten

[1] Das Steuerrecht spricht von „Absetzung für Abnutzung“ (AfA).

„geringwertigen Wirtschaftsgüter“. Dabei handelt es sich um solche Güter, deren Anschaffungspreis lt. Unternehmenssteuerreform vom 01.01.08 zwischen 150,00 EUR und 1000,00 EUR netto beträgt. Diese Wirtschaftsgüter werden in einem Pool zusammengefasst und nur gemeinsam über 5 Jahre linear mit je 20 % abgeschrieben.

MUSTERAUFGABE

Eine Maschine im Wert von 100000,00 EUR soll am Jahresende mit 10000,00 EUR abgeschrieben werden.

Verbuchen Sie:

1. die Abschreibung,
2. den Abschluss des Kontos Abschreibung,
3. den Abschluss des Bestandskontos Maschinen!

MUSTERLÖSUNG

a) **Buchungssätze:**

			Soll	Haben
1.		650 Abschreibungen auf Sachanlagen	10000,00	
	an	071 Maschinen		10000,00
2.		801 Schlussbilanz	90000,00	
	an	071 Maschinen		90000,00
3.		802 GuV	10000,00	
	an	650 Abschreibungen auf Sachanlagen		10000,00

b) **Verbuchung auf T-Konten:**

S 071 Maschinen H

S		H	
AB	100 000,00	① Abschreibungen	10 000,00
		② EB/SB	90 000,00

S 650 Abschreibungen H

S		H	
① Maschinen	10 000,00	③ GuV	10 000,00

A 801 Schlussbilanz (SB) P

A		P	
② Maschinen	90 000,00		

A 802 GuV E

A		E	
③ Abschreibungen	10 000,00		

LÖSUNGSSCHRITTE

① Verbuchung der Abschreibung auf dem Anlagekonto.
Hier: 650 Abschreibungen an 071 Maschinen

② Abschluss des Bestandskontos Maschinen am Jahresende über die Schlussbilanz.
Hier: 801 Schlussbilanz an 071 Maschinen

③ Abschluss des Kontos Abschreibungen über das GuV-Konto.
Hier: 802 GuV an 650 Abschreibungen

KERNWISSEN

- Abschreibungen erfassen den Wertverlust der Anlagegüter.
- Durch die Abschreibungen werden die Anschaffungskosten auf die Jahre der Nutzung verteilt.
- Abschreibungen sind Aufwendungen, die den Gewinn schmälern.

Schematische Darstellung der Verbuchung der Abschreibung

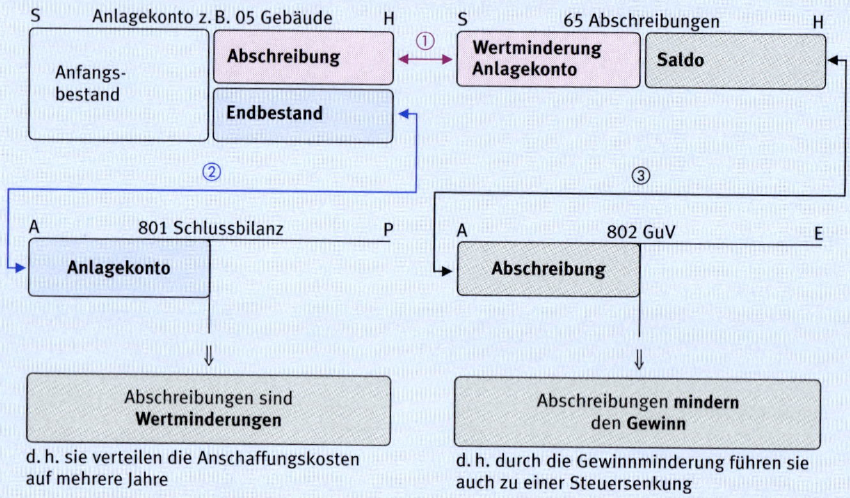

Buchungssätze: ① 65/05
② 801/05
③ 802/65

9.2 Berechnung der Abschreibungsbeträge

Grundsätzlich ermöglicht der Gesetzgeber die Berechnung der Abschreibungsbeträge nach zwei Methoden.

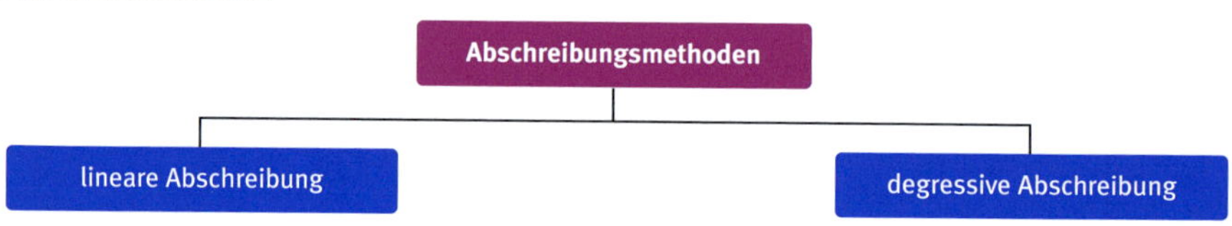

9.2.1 Lineare Abschreibung

Bei der linearen Abschreibung wird immer derselbe Abschreibungssatz vom Anschaffungswert genommen, d. h. die Abschreibungsbeträge sind während der Nutzungsdauer immer gleich hoch, sodass die Anschaffungskosten dadurch gleichmäßig auf die Jahre der Nutzung verteilt werden.

Berechnung der Abschreibungsquote (-satz):

FR

MERKE

$$\text{jährliche } \textbf{Abschreibungsquote} = \frac{100\,\%}{\text{Nutzungsdauer}}$$

Berechnung der Abschreibungshöhe:

MERKE

$$\text{jährliche Abschreibungshöhe} = \frac{\text{Anschaffungskosten}}{\text{Nutzungsdauer}}$$

Am Ende der Nutzungsdauer ist das Anlagegut vollständig abgeschrieben. Sollte es jedoch weiterhin im Betrieb genutzt werden, so wird es in der Regel mit einem **Erinnerungswert** (= Pro-memoria-Posten) von 1,00 EUR in den Anlagekonten ausgewiesen.

MUSTERAUFGABE

Eine Maschine im Wert von 10 000,00 EUR soll während der betriebsgewöhnlichen Nutzungsdauer von acht Jahren abgeschrieben werden.

a) Berechnen Sie die Abschreibungsquote sowie die jährliche Abschreibungshöhe.

b) Stellen Sie die Abschreibung tabellarisch und grafisch dar.

c) Verbuchen Sie die Abschreibung am Ende des 1. Jahres.

MUSTERLÖSUNG

a) $$\text{jährliche Abschreibungsquote} = \frac{100\,\%}{8\ \text{Jahre}} = \underline{\underline{12{,}5\,\%}}$$

$$\text{jährlicher Abschreibungsbetrag} = \frac{10\,000{,}00\ \text{EUR}}{8\ \text{Jahre}} = \underline{\underline{1\,250{,}00\ \text{EUR}}}$$

b) **Tabellarische Darstellung der Abschreibung:**

Ermittlung des Buchwertes	Abschreibungssatz 12,5 %	Abschreibungsbetrag 1 250,00 EUR
Anschaffungswert – Abschreibung 1		10 000,00 EUR 1 250,00 EUR
Buchwert Ende 1. Jahr – Abschreibung 2		8 750,00 EUR 1 250,00 EUR
Buchwert Ende 2. Jahr – Abschreibung 3		7 500,00 EUR 1 250,00 EUR
Buchwert Ende 3. Jahr – Abschreibung 4		6 250,00 EUR 1 250,00 EUR
Buchwert Ende 4. Jahr – Abschreibung 5		5 000,00 EUR 1 250,00 EUR
Buchwert Ende 5. Jahr – Abschreibung 6		3 750,00 EUR 1 250,00 EUR
Buchwert Ende 6. Jahr – Abschreibung 7		2 500,00 EUR 1 250,00 EUR
Buchwert Ende 7. Jahr – Abschreibung 8		1 250,00 EUR 1 250,00 EUR
= Buchwert Ende 8. Jahr		0,00 EUR

Grafische Darstellung der Abschreibung:

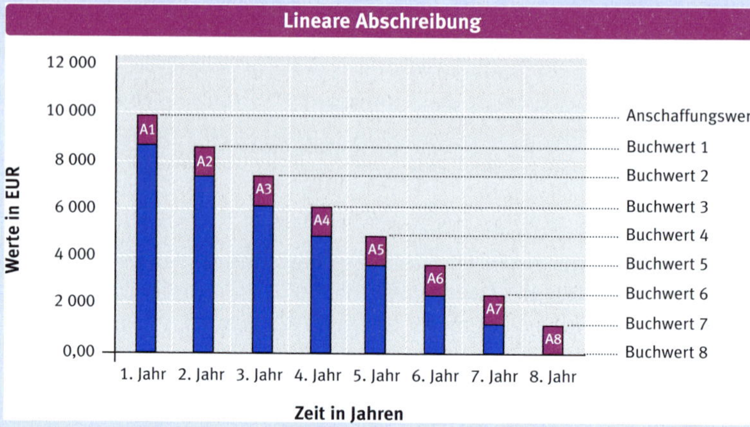

c) **Buchungssatz:**

650 Abschreibung auf Sachanlagen	1 250,00	
an 071 Maschinen		1 250,00

Sonderfall:

Soll die Maschine nach Ablauf der betrieblichen Nutzungsdauer weiterhin genutzt werden, so muss sie mit einem Erinnerungswert von 1,00 EUR in den Anlagekonten ausgewiesen werden.

Dies bedeutet, dass der Abschreibungsbetrag im 8. Jahr lediglich 1 249,00 EUR beträgt.

Der Buchungssatz im 8. Jahr muss dann lauten:

650 Abschreibung auf Sachanlagen	1 249,00	
an 071 Maschinen		1 249,00

Tabellarisch ergibt sich für das 8. Jahr bzw. letzte Jahr folgende Änderung:

Buchwert Ende 7. Jahr	1 250,00 EUR
– Abschreibung 8	1 249,00 EUR
= Erinnerungswert	1,00 EUR

LÖSUNGSSCHRITTE

① Berechnung der Abschreibungsquote und somit des jährlichen Abschreibungsbetrages.

② Tabellarische und grafische Darstellung der Abschreibung.

③ Verbuchung der Abschreibung auf dem entsprechenden Anlagekonto.
Hier: 650 Abschreibung auf Sachanlagen an 071 Maschinen

KERNWISSEN

- Lineare Abschreibung:
  – Abschreibung vom Anschaffungswert,
  – gleichbleibende jährliche Abschreibungsbeträge.
- Möglicher Erinnerungswert von 1,00 EUR nach Ablauf der Nutzungsdauer.

9.2.2 Degressive Abschreibung[1]

Bei der degressiven Abschreibung wird die Abschreibung lediglich im 1. Jahr vom Anschaffungswert vorgenommen. In den Folgejahren wird vom jeweils kleiner werdenden Rest- bzw. Buchwert ausgegangen. Dies bedeutet zum einen, dass die jährlichen Abschreibungsbeträge immer kleiner werden, zum anderen, dass der Nullwert des Anlagegutes nach Ablauf der Nutzungsdauer nie erreicht werden kann. Aus diesem Grunde ist der Abschreibungssatz bei der degressiven Abschreibung i. d. R. höher als bei der linearen Abschreibung.
Steuerrechtlich gilt bei der Festlegung des degressiven Abschreibungssatzes:

MERKE

Der degressive Abschreibungssatz darf:
- das **Doppelte** des linearen Satzes,
- jedoch nicht mehr als **20 %** betragen.

BEISPIEL

lineare Abschreibungsquote	maximale degressive Abschreibungsquote
4 %	8 %
8 %	16 %
10 %	20 %
15 %	20 %
20 %	20 %

MUSTERAUFGABE

Eine Maschine im Wert von 10 000,00 EUR soll während der betriebsgewöhnlichen Nutzungsdauer von acht Jahren degressiv abgeschrieben werden.
a) Berechnen Sie die Abschreibungsquote!
b) Stellen Sie die Abschreibung tabellarisch und grafisch dar!
c) Verbuchen Sie die Abschreibung am Ende des 1. Jahres!

MUSTERLÖSUNG

a) $\text{Jährliche Abschreibungsquote} = \frac{100\,\%}{8\ \text{Jahre}} = \underline{\underline{12{,}5\,\%}}$

Da der lineare Abschreibungssatz bei 12,5 % liegt, darf der degressive Satz höchstens 20 % betragen, da der doppelte lineare Satz hier nicht mehr zulässig ist.
Abschreibungssatz: 20 % (degressive Abschreibung)

[1] Obwohl die degressive Abschreibung im Zuge der Inkrafttretung der Unternehmenssteuerreform zum 01.01.2008 abgeschafft wurde und somit für die Schülerinnen und Schüler zurzeit keine Prüfungsrelevanz mehr besitzt, erscheint es angesichts der Tatsache, dass diese Abschreibungsart schon häufiger Änderungen unterlag, weiterhin angebracht, deren Wirkungsweise auch in Zukunft darzustellen.

b) **Tabellarische Darstellung der Abschreibung:**

Ermittlung des Buchwertes	Abschreibungssatz 20 %	Abschreibungsbetrag
Anschaffungswert		10 000,00 EUR
– Abschreibung 1		**2 000,00** EUR
Buchwert Ende 1. Jahr		8 000,00 EUR
– Abschreibung 2		**1 600,00** EUR
Buchwert Ende 2. Jahr		6 400,00 EUR
– Abschreibung 3		**1 280,00** EUR
Buchwert Ende 3. Jahr		5 120,00 EUR
– Abschreibung 4		**1 024,00** EUR
Buchwert Ende 4. Jahr		4 096,00 EUR
– Abschreibung 5		**819,20** EUR
Buchwert Ende 5. Jahr		3 276,80 EUR
– Abschreibung 6		**655,36** EUR
Buchwert Ende 6. Jahr		2 621,44 EUR
– Abschreibung 7		**524,29** EUR
Buchwert Ende 7. Jahr		2 097,15 EUR
– Abschreibung 8		**419,43** EUR
= Buchwert Ende 8. Jahr		1 677,72 EUR

Grafische Darstellung der Abschreibung:

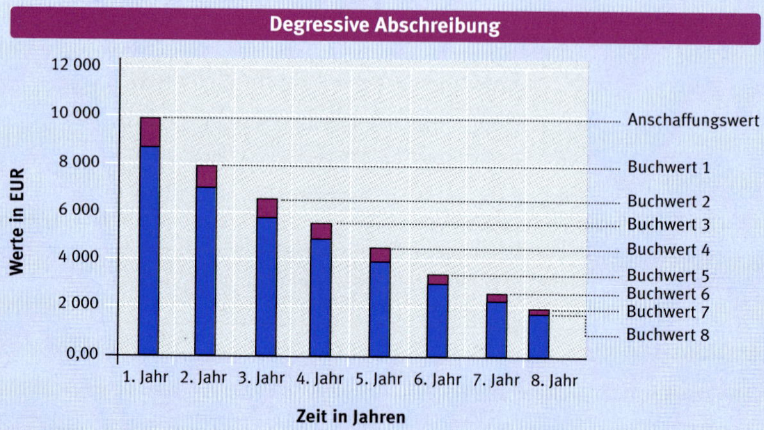

c) **Buchungssatz:**

650 Abschreibung auf Sachanlagen	2 000,00	
an 071 Maschinen		2 000,00

LÖSUNGSSCHRITTE

① Festlegung der Abschreibungsquote.
② Tabellarische und grafische Darstellung der Abschreibung.
③ Verbuchung der Abschreibung auf dem entsprechenden Anlagekonto.
Hier: 650 Abschreibung auf Sachanlagen an 071 Maschinen

KERNWISSEN

- Degressive Abschreibung:
  - Abschreibung vom Rest- bzw. Buchwert,
  - fallende jährliche Abschreibungsbeträge.
- Höchstzulässiger steuerrechtlicher Prozentsatz:
  - das Doppelte des linearen Satzes,
  - höchstens jedoch 20 %.

9.2.3 Tabellarischer Vergleich: lineare – degressive Abschreibung

Die bisherigen Ausführungen zur linearen bzw. degressiven Abschreibung lassen sich recht anschaulich an einem direkten Vergleich beider Abschreibungsmethoden verdeutlichen:

linear 12,5 % vom AW[1]	**Ermittlung des Buch- bzw. Restwertes**	degressiv 20 % vom RW[2]
10 000,00 EUR **1 250,00 EUR**	Anschaffungswert – Abschreibung 1	10 000,00 EUR **2 000,00 EUR**
8 750,00 EUR **1 250,00 EUR**	Buchwert Ende 1. Jahr – Abschreibung 2	8 000,00 EUR **1 600,00 EUR**
7 500,00 EUR **1 250,00 EUR**	Buchwert Ende 2. Jahr – Abschreibung 3	6 400,00 EUR **1 280,00 EUR**
6 250,00 EUR **1 250,00 EUR**	Buchwert Ende 3. Jahr – Abschreibung 4	5 120,00 EUR **1 024,00 EUR**
5 000,00 EUR **1 250,00 EUR**	Buchwert Ende 4. Jahr – Abschreibung 5	4 096,00 EUR **819,20 EUR**
3 750,00 EUR **1 250,00 EUR**	Buchwert Ende 5. Jahr – Abschreibung 6	3 276,80 EUR **655,36 EUR**
2 500,00 EUR **1 250,00 EUR**	Buchwert Ende 6. Jahr – Abschreibung 7	2 621,44 EUR **524,29 EUR**
1 250,00 EUR **1 250,00 EUR**	Buchwert Ende 7. Jahr – Abschreibung 8	2 097,15 EUR **419,43 EUR**
0,00 EUR	Buchwert Ende 8. Jahr	1 677,72 EUR

[1] AW = Anschaffungswert
[2] RW = Restwert (Buchwert)

Übungsaufgaben

1. In der Buchhaltungsabteilung der Spedition Weltweit erhalten Sie u.a. nachfolgende Arbeitsaufträge:

a) Verbuchen Sie nachfolgende Eingangsrechnung.

b) Buchen Sie die Begleichung der Rechnung unter Beachtung des Buchungsvermerks.

c) Stellen Sie die beiden Abschreibungsarten einander gegenüber, wenn eine Nutzungsdauer von 8 Jahren unterstellt wird.

d) Verbuchen Sie die Abschreibung bei beiden Arten am Ende des ersten Jahres.

BAUER
Büroeinrichtungshaus

Neckarstr. 28
44532 Lünen
Telefon 02306 - 37 56 33
Telefax 02306 - 37 56 44

BAUER AG, Neckarstr. 28, 44532 Lünen

Spedition Weltweit
Frankfurter Str. 12
69157 Heidelberg

Datum: .. –01–18
Projekt: 00-00248
USt-IdNr.: 476819537

Rechnung 00-00248

Sehr geehrte Damen und Herren,

wir bedanken uns für Ihren Auftrag vom 2. Januar 20.. und berechnen wie folgt:

Menge	Bezeichnung	Einzelpreis in EUR	Gesamtpreis in EUR
2	Stahlvitrinen	4 250,00	8 500,00
	– 20 % Rabatt		1 700,00
			6 800,00
	+ 19 % USt		1 292,00
	Rechnungsbetrag		8 092,00

Zahlungsziel: 30 Tage rein netto

Mit freundlichen Grüßen

BAUER AG – Büroeinrichtungshaus

ppa. Fürst

Fürst

Buchungsvermerk
Rechnung wurde am 18.02. 20.. durch VoBa überwiesen

2. Ein Sattelzug, Kaufpreis 300 000,00 EUR, hat eine Nutzungsdauer von sechs Jahren. Ermitteln und verbuchen Sie die Abschreibung am Ende des ersten Jahres bei linearer und degressiver Abschreibung.

3. Die Anschaffungskosten eines Gabelstaplers beliefen sich auf 35 000,00 EUR.

a) Ermitteln Sie die Abschreibungsbeträge für die ersten drei Jahre bei linearer und degressiver Abschreibung, wenn eine Nutzungsdauer von acht Jahren unterstellt wird.

b) Wie wäre am Ende des achten Jahres bei der linearen Abschreibungsmethode zu buchen, wenn der Gabelstapler weiterhin betrieblich genutzt werden könnte?

4. Eine EDV-Anlage, Anschaffungswert 7 500,00 EUR, wird jährlich mit 20 % linear abgeschrieben. Verbuchen Sie die Abschreibung am Ende des 1. Jahres und schließen Sie die Konten ab.

5. Ein Geschäftswagen im Wert von 60 000,00 EUR soll über die zulässige Nutzungsdauer von fünf Jahren linear abgeschrieben werden.

a) Ermitteln Sie den Abschreibungssatz und die Abschreibungshöhe.

b) Stellen Sie den Abschreibungsverlauf tabellarisch dar.

c) Verbuchen Sie das erste und letzte Jahr der Abschreibung, wenn von einer weiteren betrieblichen Nutzung ausgegangen werden kann.

6. Richten Sie nachfolgende T-Konten ein:
Maschinen AB = 540 000,00 EUR, Fuhrpark AB = 380 000,00 EUR, Abschreibungen auf Sachanlagen, Gewinn- und Verlustkonto, Schlussbilanz
Verbuchen Sie am Jahresende die Abschreibung, schließen Sie die Konten ab und stellen Sie die Schlussbilanz auf, wenn von folgender Nutzungsdauer ausgegangen werden kann:

- Maschinen 10 Jahre
- Fuhrpark 5 Jahre

7. Sie werden nach Ihrer Ausbildung zur Fachkraft für Lagerlogistik in der Rechnungswesenabteilung der Barth Warehouse Logistics GmbH & Co. KG in Mannheim eingesetzt und sind zz. mit nachfolgendem Geschäftsvorfall (siehe Anlage 1 auf folgender Seite) betraut.

a) Verbuchen Sie
   (1) den Kauf des Elektrostaplers am 15.04.20..,
   (2) die Rechnungsbegleichung durch Banküberweisung am 15.05.20...

Anlage 1

LSJ GMBH
ELEKTROSTAPLER

LSJ GMBH, SIEGFRIEDSTR. 34, 68199 MANNHEIM

Barth Warehouse Logistics GmbH & Co. KG
Industriestraße 17
68163 Mannheim

RECHNUNG

RECHNUNGSDATUM 15. 04. 20..
KUNDEN-NR. 0813
RECHNUNGS-NR. 32/8723
Bitte bei Zahlung angeben

MENGE	ARTIKEL	ARTIKELNUMMER	GESAMTPREIS IN EUR
1	Elektrostapler RX 50–15	21-007	32 000,00
	+ 19% Umsatzsteuer		6 080,00
	Rechnungsbetrag		38 080,00

LIEFERBEDINGUNGEN: frei Haus
ZAHLUNGSBEDINGUNGEN: Zahlung innerhalb von 8 Tagen unter Abzug von 3 % Skonto, innerhalb von 30 Tagen rein netto

Mit freundlichen Grüßen

LSJ GmbH
Wolf
ppa. Karl Wolf

BANKVERBINDUNG: COMMERZBANK MANNHEIM, BLZ 67001 912, KONTO-NR.: 576875
UST-IDNR. 456334857 FINANZAMT MANNHEIM

b) Ermitteln Sie den Abschreibungsbetrag am Jahresende unter Zuhilfenahme der unten aufgeführten AfA-Tabelle und nehmen Sie die Verbuchung vor. Unterstellen Sie, dass die lineare Abschreibungsmethode gewählt wurde und monatsgenau abgeschrieben wird.

Anlage 2

AfA-Tabelle für allgemein verwendbare Anlagegüter

Anlagegüter	Nutzungsdauer in Jahren	Fundstelle
Hallen	14	1.1
Hebebühnen mobil	11	3.4.4.2
Hebebühnen stationär	15	3.4.4.1
Hochregallager	15	3.3
Hublifte (mobil)	11	3.4.4.2
Hublifte (stationär)	15	3.4.4.1
Hubwagen	8	4.5
Industriestaubsauger	7	4.5
Kehrmaschinen	9	7.2.6
Krananlagen (ortsfest oder auf Schienen)	21	3.4.3.2
Lastkraftwagen, Sattelschlepper, Kipper	9	4.2.3
Stapler	8	4.5

c) Stellen Sie den Abschreibungsverlauf für die ersten drei Jahre sowohl für die lineare als auch für die degressive Abschreibungsmethode einander tabellarisch gegenüber.

8. Die Spedition und Lagerei HARO GmbH, Mannheim, bestellte am 15.06.2007 für ihre Abfüllerei eine neue computergesteuerte Abfüllmaschine, die ihr am 03.07.2007 mit unten abgebildeter Rechnung Nr. 110551 geliefert wurde.

MD
Maschinenbau GmbH

MD Maschinenbau GmbH, Bergstr. 17, 69165 Heidelberg

Spedition & Lagerei HARO GmbH
Industriestraße 17–23
68169 Mannheim

Rechnung Nr. 110551 Heidelberg, 03. 07. 2007

Position	Beschreibung	Menge	Stückpreis in EUR	Gesamtpreis in EUR
1	Abfüllmaschine	1	24 000,00	24 000,00
	Warennettowert			24 000,00
	+ 19% USt			4 560,00
	Gesamtbetrag			28 560,00

Zahlbar rein netto innerhalb von 4 Wochen.

Mit freundlichen Grüßen
MD Maschinenbau GmbH
Schmitt
Werner Schmitt

Bankverbindung: Kreissparkasse Heidelberg, BLZ 607 07 070, Kto-Nr. 5673245
Steuer-Nr.: 4126/9864/993 USt-IdNr. 874 639 94DE

a) Verbuchen Sie die Eingangsrechnung.

b) Buchen Sie die Bezahlung der Maschine am 03.08.2007 durch Banküberweisung.

c) Buchen Sie den Abschreibungsbetrag im Jahr 2007 und bestimmen Sie den Restwert der Maschine (siehe Anlage 1).

Anlage 1

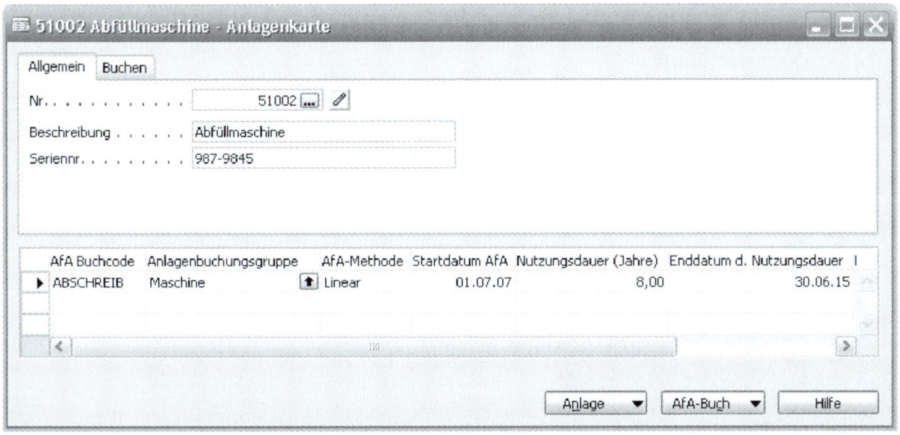

9. Bilden Sie zu nachfolgenden Geschäftsvorfällen die Buchungssätze im Grundbuch, verbuchen Sie anschließend die Buchungssätze vollständig auf T-Konten, schließen Sie diese ab und erstellen Sie die Schlussbilanz.

Anfangsbestände:	EUR		EUR
Bebaute Grundstücke	588 000,00	Eigenkapital	?
Maschinen	270 000,00	Hypothekenschulden	400 000,00
Fuhrpark	80 000,00	Verbindlichkeiten	120 000,00
Waren	130 000,00		
Forderungen	65 000,00		
Bank	25 000,00		
Kasse	12 000,00		

Kontenplan: Neben der Eröffnungs- und Schlussbilanz werden noch folgende Konten benötigt:

Bestandskonten: Bebaute Grundstücke, Maschinen, Fuhrpark, Waren, Forderungen, Bank, Kasse, Vorsteuer, Hypothekenschulden, Verbindlichkeiten, Umsatzsteuer, Eigenkapital

Erfolgskonten: Aufwendungen für Waren, Gehälter, Abschreibungen, Zinserträge, Umsatzerlöse, Gewinn- und Verlustkonto

Geschäftsvorfälle:	EUR
1. Wareneinkauf auf Ziel	
netto	35 000,00
+ 19 % USt	6 650,00
2. Banküberweisung eines Kunden	12 000,00
3. Warenverkäufe	
netto	60 000,00
+ 19 % USt	11 400,00
gegen: – Bankscheck	18 000,00
– Ziel	53 400,00
4. Gehaltszahlungen bar	9 000,00
5. Kauf einer Maschine gegen Bankscheck	
netto	22 000,00
+ 19 % USt	4 180,00
6. Zinsgutschrift unserer Bank	1 500,00
7. Warenverkäufe auf Ziel	
netto	30 000,00
+ 19 % USt	5 700,00

Abschlussangaben:

1. Zahllast:
   a) Ermittlung der Zahllast
   b) Abführen der Zahllast durch Banküberweisung
2. Warenendbestand lt. Inventur: 135 000,00
3. Abschreibungen
   a) Bebaute Grundstücke: 2 % vom Anschaffungswert über 600 000,00
   b) Maschinen: 18 000,00
   c) Fuhrpark: 20 % vom Anschaffungswert über 100 000,00

10. Bilden Sie zu nachfolgenden Geschäftsvorfällen die Buchungssätze im Grundbuch, verbuchen Sie diese anschließend vollständig auf T-Konten, schließen Sie diese ab und erstellen Sie die Schlussbilanz.

Anfangsbestände:	EUR		EUR
Maschinen	50 000,00	Eigenkapital	?
Fuhrpark	180 000,00	Darlehen	150 000,00
Waren	150 000,00	Verbindlichkeiten	80 000,00
Forderungen	40 000,00		
Bank	75 000,00		
Kasse	20 000,00		

Kontenplan: Neben der Eröffnungs- und Schlussbilanz werden noch folgende Konten benötigt:

Bestandskonten: Maschinen, Fuhrpark, Waren, Forderungen, Bank, Kasse, Vorsteuer, Darlehen, Verbindlichkeiten, Umsatzsteuer, Eigenkapital

Erfolgskonten: Aufwendungen für Waren, Mietaufwendungen, Gehälter, Abschreibungen, Zinserträge, Umsatzerlöse, Gewinn- und Verlustkonto

Geschäftsvorfälle:	EUR
1. Verkauf eines gebrauchten Lkw gegen Barzahlung	
netto	12000,00
+ 19 % USt	2280,00
2. Wareneinkauf auf Ziel	
netto	6000,00
+ 19 % USt	1140,00
3. Zinsgutschrift unserer Bank	2000,00
4. Warenverkäufe	
netto	20000,00
+ 19 % USt	3800,00
gegen: – Barzahlung	1500,00
– Bankscheck	7500,00
– Rest auf Ziel	?
5. Teilrückzahlung unseres Darlehens durch Banküberweisung	25000,00
6. Warenverkauf gegen Bankscheck	
netto	4000,00
+ 19 % USt	760,00
7. Banküberweisung unserer Geschäftsmiete	5000,00
8. Gehaltszahlungen bar	8000,00
9. Warenverkauf auf Ziel	
netto	8000,00
+ 19 % USt	1520,00
10. Banküberweisung an unseren Lieferer	6900,00

Abschlussangaben:

1. Zahllast:	
a) Ermittlung der Zahllast	
b) Abführen der Zahllast durch Banküberweisung	
2. Warenendbestand lt. Inventur	145000,00
3. Abschreibungen	
a) auf Fuhrpark:	15000,00
b) auf Maschinen:	
20 % des Anschaffungswertes von	50000,00

11. Bilden Sie zu nachfolgenden Geschäftsvorfällen die Buchungssätze im Grundbuch, verbuchen Sie diese anschließend vollständig auf T-Konten, schließen Sie diese ab und erstellen Sie die Schlussbilanz.

Anfangsbestände:	EUR		EUR
Fuhrpark	200000,00	Eigenkapital	?
BGA	150000,00	Darlehen	200000,00
Waren	120000,00	Verbindlichkeiten	70000,00
Forderungen	30000,00		
Bank	50000,00		
Kasse	20000,00		

Kontenplan: Neben der Eröffnungs- und Schlussbilanz werden noch folgende Konten benötigt:
Bestandskonten: Fuhrpark, BGA, Waren, Forderungen, Bank, Kasse, Vorsteuer, Eigenkapital, Darlehen, Verbindlichkeiten, Umsatzsteuer
Erfolgskonten: Aufwendungen für Waren, Stromgebühren, Löhne, Abschreibungen, Provisionserträge, Umsatzerlöse, Gewinn- und Verlustkonto

Geschäftsvorfälle:	EUR
1. Wareneinkauf auf Ziel	
brutto	35 700,00
2. Banküberweisung unserer Energieaufwendungen	830,00
3. Bankgutschrift für Provisionserträge	3 000,00
4. Warenverkauf auf Ziel	
netto	60 000,00
+ 19 % USt	?
5. Lohnzahlungen bar	3 000,00
Abschlussangaben:	
1. Zahllast	
a) Ermittlung der Zahllast	
b) Passivierung der Zahllast	
2. Warenendbestand lt. Inventur	135 000,00
3. Abschreibungen	
a) Fuhrpark: 20 % vom Anschaffungswert über	200 000,00
b) BGA	15 000,00

10 Erweiterte Buchungen im Warenverkehr

Bei diesem Kapitel handelt es sich um nicht prüfungsrelevanten Unterrichtsstoff, der bei guten Klassen behandelt werden kann!

SITUATION

Reklamationen, mit denen Ludwig täglich sowohl bei der Warenannahme als auch bei der Kommissionierung konfrontiert wird, veranlassen ihn, bei Herrn Barth nachzufragen, wie denn solche Besonderheiten im Warenverkehr buchhalterisch berücksichtigt werden.

HANDLUNGSAUFTRÄGE

1. Ermitteln Sie, welche Besonderheiten sowohl beim Wareneingang als auch -ausgang auftreten könnten.
2. Unterbreiten Sie Vorschläge, wie diese Besonderheiten buchungsmäßig erfasst werden könnten.

10.1 Buchungen beim Wareneinkauf

Im Folgenden sollen beim Wareneinkauf anfallende Besonderheiten dargestellt werden. Zu diesen Besonderheiten zählen vom Lieferer gewährte Rabatte, in Rechnung gestellte Bezugskosten sowie Rücksendungen an den Lieferer.

10.1.1 Rabatte

Alle Sofortnachlässe, d. h. alle unmittelbar bei der Rechnungserstellung gewährten Preisnachlässe, wie:

- Mengenrabatte
- Wiederverkäuferrabatte
- Sonderrabatte

vermindern die Anschaffungskosten, da nur der reduzierte Preis (Zieleinkaufspreis) gezahlt werden muss. Aus diesem Grunde werden die Sofortnachlässe buchhalterisch **nicht** erfasst. Verbucht wird demnach lediglich der Zieleinkaufspreis.

FORMEL

	Einkaufspreis (Listenpreis)
−	Rabatt
=	Zieleinkaufspreis (Ziel-EK)

MUSTERAUFGABE

Verbuchen Sie nachfolgende Wareneingangsrechnung über 20 t Kunststoffgranulat zum Preis von 1 000,00 EUR je Tonne!

Eingangsrechnung:

Einkaufspreis 20 t · 1 000,00 EUR/t =	20 000,00 EUR
− Rabatt 10 %	2 000,00 EUR
Zieleinkaufspreis	18 000,00 EUR
+ 19 % USt	3 420,00 EUR
Rechnungsbetrag	21 420,00 EUR

MUSTERLÖSUNG

a) **Buchungssatz:**

200 Waren	18 000,00	
260 Vorsteuer	3 420,00	
an 44 Verbindlichkeiten		21 420,00

b) **Verbuchung auf T-Konten (Hauptbuch):**

S	200 Waren	H
① 18 000,00		

S	260 Vorsteuer	H
① 3 420,00		

S	44 Verbindlichkeiten	H
		① 21 420,00

LÖSUNGSSCHRITTE

① Berechnung des Zieleinkaufspreises.
Hier: Ziel-EK = 18 000,00 EUR

② Verbuchung des Geschäftsvorfalls.
Hier: 200 + 260/44

KERNWISSEN

- Sofortnachlässe vermindern die Anschaffungskosten.
- Sofortnachlässe werden buchhalterisch **nicht** erfasst.

10.1.2 Bezugskosten

Beim Wareneinkauf fallen neben dem Kaufpreis der Ware i. d. R. auch Bezugskosten an, die mit der Zulieferung verbunden sind, und die ebenfalls der Umsatzsteuer unterliegen.

Bezugskosten lassen sich einteilen in:

Gewichtsspesen
= vom Warengewicht
abhängige Bezugskosten

z. B.:
- Verpackungskosten
- Frachten
- Rollgeld

Wertspesen
= vom Warenwert
abhängige Bezugskosten

z. B.:
- Zölle
- Transportversicherung

Zwar könnten die Bezugskosten sehr wohl auf den Warenkonten verbucht werden, in der Praxis entscheidet man sich jedoch aus Gründen der Übersichtlichkeit häufig dazu, diese Kosten gesondert auf dem Konto

2001 Bezugskosten[1]

zu erfassen. Als Gegenkonto wird meist Kasse, Bank oder Verbindlichkeiten angesprochen.

BUCHUNGSSATZ

2001 Bezugskosten
260 Vorsteuer
an 280 Bank usw.

Beim Konto „Bezugskosten" handelt es sich demzufolge um ein Unterkonto des Kontos „Waren", das je nach betrieblicher Zielsetzung monatlich, vierteljährlich oder auch jährlich über das Warenkonto abgeschlossen wird.

BUCHUNGSSATZ

200 Waren
an 2001 Bezugskosten

Durch diese Vorgehensweise lässt sich der Bezugs- bzw. Einstandspreis jeder Warenart sehr leicht ermitteln.

Hinweis: Sind die Bezugskosten in der Eingangsrechnung gesondert ausgewiesen, so müssen sie zunächst ebenfalls auf dem Konto 2001 Bezugskosten verbucht werden.

BUCHUNGSSATZ

200 Waren
2001 Bezugskosten
260 Vorsteuer
an 44 Verbindlichkeiten

[1] Bei der verbrauchsbedingten Warenverbuchung sind die Bezugskosten auf dem Kto. „6001 Bezugskosten" zu verbuchen.

MUSTERAUFGABE

Der mit der Zufuhr der Ware (20 t Kunststoffgranulat) beauftragte Spediteur Anton Dittmann sendet uns am 21. Juli 20.. nachfolgende Rechnung:

Fracht 20 t/645 km	1 200,00 EUR
+ 19 % USt	228,00 EUR
Rechnungsbetrag	1 428,00 EUR

1. Verbuchen Sie die Eingangsrechnung am 21. Juli 20..
2. Schließen Sie das Konto „Bezugskosten“ am 31. Juli 20.. über das Konto „Waren“ ab.

MUSTERLÖSUNG

a) **Buchungssätze:**

1.	2001 Bezugskosten	1 200,00	
	260 Vorsteuer	228,00	
	an 44 Verbindlichkeiten		1 428,00
2.	200 Waren	1 200,00	
	an 2001 Bezugskosten		1 200,00

b) **Verbuchung auf T-Konten (Hauptbuch):**

S 2001 Bezugskosten H

S		H	
①	1 200,00	② Saldo	1 200,00

S 200 Waren H

S		H
	18 000,00	
②	1 200,00	

S 260 Vorsteuer H

S		H
	2 700,00	
①	228,00	

S 44 Verbindlichkeiten H

S	H	
		20 700,00
	①	1 428,00

LÖSUNGSSCHRITTE

① Verbuchung der Bezugskosten einschließlich der Umsatzsteuer.
Hier: 2001 + 260/44

② Umbuchung der Bezugskosten auf das Konto „Waren“.
Hier: 200/2001

KERNWISSEN

- Bezugskosten fallen nur beim Wareneinkauf an.
- Bezugskosten sind ein Unterkonto des Warenkontos.
- Bezugskosten werden am Jahresende über das Konto „Waren“ abgeschlossen.

10.1.3 Liefererskonto

Beim Skonto (Mehrzahl: Skonti) handelt es sich um einen Preisnachlass, der für die Bezahlung einer Rechnung innerhalb einer vereinbarten Zeit gewährt wird. Lautet die Zahlungsbedingung etwa „Bezahlung innerhalb von 30 Tagen rein netto, innerhalb von

10 Tagen unter Abzug von 3 % Skonto“, so erhält der Kunde die Möglichkeit des Skontoabzugs, wenn er innerhalb von 10 Tagen, i. d. R. am 10. Tag, die Rechnung begleicht.

Liefererskonto ist somit ein Preisnachlass, der auf dem Konto

2003 Liefererskonto

zu verbuchen ist.

Da Liefererskonto bei der Begleichung der Liefererrechnung anfällt, vermindert sich durch die Ausnutzung des Skontos einerseits der zu zahlende Überweisungsbetrag gegenüber dem Lieferanten, andererseits die bereits beim Eingang der Rechnung verbuchte Vorsteuer, die es nun zu berichtigen gilt.

BUCHUNGSSATZ

44 Verbindlichkeiten
an 280 Bank
2003 Liefererskonto
260 Vorsteuer

Wie beim Konto „Bezugskosten“ handelt es sich auch beim Konto „Liefererskonto“ um ein Unterkonto des Warenkontos, das je nach der betrieblichen Zielsetzung monatlich, vierteljährlich oder jährlich über das Warenkonto abzuschließen ist, vermindert es doch die tatsächlichen Warenausgaben.

BUCHUNGSSATZ

2003 Liefererskonto
an 200 Waren

MUSTERAUFGABE

Die Kartonagengroßhandels GmbH, Mannheim, bezieht von der Wellpapp AG, München, am 20.05.20.. 2 500 Stück 3-lagige Wellpappkartons zum Gesamtpreis von 1 190,00 EUR mit der Zahlungsbedingung: „Zahlbar innerhalb von 30 Tagen rein netto, innerhalb von 8 Tagen unter Abzug von 2 % Skonto“.

Am 28.05.20.. begleichen wir die Rechnung an die Wellpapp AG durch folgende Überweisung:

Überweisungsauftrag an **670 501 01**

Sparkasse
Rhein Neckar Nord

Empfänger: Name, Vorname/Firma (max. 27 Stellen)
WELLPAPP AG; München

Konto-Nr. des Empfängers
1336790

Bankleitzahl
30010001

bei (Kreditinstitut)
Sparkasse München

EUR

Betrag
1.166,20 --------------

Kunden-Referenznummer - noch Verwendungszweck, ggf. Name und Anschrift des Auftraggebers - (nur für Empfänger)
Rg. v. 20.05. .. über 1.190,00 EUR abzügl.

noch Verwendungszweck (insgesamt max. 2 Zeilen à 27 Stellen)
2 % Skonto

Kontoinhaber: Name, Vorname/Firma, Ort (max. 27 Stellen, keine Straßen- oder Postfachangaben)
Kartonagengroßhandels GmbH

Konto-Nr. des Kontoinhabers
7908642120

111 309 000 / 12.2000

Wegen maschineller Lesung Namenszug nicht über Balken hinausschreiben!

Bitte nicht vergessen:
Datum/Unterschrift

28.05. ..

Datum Unterschrift

Bitte Durchschrift abtrennen

a) Berechnungen

Ermitteln Sie aus den angegebenen Daten:

- den Überweisungsbetrag,
- den Skontobetrag (brutto),
- den Skontobetrag (netto),
- den Vorsteuerkorrekturbetrag.

b) Buchungen

1. Verbuchen Sie zunächst den der Überweisung zugrunde liegenden Geschäftsvorfall.
2. Verbuchen Sie die Begleichung der Lieferantenrechnung.
3. Schließen Sie das Konto „Liefererskonto“ am Jahresende über das Warenkonto ab.

MUSTERLÖSUNG

a) Berechnungen

- Überweisungsbetrag/Skontobetrag (brutto)

Rechnungsbetrag	1 190,00 EUR
− 2 % Skonto	23,80 EUR
Überweisungsbetrag	1 166,20 EUR

- Skontobetrag (netto)/Vorsteuerkorrekturbetrag

119 %	–	23,80 EUR
100 %	–	x

x = 20,00 EUR

Skontobetrag (brutto)	23,80 EUR
− Skontobetrag (netto)	20,00 EUR
Vorsteuerkorrekturbetrag	3,80 EUR

b) **Buchungssätze**

1.	200 Waren	1 000,00	
	260 Vorsteuer	190,00	
	an 44 Verbindlichkeiten		1 190,00
2.	44 Verbindlichkeiten	1 190,00	
	an 280 Bank		1 166,20
	2003 Liefererskonto		20,00
	260 Vorsteuer		3,80
3.	2003 Liefererskonto	20,00	
	an 200 Waren		20,00

Verbuchungen auf T-Konten (Hauptbuch):

S	200 Waren		H
①	1 000,00	③	20,00

S	2003 Liefererskonto		H
③	20,00	②	20,00

S	260 Vorsteuer		H
①	190,00	②	3,80

S	280 Bank		H
		②	1 166,20

S	44 Verbindlichkeiten		H
②	1 190,00	①	1 190,00

LÖSUNGSSCHRITTE

a) Ermittlung des Überweisungsbetrages, des Skontobetrages sowie des Vorsteuerberichtigungsbetrages.

b) 1. Verbuchung des Wareneinkaufs.
   Hier: 200 + 260/44
   2. Verbuchung der Begleichung der Lieferantenrechnung.
   Hier: 44/280 + 2003 + 260
   3. Umbuchung des Kontos „Liefererskonto“ auf das Konto „Waren“.
   Hier: 2003/200

KERNWISSEN

- Liefererskonto ist ein vom Lieferant gewährter Preisnachlass, der auf dem Konto „Liefererskonto“ verbucht wird.
- Liefererskonto ist ein Unterkonto des Warenkontos.
- Am Jahresende wird das Konto „Liefererskonto“ über das Warenkonto abgeschlossen.

ÜBUNGSAUFGABEN

1. Verbuchen Sie als Mitarbeiter/-in der Spedition Weltweit:
a) nachfolgende Eingangsrechnung,
b) den Zahlungsausgleich der Rechnung.

Autohaus Transport Mannheim AG

Autohaus Transport Mannheim AG, Rheinstraße 12, 68165 Mannheim

Spedition Weltweit
Frankfurter Str. 12
69157 Heidelberg

Ort: Mannheim
Datum: ..-02-17
Rechnungs-/Auftragsnummer:
Nr. 190154

Steuer-Nr.: 1807/5681/572
USt-IdNr.: 6742198DE

Rechnung

Sehr geehrte Damen und Herren,

gemäß Ihrer Bestellung vom 20. Oktober 20.. stellen wir Ihnen das gelieferte Fahrzeug in Rechnung:

Mercedes-Benz, 25 t zGG, Solo-Lkw	EUR	175 000,00
- 10 % Rabatt	EUR	17 500,00
	EUR	157 500,00
+ Überführungskosten	EUR	1 200,00
+ Zulassungsgebühren	EUR	570,00
	EUR	159 270,00
+ USt	EUR	
Rechnungspreis	EUR	189.531,30

Unsere Zahlungsbedingungen lauten: innerhalb von 10 Tagen 2 % Skonto, innerhalb von 30 Tagen rein netto.

Mit freundlichen Grüßen

Autohaus Transport Mannheim AG

ppa.

Münster

Buchungsvermerk
Rechnung wurde am 27.02.20.. durch Postbank überwiesen

Tel. 0621 3744-0	Fax: 0621 374418	Bankverbindungen: Sparkasse Mannheim (BLZ 670 501 01) 163557 Dresdner Bank (BLZ 670 800 50) 745 213 23 Landesbank (BLZ 670 500 00) 75 64	HR Mannheim/HRB 289 E-Mail: AutoTrans@t-online.de

2. Verbuchen Sie nachfolgende Eingangsrechnung der Sanitärgroßhandlung Neumann GmbH.

Glaswerke Fritz GmbH
Burgstr. 10, 10127 Berlin

Glaswerke Fritz GmbH, Burgstr. 10, 10127 Berlin

Sanitärgroßhandlung Neumann GmbH
Heidelberger Str. 128
33817 Bielefeld

Rechnung	
Rechnungsdatum	..-02-27
Kunden-Nr.	3279
Rechnungs-Nr.	381/02
Bitte bei Zahlung angeben	

Position	Menge	Text	Betrag in EUR
1	10	Duschwände glasklar à 75,00 EUR Gewicht 110 kg	750,00
2		Frachtkosten	80,00
3		Kosten für Transportversicherung	15,00
		Rechnungsbetrag netto	845,00
		Zuzüglich USt	160,55
Summe		Zahlbar bis 27.03.20..	1 005,55

Bankverbindung: Commerzbank Berlin, BLZ 1001 903, Konto-Nr. 793 231, USt-IdNr.: 19110551DE

3. Verbuchen Sie nachfolgende Geschäftsvorfälle:

	EUR
1. Einkauf von Waren auf Ziel	
netto	8 000,00
− 5 % Mengenrabatt	400,00
	7 600,00
+ 19 % USt	1 444,00
Rechnungsbetrag	9 044,00
2. Barzahlung der Fracht beim Wareneingang	
netto	750,00
+ 19 % USt	142,50
3. Banküberweisung der Liefererrechnung von Fall 1	?
4. Umbuchung der Bezugskosten am Quartalsende auf das Konto „Waren“	750,00

4. Verbuchen Sie folgende Rechnung einer Warenlieferung:

Listenpreis ab Werk	5 000,00
− 10 % Wiederverkäuferrabatt	500,00
	4 500,00
+ Fracht	600,00
+ Transportversicherung	50,00
	5 150,00
+ 19 % USt	978,50
Rechnungsbetrag	6 128,50

5. Die Sanitärgroßhandlung Dominik Barth, Berlin, bezieht von ihrem Lieferanten 20 Duschabtrennungen, glasklar, zu einem Stückpreis von 300,00 EUR netto, ab Werk. Der vom Lieferer gewährte Rabatt beträgt 20%. Die Bezugskosten betragen 150,00 EUR.

a) Erstellen Sie die Rechnung.

b) Verbuchen Sie den Geschäftsvorfall auf den entsprechenden Konten.

c) Schließen Sie das Konto „Bezugskosten“ am Monatsende ab.

6. Verbuchen Sie nachfolgende Geschäftsvorfälle!

	EUR
1. Wareneinkauf auf Ziel	
Listenpreis	500,00
– 5% Sonderrabatt	25,00
	475,00
+ 19% USt	90,25
Rechnungsbetrag	565,25
2. Barzahlung der Fracht (Fall 1)	
netto	80,00
+ 19% USt	15,20
3. Banküberweisung der Liefererrechnung von Fall 1	551,00
4. Wareneinkauf auf Ziel	
netto	3500,00
+ Fracht	200,00
+ Verpackung	50,00
+ Transportversicherung	80,00
	3830,00
+ 19% USt	727,70
Rechnungsbetrag	4557,70
5. Barzahlung für Rollgeld an den amtlichen Rollfuhrunternehmer	
netto	120,00
+ 19% USt	22,80
6. Abschluss der Warenbezugskosten am Monatsende	530,00

10.1.4 Rücksendungen an Lieferer und Preisnachlässe von Lieferern

Gutschriften vom Lieferer entstehen, wenn

- **Waren** aufgrund einer Falschlieferung oder mangelhaften Lieferung **zurückgesandt** oder
- **nachträgliche Preisnachlässe**, etwa wegen Mängeln,

gewährt werden. Beiden Fällen ist gemeinsam, dass der zugrunde liegende Kaufvertrag nicht ordnungsgemäß erfüllt wurde.

Die sich beim Wareneinkauf ergebenden Rücksendungen bzw. Gutschriften werden auf dem Konto

2002 Preisnachlässe und Rücksendungen[1]

verbucht. Durch die Rücksendung bzw. Gutschrift vermindern sich einerseits der Bestand bzw. Wert des Warenkontos, andererseits die bereits erhobene Vorsteuer sowie die Verbindlichkeiten, die sich aus dem Wareneinkauf ergaben.

Diese Veränderungen gilt es nun im Rahmen einer sog. **Korrektur**- oder **Stornobuchung** zu erfassen.

Buchungssatz

44 Verbindlichkeiten
an 2002 Preisnachlässe und Rücksendungen
260 Vorsteuer

Am Ende des Abrechnungszeitraums wird das Unterkonto „Preisnachlässe und Rücksendungen" über das Hauptkonto „Waren" abgeschlossen.

Buchungssatz

2002 Preisnachlässe und Rücksendungen
an 200 Waren

Musteraufgabe

Wir beziehen von unserem Lieferer Waren im Wert von 12000,00 EUR netto auf Ziel.

Bei der Wareneingangskontrolle wurde festgestellt, dass Waren im Wert von 1000,00 EUR (netto) beschädigt waren, die daraufhin umgehend an unseren Lieferer zurückgesandt wurden.

Verbuchen Sie:

1. den Wareneinkauf,
2. die Rücksendung der Waren an den Lieferer,
3. den Abschluss des Unterkontos „Rücksendungen".

Musterlösung

a) **Buchungssätze:**

1.	200 Waren	12000,00	
	260 Vorsteuer	2280,00	
	an 44 Verbindlichkeiten		14280,00
2.	44 Verbindlichkeiten	1190,00	
	an 2002 Rücksendungen		1000,00
	260 Vorsteuer		190,00
3.	2002 Rücksendungen	1000,00	
	an 200 Waren		1000,00

[1] Bei der verbrauchsbedingten Warenverbuchung sind die Preisnachlässe und Rücksendungen auf dem Konto „6002 Preisnachlässe und Rücksendungen" zu verbuchen.

b) **Verbuchung auf T-Konten (Hauptbuch):**

S	200 Waren		H
①	12 000,00	③	1 000,00

S	44 Verbindlichkeiten		H
②	1 190,00	①	14 280,00

S	2002 Rücksendungen		H
③	1 000,00	②	1 000,00

S	260 Vorsteuer		H
①	2 280,00	②	190,00

LÖSUNGSSCHRITTE

① Verbuchung des Wareneinkaufs.
Hier: 200 + 260/44

② Verbuchung der Rücksendung.
Hier: 44/2002 + 260

③ Abschluss der Rücksendungen über das Hauptkonto „Waren".
Hier: 2002/200

KERNWISSEN

- Bei Preisnachlässen vom Lieferer und Rücksendungen an den Lieferer handelt es sich um Korrektur- oder Stornobuchungen.
- Beide vermindern den Warenbestand bzw. Warenwert, die Vorsteuer und die Verbindlichkeiten.
- Am Ende des Abrechnungszeitraums ist das Unterkonto „Preisnachlässe und Rücksendungen" über das Hauptkonto „Waren" abzuschließen.

Schematische Darstellung der Warenbuchungen beim Einkauf

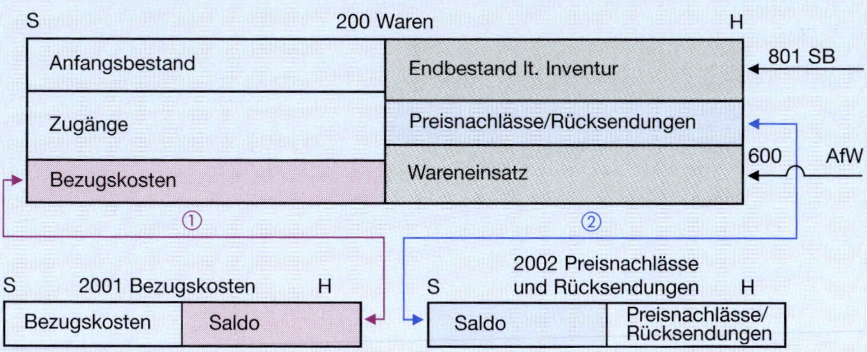

Buchungssätze:
① 200/2001
② 2002/200

Übungsaufgaben

1. Verbuchen Sie nachfolgende Geschäftsvorfälle.

	EUR
1. Wareneinkauf auf Ziel	
Listenpreis	850,00
– Rabatt	50,00
	800,00
+ 19% USt	152,00
Rechnungsbetrag	952,00
2. Eingangsrechnung für die Warenzufuhr von Fall 1	
netto	100,00
+ 19% USt	19,00
3. Banküberweisung der Eingangsrechnung von Fall 2	119,00
4. Unser Lieferer gewährt uns aufgrund einer Mängelrüge einen Preisnachlass von netto	30,00
Umsatzsteueranteil	5,70
5. Schließen Sie die Konten „Bezugskosten" und „Preisnachlässe und Rücksendungen" ab.	?

2. Rücksendung falsch gelieferter Rohstoffe

netto	400,00
+ 19% USt	76,00

(Die Eingangsrechnung der Ware wurde noch nicht beglichen!)

3. Wie wäre bei Fall 2 zu buchen, wenn die Lieferung bereits bezahlt wäre?

4. Aufgrund einer Reklamation erhalten wir von unserem Lieferer einen Preisnachlass in Form einer Gutschrift über

netto	700,00
+ 19% USt	133,00

5. Wir erhalten eine Falschlieferung von unserem Lieferer, die wir sofort nach Entdeckung zurücksenden

brutto	1071,00

6. Verbuchen Sie folgende Geschäftsvorfälle:

1. Zieleinkauf von Waren	
netto	1500,00
+ 19% USt	285,00
2. Rücksendung beschädigter Ware	
brutto	95,20
3. Barzahlung der Eingangsfracht	
netto	70,00
+ 19% USt	13,30
4. Banküberweisung der Liefererrechnung (Fall 1) unter Berücksichtigung der Rücksendung (Fall 2)	?

5. Abschluss der Unterkonten „Bezugskosten“ und „Preisnachlässe und Rücksendungen“ über das Hauptkonto „Waren“ ?

7. Von einem Lieferer erhalten wir Waren im Wert von 20000,00 EUR netto auf Ziel. Wegen einer Mängelrüge sendet uns der Lieferer eine Gutschriftsanzeige über 2380,00 EUR brutto.

Der Rechnungsbetrag wird anschließend durch Banküberweisung beglichen.

10.2 Buchungen beim Warenverkauf

Besonderheiten, die es beim Warenverkauf zu beachten gilt, sind z. B.:

- Transport- und Verpackungskosten,
- Rücksendungen von Waren durch Kunden und Nachlässe an Kunden.

10.2.1 Transport- und Verpackungskosten beim Warenverkauf

Beim Warenverkauf trifft man hinsichtlich der Transport- und Verpackungskosten folgende Unterscheidung:

1. Die uns im Rahmen der Warenzustellung z. B. von Spediteuren in Rechnung gestellten Transport- und Verpackungskosten stellen für uns **Aufwendungen** dar, die auf den Konten

   604 Aufwendungen für sonstige Vorräte
   (Verpackungsmaterial)
   614 Frachten und Fremdlager
   (Ausgangsfrachten)

   zu verbuchen sind.

   BUCHUNGSSATZ

   604 Verpackungsmaterial
   614 Ausgangsfrachten
   260 Vorsteuer
   an 440 Verbindlichkeiten

2. Transport- und Verpackungskosten, die wir den Kunden weiterberechnen, die z. B. in den Rechnungen an Kunden in Form von Fracht- und Verpackungskosten aufgeführt werden, sind als Bestandteile des Verkaufspreises anzusehen und auf dem Konto

   500 Umsatzerlöse

   zu verbuchen. Ebenso wie die verkauften Waren sind diese beiden Positionen umsatzsteuerpflichtig.

   BUCHUNGSSATZ

   240 Forderungen
   an 500 Umsatzerlöse
   480 Umsatzsteuer (USt)

3. Geben unsere Kunden bereits berechnete Leihverpackungen an uns zurück, so ist dieser Vorgang als Warenrücksendung auf dem Konto

   5001 Preisnachlässe und Rücksendungen

   zu erfassen. In diesem Fall tritt neben einer Reduzierung der Umsatzerlöse, über die das Unterkonto „Preisnachlässe und Rücksendungen" am Ende der Abrechnungsperiode abzuschließen ist, auch eine Verminderung der Kundenforderungen sowie der berechneten Umsatzsteuer (USt) ein.

BUCHUNGSSATZ

5001 Preisnachlässe und Rücksendungen
480 Umsatzsteuer (USt)
an 240 Forderungen

Umbuchung des Kontos 5001 am Jahresende:

BUCHUNGSSATZ

500 Umsatzerlöse
an 5001 Preisnachlässe und Rücksendungen

4. Den Kunden möglicherweise gewährte Sofortnachlässe vermindern unsere Verkaufspreise (Umsatzerlöse), da nur die herabgesetzten Preise gezahlt werden müssen. Aus diesem Grunde sind Sofortrabatte buchhalterisch **nicht** zu erfassen.

MUSTERAUFGABE

1. Wir lieferten am 15. März 20.. unserem Kunden, dem Elektrofachgeschäft R. & B. Neumann OHG, Düsseldorf, 24 Farbfernseher zum Stückpreis von 800,00 EUR auf Ziel.

   Ausgangsrechnung:

Listenpreis (24 Stück à 800,00 EUR)	19 200,00 EUR
– 8 1/3 % Rabatt	1 600,00 EUR
	17 600,00 EUR
+ Spezialverpackungen	200,00 EUR
	17 800,00 EUR
+ 19 % USt	3 382,00 EUR
Rechnungsbetrag	21 182,00 EUR

2. Für die Warenzustellung belastete uns unser Hausspediteur am 18. März 20.. mit:

Fracht 770 kg/375 km	300,00 EUR
+ 19 % USt	57,00 EUR
Rechnungsbetrag	357,00 EUR

3. Aufgrund des abgeschlossenen Kaufvertrages, der eine „Ab-Werk-Lieferung" vorsah, stellten wir der Firma R. & B. Neumann OHG obige Frachtkosten am 20. März 20.. in Rechnung.
4. Für die am 30. März 20.. an uns zurückgesandte Spezialverpackung erhält die R. & B. Neumann OHG eine Gutschrift über

netto	150,00 EUR
+ 19% USt	28,50 EUR

Verbuchen Sie:

1. Den Warenverkauf.
2. Die Rechnung unseres Spediteurs.
3. Die Weiterbelastung der Transportkosten an die R. & B. Neumann OHG.
4. Die Rücksendung der Spezialverpackung.
5. Den Abschluss der Unterkonten.

MUSTERLÖSUNG

a) **Buchungssätze:**

			Soll	Haben
1.	240	Forderungen	21 182,00	
	an	500 Umsatzerlöse		17 800,00
		480 Umsatzsteuer (USt)		3 382,00
2.	614	Ausgangsfrachten	300,00	
	260	Vorsteuer	57,00	
	an	44 Verbindlichkeiten		357,00
3.	240	Forderungen	357,00	
	an	500 Umsatzerlöse		300,00
		480 Umsatzsteuer (USt)		57,00
4.	5001	Rücksendungen	150,00	
	480	Umsatzsteuer (USt)	28,50	
	an	240 Forderungen		178,50
5.	500	Umsatzerlöse	150,00	
	an	5001 Rücksendungen		150,00

b) **Verbuchung auf T-Konten (Hauptbuch):**

S 240 Forderungen H

S		H	
①	21 182,00	④	178,50
③	357,00		

S 500 Umsatzerlöse H

S		H	
⑤	150,00	①	17 800,00
		③	300,00

S 5001 Rücksendungen H

S		H	
④	150,00	⑤	150,00

S 614 Ausgangsfrachten H

S		H	
②	300,00		

S 480 Umsatzsteuer (USt) H

S		H	
④	28,50	①	3 382,00
		③	57,00

S 260 Vorsteuer H

S		H	
②	57,00		

S 44 Verbindlichkeiten H

S		H	
		②	357,00

LÖSUNGSSCHRITTE

① Verbuchung des Warenverkaufs, wobei
- der Sofortrabatt buchhalterisch nicht zu berücksichtigen ist, da er den Verkaufserlös schmälert,
- die Kosten der Spezialverpackung ebenso wie die Ware selbst auf dem Konto „Umsatzerlöse" zu verbuchen sind.

Hier: 240/500 + 480

② Verbuchung der uns im Rahmen der Warenzufuhr in Rechnung gestellten Transportkosten auf dem Aufwandskonto „Ausgangsfrachten".

Hier: 614 + 260/44

③ Weiterbelastung der Frachtkosten an unseren Kunden.

Hier: 240/500 + 480

④ Verbuchung der Verpackungsrücksendung als Korrekturbuchung.

Hier: 5001 + 480/240

⑤ Abschluss des Unterkontos „Rücksendungen" über das Hauptkonto „Umsatzerlöse".

Hier: 500/5001

KERNWISSEN

- Die uns in Rechnung gestellten Transport- und Verpackungskosten stellen für uns Aufwendungen dar, sie sind auf den Konten „Aufwendungen für sonstige Vorräte (Verpackungsmaterial)" und „Frachten und Fremdlager (Ausgangsfrachten)" zu erfassen.
- Die dem Kunden von uns in Rechnung gestellten Versandkosten sind als Umsatzerlöse zu behandeln.
- Rückgaben von Leihverpackungen sind als Warenrücksendungen zu verstehen.
- Gegebenenfalls den Kunden gewährte Rabatte vermindern die Umsatzerlöse. Sie sind buchhalterisch daher nicht zu erfassen.

ÜBUNGSAUFGABEN

1.

Barzahlung der Ausgangsfracht in Höhe von	EUR
netto	400,00
+ 19 % USt	76,00

2.

Warenverkauf auf Ziel	
Listenpreis	2 300,00
− 10 % Rabatt	230,00
	2 070,00
+ Zustellkosten	130,00
	2 200,00
+ 19 % USt	418,00
Rechnungsbetrag	2 618,00

3. Warenverkauf auf Ziel

	EUR
Listenpreis	1600,00
+ Verpackung	50,00
+ Fracht	70,00
	1720,00
+ 19% USt	326,80
Rechnungsbetrag	2046,80

4. Gutschriftanzeige an einen Kunden für die Rückgabe der Verpackung (Fall 3)

netto	50,00
+ 19% USt	9,50

5. Banküberweisung einer Rechnung für Ausgangsfrachten 371,20

6. Warenverkauf auf Ziel

Listenpreis	800,00
+ Leihverpackung	60,00
	860,00
+ 19% USt	163,40
Rechnungsbetrag	1023,40

7. Verbuchen Sie nachfolgende Geschäftsvorfälle:

1. Wareneinkauf auf Ziel

Listenpreis	3200,00
− 10% Rabatt	320,00
	2880,00
+ 19% USt	547,20
Rechnungsbetrag	3427,20

2. Barzahlung der Fracht beim Wareneingang

netto	400,00
+ 19% USt	76,00

3. Der Lieferant gewährt uns wegen einer Mängelrüge einen Preisnachlass

von netto	100,00
+ 19% USt	19,00

4. Warenverkauf auf Ziel

netto	900,00
+ 19% USt	171,00

5. Der Spediteur berechnet für die Warenzufuhr an unseren Kunden

netto	80,00
+ 19% USt	15,20

6. Rücksendung falsch gelieferter Waren an unseren Lieferer

netto	300,00
+ 19% USt	57,00

7. Warenverkauf auf Ziel

Listenpreis	5600,00
− 5% Rabatt	280,00
	5320,00

	EUR
+ Leihverpackung	300,00
+ Zustellkosten	280,00
	5 900,00
+ 19 % USt	1 121,00
Rechnungsbetrag	7 021,00
8. Wareneinkauf auf Ziel	
Listenpreis	6 000,00
− 20 % Wiederverkäuferrabatt	1 200,00
	4 800,00
+ Fracht	500,00
+ Verpackung	100,00
+ Transportversicherung	60,00
	5 460,00
+ 19 % USt	1 037,40
Rechnungsbetrag	6 497,40
9. Banküberweisung der Liefererrechnung von Fall 8, wenn wir die Rechnung unter Abzug von 3 % Skonto begleichen	?

10.2.2 Warenrücksendungen von Kunden und Gutschriften an Kunden

Warenrücksendungen von Kunden, etwa wegen Falschlieferungen, und Preisnachlässe an Kunden aufgrund von Reklamationen sind zunächst auf dem Konto

5001 Preisnachlässe und Rücksendungen

zu verbuchen. Durch die Rücksendung bzw. Gutschrift vermindern sich unsere Umsatzerlöse, die den Kunden berechnete Umsatzsteuer sowie unsere Forderungen den Kunden gegenüber. Es handelt sich demzufolge wiederum um eine sog. **Korrektur**- bzw. **Stornobuchung**.

Buchungssatz

5001 Preisnachlässe und Rücksendungen
480 Umsatzsteuer (USt)
an 240 Forderungen

Am Ende des Abrechnungszeitraums wird das Unterkonto „Preisnachlässe und Rücksendungen" über das Hauptkonto „Umsatzerlöse" abgeschlossen.

Buchungssatz

500 Umsatzerlöse
an 5001 Preisnachlässe und Rücksendungen

MUSTERAUFGABE

Wir verkaufen unserem Kunden Waren im Wert von 5 000,00 EUR netto auf Ziel.
Nach der verbuchten Lieferung sendet uns unser Kunde Waren im Wert von 400,00 EUR netto wegen Falschlieferung zurück.
Verbuchen Sie:

1. Den Warenverkauf.
2. Die Rücksendung an uns.
3. Den Abschluss des Unterkontos „Rücksendungen".

MUSTERLÖSUNG

a) **Buchungssätze:**

1.	240	Forderungen	5 950,00	
	an	500 Umsatzerlöse		5 000,00
		480 Umsatzsteuer (USt)		950,00
2.	5001	Rücksendungen	400,00	
	480	Umsatzsteuer (USt)	76,00	
	an	240 Forderungen		476,00
3.	500	Umsatzerlöse	400,00	
	an	5001 Rücksendungen		400,00

b) **Verbuchung auf T-Konten (Hauptbuch):**

S 240 Forderungen H

S		H	
①	5 950,00	②	476,00

S 500 Umsatzerlöse H

S		H	
③	400,00	①	5 000,00

S 5001 Rücksendungen H

S		H	
②	400,00	③	400,00

S 480 Umsatzsteuer (USt) H

S		H	
②	76,00	①	950,00

LÖSUNGSSCHRITTE

① Verbuchung des Warenverkaufs.
Hier: 240/500 + 480

② Verbuchung der Rücksendung an uns.
Hier: 5001 + 480/240

③ Abschluss des Kontos „Rücksendungen" über das Hauptkonto „Umsatzerlöse".
Hier: 500/5001

KERNWISSEN

- Bei Rücksendungen von Kunden und Preisnachlässen an Kunden handelt es sich um Korrektur- oder Stornobuchungen.
- Beide vermindern die Umsatzerlöse, die Umsatzsteuer und die Forderungen.

- Am Ende der Abrechnungsperiode ist das Unterkonto „Preisnachlässe und Rücksendungen" über das Hauptkonto „Umsatzerlöse" abzuschließen.

Schematische Darstellung der Warenbuchungen beim Verkauf

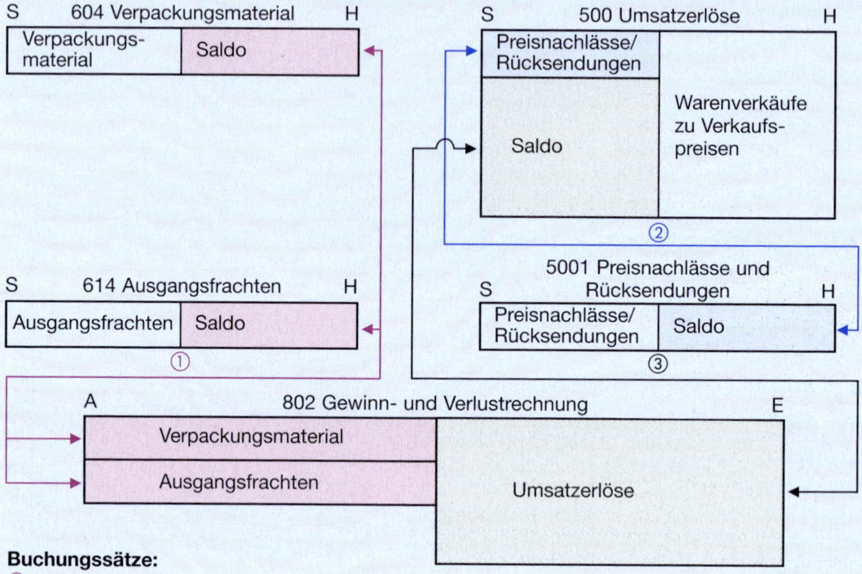

Buchungssätze:
① 802/604 + 614
② 500/5001
③ 500/802

ÜBUNGSAUFGABEN

1. Verbuchen Sie nachfolgende Geschäftsvorfälle!

	EUR
1. Warenverkauf auf Ziel	
Warenwert	1000,00
– Rabatt 5%	50,00
	950,00
+ 19% USt	180,50
Rechnungsbetrag	1130,50
2. Wir gewähren unserem Kunden aufgrund einer Mängelrüge einen Preisnachlass von	
netto	50,00
+ 19% USt	9,50
3. Abschluss des Kontos „Preisnachlässe und Rücksendungen" am Jahresende.	

2. Ein Kunde sendet falsch gelieferte Waren im Wert von 714,00 EUR brutto zurück!

3. Aufgrund einer Reklamation gewähren wir einem Kunden einen Preisnachlass in Form einer Gutschrift über

netto	500,00
+ 19% USt	95,00

4. Verbuchen Sie nachfolgende Geschäftsvorfälle aus dem Warenverkehr!

	EUR
1. Warenverkauf auf Ziel	
Warenwert	4000,00
– 10% Rabatt	400,00
	3600,00
+ Verpackungskosten	100,00
+ Fracht	200,00
	3900,00
+ 19% USt	741,00
Rechnungsbetrag	4641,00
2. Aufgrund einer Mängelrüge gewähren wir unserem Kunden einen Preisnachlass von	
netto	200,00
+ 19% USt	38,00
3. Wareneinkauf auf Ziel	
Listenpreis	7500,00
– 25% Wiederverkäuferrabatt	1875,00
	5625,00
+ 19% USt	1068,75
Rechnungsbetrag	6693,75
4. Barzahlung der Fracht beim Wareneingang	
netto	400,00
+ 19% USt	76,00
5. Gutschriftanzeige an unseren Kunden für die Rücksendung der Leihverpackung von Fall 1	
netto	100,00
+ 19% USt	19,00
6. Ein Spediteur berechnet für die Warenzufuhr zum Kunden	
netto	180,00
+ 19% USt	34,20
7. Ein Lieferer gewährt uns wegen einer Mängelrüge einen Preisnachlass von brutto	178,50

8. Abschluss sämtlicher Unterkonten über die entsprechenden Hauptkonten!

5. Bilden Sie zu nachfolgenden Geschäftsvorfällen aus dem Warenverkehr die Buchungssätze im Grundbuch, verbuchen Sie diese anschließend auf T-Konten und schließen Sie diese ab.

Anfangsbestände:	EUR		EUR
084 Fuhrpark	50000,00	300 Eigenkapital	100000,00
200 Waren	35000,00	44 Verbindlichkeiten	38000,00
240 Forderungen	20000,00		
280 Bank	25000,00		
282 Kasse	8000,00		

Kontenplan: Neben der Eröffnungsbilanz (800) und der Schlussbilanz (801) sind noch folgende Konten erforderlich:
Bestandskonten: 084 Fuhrpark, 200 Waren, 2001 Bezugskosten, 2002 Preisnachlässe und Rücksendungen, 240 Forderungen, 280 Bank, 282 Kasse, 260 Vorsteuer, 300 Eigenkapital, 44 Verbindlichkeiten, 480 Umsatzsteuer (USt)
Erfolgskonten: 500 Umsatzerlöse, 5001 Preisnachlässe und Rücksendungen, 600 Aufwendungen für Waren (AfW), 802 Gewinn- und Verlustrechnung

Geschäftsvorfälle:	EUR
1. Wareneinkauf auf Ziel	
Listenpreis	5 000,00
− 10% Rabatt	500,00
	4 500,00
+ Verpackung	70,00
+ Transportversicherung	30,00
	4 600,00
+ 19% USt	874,00
Rechnungsbetrag	5 474,00
2. Barzahlung der Fracht beim Wareneinkauf (Fall 1)	
netto	400,00
+ 19% USt	76,00
3. Banküberweisung eines Kunden	2 200,00
4. Von unserem Lieferer erhalten wir eine Gutschrift aufgrund	
unserer Mängelrüge, netto	220,00
+ 19% USt	41,80
5. Warenverkauf auf Ziel	
Warenwert	6 820,00
+ Leihverpackung	180,00
	7 000,00
+ 19% USt	1 330,00
Rechnungsbetrag	8 330,00
6. Unser Kunde sendet uns falsch gelieferte Waren zurück	
netto	80,00
+ 19% USt	15,20
7. Banküberweisung an einen Lieferer	4 000,00
8. Gutschriftanzeige an Kunden für die Rückgabe der Leihverpackung	
von Fall 5, netto	180,00
+ 19% USt	34,20

Abschlussangaben:

1. Zahllast:
   a) Ermittlung der Zahllast
   b) Abführen der Zahllast durch Banküberweisung
2. Warenendbestand lt. Inventur 36 500,00

11 Der Jahresabschluss

SITUATION

Am Ende der Ausbildung erhält Ludwig vom Leiter der Rechnungswesenabteilung, Herrn Barth, als gezielte Vorbereitung zur Abschlussprüfung die Aufgabe, einen Jahresabschluss anhand einfacher Geschäftsvorfälle selbst zu erstellen.

HANDLUNGSAUFTRÄGE

1. Überlegen Sie, welche Umbuchungen und Abschlussbuchungen hierfür notwendig sind.
2. Erstellen Sie einen einfachen Jahresabschluss.

Wie wir bereits zu Beginn unserer Ausführungen gesehen haben ist der Kaufmann nach HGB § 242 verpflichtet, am Schluss eines jeden Jahres einen sog. **Jahresabschluss** zu erstellen.

HGB § 242 Pflicht zur Aufstellung der Bilanz. (1) [1]Der Kaufmann hat zu Beginn seines Handelsgewerbes und für den Schluss eines jeden Geschäftsjahrs einen das Verhältnis seines Vermögens und seiner Schulden darstellenden Abschluss (Eröffnungsbilanz, Bilanz) aufzustellen. [2]Auf die Eröffnungsbilanz sind die für den Jahresabschluss geltenden Vorschriften entsprechend anzuwenden, soweit sie sich auf die Bilanz beziehen.

(2) Er hat für den Schluss eines jeden Geschäftsjahrs eine Gegenüberstellung der Aufwendungen und Erträge des Geschäftsjahrs (Gewinn- und Verlustrechnung) aufzustellen.

(3) Die Bilanz und die Gewinn- und Verlustrechnung bilden den Jahresabschluss.

Der bisher bei den einzelnen Kapiteln durchgeführte Jahresabschluss war immer nur auf den behandelten Stoff beschränkt. Nachdem nun alle Punkte besprochen sind, sollen abschließend Geschäftsvorfälle aus dem gesamten Stoffgebiet verbucht und danach anhand zweier Übungsaufgaben ein Jahresabschluss durchgeführt werden.

Dazu sind folgende Umbuchungen und Abschlussbuchungen erforderlich:

1. **Umbuchungen:**

   a) *Abschluss der Unterkonten über die Hauptkonten*

   Verbuchung von:

   - **Vorschüssen**

     BUCHUNGSSATZ

     Löhne / Forderungen an Mitarbeiter

   b) *Ermittlung der Zahllast*

   BUCHUNGSSATZ

   Umsatzsteuer (USt) / Vorsteuer

c) *Verbuchung der Abschreibungen*

Buchungssatz

Abschreibungen / Anlagekonten

d) *Verbuchung des Warenendbestandes*

Buchungssatz

Schlussbilanz / Waren

e) *Verbuchung des Wareneinsatzes*

Buchungssatz

Aufwendungen für Waren / Waren

2. **Abschlussbuchungen:**

a) *Abschluss der Erfolgskonten über die GuV*

Buchungssätze

GuV / Aufwandskonten

Ertragskonten / GuV

b) *Verbuchung des Erfolgs*

- Gewinn:

  Buchungssatz

  GuV / Eigenkapital

- Verlust:

  Buchungssatz

  Eigenkapital / GuV

c) *Verbuchung der Bestandskonten*

Buchungssätze

Schlussbilanz / Aktivkonten

Passivkonten / Schlussbilanz

Übungsaufgaben

1. Verbuchen Sie folgende Geschäftsvorfälle!

		EUR
1. Barkauf einer Schreibmaschine		
netto		800,00
+ 19% USt		152,00
2. Verkauf eines gebrauchten Lkw auf Ziel		
netto		15000,00
+ 19% USt		2850,00
3. Barabhebung von unserem Bankkonto		6000,00
4. Zinsgutschrift der Bank		2500,00
5. Lohnzahlung durch Banküberweisung		
Bruttolöhne		14000,00
– Lohnsteuer, SolZ	3000,00 EUR	
– Kirchensteuer	240,00 EUR	
– SV-Beiträge	2900,00 EUR	6140,00
Nettolöhne		7860,00
Arbeitgeberanteil zur Sozialversicherung		2900,00
6. Postbanküberweisung der Telefongebühren		750,00
7. Banküberweisung der bei Fall 5 einbehaltenen Abzüge:		
– an das Finanzamt		3240,00
– an die Krankenkassen		5800,00
8. Aufnahme eines Darlehens bei der Bank		25000,00
9. Wareneinkauf auf Ziel		
Listenpreis		3600,00
– 10% Rabatt		360,00
		3240,00
+ 19% USt		615,60
Rechnungsbetrag		3855,60
10. Banküberweisung an einen Lieferer		3726,00
11. Abschreibungen auf Maschinen, 10% des Anschaffungswertes über 72000,00 EUR		?

2. Verbuchen Sie nachfolgende Geschäftsvorfälle!

	EUR
1. Kauf eines Telefaxgerätes bar	
netto	1200,00
+ 19% USt	228,00
2. Gehaltsvorschuss bar	500,00
3. Warenverkauf auf Ziel	
Warenwert	4600,00
+ 19% USt	874,00
Rechnungsbetrag	5474,00

4.	Gehaltszahlung durch Banküberweisung		EUR
	Bruttogehalt		4 800,00
	– LSt, KiSt und SolZ	1 000,00 EUR	
	– SV-Beiträge	800,00 EUR	1 800,00
	Nettogehalt		3 000,00
	– geleisteter Vorschuss		500,00
	Auszahlungsbetrag		2 500,00
	Arbeitgeberanteil zur Sozialversicherung		800,00
5.	Banküberweisung der Zahllast für den vergangenen Monat		4 200,00
6.	Banküberweisung der:		
	– Geschäftsmiete		5 300,00
	– Kfz-Steuer		1 300,00
	– Telefongebühren		820,00
7.	Banküberweisung eines Kunden		4 350,00
8.	Teiltilgung eines Hypothekendarlehens durch Banküberweisung		20 000,00
9.	Wir erhalten Miete bar		2 800,00
10.	Ein Kunde begleicht seine Schuld durch Banküberweisung		3 100,00
11.	Gutschrift von Zinserträgen auf das Postbankkonto		4 800,00
12.	Barzahlung von Büromaterial		
	netto		60,00
	+ 19 % USt		11,40
13.	Zieleinkauf von Waren		
	netto		10 560,00
	+ 19 % USt		2 006,40
	Rechnungsbetrag		12 566,40
14.	Abschreibung		
	– auf Maschinen		15 000,00
	– auf BGA:		
	20 % vom Anschaffungswert in Höhe von 75 000,00 EUR		?

3. Bilden Sie zu nachfolgenden Geschäftsvorfällen die Buchungssätze im Grundbuch, verbuchen Sie diese anschließend auf T-Konten und schließen Sie diese ab!

Anfangsbestände:	EUR		EUR
084 Fuhrpark	80 000,00	300 Eigenkapital	?
087 BGA	65 000,00	44 Verbindlichkeiten	75 500,00
200 Waren	150 000,00		
240 Forderungen	30 000,00		
280 Bank	25 000,00		
282 Kasse	13 500,00		

Kontenplan: Neben der Eröffnungsbilanz (800) und der Schlussbilanz (801) sind noch folgende Konten erforderlich:

Bestandskonten: 084 Fuhrpark, 087 Geschäftsausstattung, 200 Waren, 240 Forderungen, 260 Vorsteuer, 280 Bank, 282 Kasse, 300 Eigenkapital, 44 Verbindlichkeiten, 480 Umsatzsteuer (USt)

Erfolgskonten: 689 Aufwendungen für Kommunikation, 600 Aufwendungen für Waren, 650 Abschreibungen, 500 Umsatzerlöse, 571 Zinserträge, 802 Gewinn- und Verlustrechnung

Geschäftsvorfälle:	EUR
1. Wareneinkauf	
netto	6 000,00
+ 19 % USt	1 140,00
gegen: – Barzahlung	2 500,00
– Scheckzahlung	3 000,00
– Rest auf Ziel	?
2. Banküberweisung unserer Telefongebühren	1 350,00
3. Kauf einer neuen EDV-Anlage auf Ziel	
netto	8 000,00
+ 19 % USt	1 520,00
4. Verkauf eines gebrauchten Pkw gegen Bankscheck	
netto	25 000,00
+ 19 % USt	4 750,00
5. Zinserträge werden auf das Bankkonto gutgeschrieben	7 000,00
6. Warenverkauf auf Ziel	
netto	14 300,00
+ 19 % USt	2 717,00
Rechnungsbetrag	17 017,00
7. Banküberweisung an einen Lieferer	1 400,00

Abschlussangaben:

1. Zahllast:
   a) Ermittlung der Zahllast
   b) Abführen der Zahllast durch Banküberweisung

2. Warenendbestand lt. Inventur	146 000,00
3. Abschreibungen auf BGA	5 000,00

4. Bilden Sie zu nachfolgenden Geschäftsvorfällen die Buchungssätze im Grundbuch, verbuchen Sie diese anschließend auf T-Konten und erstellen Sie den Abschluss!

Anfangsbestände:	EUR		EUR
05 Grundstücke	780 000,00	300 Eigenkapital	?
084 Fuhrpark	120 000,00	41 Hypothekenschulden	450 000,00
200 Waren	200 000,00	44 Verbindlichkeiten	120 000,00
240 Forderungen	80 000,00		
280 Bank	52 000,00		
282 Kasse	18 000,00		

Kontenplan: Neben der Eröffnungsbilanz (800) und Schlussbilanz (801) sind noch folgende Konten erforderlich:

Bestandskonten: 05 Grundstücke, 084 Fuhrpark, 200 Waren, 240 Forderungen, 260 Vorsteuer, 280 Bank, 282 Kasse, 300 Eigenkapital, 41 Hypothekenschulden, 44 Verbindlichkeiten, 480 Umsatzsteuer (USt), 483 FB-Verbindlichkeiten, 484 SV-Verbindlichkeiten

Erfolgskonten: 63 Gehälter, 600 Aufwendungen für Waren, 640 Arbeitgeberanteil, 650 Abschreibungen, 500 Umsatzerlöse, 540 Mieterträge, 802 Gewinn- und Verlustrechnung

Geschäftsvorfälle:	EUR
1. Warenverkauf auf Ziel	
netto	20 000,00
+ 19% USt	3 800,00
2. Mieteinnahmen bar	5 200,00
3. Gehaltszahlung durch Banküberweisung	
Bruttogehalt	8 500,00
– LSt, KiSt und SolZ	2 000,00
– SV-Beiträge	1 800,00
Nettogehalt	4 700,00
Arbeitgeberanteil zur Sozialversicherung	?
4. Banküberweisung an einen Lieferer	6 400,00
5. Barabhebung von eigenem Bankkonto	8 000,00
6. Wareneinkauf auf Ziel	
netto	6 100,00
+ 19% USt	1 159,00
Rechnungsbetrag	7 259,00
7. Banküberweisung eines Kunden	23 000,00
8. Teiltilgung der Hypothekenschulden durch Banküberweisung	30 000,00
9. Kauf eines neuen Firmen-Pkw auf Ziel	
netto	40 000,00
+ 19% USt	7 600,00
10. Warenverkauf gegen Bankscheck	
netto	30 600,00
+ 19% USt	5 814,00
Rechnungsbetrag	36 414,00
11. Banküberweisung der einbehaltenen Abzüge bei der Gehaltsbuchung von Fall 3:	
– an das Finanzamt	2 000,00
– an die Krankenkasse	3 600,00
Abschlussangaben:	
1. Zahllast:	
a) Ermittlung der Zahllast	
b) Passivierung der Zahllast	
2. Warenendbestand lt. Inventur	190 000,00
3. Abschreibung auf Fuhrpark, linear 20% des Anschaffungswertes von 40 000,00 EUR	?

B Fachrechnen

I Wirtschaftsrechnen

1 Grundrechenarten

1.1 Addition

Die Addition ist die einfachste Grundrechenart. Mit ihrer Hilfe werden einzelne Zahlen (Summanden) zu einer Gesamtzahl (Summe) vereinigt.

BEISPIEL

17 + 34 = 51

FORMEL

$$\text{Summand} + \text{Summand} = \text{Summe}$$

MERKE

1. Summanden können beliebig vertauscht werden, ohne dass sich der Wert der Summe ändert.
2. Die einzelnen Summanden können in beliebiger Weise zu Teilsummen zusammengefasst werden, ohne dass sich der Wert der Summe ändert.
3. Grundsätzlich können nur Zahlen gleicher Benennung (Dimension) zusammengezählt werden.

ÜBUNGSAUFGABEN

1. Lösen Sie ohne Taschenrechner:

a)	b)	c)	d)
25,00 EUR	38,79 EUR	3,75 EUR	6,78 EUR
+ 17,00 EUR	+ 22,81 EUR	+ 7,89 EUR	+ 11,45 EUR
		+ 0,67 EUR	+ 48,73 EUR
		+ 10,09 EUR	+ 300,50 EUR

2. Die Sanitärgroßhandlung Esen & Co. ermittelt für die ersten 6 Monate folgende Warenumsätze:

Artikelart / Monat	Badewannen	Badearmaturen	Duschkabinen	Spiegel	Summe
Januar	14 760,00	3 547,00	8 695,00	896,00	?
Februar	9 345,00	7 345,00	12 546,00	2 167,00	?
März	15 231,00	7 546,00	3 543,00	1 342,00	?
April	10 934,00	8 231,00	14 328,00	5 320,00	?
Mai	8 764,00	3 218,00	13 213,00	3 214,00	?
Juni	14 965,00	5 342,00	9 768,00	1 879,00	?
Summe	?	?	?	?	?

a) Berechnen Sie den Halbjahresumsatz je Artikelgruppe.
b) Ermitteln Sie den jeweiligen Monatsumsatz.
c) Errechnen Sie den Gesamtumsatz der Sanitärgroßhandlung für das erste Halbjahr.

1.2 Subtraktion

Die Subtraktion ist die Umkehr der Addition. Mit dieser Rechenart wird aus zwei oder mehreren Zahlen eine Differenz ermittelt.

BEISPIEL 54 − 23 = 31

FORMEL

Minuend − Subtrahend = Differenz

MERKE

1. Minuend und Subtrahend dürfen nicht vertauscht werden.
2. Grundsätzlich können nur Zahlen gleicher Benennung subtrahiert (abgezogen) werden.

ÜBUNGSAUFGABEN

1. Lösen Sie ohne Taschenrechner:

a) 77 − 48
b) 45 − 16
c) 27 − 19
d) 39 − 12
e) 109 − 91
f) 89 − 23
g) 98 − 89
h) 143 − 63
i) 77 − 65

2.

a) 1000,77 EUR − 598,23 EUR

b) 4234,89 EUR − 2098,21 EUR

c) 91675,24 EUR − 31663,89 EUR

3.

a) 768,43 EUR − 123,00 EUR − 98,45 EUR

b) 5345,01 EUR − 3000,89 EUR − 782,42 EUR

c) 45634,52 EUR − 8536,92 EUR − 22893,26 EUR

4. Subtrahieren Sie, ohne die Zahlen untereinander zu schreiben:
a) 1500 m − 325 m − 600 m − 50 m = ?
b) 800,00 EUR − 75,00 EUR − 326,50 EUR = ?

5. Ermitteln Sie den jeweiligen Endbestand an Waren:

	Anfangsbestand		Verkäufe		Endbestand
a)	12679	kg	7643	kg	?
b)	152674	kg	118783	kg	?
c)	674	m	419	m	?
d)	184	m	94	m	?
e)	19648,00	EUR	11573,20	EUR	?
f)	195542,80	EUR	88270,89	EUR	?

6. Berechnen Sie den Kassenbestand:

2679,00 EUR Anfangsbestand	698,97 EUR Abgänge
863,20 EUR Zugänge	1762,72 EUR Abgänge
4397,51 EUR Zugänge	1497,24 EUR Abgänge
89,00 EUR Zugänge	2005,00 EUR Abgänge
1000,00 EUR Zugänge	

7. Auf der Lagerfachkarte „Flüssigdünger" sind folgende Eingänge vermerkt: 325 l, 783 l, 98 l, 321 l und 376 l. Während des Betrachtungszeitraumes wurden folgende Mengen verkauft: 173 l, 659 l, 436 l, 79 l und 260 l.
Wie hoch ist der gegenwärtige Bestand?

8. Ermitteln Sie den Saldo des angeführten Bankkontos:

Soll	Bankkonto	Haben
786,00		565,90
12023,90		9753,10
2983,60		79,45
21970,30		17646,20
4762,20		9758,15
2923,10		7453,85
362,90	Saldo	?

9. Familie Esen beabsichtigt mit ihrem Auto in Urlaub zu fahren. Im Kfz-Brief ihres Pkw steht: Leergewicht 1350 kg; zulässiges Gesamtgewicht 1,8 t. Auf ihrer Ferienreise ist das Auto mit 2 Erwachsenen (75 kg und 55 kg) und ihren Kindern (43 kg und 31 kg) besetzt. Der voll gefüllte Tank wiegt 42 kg.
Ermitteln Sie, wie viel Gepäck noch zugeladen werden kann.

10. Der Auszubildende Uli Jauß muss eine dringende Sendung zum Bahnhof bringen. Uli rechnet mit einer 3/4 Stunde für die Fahrt vom Betrieb zum Bahnhof, 10 Minuten für das Suchen eines Parkplatzes sowie 15 Minuten für die nötige Abwicklung.
Wann muss Uli spätestens von seinem Betrieb losfahren, wenn der Schalter um 13:15 Uhr schließt?

1.3 Multiplikation

Bei der Multiplikation handelt es sich um eine verkürzte Form der Addition.

BEISPIEL $9 \cdot 5 = 45$

FORMEL

Faktor · Faktor = Produkt

MERKE

1. Beide Faktoren können beliebig vertauscht werden, ohne dass sich das Produkt ändert.
2. Faktoren unterschiedlicher Benennung müssen vor der Multiplikation auf eine einheitliche Benennung gebracht werden.
3. Die Faktoren werden bei der Multiplikation immer nebeneinander geschrieben.

ÜBUNGSAUFGABEN

1. Lösen Sie ohne Taschenrechner:

a) 7 · 5 c) 8 · 6 e) 12 · 7
b) 9 · 8 d) 8 · 4 f) 18 · 3

2. Ermitteln Sie den Warenbestand jedes einzelnen Artikels und insgesamt:

Artikel	Stückpreis	Stückzahl
Brausegarnituren	17,80 EUR	23
Einhebelmischer	123,08 EUR	9
Konsolen	78,00 EUR	12
Brausehalterungen	13,45 EUR	23

3. Ein Einzelhändler im Hi-Fi-Bereich bezieht 8 Fernsehgeräte zu einem Stückpreis von 799,00 EUR, 13 CD-Player zu einem Stückpreis von 348,00 EUR und 7 Tuner zu einem Preis von 618,00 EUR je Stück.

Wie viel EUR beträgt der Rechnungspreis?

4. Berechnen Sie den Gesamtwert folgender Inventurbestände:

15000 Zigarillos zu 0,20 EUR
8000 Zigarillos zu 0,50 EUR
18000 Zigarillos zu 1,20 EUR
12500 Zigarillos zu 2,45 EUR
Zigaretten laut besonderer Aufstellung 23000,00 EUR
Tabak laut besonderer Aufstellung 10500,00 EUR

5. Wie hoch ist der Einkaufspreis folgender Schuhwaren:

45 Paar Damenhalbschuhe zu 53,00 EUR je Paar, 38 Paar Damenstiefel zu 125,00 EUR je Paar, 17 Paar Damenhausschuhe zu 15,80 EUR je Paar und 42 Paar Damensportschuhe zu 34,50 EUR je Paar.

6. Laut Polizeibericht wurden folgende Waren aus einem Radio- und Fernsehfachgeschäft gestohlen:

4 Farbfernsehgeräte zu je 895,00 EUR, 3 Kassettendecks zu je 420,00 EUR, 13 Radiogeräte zu je 195,00 EUR, 40 Videokassetten zu je 11,95 EUR sowie 25 CDs zu je 22,95 EUR.

Auf wie viel EUR beläuft sich der Schaden?

7. Ermitteln Sie die gesamten Benzinkosten einer Urlaubsreise, wenn folgende Tankstopps erfolgten:

45 l à 0,82 EUR, 38 l à 0,81 EUR, 52 l à 0,83 EUR, 26,5 l à 0,80 EUR.

8. Ein Schubverband soll mit 3800 t Koks beladen werden. Ein Güterzug bringt je 25 Waggons mit 28,2 t, 30 1/4 t und 31500 kg.

Errechnen Sie, ob der Schubverband noch zwei weitere Züge mit je 30 Waggons von je 25,8 t Koks fasst.

9. Eine Rangierlok wiegt 52 t und ist 12 m lang. Sie hat 3 Waggons angehängt, von denen jeder 19,2 m lang ist und 38,2 t wiegt.

a) Errechnen Sie das Gewicht des Zuges

b) Mit wie viel Waggons darf die Lok höchstens über eine 52 m lange Drehscheibe fahren, wenn an den Kupplungsverbindungen jeweils 50 cm zusätzlich zu berücksichtigen sind?

10. Das alteingesessene Mannheimer Transportunternehmen Werner & Else Schmitt KG setzt bei seinen Transporten u. a. auch unten beschriebenen Sattelauflieger der Marke „Cargobull“ mit einem zulässigen Gesamtgewicht von 34500 kg ein.

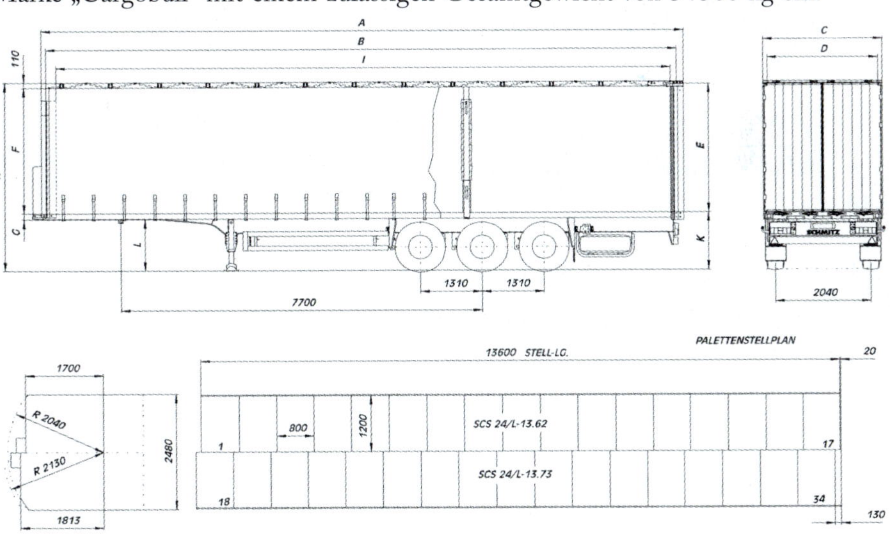

a) Ermitteln Sie die Nutzlast, wenn das Leergewicht des Sattelaufliegers inkl. allem Zubehör 6,03 t beträgt.

b) Errechnen Sie das Gesamtgewicht nachfolgender Sendungen:

8	Euro-Paletten à	1 050 kg
3	Euro-Paletten à	2/3 t
4	Euro-Paletten à	3/4 t
12	Euro-Paletten à	0,8 t
5	Euro-Paletten à	820 kg

c) Ermitteln Sie, ob der Sattelauflieger noch eine aus 3 Euro-Paletten bestehende Zusatzladung zuladen könnte, wenn jede der Paletten 400 kg wiegt und sämtliche Paletten nicht stapelbar sind.

1.4 Division

Die Division ist die Umkehrung der Multiplikation. Mit dieser letzten Grundrechenart lassen sich Zahlen in ihre Teile zerlegen.

BEISPIEL

39 : 13 = 3

FORMEL

Dividend : Divisor = Quotient

MERKE

1. Dividend und Divisor dürfen nicht vertauscht werden.
2. Durch „0“ kann nicht geteilt werden.
3. Zahlen unterschiedlicher Benennung müssen vor der Division auf eine einheitliche Benennung gebracht werden.

ÜBUNGSAUFGABEN

1. Lösen Sie ohne Taschenrechner:

a) 35 : 7 c) 24 : 3 e) 108 : 12
b) 72 : 9 d) 99 : 11 f) 49 : 7

2. Die Gesamtmiete einer Wohnung beträgt 418,00 EUR monatlich.

Wie hoch ist die Miete pro m², wenn die Gesamtfläche der Wohnung 88 m² beträgt?

3. Für eine Reise von Mannheim nach Hamburg (618 km) tankte ein Geschäftsmann in Mannheim 55 l Benzin. Wie viel Liter musste er unterwegs tanken, wenn sein Pkw durchschnittlich 12,1 l auf 100 km verbraucht?

4. Die Sanitärgroßhandlung Berg & Müller bezog aus der Schweiz 17 Einhebelmischer zum Preis von 1062,50 EUR. An Bezugskosten und Zoll entstanden außerdem 76,50 EUR. Berechnen Sie den Preis für 1 Einhebelmischer.

5. Ein Einzelhandelsgeschäft erzielte im vergangenen Jahr einen Umsatz in Höhe von 22680 000,00 EUR, wobei 56 Verkäuferinnen 189000 Kunden bedienten.

Berechnen Sie, wie viel EUR Jahresumsatz und wie viel Kunden auf jede Verkäuferin im Durchschnitt pro Jahr entfielen.

6. Für ihre 6 Auszubildenden bezahlte die Spedition Meier & Weber im vergangenen Jahr 29 700,00 EUR Ausbildungsvergütung.

   Wie viel Euro Ausbildungsvergütung erhielt jeder Auszubildende monatlich?

7. Auf der letzten Geschäftsreise verfuhr unser Reisender Herr Kleinschmidt 133 l Benzin.

   Wie viel km ist Herr Kleinschmidt insgesamt gefahren, wenn unser Pkw im Durchschnitt 9,5 l Benzin auf 100 km verbraucht?

8. Ein Akkordarbeiter erhielt für die Bearbeitung eines Auftrages über 54 Werkstücke insgesamt 121,50 EUR gutgeschrieben.

   a) Wie hoch ist sein Verdienst pro Werkstück?

   b) Wie viel Euro erhält er bei der Bearbeitung eines Auftrages über 78 Werkstücke gutgeschrieben?

9. Das Mannheimer Großkraftwerk weihte 1998 einen neuen Portalkran ein.

   a) Wie lange benötigt dieser Portalkran zum Entladen eines doppelten Schubverbandes mit 5 200 t Kohle, wenn der Kran eine Entladeleistung von 500 Tonnen je Stunde aufweist?

   b) Berechnen Sie das Fassungsvermögen des Greifers, wenn der Kran pro Stunde maximal 56 Spiele durchführen kann. Als **Spiel** bezeichnet man einen Greifvorgang von dem Eintauchen in die Ladung auf dem Schiff bis zum Loslassen des Greifgutes.

10. Wie lange braucht ein Drehkran zum Entladen von 1 350 t Kies, wenn für ein Spiel 2 Minuten angesetzt werden und der verwendete Greifer durchschnittlich 7,5 t Kies fasst?

1.5 Bruchrechnen

Brüche entstehen bei der Teilung eines oder mehrerer Ganzer. Dabei nennt man die Zahl auf dem Bruchstrich „Zähler" und die Zahl unter dem Bruchstrich „Nenner".

BEISPIEL

$\frac{5}{9}$ 5 ← Zähler / 9 ← Nenner

Als Schreibweise ist ebenfalls möglich: 5/9 oder 5 : 9.

1.5.1 Brucharten

Innerhalb der Bruchrechnung lassen sich verschiedene Arten von Brüchen unterscheiden.

Echte Brüche

Hierbei gilt: Zähler < Nenner (Das Zeichen „<" steht dabei für kleiner!)

z. B.: $\frac{5}{6}; \frac{12}{15}; \frac{1}{7}$

Unechte Brüche
Hierbei gilt: Zähler > Nenner (Das Zeichen „>“ steht dabei für größer!)

z. B.: $\frac{6}{5}; \frac{15}{12}; \frac{7}{1}$

Stammbrüche
Hierbei gilt: Zähler = 1

z. B.: $\frac{1}{3}; \frac{1}{7}; \frac{1}{9}; \frac{1}{13}$

Gemischte Zahl/gemischter Bruch
Er besteht aus: Ganzer Zahl + Bruch

z. B.: $1\frac{3}{5}; 7\frac{16}{27}; 45\frac{3}{17}$

Gleichnamige Brüche
Hierbei gilt: Nenner sind gleich

z. B.: $\frac{1}{8}; \frac{3}{8}; \frac{4}{8}$

Ungleichnamige Brüche
Hierbei gilt: Nenner sind unterschiedlich

z. B.: $\frac{3}{7}; \frac{7}{8}; \frac{5}{9}$

1.5.2 Umwandlung von Brüchen in Dezimalzahlen

Brüche können in Dezimalzahlen umgewandelt werden, indem man den Bruchstrich als „Geteiltzeichen“ darstellt, z. B.:

$\frac{3}{4} = 3/4 = 3 : 4 = 0{,}75$

$\frac{1}{2} = 1/2 = 1 : 2 = 0{,}5$

$\frac{1}{3} = 1/3 = 1 : 3 = 0{,}3333\ldots$

$\frac{3}{16} = 3/16 = 3 : 16 = 0{,}1875$

1.5.3 Bruchregeln

Erweitern von Brüchen
Brüche werden erweitert, indem man Zähler und Nenner mit der gleichen Zahl multipliziert,

z. B.: $\frac{3}{5}$ erweitert mit „6“ $= \frac{3 \cdot 6}{5 \cdot 6} = \underline{\underline{\frac{18}{30}}}$

Kürzen von Brüchen

Brüche werden gekürzt, indem Zähler und Nenner durch die gleiche Zahl dividiert werden,

z. B.: $\frac{18}{30}$ gekürzt durch „6“ $= \frac{18 : 6}{30 : 6} = \underline{\underline{\frac{3}{5}}}$

Addition (Subtraktion) von Brüchen

Addition (Subtraktion) gleichnamiger Brüche

Gleichnamige Brüche werden addiert (subtrahiert), indem man die Zähler addiert (subtrahiert) und den Nenner beibehält,

z. B.: $\frac{3}{5} + \frac{4}{5} + \frac{1}{5} = \frac{8}{5} = \underline{\underline{1\frac{3}{5}}}$

$\frac{6}{7} - \frac{3}{7} + \frac{5}{7} = \frac{8}{7} = \underline{\underline{1\frac{1}{7}}}$

Addition (Subtraktion) ungleichnamiger Brüche

Ungleichnamige Brüche werden addiert (subtrahiert), indem die Nenner vor der Addition (Subtraktion) gleichnamig gemacht (Hauptnenner suchen!) und danach wie gleichnamige Brüche addiert (subtrahiert) werden,

z. B.: $\frac{3}{4} + \frac{6}{7} = \frac{21}{28} + \frac{24}{28} = \frac{45}{28} = \underline{\underline{1\frac{17}{28}}}$

$\frac{8}{9} - \frac{3}{5} = \frac{40}{45} - \frac{27}{45} = \underline{\underline{\frac{13}{45}}}$

Addition (Subtraktion) gemischter Brüche

Gemischte Brüche werden addiert (subtrahiert), indem man zuerst die ganzen Zahlen und anschließend die Brüche addiert (subtrahiert),

z. B.: $5\frac{1}{6} + 7\frac{4}{6} = \underline{\underline{12\frac{5}{6}}}$

$8\frac{3}{7} - 2\frac{2}{7} = \underline{\underline{6\frac{1}{7}}}$

Multiplikation von Brüchen

Multiplikation von Brüchen mit einer ganzen Zahl

Ein Bruch wird mit einer ganzen Zahl multipliziert, indem man den Zähler mit der ganzen Zahl multipliziert und den Nenner beibehält,

z. B.: $3 \cdot \frac{4}{5} = \frac{3 \cdot 4}{5} = \frac{12}{5} = \underline{\underline{2\frac{2}{5}}}$

Multiplikation von Brüchen mit Brüchen

Brüche werden multipliziert, indem man Zähler mit Zähler und Nenner mit Nenner multipliziert,

z. B.: $\frac{4}{7} \cdot \frac{5}{8} = \frac{4 \cdot 5}{7 \cdot 8} = \frac{20}{56} = \underline{\underline{\frac{5}{14}}}$

Multiplikation von gemischten Brüchen

Gemischte Brüche (Zahlen) werden miteinander multipliziert, indem man die gemischten Brüche zunächst in unechte Brüche umwandelt und anschließend multipliziert,

z.B.: $3\frac{1}{3} \cdot 5\frac{2}{7} = \frac{10}{3} \cdot \frac{37}{7} = \frac{370}{21} = \underline{\underline{17\frac{13}{21}}}$

Division von Brüchen

Division von Brüchen mit einer ganzen Zahl

Ein Bruch wird durch eine ganze Zahl dividiert, indem man den Nenner mit der ganzen Zahl multipliziert und den Zähler beibehält,

z.B.: $\frac{4}{7} : 5 = \underline{\underline{\frac{4}{35}}}$

Division von einem Bruch durch einen Bruch

Brüche werden dividiert, indem man mit dem Kehrwert multipliziert,

z.B.: $\frac{3}{4} : \frac{4}{7} = \frac{3 \cdot 7}{4 \cdot 4} = \frac{21}{16} = \underline{\underline{1\frac{5}{16}}}$

Division eines gemischten Bruches mit einer ganzen Zahl

Ein gemischter Bruch wird durch eine ganze Zahl dividiert, indem man die gemischte Zahl vor der Division in einen unechten Bruch umwandelt und danach den Nenner mit der ganzen Zahl multipliziert,

z.B.: $4\frac{4}{5} : 2 = \frac{24}{5} : 2 = \frac{24}{10} = 2\frac{4}{10} = \underline{\underline{2\frac{2}{5}}}$

Division eines gemischten Bruches durch einen gemischten Bruch

Ein gemischter Bruch wird durch einen gemischten Bruch dividiert, indem die gemischten Brüche in unechte Brüche verwandelt werden und anschließend der erste Bruch mit dem Kehrwert des zweiten Bruches multipliziert wird,

z.B.: $4\frac{5}{6} : 3\frac{1}{3} = \frac{29}{6} : \frac{10}{3} = \frac{29}{6} \cdot \frac{3}{10} = \frac{87}{60} = 1\frac{27}{60} = \underline{\underline{1\frac{9}{20}}}$

ÜBUNGSAUFGABEN

1. Erweitern Sie folgende Brüche mit „3“:

a) $\frac{4}{5}; \frac{6}{7}; \frac{5}{8}; \frac{2}{9}; \frac{13}{17}; \frac{17}{21}$

b) $\frac{14}{19}; 3\frac{4}{5}; 16\frac{13}{14}; 9\frac{12}{17}; 1\frac{6}{7}$

2. Kürzen Sie nachfolgende Brüche durch „6“:

a) $\frac{12}{48}; \frac{72}{108}; \frac{48}{78}; \frac{60}{96}; \frac{54}{84}$

b) $\frac{24}{66}; \frac{30}{96}; \frac{96}{108}; \frac{66}{102}; \frac{108}{120}$

3. Wandeln Sie folgende Brüche in Dezimalzahlen um:

a) $\frac{3}{8}; \frac{12}{15}; \frac{13}{21}; \frac{24}{26}; \frac{48}{51}$

b) $2\frac{1}{4}; 13\frac{5}{9}; 17\frac{15}{22}; 132\frac{75}{98}$

4. Addieren Sie folgende Brüche:

a) $\frac{3}{4} + \frac{5}{4} + \frac{1}{4}$

b) $\frac{7}{9} + \frac{4}{9} + \frac{6}{9}$

c) $3\frac{4}{23} + \frac{17}{23} + \frac{13}{23}$

d) $\frac{3}{17} + 6\frac{16}{17} + 13\frac{9}{17}$

e) $9\frac{7}{31} + 5\frac{25}{31} + 13\frac{6}{31} + 3\frac{14}{31}$

5. Subtrahieren Sie folgende Brüche:

a) $\frac{7}{8} - \frac{3}{8}$

b) $\frac{5}{6} - \frac{2}{6} - \frac{1}{6}$

c) $3\frac{5}{9} - 2\frac{1}{9}$

d) $5\frac{2}{17} - 3\frac{1}{17} - \frac{11}{17}$

6. Ermitteln Sie die Summen der Brüche:

a) $\frac{5}{8} + \frac{3}{4} + \frac{1}{7} + \frac{1}{8}$

b) $\frac{1}{6} + \frac{2}{3} + \frac{1}{2} + \frac{5}{8} - \frac{1}{3}$

c) $4\frac{1}{2} + 2\frac{3}{4} + 3\frac{5}{8} - 5\frac{1}{4}$

d) $14\frac{7}{18} - 9\frac{2}{3} + 5\frac{1}{2} - 6\frac{5}{9}$

7. Multiplizieren Sie folgende Brüche:

a) $\frac{7}{8} \cdot 5$

b) $\frac{23}{29} \cdot 7$

c) $\frac{2}{3} \cdot 9$

d) $\frac{9}{11} \cdot 5$

e) $\frac{13}{16} \cdot 6$

f) $\frac{5}{11} \cdot 16$

g) $\frac{13}{8} \cdot 9$

h) $\frac{17}{18} \cdot 11$

8. Multiplizieren Sie folgende Brüche:

a) $7\frac{1}{4} \cdot 6$

b) $6\frac{11}{15} \cdot 8$

c) $12\frac{2}{3} \cdot 8$

d) $8 \cdot 6\frac{7}{8}$

e) $21\frac{7}{9} \cdot 3$

f) $12 \cdot 11\frac{5}{6}$

9. Multiplizieren Sie folgende Brüche:

a) $2\frac{7}{8} \cdot 1\frac{3}{4}$

b) $5\frac{1}{3} \cdot 3\frac{1}{9}$

c) $17\frac{5}{9} \cdot 12\frac{11}{15}$

d) $13\frac{3}{4} \cdot 8\frac{13}{17}$

e) $3\frac{6}{7} \cdot 6\frac{9}{11}$

f) $4\frac{2}{5} \cdot 3\frac{1}{4}$

10. Dividieren Sie folgende Brüche:

a) $\frac{3}{4} : 2$

b) $\frac{5}{6} : 3$

c) $\frac{2}{5} : 4$

d) $\frac{11}{16} : 12$

e) $\frac{13}{15} : 24$

f) $\frac{8}{9} : 13$

11. Dividieren Sie folgende Brüche:

a) $3\frac{2}{13} : 3$

b) $\frac{7}{8} : 5$

c) $18 : \frac{9}{10}$

d) $14\frac{12}{17} : 5$

e) $\frac{3}{4} : 6$

f) $5 : \frac{2}{3}$

g) $2\frac{1}{11} : \frac{3}{4}$

h) $\frac{11}{12} : \frac{5}{6}$

i) $6\frac{7}{12} : 2\frac{1}{2}$

12. Der Kurierdienst K. Schweighoffer Express e. K. befördert hauptsächlich Sendungen in der näheren Umgebung mithilfe des abgebildeten Pritschen-Anhängers vom Typ „Lastesel Z 270/2000“.

Typen-Bez.: „Lastesel Z 270/200“

Länge cm	Breite cm	Höhe cm	Gesamtgewicht kg	Nutzlast kg	Leer-/ Eigengewicht kg	Achsen	Endpreis excl. MwSt.
270	150	30	2000	1580	420	2	2225,00

Überprüfen Sie, ob mit dem abgebildeten Anhänger ein dringender Auftrag, der aus folgenden drei Sendungen im Gewicht von 5/8 t, 4/7 t und 1/4 t besteht, transportiert werden darf.

2 Dreisatzrechnen

2.1 Der einfache Dreisatz

Die Dreisatzrechnung ist eine der wichtigsten Rechenarten des Kaufmanns, lässt sich doch ein Großteil der übrigen Rechenarten mithilfe des Dreisatzes lösen, so z.B. die Währungs-, Prozent- und Zinsrechnung.

Bei der Dreisatzrechnung schließt man von 3 gegebenen Größen auf eine noch unbekannte 4. Größe. Die Errechnung geschieht in drei Schritten („3 Sätzen“ = „Drei-Satz-Rechnung“), die im Folgenden gezeigt werden.

2.1.1 Der Dreisatz mit geradem Verhältnis

Musteraufgabe

Ein Ballen Stoff von 25,80 m kostet 1780,00 EUR.
Wie viel EUR kosten 5,70 m?

Musterlösung

25,80 m (b) – 1780,00 EUR (a)	1. Bedingungssatz
5,70 m (c) – x EUR	2. Fragesatz
$x = \frac{1780 \cdot 5{,}70}{25{,}80}$	3. Schlusssatz
$x = 393{,}26$ EUR	

Lösungsschritte

1. Aufstellen des Satzes mit den gegebenen Größen (Bedingungssatz), wobei die gesuchte Einheit (EUR) rechts steht.
   Hier: 25,80 m – 1780,00 EUR
2. Aufstellen des Fragesatzes, wobei die gesuchte Einheit (EUR) ebenfalls rechts steht.
   Hier: 5,70 m – x EUR

Merke Gleiche Einheiten werden stets untereinander geschrieben!

3. Aufstellen des Schlusssatzes.
   Dabei gilt es Folgendes zu beachten:
   a) Die Größe, die über dem „x“ steht, kommt immer auf den Bruch, hier: 1780,00 EUR (a).
   b) Fragestellung
   Frage: Kosten 5,70 m mehr oder weniger als 1780,00 EUR?
   Antwort: 5,70 m kosten weniger als 1780,00 EUR!

Folge: Weniger m kosten weniger Geld, d.h. soll das Ergebnis kleiner als 1780,00 EUR (a) sein, so kommt die größere der beiden Zahlen 25,80 m (b) bzw. 5,70 m (c) unter den Bruch. Dies wird dadurch erklärt, dass die bereits auf dem Bruch stehende Zahl 1780,00 EUR mit einer Zahl multipliziert werden muss, die kleiner als „1" ist (5,70 : 25,80 < 1).

Soll das Ergebnis größer als (a) sein, so kommt die größere der beiden Zahlen (b) bzw. (c) auf den Bruch.

Verändert sich die gesuchte Größe (weniger EUR) in der gleichen Weise wie die Veränderung der anderen Größe (weniger m), so spricht man von einem geraden oder direkten Verhältnis.

Für gerade Verhältnisse gilt:

MERKE

je mehr – desto mehr
je weniger – desto weniger

ÜBUNGSAUFGABEN

1. Auf den Bezug von 50 kg Teigwaren entfallen 30,00 EUR Bezugskosten.
Welche Bezugskosten entfallen auf a) 78 kg, b) 36 kg, c) 40 kg, d) 143 kg?

2. Arbeiter Bergner erzielte in der vergangenen Woche einen Bruttolohn von 616,00 EUR bei 37,5 Arbeitsstunden.
Wie hoch ist sein Bruttoverdienst in dieser Woche, wenn er 41 Arbeitsstunden leistet?

3. Eine Gaststätte bezieht monatlich 75 kg Pommes frites im Gesamtpreis von 115,00 EUR. Da die Speisekarte ab dem kommenden Monat um ein Mittagsmenü erweitert werden soll, beabsichtigt der Wirt künftig 90 kg Pommes frites zu kaufen.
Über welchen Betrag lautet dann die monatliche Rechnung?

4. Die diesjährigen Ausbildungskosten der 7 Auszubildenden eines Betriebes betrugen 39 900,00 EUR.
Auf wie viel EUR steigen im kommenden Jahr die Ausbildungskosten, wenn der Betrieb nochmals 4 Auszubildende einstellt?

5. Im vergangenen Jahr erzielte eine Verkäuferin bei einem Monatsumsatz von 95 000,00 EUR eine Prämie von 1 900,00 EUR.
Mit welcher Prämie kann die Verkäuferin in diesem Monat rechnen, wenn sie einen Minderumsatz von 8 000,00 EUR erzielte?

6. Der m^2-Preis für eine gemietete Wohnung stieg im vergangenen Jahr von 4,00 EUR auf 5,10 EUR.
Um wie viel EUR erhöhte sich die monatliche Miete, wenn im letzten Jahr für eine 90 m^2 große Wohnung 360,00 EUR Miete gezahlt werden musste?

7. Ein Pkw verbraucht auf 100 km durchschnittlich 9,4 l Benzin.
Wie viele l werden für eine Geschäftsreise über 1 455 km benötigt?

2.1.2 Der Dreisatz mit ungeradem Verhältnis

MUSTERAUFGABE

Die letztjährige Inventur wurde von 12 Arbeitern in 4 Tagen durchgeführt.
Wie lange benötigen 8 Arbeiter für die diesjährige Inventur?

MUSTERLÖSUNG

12 Arbeiter (b) – 4 Tage (a)	1. Bedingungssatz
8 Arbeiter (c) – x Tage	2. Fragesatz
$x = \frac{4 \cdot 12}{8}$	3. Schlusssatz
$x = 6$ Tage	

Die diesjährige Inventur wird von 8 Arbeitern in 6 Tagen durchgeführt.

LÖSUNGSSCHRITTE

1. Aufstellen des Satzes mit den gegebenen Größen (Bedingungssatz), wobei die gesuchte Einheit rechts steht.
   Hier: 12 Arbeiter – 4 Tage
2. Aufstellen des Fragesatzes, wobei die gesuchte Einheit (Tage) ebenfalls rechts steht.
   Hier: 8 Arbeiter – x Tage
   Auch hier gilt wiederum: Gleiche Einheiten werden stets untereinander geschrieben!
3. Aufstellen des Schlusssatzes.
   Auch hier gilt es wieder zu beachten:
   a) Die Größe, die über dem „x" steht, kommt immer auf den Bruch.
      Hier: 4 Tage (a)
   b) Fragestellung
      Frage: Benötigen 8 Arbeiter mehr Zeit oder weniger Zeit zur Bewältigung der Arbeitsaufgabe?
      Antwort: 8 Arbeiter benötigen mehr Zeit.
      Folge: Weniger Arbeiter benötigen mehr Zeit, d.h. soll das Ergebnis länger als 4 Tage (a) sein, so kommt die größere der beiden Zahlen 12 Arbeiter (b) bzw. 8 Arbeiter (c) auf den Bruch.
      Dies ergibt sich dadurch, dass die bereits auf dem Bruch stehende Zahl (4 Tage) mit einem Faktor multipliziert werden muss, der größer als „1" ist ($12 : 8 < 1$).

Wie aus der Aufgabe hervorgeht, so verändert sich die gesuchte Größe (mehr Tage) in umgekehrter Weise zur Veränderung der anderen Größe (weniger Arbeiter). In solchen Fällen spricht man von einem ungeraden oder indirekten Verhältnis.
Für ungerade Verhältnisse gilt:

MERKE

je weniger – desto mehr
je mehr – desto weniger

Zusammenfassung

In Zukunft braucht man im Prinzip nicht mehr zwischen geradem und ungeradem Verhältnis zu unterscheiden. Voraussetzung ist jedoch, dass man sich vor der Lösung jeder Aufgabe nachfolgende Frage stellt und stets die sich daraus ergebende Konsequenz beachtet:

MERKE

Frage: Soll das Ergebnis größer oder kleiner als unter (a) angegeben sein?

Konsequenz:
a) Soll das Ergebnis größer sein, so kommt die größere der beiden Zahlen (b) oder (c) auf den Bruchstrich.
b) Soll das Ergebnis kleiner sein, so kommt die größere der beiden Zahlen (b) oder (c) unter den Bruchstrich.

ÜBUNGSAUFGABEN

1. Eine Baukolonne von 18 Arbeitern benötigt zur Herstellung eines Rohbaus 42 Tage.
In wie vielen Tagen wäre der Rohbau fertig, wenn zusätzlich 6 Arbeitskräfte eingesetzt werden könnten?

2. 6 Arbeitskräfte erledigen eine Arbeitsaufgabe in 14 Tagen.
Wie viele Tage werden für die Erledigung der gleichen Arbeit benötigt, wenn infolge einer Erkrankung nur noch 4 Arbeitskräfte zur Verfügung stehen?

3. Der Bestand an Kopierpapier reicht bei einem durchschnittlichen täglichen Bedarf von 780 Blatt 35 Tage. Wie lange würde der Vorrat reichen, wenn im Zuge einer allgemeinen Sparmaßnahme täglich nur noch durchschnittlich 546 Vorlagen kopiert werden dürften?

4. Für den Abtransport von 180 m^3 Bauschutt werden 12 Lkw mit je 15 t Ladegewicht benötigt.
Wie viele Lkw mit 20 t Ladegewicht müssten zur Beförderung obiger Menge bereitgestellt werden?

5. Für eine Werbekampagne entstanden den 8 beteiligten Unternehmen Kosten in Höhe von 68 750,00 EUR.
Auf wie viel EUR würde sich der Kostenanteil eines Unternehmens belaufen, wenn sich statt der 8 nun 11 Unternehmen beteiligt hätten?

VERMISCHTE DREISATZAUFGABEN

1. Der Lagerbestand an Videokassetten reicht bei einem täglichen Absatz von durchschnittlich 180 Stück für 6 Tage.
Wie lange würde der Vorrat reichen, wenn täglich 216 Stück verkauft würden?

2. Zum Tapezieren eines Raumes benötigt man 12 1/2 Rollen Tapete von 50 cm Breite.
Wie viel Rollen benötigt man, wenn diese 70 cm breit sind?

3. Wie viele Minuten benötigt ein Motorradfahrer, um von Mannheim nach Heidelberg (20 km) zu fahren, wenn seine Durchschnittsgeschwindigkeit 90 km/h beträgt?

4. Ein Küstenmotorschiff legt die Strecke Lissabon–Hamburg in 7 Tagen zurück, wenn es durchschnittlich 16 Knoten fährt.
Wie viele Tage, Stunden und Minuten würde es benötigen, wenn die Motorleistung auf 18 Knoten erhöht werden könnte?

5. Der Preis für 1 cwt (= 45,358 kg) Düngemittel beträgt 907,16 EUR.
Wie viel EUR müsste man für 2 Tonnen Düngemittel bezahlen?

6. Zum Entladen eines Binnenschiffs mit 850 t benötigt ein Kran 15 Arbeitsstunden.
Wie lange würde der Kran für die Löschung von 680 t brauchen?

7. Bei einer Arbeitszeitverkürzung auf 35 Stunden erhöht sich der Stundenlohn bei vollem Lohnausgleich von 11,20 EUR auf 12,00 EUR.
Errechnen Sie die wöchentliche Arbeitszeit vor der Arbeitszeitverkürzung.

8. Beim Ausheben eines Kellers mit den Maßen 5 m · 8 m · 2 m entstehen Kosten in Höhe von 6 400,00 EUR.
Welche Kosten würden beim Ausheben eines Kellers mit den Maßen 5,4 m · 7,5 m · 2,20 m anfallen?

9. Ein Güterzug benötigt für die Strecke Mannheim–München (450 km) 5 Stunden.
Welche Zeit benötigt er, wenn er die bisherige Durchschnittsgeschwindigkeit um 10 km/h erhöht?

10. Zur Neugestaltung eines Fußgängerwegs von 10 m Länge · 3 m Breite benötigt man 240 Platten.
Wie viele Platten benötigt man für die Neugestaltung eines Fußgängerwegs von 50 m Länge · 2,50 m Breite?

11. Wie viele Liter Benzin benötigt ein Lkw für die Fahrt von Mannheim nach Hamburg (627 km), wenn er im Durchschnitt 32,7 l auf 100 km verbraucht?

12. Zur Beförderung von 195 t Kies werden 15 Lkw mit einem Ladegewicht von 13 t benötigt.
Wie viele 13-t-Lkw braucht man für die Beförderung von 156 t?

13. Ein Großraumbüro soll mit Teppichboden ausgelegt werden. Von einer 4 m breiten Veloursauslegware würde man 27 m benötigen.
Wie viele m müssten geliefert werden, wenn der ausgewählte Teppichboden nur noch in 3 m Breite am Lager wäre?

14. Familie Müller bezahlte für ihre Wohnung bei einem Mietpreis von 4,50 EUR pro m^2 bisher 675,00 EUR Monatsmiete.
Welche Monatsmiete muss Familie Müller künftig bezahlen, wenn der Vermieter die Miete je m^2 um 0,40 EUR erhöht?

15. Der Lagerarbeiter Toni Ausanio leistete im vergangenen Monat 16 Überstunden und erhielt dafür 96,00 EUR ausgezahlt.
Wie viel EUR erhält er in diesem Monat ausgezahlt, wenn er nur noch 6,5 Überstunden leisten konnte?

16. Die Inhaberin der Boutique „Nadine“ möchte ihr Geschäft neu tapezieren lassen.
Bei einer Bahnbreite von 90 cm benötigt sie 25 Rollen Tapeten.
Wie viele Rollen benötigt sie bei einer Bahnbreite von einem 3/4 m?

2.2 Der zusammengesetzte Dreisatz

Der zusammengesetzte Dreisatz besteht aus mehreren Dreisätzen, die sowohl in geradem als auch ungeradem Verhältnis zueinander stehen können.

Zur Lösung teilt man den zusammengesetzten Dreisatz in einzelne Dreisätze auf, die dann in der gewohnten Form gelöst werden. Als hilfreich bei der Lösung hat sich dabei das unten aufgeführte „Abdeckverfahren" erwiesen.

MUSTERAUFGABE

Die letztjährige Inventur wurde von 6 Arbeitern in 4 Tagen durchgeführt, wobei jeder Arbeiter 7,5 Stunden täglich arbeitete.

Wie viele Stunden müssen 10 Arbeiter täglich arbeiten, wenn die diesjährige Inventur in 3 Tagen durchgeführt werden soll?

MUSTERLÖSUNG

1. Dreisatz (Arbeiter ↔ Stunden)

2. Dreisatz (Tage ↔ Stunden)

6 Arbeiter – 4 Tage – 7,5 Stunden	1. Bedingungssatz
10 Arbeiter – 3 Tage – x Stunden	2. Fragesatz

$$x = \frac{7{,}5 \cdot 6 \cdot 4}{10 \cdot 3}$$ 3. Schlusssatz

$x = 6$ Stunden

LÖSUNGSSCHRITTE

1. Aufstellen des Satzes mit den gegebenen Größen (Bedingungssatz), wobei die gesuchte Einheit rechts steht.
   Hier: 7,5 Stunden
2. Aufstellen des Fragesatzes, wobei die gesuchte Einheit ebenfalls rechts steht.
   Hier: x Stunden

MERKE Gleiche Einheiten stets untereinander!

3. Aufstellen des Schlusssatzes
   Dabei gilt es wiederum Folgendes zu beachten:
   a) Die Größe, die über dem „x" steht, kommt immer auf den Bruch.
   Hier: 7,5 Stunden
   b) Anwendung des „Abdeckverfahrens", d.h. sämtliche Größen werden stets bis auf einen Dreisatz abgedeckt, der anschließend in der bisherigen Form gelöst wird.
   Hier: 6 Arbeiter [ ] – 7,5 Stunden
   10 Arbeiter [ ] – x Stunden

$$x = \frac{7{,}5 \cdot 6}{10}$$

Da 10 Arbeiter die besagte Arbeitsaufgabe schneller erledigen können als 6 Arbeiter, muss die größere Zahl unter den Bruchstrich (das Ergebnis soll ja kleiner werden)!

Nachdem der 1. Dreisatz gelöst wurde, wendet man sich dem 2. Dreisatz zu, hier:

[ ]	4 Tage	–	7,5 Stunden
	3 Tage	–	x Stunden

$$x = \frac{7{,}5 \left[\cdot 6\right] \cdot 4}{\left[10 \cdot\right] 3}$$

Wenn die Arbeit in 3 Tagen beendet sein soll, so muss natürlich täglich länger gearbeitet werden, dies bedeutet, dass die größere Zahl auf den Bruch geschrieben werden muss.

ÜBUNGSAUFGABEN

1. Zum Entladen eines Schiffes mit 760 t Kies benötigen 6 Arbeiter insgesamt 9 Stunden.

Wie lange brauchen 4 Arbeiter, wenn 684 t Kies zu entladen sind?

2. 258 m^3 Bauschutt wird von 2 Lkw in 9 Stunden abgefahren.

Wie lange benötigen 3 Lkw für den Abtransport von 172 m^3 Bauschutt?

3. In der Innenstadtlage wird ein Grundstück von 50 m Länge und 16 m Breite zu einem Preis von 1,5 Mio. EUR angeboten.

Wie teuer müsste ein vergleichbares Grundstück von 32 m Länge und 24 m Breite sein?

4. Zum Entladen von 3 Lkw à 24 t benötigen 4 Arbeiter 9 Stunden.

Wie viele Arbeitskräfte werden benötigt, wenn 7 Lkw à 20 t in 7 Stunden entladen werden sollen?

5. 800 m Kleiderstoff, 90 cm breit, wiegen 120 kg.

Wie viel kg wiegen 520 m Kleiderstoff bei einer Breite von 1,2 m?

6. Zum Löschen von 5 Binnenschiffen mit je 1 200 t Kohle benötigen 6 Kräne 7 Stunden.

Wie viele Stunden benötigen 10 Krananlagen, wenn 8 Schiffe mit je 800 t entladen werden sollen?

7. 12 Arbeiter erledigen einen Auftrag über 54 Werkstücke in 12 Arbeitstagen bei 8-stündiger täglicher Arbeitszeit. Ein Eilauftrag über 81 Werkstücke soll nun in 9 Tagen ausgeführt werden.

Wie viele Überstunden muss jeder täglich arbeiten, wenn insgesamt 18 Arbeiter eingesetzt werden können?

8. Eine landwirtschaftliche Fläche von 125 ha wird von 18 Arbeitern in einem 5-tägigen Einsatz unter Zuhilfenahme von 3 Mähdreschern abgeerntet, wobei die Arbeiter täglich 10 Stunden im Einsatz waren.

Wie lange müssen die Arbeiter zur Ernte einer 80 ha großen Fläche täglich arbeiten, wenn 2 Arbeiter erkrankten und die Arbeit in 4 Tagen beendet sein soll?

9. Die Firma Maurer & Schneider möchte für die Registratur neue Regale bestellen. Bisher konnten auf einem Regal von 18 m Länge in 8 Fächern übereinander 3 250 Aktenordner gelagert werden.

Wie viele Aktenordner können untergebracht werden, wenn die Regale um 4 m verlängert und zusätzlich um 2 Fächer erhöht werden sollen?

10. Ein Unternehmen fertigte bisher in einem Monat mit 8 Maschinen 36 000 Gussgehäuse bei einer 5-Tage-Woche und einer 7,5-stündigen Arbeitszeit pro Tag.

Wie viele Gussgehäuse können nun hergestellt werden, wenn 10 Maschinen bei einer 4-Tage-Woche zur Verfügung stehen und die Arbeitszeit auf 9 Stunden täglich erhöht wurde?

11. Der Dieseltank einer Möbelspedition reicht mit seinem Vorrat 38 Tage, wenn jeder der 9 Lkw täglich 54 l Diesel verbraucht.

Wie lange würde der Vorrat reichen, wenn 3 Lkw ausgemustert würden und die restlichen Lkw täglich nur 50 l verbrauchten?

12. Der Rohbau eines neuen Hochregallagers der BASF soll von 20 Arbeitern in 40 Tagen hochgezogen werden. Nach 24 Tagen stehen jedoch erst 2/5 des Rohbaus.

Wie viele Arbeiter müssen zusätzlich eingestellt werden, damit der Rohbau vertragsgemäß am 40. Tag übergeben werden kann?

13. Die Duisburger Umschlags-AG entlud mit 9 Arbeitern in den vergangenen 10 Tagen 25 Schiffe mit einem Fassungsvermögen von je 1 200 t unter Zuhilfenahme von drei Krananlagen, wobei jeder Arbeiter 8 Stunden täglich arbeitete. In den kommenden 12 Tagen sollen nun 20 Schiffe mit einem Fassungsvermögen von je 1 600 t entladen werden.

Wie viele Stunden müssen die 9 Arbeiter täglich arbeiten, wenn eine Krananlage aufgrund einer TÜV-Überprüfung ausfällt?

14. Laut der Personaleinsatzplanung eines Betriebes sollte die diesjährige Inventur von 5 Arbeitskräften in 6 Tagen durchgeführt werden. Nach 2 Tagen sind jedoch erst 1/5 der notwendigen Teile erfasst.

Wie viele Arbeiter müssen zusätzlich für die Inventur abgestellt werden, wenn diese wie geplant nach 6 Tagen beendet sein soll?

15. 5 Mitarbeiter der Lagereigesellschaft Würzburg GmbH benötigen zur Erledigung eines Auftrages bei einer täglichen Arbeitszeit von 7,5 Stunden insgesamt 4 Tage.

Ermitteln Sie, wie viele Überstunden jeder Arbeiter täglich leisten muss, wenn ein doppelt so großer Auftrag von 4 Arbeitern in 6 Tagen ausgeführt werden soll.

16. Drei Abfüllmaschinen benötigen für einen Auftrag 21 Stunden. Nach fünf Stunden fällt eine Maschine infolge eines Schadens aus.

Wie viele Stunden brauchen die beiden restlichen Maschinen zur Beendigung des Auftrages?

17. Der Spediteur Werner Schmitt beabsichtigt einen Teil seines Lagers umzubauen. Das beauftragte Bauunternehmen plant, mit drei Arbeitern den Lagerbereich in 5 Tagen zu je 8 Stunden Arbeitszeit umzugestalten.

Vor der Auftragsausführung fällt jedoch ein Arbeiter verletzungsbedingt aus. Außerdem entschließt sich Herr Schmitt, den ursprünglichen Auftrag um 1/10 auszuweiten.

Ermitteln Sie, mit wie vielen Arbeitstagen für den Umbau nun gerechnet werden muss.

3 Prozentrechnen

3.1 Die allgemeine Prozentrechnung

BWP Als wichtigste Rechenart des Kaufmanns darf die **Prozentrechnung** gelten, lassen sich doch mit ihrer Hilfe beliebige Zahlen in ein Verhältnis zur Bezugszahl „100“ setzen und dadurch besser miteinander vergleichen.

Wählt man als Vergleichsgröße „1000“, so spricht man von der **Promillerechnung**.

Problem: Im vergangenen Jahr ereigneten sich in einer bundesdeutschen Großstadt bei 17827 zugelassenen Motorrädern 1280 Motorradunfälle. In diesem Jahr wurden bei 20174 zugelassenen Motorrädern 1390 Unfälle registriert.

In welchem Jahr ereigneten sich Ihrer Meinung nach verhältnismäßig mehr Unfälle?

Da sich aus den Angaben nicht unmittelbar erkennen lässt, in welchem Jahr sich verhältnismäßig mehr Unfälle ereignet haben, muss die Vergleichbarkeit erst geschaffen werden. Dies geschieht dadurch, dass man als Bezugsgröße für beide Jahre die Vergleichszahl „100“ wählt.

Berechnung mit dem Dreisatz:

vergangenes Jahr:

Auf 17827 M. kommen 1280 U.
Auf 100 M. kommen x U.

$$x = \frac{1280 \cdot 100}{17827}$$

$$\underline{\underline{x = 7{,}18}}$$

dieses Jahr:

Auf 20174 M. kommen 1390 U.
Auf 100 M. kommen x U.

$$x = \frac{1390 \cdot 100}{20174}$$

$$\underline{\underline{x = 6{,}89}}$$

Ergebnis: Erst nachdem man beide Zahlenangaben auf die einheitliche Bezugsgröße „100“ bezog, wurde die objektive Aussage:

„Im vergangenen Jahr ereigneten sich mit 7,18 Unfällen auf 100 zugelassene Motorräder verhältnismäßig mehr Unfälle als in diesem Jahr“ möglich;

kaufmännisch ausgedrückt:

„Im vergangenen Jahr betrug die Unfallrate 7,18%, in diesem Jahr nur 6,89%.“

MERKE

1. Die Prozentrechnung ist eine Vergleichsrechnung, bei der die Zahl „100“ als Vergleichsgröße dient;
   Prozent bedeutet „vom Hundert“; Zeichen %.
2. Die Promillerechnung ist eine Vergleichsrechnung mit der Zahl „1000“ als Vergleichsgröße; Promille bedeutet „vom Tausend“; Zeichen ‰.

Wie aus dem Einführungsbeispiel hervorgeht kennt die Prozentrechnung neben der Vergleichszahl „100“ noch folgende 3 Größen:

Grundwert	Prozentwert	Prozentsatz
= der Wert, der zur Zahl 100 in Beziehung gesetzt wird. Grundwert (alter Wert) = 100 %	= der Wert, der aus dem Grundwert mithilfe des Prozentsatzes berechnet wird.	= die Zahl, die angibt, wie viel Teile vergleichsweise auf 100 entfallen. Die Angabe erfolgt stets in %.

Für das Einführungsbeispiel gilt:

Grundwert = Zahl der zugelassenen Motorräder (17 827)
Prozentwert = Zahl der Motorradunfälle (1 280)
Prozentsatz = Anteil der Unfälle (7,18 %)

Wie wir bereits gesehen haben, müssen neben der Vergleichszahl „100“ noch zwei weitere Größen der Prozentrechnung gegeben sein. Die jeweils gesuchte dritte Größe errechnet man danach in der Regel mit dem Dreisatz.

BEISPIEL

Gliederungspunkt	Grundwert	Prozentsatz	Prozentwert
3.1.1	500,00 EUR	15 %	?
3.1.2	500,00 EUR	?	75,00 EUR
3.1.3	?	15 %	75,00 EUR

3.1.1 Berechnung des Prozentwertes

MUSTERAUFGABE

Der Auszubildende Englert erhält eine monatliche Ausbildungsvergütung von 500,00 EUR. Aufgrund eines neuen Tarifvertrages wird die Ausbildungsvergütung um 15 % angehoben.

Wie viel EUR beträgt die Erhöhung?

MUSTERLÖSUNG

1. Mit Dreisatz

100 % – 500,00 EUR
15 % – x EUR

$$x = \frac{500 \cdot 15}{100} = \underline{\underline{75{,}00 \text{ EUR}}}$$

2. Kaufmännische Lösung

$$1\,\% \text{ von } 500{,}00 \left(= \frac{1}{100} \text{ des Grundwertes} = \frac{500}{100} \right) = 5{,}00$$

$$15\,\% = 15 \cdot 5{,}00 = \underline{\underline{75{,}00 \text{ EUR}}}$$

LÖSUNGSSCHRITTE

1. Beim Dreisatz
   a) Aufstellen des Bedingungssatzes, d.h. der Grundwert wird gleich 100 gesetzt.
   Hier: 100% – 500,00 EUR
   b) Aufstellen des Fragesatzes.
   Hier: 15% – x EUR
   c) Aufstellen des Schlusssatzes und Lösung, wie bereits beim Dreisatz ausführlich besprochen.
2. Bei der kaufmännischen Lösung
   Bei einfachen Aufgaben zur Ermittlung des Prozentwertes geht man zunächst von 1% (10%) des Grundwertes (Verschieben des Kommas beim Grundwert um 2 [1] Stellen nach links) aus und multipliziert den Betrag mit dem angegebenen Prozentsatz.
   Hier: 1% von 500,00 EUR = 5,00;
   15% = 15 · 5,00 = 75,00 EUR

Bei verschiedenen – sogenannten bequemen – Prozentsätzen lässt sich der Rechengang dadurch erleichtern, dass man die Prozentsätze durch gemeine Brüche ersetzt.

MERKE

Prozentsatz	Bruch
1%	1/100
2%	1/50
3 1/3%	1/30
5%	1/20
6 2/3%	1/15
8 1/3%	1/12
10%	1/10

Prozentsatz	Bruch
12 1/2%	1/8
16 2/3%	1/6
20%	1/5
25%	1/4
33 1/3%	1/3
50%	1/2
66 2/3%	2/3

ÜBUNGSAUFGABEN

1. Lösen Sie kaufmännisch:

a) 1% von 250, 375, 500, 415, 1280, 5,20;
b) 3% von 400, 160, 730, 625, 4400, 6,00;
c) 5% von 700, 350, 950, 520, 5100, 8,60;
d) 10% von 420, 575, 298, 417, 3890, 7,80.

2. Lösen Sie kaufmännisch:

a) 1‰ von 3250, 5780, 6500, 780, 925;
b) 5‰ von 4670, 8500, 1600, 840, 556.

3. Berechnen Sie die Umsätze der verschiedenen Warengruppen, wenn diese am Gesamtumsatz von 675 500,00 EUR wie folgt beteiligt waren:

Warengruppe	Umsatz in %
Teppichböden	55%
Fliesen	15%
Tapeten	16 2/3%
Kleister	8 1/3%
Klebeband	5%

4. Das Bruttogewicht einer Sendung Schrauben beträgt 58 kg, die Tara (Verpackungsgewicht) 15 %.

Wie hoch ist das Nettogewicht der Sendung?

5. Beim Einkauf von 15 CDs im Gesamtwert von 345,00 EUR gewährt uns der Verkäufer 15 % Rabatt.

Berechnen Sie den Preis für eine CD.

6. Die Firma Müller & Bauer, Elektrofachgeschäft, ist in Konkurs gegangen. Unsere Forderung an sie beläuft sich auf 18 600,00 EUR.

Welchen Betrag erhalten wir, wenn die Konkursquote 12,5 % beträgt?

7. Der Gemeinderat der Stadt Mannheim erhöhte zu Beginn des Jahres 2007 den Hebesatz für die Gewerbesteuer von 413 % auf 430 %.

Wie hoch ist die Gewerbesteuer der Firma Karl Barth OHG nach der Erhöhung, wenn zuvor jährlich 835,00 EUR zu zahlen waren?

8. Drei Kaufleute bringen in ein neu gegründetes Geschäft 229 000,00 EUR ein. A gibt 46 %, B 18 % und C den Rest des Kapitals.

Wie hoch ist die Einlage jedes Gesellschafters?

9. Ein Pkw im Anschaffungswert von 40 000,00 EUR wird jährlich 20 % vom Anschaffungswert abgeschrieben.

Wie hoch ist der Wert am Ende des 3. Jahres?

10. Ein Handelsvertreter erhält für den Verkauf von Ware A 2,5 %, von Ware B 6 2/3 % und von Ware C 3 % Provision.

Wie viel EUR verdient er im Monat Mai, wenn er von Ware A 25 600,00 EUR, von Ware B 13 750,00 EUR und von Ware C 21 760,00 EUR verkauft hat und ein Fixum von 500,00 EUR zu berücksichtigen ist?

11. Von den in Deutschland zugelassenen ca. 43 Mio. Fahrzeugen sind 4 % Lkw.

a) Berechnen Sie, wie viele im Inland zugelassene Lkw unsere Straßen befahren.

b) Wie hoch ist die Jahresfahrleistung sämtlicher zugelassener Lkw, wenn jeder Lkw im Durchschnitt 80 000 km jährlich zurücklegt?

c) Ermitteln Sie die gesamten Benzinkosten bei einem durchschnittlichen
- Benzinpreis von 0,65 EUR,
- Verbrauch von 30 l je 100 km.

12. Eine Lagerhalle ist 75 m lang und 28 m breit.

Wie viel m^2 reine Lagerfläche stehen zur Verfügung, wenn eine Weg- und Verkehrsfläche von 12 % zu berücksichtigen ist?

13. Ermitteln Sie anhand unten stehender Grafik,

a) wie viele der Anfang 1998 in Deutschland zugelassenen Pkw die im jeweiligen Intervall angegebene Höchstgeschwindigkeit erreichen,

b) wie viele Pkw schneller als 190 km/h fahren.

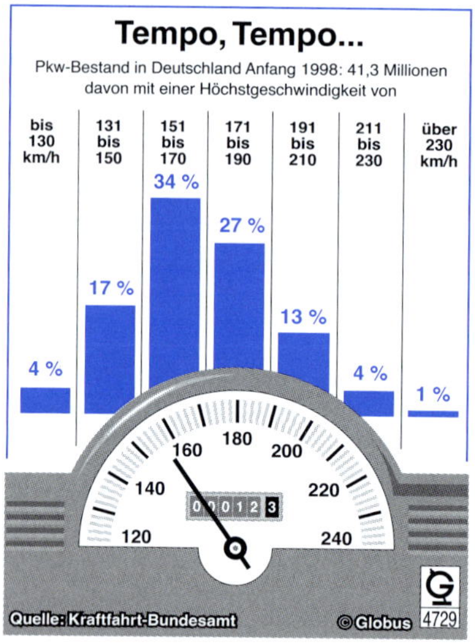

3.1.2 Berechnung des Prozentsatzes

MUSTERAUFGABE

Der Auszubildende Englert erhält eine monatliche Ausbildungsvergütung von 500,00 EUR. Aufgrund eines neuen Tarifvertrages wurde diese um 75,00 EUR monatlich erhöht.
Wie viel % betrug die Erhöhung?

MUSTERLÖSUNG

500,00 EUR – 100%
75,00 EUR – x %

$$x = \frac{100 \cdot 75}{500} = \underline{\underline{15\%}}$$

LÖSUNGSSCHRITTE

1. Aufstellen des Bedingungssatzes.
   Hier: 500,00 EUR – 100%
2. Aufstellen des Fragesatzes.
   Hier: 75,00 EUR (Prozentwert) – x%
3. Aufstellen des Schlusssatzes und Lösung mithilfe des Dreisatzes.

ÜBUNGSAUFGABEN

1. Die wöchentliche Arbeitszeit des Auszubildenden Klaus Beier beträgt 38,5 Std. Wie viel % entfallen davon auf den Besuch der Berufsschule, wenn die Unterrichtszeit 11 Stunden pro Woche beträgt?

2. Wie viel % betrug die Preiserhöhung von 45,00 EUR, wenn bisher 750,00 EUR zu zahlen waren?

3. Auf eine Fracht in Höhe von 750,00 EUR wird ein Zuschlag von 115,00 EUR erhoben.
Welchem Prozentsatz entspricht dieser Zuschlag?

4. Der Automobilindustrie ist es in den letzten Jahren gelungen, den durchschnittlichen Benzinverbrauch pro 100 km von 12,6 l auf 8,8 l zu senken.
Wie viel % betrug die Senkung?

5. Das Gehalt des Sachbearbeiters Karl Bauer wurde um 84,00 EUR auf nun 2484,00 EUR erhöht.
Wie viel % betrug die Gehaltserhöhung?

6. In einem Großmarkt stand zu lesen: „Beim Bezug von 15 Kartons Waschpulver brauchen Sie nur 14 Kartons zu bezahlen."
Welchem Rabattsatz entspricht diese Dreingabe?

7. Beim Abfüllen von 15 Literflaschen Eau de Toilette betrug der Abfüllverlust (Leckage) 0,2 l.
a) Wie hoch ist der Abfüllverlust in %?
b) Wie viel Flacons von je 50 cm^3 können abgefüllt werden?

8. Doris Utz kauft sich ein neues Auto im Wert von 22800,00 EUR. Beim Kaufabschluss weist der Verkäufer darauf hin, dass er bei Barzahlung einen Nachlass von 684,00 EUR gewähren könnte.
Welchem Prozentsatz entspricht der Nachlass?

9. Berechnen Sie den prozentualen Anteil der einzelnen Transportmittel an der gesamten Verkehrsleistung (Personen- und Güterverkehr) in Deutschland.

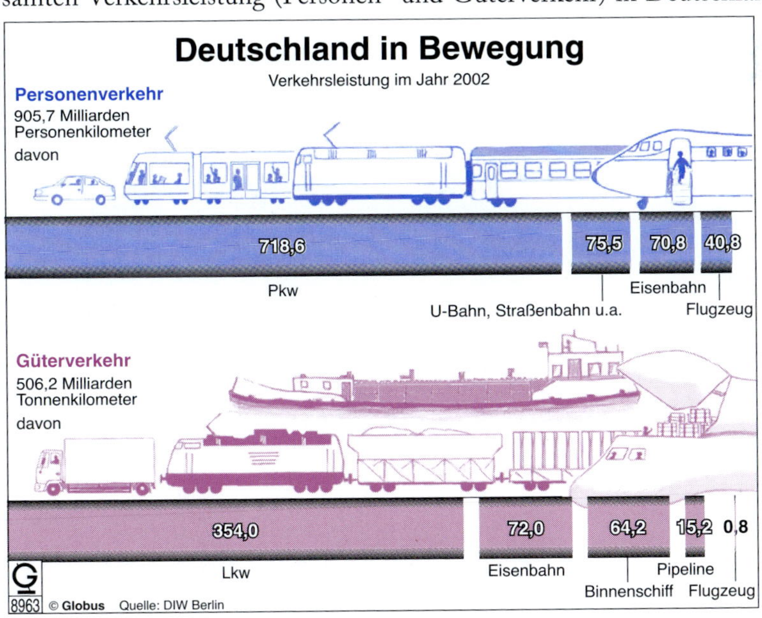

10. Der Umsatz der Firma Bürkle & Ecker sank im vergangenen Jahr von 2,7 Mio. EUR auf 2,4 Mio. EUR.
Wie viel Prozent betrug die Umsatzeinbuße?

11. Welchem Prozentsatz entspricht die Beitragssenkung von 12,66 % auf 12,06 % bei der Angestellten-Krankenversicherung?

12. Ein Einzelhändler erzielt mit einem eingesetzten Eigenkapital von 125 000,00 EUR einen Gewinn von 18 750,00 EUR.
Wie viel % betrug der erzielte Gewinn (Eigenkapitalverzinsung)?

13. Bei einer Kommunalwahl nahmen von 238 000 wahlberechtigten Bürgern lediglich 142 800 teil.
Wie hoch war die Wahlbeteiligung in Prozent?

14. Der Buchwert einer Maschine beträgt nach einer Abschreibung von 2 160,00 EUR noch 8 640,00 EUR.
Wie hoch war der Prozentsatz der Abschreibung?

15. Der Auszubildende Michael Huber schließt mit dem Autohändler Klein zum Kauf eines gebrauchten Pkw im Gesamtpreis von 5 800,00 EUR einen Ratenzahlungsvertrag ab. Michael zahlt 1 200,00 EUR bar an. Den Rest bezahlt er in 10 Monatsraten zu je 500,00 EUR.
Wie viel Prozent beträgt der Preisaufschlag bei Ratenzahlung?

16. Petra Schmidt bekam im vergangenen Jahr für ihr Sparguthaben von 1 450,00 EUR 43,50 EUR Zinsen gutgeschrieben.
Welcher Verzinsung entspricht dies?

17. Ermitteln Sie anhand der unten stehenden Grafik, um wie viel Prozent
- die Personalkosten
- die Zusatzkosten

a) während der Jahre 2000 und 2006 in Westdeutschland,
b) während der Jahre 2000 und 2006 in Ostdeutschland

je Arbeitnehmer angestiegen sind.

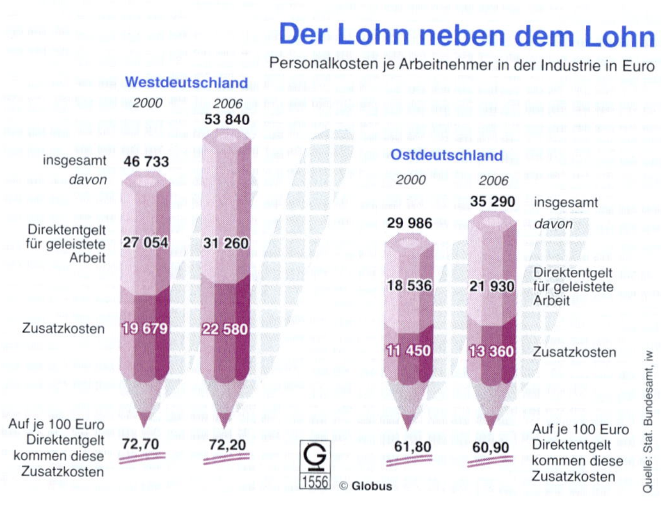

3.1.3 Berechnung des Grundwertes

MUSTERAUFGABE

Die für 2007 ausgehandelte Erhöhung der Ausbildungsvergütung von 15% ergab für den Auszubildenden Englert einen Mehrverdienst von 75,00 EUR brutto.

Wie hoch war die Ausbildungsvergütung vor der Erhöhung?

MUSTERLÖSUNG

15% – 75,00 EUR
100% – x EUR

$$x = \frac{75 \cdot 100}{15} = \underline{\underline{500{,}00 \text{ EUR}}}$$

LÖSUNGSSCHRITTE

1. Aufstellen des Bedingungssatzes.
   Hier: 15% Lohnerhöhung entsprechen 75,00 EUR
2. Aufstellen des Fragesatzes.
   Hier: 100% – x EUR (Grundwert)

   Beachte: Der Grundwert entspricht immer 100%.
3. Aufstellen des Schlusssatzes und Lösung mithilfe des Dreisatzes.

ÜBUNGSAUFGABEN

1. In einer kaufmännischen Berufsschule bestanden 6 Schüler die Abschlussprüfung nicht.

Dies entspricht einer Durchfallquote von 4%.

Berechnen Sie, wie viel Schüler an der Prüfung teilgenommen haben.

2. Aufgrund der diesjährigen Lohnerhöhung von 4,5% stiegen die Lohnkosten eines kleineren Industriebetriebes um 13 750,00 EUR.

Wie hoch waren die Lohnkosten vor der Lohnerhöhung?

3. Bei dem Konkurs eines Kunden erhielt die Firma Müller & Schneider nur 18% ihrer Forderungen.

Auf welchen Betrag belief sich die Forderung, wenn 1 035,00 EUR ausgezahlt wurden?

4. Beim Bau einer Lagerhalle wurde der Kostenvoranschlag um 6,5% = 91 000,00 EUR überschritten.

Wie hoch war der Kostenvoranschlag?

5. Familie Schneider zahlt für ihre 3-Zimmer-Wohnung monatlich 402,50 EUR. Dies entspricht 23% des Nettoeinkommens.

Berechnen Sie das Nettoeinkommen der Familie Schneider.

6. Von einer Liefererrechnung konnten 2,5% Skonto abgezogen werden. Dies entsprach einem Preisnachlass von 46,25 EUR.

Über welchen Betrag lautete die Rechnung?

7. Für eine Warenlieferung mussten 2,5‰ Versicherungsprämie = 80,00 EUR bezahlt werden.

Wie hoch war die Versicherungssumme?

8. Der Reisende Markus Eberle erhält ein monatliches Fixum von 800,00 EUR sowie 2 3/4% Provision von den vermittelten Umsätzen.

Welchen Umsatz muss Herr Eberle erreichen, wenn er 1900,00 EUR im Monat verdienen will?

3.2 Die Prozentrechnung vom vermehrten und verminderten Grundwert

Vom vermehrten oder verminderten Grundwert wird immer dann gesprochen, wenn der angegebene Wert größer oder kleiner als 100% ist.

MERKE

Sowohl beim vermehrten als auch beim verminderten Grundwert wird immer der reine Grundwert = 100% gesucht!

3.2.1 Die Prozentrechnung vom vermehrten Grundwert (Die Prozentrechnung auf Hundert)

MUSTERAUFGABE

Nach einer Lohnerhöhung von 4% verdient der Arbeiter Thomas Storz 1800,00 EUR.
Wie hoch war der Verdienst vor der Lohnerhöhung?

MUSTERLÖSUNG

1. Vorüberlegung

   Frage: Worauf bezieht sich die Lohnerhöhung?

   Antwort: Auf den bisherigen Verdienst = Grundwert; Grundwert = 100%!

   Ergebnis: Demnach ist der neue Verdienst um die Lohnerhöhung von 4% größer als der alte Verdienst;

   alter Lohn + Lohnerhöhung = neuer Lohn

   100% + 4% = 104%

2. Darstellung

Grundwert (alter Wert)	= 100 %	= alter Lohn	–	? EUR
vermehrter Wert	= 104 %	= neuer Lohn	–	1 800 EUR

4 % Lohnerhöhung

3. Errechnung

104% – 1800 EUR

100% – x EUR

$$x = \frac{1800 \cdot 100}{104} = \underline{\underline{1730{,}77 \text{ EUR}}}$$

LÖSUNGSSCHRITTE

1. Vorüberlegungen anstellen!
2. Aufstellen des Bedingungssatzes.
   Hier: 104% – 1800,00 EUR
3. Aufstellen des Fragesatzes.
   Hier: 100% – x EUR
   Beachte: Gesucht ist immer der reine Grundwert = 100%.
4. Aufstellen des Schlusssatzes und Lösung mittels Dreisatz.

MERKE

Vermehrter Grundwert = Grundwert + Prozentwert

ÜBUNGSAUFGABEN

1. Nach einer Preiserhöhung von 15% beträgt der Verkaufspreis eines PC-Bildschirmes 460,00 EUR.
Wie hoch war der bisherige Preis und die Preiserhöhung?

2. Nach einer Umsatzerhöhung um 16 2/3% betrug der neue Umsatz der Firma Gottmann & Haupt 2,8 Mio. EUR.
Wie hoch war der Umsatz im Jahr zuvor?

3. Der diesjährige Gewinn der Firma Esen OHG beträgt 243800,00 EUR. Er hat sich gegenüber dem Vorjahr um 6% erhöht.
Berechnen Sie die Gewinnsteigerung sowie den letztjährigen Gewinn.

4. Ein Spediteur berechnet einem Kunden eine Bruttofracht von 1785,00 EUR.
Wie hoch ist die Nettofracht, wenn die Umsatzsteuer 19% beträgt?

5. Der Umfang der beförderten Güter im Nahbereich stieg bei der Spedition „Weltweit“ gegenüber dem letzten Jahr um 5% auf nun 1470 t an.
Berechnen Sie das Frachtaufkommen im Nahverkehr für das letzte Jahr.

3.2.2 Die Prozentrechnung vom verminderten Grundwert (Die Prozentrechnung im Hundert)

MUSTERAUFGABE

Nach einer Preissenkung von 12% beträgt der neue Preis einer Ware noch 202,40 EUR.
Wie hoch war der Preis vor der Preisreduzierung?

MUSTERLÖSUNG

1. Vorüberlegung

Frage: Worauf bezieht sich die Preissenkung?

Antwort: Auf den bisherigen Preis = Grundwert; Grundwert = 100%!

Ergebnis: Demnach ist der neue Preis um die Preissenkung von 12% niedriger als der alte Preis;

alter Preis − Preissenkung = neuer Preis

100% − 12% = 88%

2. Darstellung

Grundwert (alter Wert)	= 100 %	= alter Preis	–	?	EUR
verminderter Preis	= 88 %	= neuer Preis	–	202,40	EUR

12 % Preissenkung

3. Errechnung

88% – 202,40 EUR

100% – x EUR

$$x = \frac{202{,}40 \cdot 100}{88} = \underline{\underline{230{,}00\ \text{EUR}}}$$

LÖSUNGSSCHRITTE

1. Vorüberlegungen anstellen!
2. Aufstellen des Bedingungssatzes.
   Hier: 88% – 202,40 EUR
3. Aufstellen des Fragesatzes.
   Hier: 100% – x EUR
   Beachte: Gesucht ist immer der reine Grundwert = 100%.
4. Aufstellen des Schlusssatzes und Lösung mittels Dreisatz.

MERKE

Verminderter Grundwert = Grundwert − Prozentwert

ÜBUNGSAUFGABEN

1. Nach Abzug von 2,5% Skonto überweisen wir an einen Lieferanten 1511,25 EUR. Wie hoch war der Rechnungsbetrag?

2. Bei einem Räumungsverkauf wurde ein Herrenanzug mit einem Nachlass von 35% für 312,00 EUR verkauft.
Wie hoch war der Preisnachlass?

3. Im Schuljahr 2007/08 nahm die Schülerzahl einer kaufmännischen Berufsschule um 5 % auf 1 615 Schüler ab.
Wie viele Schüler besuchten die Schule im Schuljahr 2006/2007?

4. Die Zahl der tödlichen Verkehrsunfälle ging voriges Jahr um 3 % auf 7 954 Todesfälle zurück.
Wie viele Todesfälle ereigneten sich ein Jahr zuvor?

3.3 Die zusammengesetzte Prozentrechnung

Diese Rechenart findet immer dann Anwendung, wenn mehrere prozentuale Veränderungen hintereinander durchgeführt werden. In den meisten Fällen wird dabei der ursprüngliche (alte) Wert vor der ersten Veränderung gesucht.

Als Hilfsmittel zur Errechnung hat sich dabei das sog. „Treppenschema" bewährt.

MUSTERAUFGABE

Der Umsatz eines Unternehmens nahm 1999 gegenüber 1998 um 12 % zu, im darauf folgenden Jahr um 6 % ab und erhöhte sich 2001 gegenüber dem Vorjahr um 7 % auf nun 563 248,00 EUR.
Wie hoch war der Umsatz 1998?

MUSTERLÖSUNG

1. Zeitlich geordnete Aufstellung der prozentualen Veränderungen.
   Hier: 1998 gesuchter Wert
   1999 + 12 % (1)
   2000 − 6 % (2)
   2001 + 7 % (3) auf 563 248,00 EUR
2. Treppenschema

1998	100 %				500 000,00 EUR	3.
	+ 12 % (1)					
1999	112 %	− 100 %			560 000,00 EUR	2.
		− 6 % (2)				
2000		94 %	− 100 %		526 400,00 EUR	1.
			+ 7 % (3)			
2001			107 %	=	563 248,00 EUR	

LÖSUNGSSCHRITTE

1. Prozentuale Veränderungen chronologisch herausschreiben.
2. Treppenschema aufstellen
   a) das Treppenschema beginnt immer mit der gesuchten Größe = alter Wert = Grundwert = 100 %!
   b) die prozentualen Veränderungen werden danach stufenweise auf den jeweiligen Ausgangswert – der immer 100 % beträgt – bezogen.

MERKE Jede Treppenstufe beginnt immer mit 100 %!

3. Stufenweise Rückwärtsrechnung
   a) über den Dreisatz

   z. B. 107 % – 563 248,00 EUR
   100 % – x EUR

$$x = \frac{563248 \cdot 100}{107} = 526400{,}00 \text{ EUR}$$

   b) über die vereinfachte, sich aus dem Schlusssatz ergebende Methode
   - Eintippen der gegebenen Größe, hier 563 248,00 EUR
   - Mulitplikation mit der oberen Treppengröße; diese beträgt immer 100,00 %
   - Division durch die untere Treppengröße, hier 107 %

   Das Ergebnis von 526 400,00 EUR im Rechner belassen und anschließend in der gleichen Art die übrigen Treppen abhandeln, bis die gesuchte Größe gefunden ist!

ÜBUNGSAUFGABEN

1. Ein Pkw wird nach seiner Anschaffung im ersten Jahr mit 20 % vom Anschaffungswert und in den folgenden beiden Jahren mit jeweils 20 % vom Restwert abgeschrieben. Am Ende des 3. Jahres steht er noch mit einem Restwert von 12 800,00 EUR zu Buch.
Wie hoch war sein Anschaffungspreis?

2. Nach Abzug von 25 % Liefererrabatt und 3 % Liefererskonto überwies ein Kunde an seinen Lieferanten noch 1 309,50 EUR.
Über welchen Wert war die Rechnung ausgestellt?

3. Der Preis eines Farbfernsehgerätes wurde zunächst um 12 % erhöht, anschließend wegen zu geringer Nachfrage wieder um 8 % gesenkt und schließlich nochmals um 4 % auf 1 800,00 EUR herabgesetzt.
a) Wie viel EUR kostete das Fernsehgerät ursprünglich?
b) Wie viel EUR würde der Fehler betragen, wenn die Preiserhöhung mit den Preissenkungen verrechnet worden wäre?

4. Aufgrund starker Konkurrenz ging der Umsatz des Baumarktes Gottmann in den letzten Jahren stark zurück. 2001 um 8 %, 2002 um 5 % und 2003 um 6 % auf gerade noch 26 289 920,00 EUR.
Wie hoch war der Umsatz 2000?

5. In einer Pressemitteilung des Mannheimer Morgen vom 26.03.2003 stand zu lesen:

> **Weniger Schienen-Fracht**
> Im Fahrwasser der Konjunkturschwäche geht der Gütertransport auf der Schiene weiter zurück. Laut Statistik nahm der gewerbliche Eisenbahngüterverkehr 2002 im Vergleich zum Vorjahr um ein Prozent auf gut 285 Mio. Tonnen ab. Im Jahr davor hatte der Rückgang 2 Prozent betragen.

a) Berechnen Sie, wie viele Tonnen der gewerbliche Eisenbahngüterverkehr im Jahr 2000 beförderte.

b) Wie viel Prozent betrug die Senkung insgesamt?

Vermischte Prozentaufgaben

1. Der Umsatz der Maschinenfabrik Volker Bothe, Duisburg, entwickelte sich wie folgt:

Umsatzentwicklung

	Umsatz 2004 in Millionen EUR	Umsatzprognose 2005 in %
Inland	16	5
Europa	20	?
Südostasien	14	-3

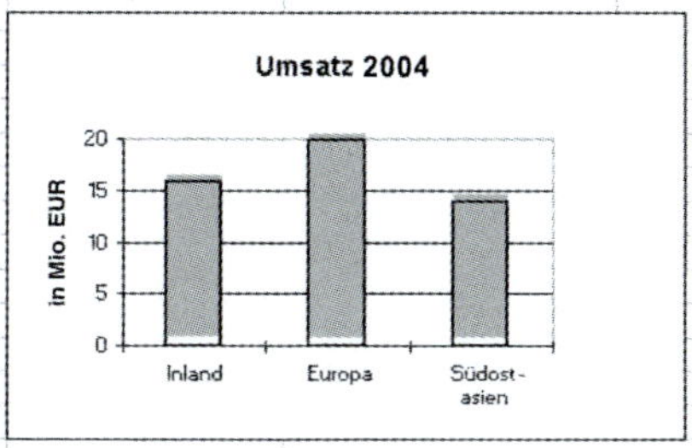

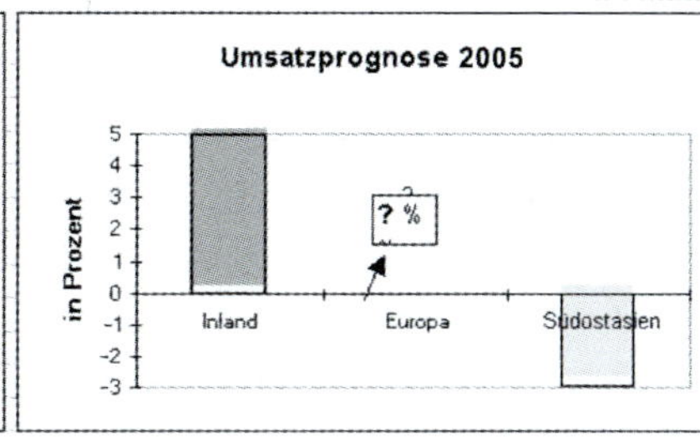

a) Wie viel Prozent betrug der Inlandsumsatz 2004 am Gesamtumsatz?

b) Um wie viel Prozent ist der Umsatz in Europa höher als der Umsatz im Inland?

c) Um wie viel Prozent könnte der Umsatz in Europa sinken, damit der Gesamtumsatz im Jahre 2005 gleich hoch wäre wie im Jahre 2004?

2. Die ledige Fachkraft für Lagerlogistik Sven erhält ein monatliches **Bruttoeinkommen** von 1 700,00 EUR. Die an das Finanzamt abzuführene **Lohnsteuer** beträgt 25 % des Bruttolohns, die Kirchensteuer 7 % der Lohnsteuer. An zu zahlenden **Sozialversicherungsbeiträgen** entfallen zurzeit auf die: **WSP** **BWP**

– Rentenversicherung	19,5 %
– Krankenversicherung	13,7 %
– Arbeitslosenversicherung	6,5 %
– Pflegeversicherung	1,7 %

a) Errechnen Sie die einzelnen Abzüge.

b) Ermitteln Sie das Nettoeinkommen von Sven.

c) Wie viel Prozent betrugen die gesamten Abzüge?

Hinweis: Die Sozialversicherungsbeiträge sind von Arbeitgebern und Arbeitnehmern je zur Hälfte zu entrichten, mit Ausnahme der Krankenversicherung. Seit 1. Juli 2005 müssen die Arbeitnehmer einen Sonderbeitrag von 0,9 % zusätzlich entrichten.

3. Nach einer Preissenkung von 18 % verkauft ein Baumarkt den m^2 Waschbetonplatten für 18,45 EUR.

Um wie viel EUR wurde der Preis reduziert?

4. In diesem Jahr stieg der Gewinn eines großen deutschen Elektrokonzerns um 65% auf 922 Mio. $.

Wie viel EUR betrug der Gewinn im letzten Jahr bei einem Kurs von 1,125?

5. In der Bilanz des Transportunternehmens Münster & Zimmermann GmbH, Bremen, wird das Eigenkapital mit 1840000 EUR und das Fremdkapital mit 7360000 EUR ausgewiesen.

Wie viel Prozent beträgt der Eigenkapitalanteil am Gesamtkapital?

6. Steigende Kosten zwangen ein Tapetenfachgeschäft, den Preis für abwaschbare Tapeten um 11 2/3% zu erhöhen. Nach einigen Monaten lag noch ein Restposten von 10 Rollen auf Lager. Daraufhin wurde der Preis um 5,50 EUR je Rolle gesenkt und der gesamte Restposten für 280,00 EUR verkauft.

Wie teuer war eine Rolle Tapete vor der ersten Preisveränderung?

7. Nach einer Gehaltserhöhung von 3,5% verdiente die Angestellte Marlies Barth monatlich 43,75 EUR mehr.

Wie hoch war das Gehalt vor der Erhöhung?

8. Nach einer Mitteilung des ADAC stieg das Durchschnittsalter der Pkw von 6,3 Jahren im Jahr 1992 auf 7,2 Jahren im Jahr 2002 an.

Wie viel Prozent betrug die Steigerung?

9. Das Maschinenbauunternehmen Schweighoffer & Co. kaufte 2001 eine Hydraulikpresse für 80000,00 EUR.

Wie hoch ist der Buchwert Ende 2004, wenn pro Jahr 10% des jeweiligen Restwertes abgeschrieben werden?

10. Nach einer Berechnung des Statistischen Bundesamtes wurden 1997 in der Binnenschifffahrt 232 Mio. Tonnen Güter auf den Wasserstraßen transportiert. Dies waren 2% mehr als im Vorjahr.

Berechnen Sie, wie viele Mio. Tonnen Güter 1996 auf den Bundeswasserstraßen befördert wurden.

11. Bei einem Einzelhandelsgeschäft konnte nach der Umstellung auf Selbstbedienung eine Umsatzsteigerung von 16 2/3% auf 350000,00 EUR gegenüber dem Vormonat festgestellt werden.

Wie hoch war der Umsatz im Vormonat?

12. Ein Auszubildender bekommt auf alle Waren, die er in seinem Ausbildungsunternehmen kauft, einen Personalrabatt von 12,5%.

Über welchen Preis war ein Produkt ausgezeichnet, das der Auszubildende für 700,00 EUR erwarb?

13. Der Gewinn der Spedition Martin Klamm e. K. wurde vom Finanzamt wegen mangelhafter Buchführung auf 36 500 EUR geschätzt.

a) Wie viel Prozent des Jahresumsatzes in Höhe von 292000 EUR legte das Finanzamt seiner Schätzung zugrunde?

b) Herr Klamm hatte 7,5% Gewinn angemeldet.
Welchem Gewinn entsprach diese Angabe?

c) Ermitteln Sie, um wie viel Prozent die Schätzung der Finanzbehörden höher lag.

3.4 Die Bezugskalkulation

Eine weitverbreitete Anwendungsmöglichkeit der zusammengesetzten Prozentrechnung bietet die Bezugskalkulation, mit deren Hilfe der Kaufmann den Einstands- bzw. Bezugspreis seiner gekauften Ware ermittelt. **LOP**

Die Kenntnis der Bezugskalkulation ist für den Kaufmann deshalb so wichtig, weil verschiedene Angebote erst nach der Ermittlung des Einstandspreises miteinander verglichen werden können und erst nach dem Vergleich die richtige Entscheidung bezüglich des kostengünstigsten Lieferanten getroffen werden kann.

Einfaches Kalkulationsschema zur Ermittlung des Einstandspreises:

	Einkaufspreis (EK)
–	Liefererrabatt
	Zieleinkaufspreis
–	Liefererskonto
	Bareinkaufspreis
+	Bezugskosten
	Einstandspreis (ESP)

Bezugskosten können sein: Fracht, Rollgeld, Zölle, Wiegegebühren, Transportversicherung, Verladekosten und dergleichen.

Sind Bezugskosten zu ermitteln, so werden diese immer auf das **Bruttogewicht** der Sendung bezogen.

Häufig sind jedoch vor der eigentlichen Kalkulation Vorarbeiten zu leisten, so z. B.:

1. Berechnung des Nettogewichtes einer Sendung. Dabei gilt:

	Bruttogewicht
–	Tara (Verpackungsgewicht)
	Nettogewicht

Besonderheiten: bfn (b/n) = brutto für netto

d. h. die Verpackung wird wie Ware gerechnet. In diesem Falle geht man zur Errechnung des Einkaufspreises vom Bruttogewicht der Sendung aus.

2. Ermittlung des Einkaufspreises der Sendung. Dabei gilt:

Einkaufspreis = Nettomenge · Preis je Einheit

Erst im Anschluss an diese Arbeiten kann mit der Kalkulation begonnen werden.

Musteraufgabe

Eine Kölner Handelsgesellschaft bezieht eine Sendung Waren im Bruttogewicht von 8755 kg, Tara 255 kg, zu 1,75 EUR/kg netto.

Wie hoch ist der Einstandspreis der gesamten Sendung (je kg), wenn der Lieferer 12% Mengenrabatt und 3% Skonto gewährt und an Bezugskosten 380,00 EUR anfallen?

Musterlösung

1. Berechnung des Nettogewichts der Sendung

	8755 kg Bruttogewicht
–	255 kg Tara
	8500 kg Nettogewicht

2. Ermittlung des Einkaufspreises
   8500 kg · 1,75 EUR/kg = 14875,00 EUR EK

3. Durchführen der Bezugskalkulation

Kalkulationsschema

	14 875,00	EUR	EK
–	1 785,00	EUR	Lieferrabatt (12 %)
	13 090,00	EUR	Ziel-EK
–	392,70	EUR	Liefererskonto (3 %)
	12 697,30	EUR	Bar-EK
+	380,00	EUR	Bezugskosten
	13 077,30	EUR	ESP : 8 500 kg = 1,54 EUR/kg

Treppenschema

	100 %		
–	12 %		
	88 % ↓	–	100 %
		–	3 %
			97 % ↓

Lösungsschritte

1. Ermittlung des Nettogewichts.
2. Berechnung des Einkaufspreises.
3. Aufstellen des Kalkulationsschemas.
4. Aufstellung des Treppenschemas und Lösung wie unter Pkt. 3.3 angegeben.
5. Ermittlung des ESP unter Berücksichtigung der Bezugskosten (evtl. Errechnung des Stück- bzw. kg-Preises).

Übungsaufgaben

1. Die Maschinenfabrik Heuser, Duisburg, bezieht aus Hamburg 200 Antriebswellen zum Stückpreis von 275,00 EUR. Berechnen Sie den Einstandspreis der gesamten Lieferung, wenn der Lieferer 18% Rabatt und 2,5% Skonto gewährt und an Bezugskosten 527,50 EUR anfallen.

2. Wir beziehen 8 Rasenmäher im Gesamtpreis von 1920,00 EUR. Der Lieferer gewährt uns zunächst 10% Rabatt und, da wir bar zahlen, 2% Skonto.

Wie viel EUR müssen wir für einen Rasenmäher bezahlen?

3. Ein Fahrradfachgeschäft bezieht 14 Mountainbikes zum Listeneinkaufspreis von 800,00 EUR je Stück. Der Lieferant gewährt 25% Wiederverkäuferrabatt.

Wie viel EUR müssen wir überweisen, wenn wir unter Abzug von 2,5% Skonto bezahlen?

4. Der Lebensmittelhändler Uwe Leuck erhält 6 Kisten Bananen im Gesamtgewicht von 240 kg, Tara je Kiste 3 kg. Der Preis beträgt 80,00 EUR je 50 kg netto, wobei der Lieferer 15% Rabatt und 1,5% Skonto gewährt.

Wie hoch ist der Preis je kg Bananen, wenn die Ware frei Haus geliefert wird?

5. Vergleichen Sie die beiden Angebote und wählen Sie das günstigste aus:

Angebot 1: Diafilme je Stück 3,00 EUR ab Werk, Verpackung und Fracht 18,72 EUR je 12 Dutzend, Liefererskonto 1%.

Angebot 2: Diafilme je Dutzend 42,00 EUR frei Haus, Mengenrabatt 6%.

6. Die M & D Mannheim AG bezieht 5 Kisten Eisenteile im Gesamtgewicht von 320 kg, Tara 4 kg je Kiste. Der Einkaufspreis beträgt 1850,00 EUR je Kiste.

Wie hoch ist der Einstandspreis der gesamten Sendung, wenn die Bezugskosten pro angefangene 100 kg 36,00 EUR betragen und der Lieferer 18% Rabatt und 3% Skonto gewährt?

7. Die Maschinenfabrik Bauer & Schulz, Saarbrücken, benötigt für eine Serie von 400 Automaten ebenso viele Spezialhalterungen. Hierfür liegen ihr bisher von zwei ausländischen Lieferanten folgende Angebote vor:

- Schweizer Anbieter: 120,00 sfr je Stück, 5% Rabatt, 3% Skonto, Transportkosten für die gesamte Lieferung 690,00 EUR.
- US-amerikanischer Anbieter: Stückpreis 80,00 $, 10% Rabatt, Lieferung frei Haus.

Ermitteln Sie das günstigste Angebot, wenn folgende Kurse gelten:

sfr 1,585 $ 1,125

8. Aus Konkurrenzgründen darf der Einstandspreis einer Ware nicht höher als 1200,00 EUR sein.

Berechnen Sie den Einkaufspreis, wenn der Lieferer 20% Rabatt und 3% Skonto gewährt und die Sendung frei Haus geliefert wird.

9. Das Elektrofachgeschäft Marcel Barth & Co., Mannheim, bezieht Videorekorder der Marke „Laufgut“ zu einem Einstandspreis von 500,00 EUR je Stück.

Wie hoch ist der Einkaufspreis für ein Gerät, wenn der Lieferer 25% Rabatt und 1 3/4% Skonto gewährt und Bezugskosten in Höhe von 8,00 EUR je Rekorder entstehen?

10. Der Einstandspreis für 4 Winterreifen 195/60 R 15 T beträgt 600,00 EUR.

Berechnen Sie den Einkaufspreis für einen Reifen, wenn der Lieferer 15% Rabatt und 2,5% Skonto gewährt und sich die Bezugskosten für die 4 Reifen auf insgesamt 20,00 EUR belaufen (auf volle EUR runden!).

11. Eine Metallwarenfabrik in München bezieht von einem Zulieferer „Metallklemmen“ für 85,00 EUR je Stück. Der Lieferant gewährt einen Mengenrabatt von 30% sowie 2,5% Skonto bei Zahlung innerhalb von 8 Tagen.

Wie hoch ist der Einstandspreis (Bezugspreis) pro Stück, wenn die Skontogewährung ausgenutzt wird und überdies 1,49 EUR an Bezugskosten pro Metallklemme anfallen?

12. Der Automobilzubehörgroßhandel Knapp & Co. erhält von seinem langjährigen Lieferanten ein Angebot über 4 Pakete zu je 24 Dosen Politur zu einem Einkaufspreis von 4,80 EUR je Dose.

Die Verpackungs- und Transportkosten betragen je Paket 19,50 EUR.

Wie viel EUR beträgt der Einstandspreis insgesamt und je Dose, wenn der Lieferer 15% Treuerabatt und 2,5% Skonto gewährt?

13. Der Eisenwarenfachmarkt Emil Neumann & Co. erhält folgendes Angebot über Messingbeschläge:

> Sehr geehrte Damen und Herren,
> vielen Dank für Ihre Anfrage. Hiermit bieten wir Ihnen ab Werk 150 Messingbeschläge Modell „Sicher“ zum Stückpreis von 48,00 EUR an.
> Auf unseren Rechnungspreis gewähren wir 15% Mengenrabatt sowie bei Zahlung innerhalb von 8 Tagen 2,5% Skonto.
> Die Frachtkosten belaufen sich auf insgesamt 120,00 EUR.
> Über eine Auftragserteilung würden wir uns sehr freuen.

Ist dieses Geschäft für Herrn Neumann interessant, wenn die Konkurrenz vergleichbare Beschläge zu einem Einstandspreis von 41,50 EUR bezieht?

14. Die Elektrogroßhandlung Schweighoffer GmbH, Mannheim, erhält folgende zwei Angebote über Energiesparlampen:

> Leuchtenfabrik Hell AG, München, Stückpreis 22,50 EUR ab Werk, 8% Mengenrabatt bei Abnahme von mindestens 150 Stück, Bezugskosten je 100 Stück 40,00 EUR, Zahlungsziel 30 Tage rein netto, bei Zahlung innerhalb von 10 Tagen 2% Skonto.

> Lampen- und Leuchtenfabrik Andreas Fritz OHG, Köln, Stückpreis 21,80 EUR und 10% Rabatt bei Abnahme von 300 Stück, Lieferung frei Haus, 2% Skonto innerhalb von 8 Tagen oder 20 Tage Ziel.

Erstellen Sie einen Angebotsvergleich unter folgenden Annahmen:

1. Die Elektrogroßhandlung Schweighoffer GmbH bezahlt immer unter Skontoabzug.
2. Es sollen zunächst lediglich 200 Energiesparlampen bestellt werden.

15. Die oberbayerischen Glaswerke AG, Weiden, beabsichtigen ihre Produkte zukünftig in 3-lagigen Wellpappkartons zu versenden. Auf ihre Anfrage bei verschiedenen Herstellern gingen folgende drei Angebote ein:

Angebot 1	Angebot 2	Angebot 3
Wellpapp AG, München	Heidelberger Pappwerke GmbH, Heidelberg	Kartonagenfabrik Neumann & Ausanio OHG, Bremen
Wellpappfaltkisten dreilagig mit Presspappe als Inneneinsatz	Wellpappfaltkartons dreilagig mit Styroporeinsatz	Wellpappfaltkisten dreilagig
Stückpreis	Stückpreis	Stückpreis
Ab 1000 Stück 2,40 EUR	Ab 500 Stück 2,60 EUR	Bis 10000 Stück 2,20 EUR
Ab 10000 Stück 1,90 EUR	Freibleibend	Ab 10000 Stück 1,80 EUR
5% Sonderrabatt	Kein Rabatt	3% Rabatt
2% Skonto bei Barzahlung oder 30 Tage Ziel	3% Skonto bei Zahlung innerhalb von 8 Tagen oder 60 Tage Ziel	Barzahlung
Lieferung frei Haus	Lieferung frei Haus	Lieferung ab Werk

Ermitteln Sie in einem Angebotsvergleich auf der Basis von 4500 Stück das rechnerisch günstigste Angebot, wenn die Transportkosten aus Bremen 50,00 EUR je angefangene 1000 Stück betragen.

16. Die Kfz-Zubehörgroßhandlung Leuck & Eberle KG, Mannheim, beabsichtigt Navigationssysteme in ihr Verkaufsprogramm aufzunehmen. Hierzu werden mehrere Hersteller von Navigationssystemen schriftlich um die Abgabe eines Angebotes gebeten.

Aufgrund dieser Anfragen gingen die beiden nachfolgenden Angebote ein:

	Angebot 1	Angebot 2
Listenpreis	1060,00 EUR	1300,00 EUR
Rabatt	25%	30%, bei Abnahme von mindestens 5 Stück 35%
Lieferbedingungen	Ab Werk	Frei Haus
Bezugskosten pro Bestellung	12,00 EUR	–
Lieferzeit	sofort	Innerhalb von 8 Tagen ab Bestelldatum
Zahlungsbedingungen	Innerhalb von 10 Tagen 2% Skonto oder 30 Tage rein netto	Innerhalb von 8 Tagen 3% Skonto oder 60 Tage Ziel
Besonderheiten	Eigentumsvorbehalt	–

Ermitteln Sie das günstigste Angebot, wenn die Leuck & Eberle KG regelmäßig Skonto in Anspruch nimmt und zunächst 10 Navigationssysteme bestellt werden sollen.

PRÜFUNGSAUFGABE

P

Hinweis: Bei nachfolgender Aufgabe handelt es sich um eine Aufgabe, die sowohl Inhalte der Allgemeinen Betriebswirtschaft als auch Rechen- und Buchungsinhalte miteinander verknüpft und somit Prüfungscharakter besitzt.

Die Marlies Schweighoffer GmbH ist ein mittelständisches Unternehmen in Mannheim, das Kleinmotoren herstellt. Aufgrund der schwierigen Marktsituation sieht sich das Unternehmen gezwungen, sämtliche Unternehmensbereiche auf Kosteneinsparungsmöglichkeiten hin zu untersuchen. So sollen etwa im Beschaffungsbereich die Einstandspreise durch neue Lieferanten gesenkt werden.

Bisher wurden die Gussteile für die Kleinmotoren von einem inländischen Lieferanten zum Netto-Einstandspreis von 33,50 EUR/Stück frei Haus, zahlbar innerhalb von 30 Tagen ohne Abzug, bezogen.

Ein neuer Lieferant in Norwegen unterbreitet für die Gussgehäuse umseitig dargestelltes Angebot (siehe Anlage 1).

a) Sie werden von Ihrem Vorgesetzten gebeten, den Einkaufspreis je Gussgehäuse des norwegischen Anbieters zu errechnen, wenn der Kurs laut Internetauskunft 8,5000 norwegische Kronen für 1 EUR beträgt.

b) Anschließend sollen Sie unter Verwendung des Bezugskalkulationsschemas eine Ermittlung des Einstandspreises durchführen und sich begründet für einen Lieferanten entscheiden, wenn monatlich 100 Gussgehäuse benötigt werden und wir uns für ein Jahr festlegen würden.

c) Geben Sie neben dem Einstandspreis drei weitere Kriterien an, von denen Ihre Entscheidung abhängen könnte.

d) Um wie viel Prozent ist das günstigere Angebot lukrativer?

e) Wie wäre der Wareneinkauf zu buchen, wenn wir die benötigten Gussgehäuse
   - wie bisher von unserem inländischen Lieferanten beziehen oder
   - beim neuen norwegischen Hersteller einkaufen würden?

f) Verbuchen Sie die Begleichung der Rechnung durch Banküberweisung einen Monat später, wenn wir die Ware wie bisher von unserem inländischen Lieferanten bezogen hätten.

Anlage 1

Svenson

Gießerei Olaf Svenson
Rue de Hammerfest 15 • Oslo

Gießerei Olaf Svenson, Rue de Hammerfest 15, Oslo

Kleinmotorenfabrik
Marlies Schweighoffer GmbH
Siegstr. 26
68163 Mannheim

Angebot Oslo, 11. 05. 20. .

Sehr geehrte Damen und Herren,

vielen Dank für Ihre Anfrage. Gerne können wir die gewünschten Gussteile gemäß Ihren technischen Vorgaben zu

289 norwegische Kronen (nkr) je Stück

anbieten.

Bei Abschluss eines Rahmenvertrages über ein Jahr gewähren wir Ihnen Rabatte gemäß folgender Aufstellung:

5 % Rabatt bei einer Jahresabnahmemenge ab 500 Stück,
10 % Rabatt bei einer Jahresabnahmemenge ab 1 000 Stück,
15 % Rabatt bei einer Jahresabnahmemenge ab 1 500 Stück.

An Bezugskosten müssen wir Ihnen laut Auskunft unseres dänischen Spediteurs 75,00 EUR je 50 Gehäuse berechnen. Bei Zahlung innerhalb von 8 Tagen ab Rechnungsdatum gewähren wir 3 % Skonto, sonst ist die Rechnung innerhalb von 30 Tagen rein netto zu begleichen.

Wir freuen uns bereits heute auf eine gute Zusammenarbeit.

Mit freundlichen Grüßen
Gießerei Olaf Svenson

Ole Neudahlen

Ole Neudahlen

4 Maße und Gewichte

4.1 Metrische Maße und Gewichte

Maße und Gewichtseinheiten sind in der kaufmännischen Praxis Grundlage für jeden Waren- und Leistungsaustausch, wird doch, z. B. bei der Entgeltberechnung im Güterverkehr, neben der Entfernung besonders das Gewicht des Fracht- oder Lagergutes zugrunde gelegt. Vor diesem Hintergrund und angesichts der Tatsache, dass in den meisten Staaten heute das metrische System als gesetzliches Maß- und Gewichtssystem eingeführt ist, sollte jede Fachkraft im Logistikbereich in der Lage sein, das metrische Maß- und Gewichtssystem zu beherrschen.

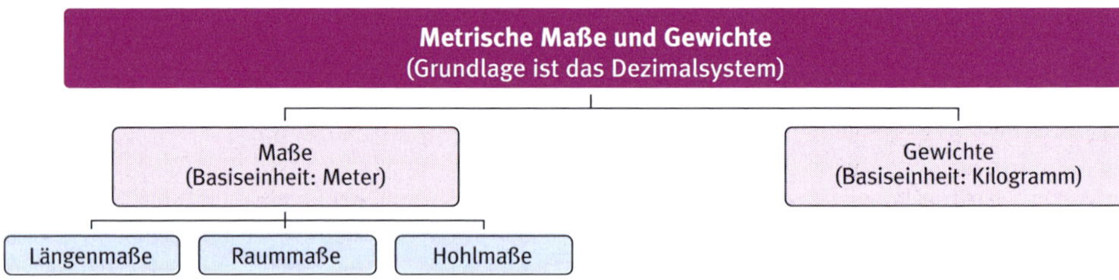

MERKE

Maßeinheiten

Längenmaße	1 km	= 1000 m				
		1 m	= 10 dm			
			1 dm	= 10 cm		
				1 cm	= 10 mm	
Raummaße	$1\ m^3$	$= 1000\ dm^3$				
		$1\ dm^3$	$= 1000\ cm^3$			
			$1\ cm^3$	$= 1000\ mm^3$		
Hohlmaße	1 hl	= 100 l	$= 0{,}1\ m^3$	$= 100\ dm^3$		
		1 l	=	$1\ dm^3$		

Merke: $1\ m^3 = 1000\ l$
$1\ dm^3 = 1\ l$

Gewichtseinheiten

1 t	= *10 dz*[1]	= *20 ztr*	= 1000 kg
	1 dz	= *2 ztr*	= 100 kg
		1 ztr	= 50 kg
			1 kg = 1000 g

MUSTERAUFGABE

Geben Sie das Gesamtgewicht nachfolgender Sendung in Tonnen an.

4	Pakete	à	78 kg
3	Gitterboxpaletten	à	785 kg
2	Euro-Paletten	à	1 018 kg
1	Kiste		297 kg

[1] Bei den kursiv angegebenen Größen handelt es sich um kaufmännische Einheiten
dz = Doppelzentner
ztr = Zentner

MUSTERLÖSUNG

4	Pakete	à	78 kg	312 kg
3	Gitterboxpaletten	à	785 kg	2355 kg
2	Euro-Paletten	à	1018 kg	2036 kg
1	Kiste		297 kg	297 kg
	Gesamtgewicht			**5000 kg = 5 Tonnen**

LÖSUNGSSCHRITTE

1. Ermittlung des Gewichts je Verpackungs- bzw. Versendungsform
2. Ermittlung des Gesamtgewichtes der Sendung
3. Umwandlung der kg in Tonnen, wobei gilt: 1000 kg = 1 t

ÜBUNGSAUFGABEN

1. Eine Luftfrachtsendung besteht aus

2 Frachtstücken zu je 3 750 g
4 Frachtstücken zu je 17,5 kg
1 Frachtstück zu 32 750 g

Berechnen Sie das Bruttogewicht in kg.

2. Berechnen Sie das in kg anzugebende Gesamtgewicht nachfolgender Expressgutsendung:

2 Pakete zu je 17, 6 kg
7 Pakete zu je 8,9 kg
2 Pakete zu je 12 400 g
1 Paket zu 7 700 g

3. Ein Öltank mit einem Fassungsvermögen von 12 hl weist nach unseren Berechnungen noch einen Inhalt von 275 l auf.

Wie viel Liter Öl müssen bis zum Maximum nachgekauft werden?

4. In einem Waggon, der ein Fassungsvermögen von 25 t aufweist, sollen nachfolgende Sendungen von Mannheim nach Berlin transportiert werden:

8 Euro-Paletten mit je 950 kg
9 Gitterboxpaletten mit je 620 kg
2 Einwegpaletten mit je 591 kg

Ermitteln Sie, wie viel Tonnen noch zugeladen werden könnten.

4.2 Nicht metrische Maße und Gewichte

Obwohl vor mehr als 40 Jahren das metrische System nahezu weltweit eingeführt wurde, wenden auch heute noch einige Staaten, unter ihnen die USA, weiterhin das nicht metrische (nicht dezimale), auf ‚Foot' und ‚Pound' basierende System an. Da ein Großteil des **Welthandels** jedoch mit diesen Staaten erfolgt, erscheint eine Beschäftigung auch mit deren Bezugssystem unverzichtbar. LOP

4.2.1 Rechnen mit nicht metrischen Maßeinheiten

Während sich in den westlichen Ländern als Längeneinheit der Meter durchgesetzt hat, bezieht sich das englische und amerikanische Maßsystem auf Foot und Yards.

Die im Folgenden verwendeten Abkürzungen sind:
- yd = Yard (Yards) = Stab
- ft = Foot (Feet) = Fuß
- in = Inch (Inches) = Zoll

Englisches und amerikanisches Maßsystem

	Dezimalzahlen des Yard	Umrechnungen in m
1 Yard = 3 Feet = 36 Inches =	1,000 yd	= 0,9144 m
1 Foot = 12 Inches =	0,333 yd	= 0,3048 m
1 Inch =	0,028 yd	= 0,0254 m

Hinweis: In der Praxis bedient man sich zur Umrechnung häufig folgender Vereinfachung:

MERKE

12 yds = 11 m

Schreibweise **yds** 16.2.7 **oder** 16 yd 2' 7"

(16 = Yards, 2 = Feet, 7 = Inches)

4.2.1.1 Umwandlung von Yards in Feet und Inches und umgekehrt

MUSTERAUFGABE 1

Wandeln Sie Yards 7.2.6 in Inches um!

MUSTERLÖSUNG 1

yds	7.2.6				
1.	7. = 7 yds	·	36 Inches	=	252 Inches
2.	2. = 2 ft	·	12 Inches	=	24 Inches
3.	6. = 6 in	·	——→	=	6 Inches
					282 Inches

LÖSUNGSSCHRITTE 1

1. Multiplikation der Yards mit 36 (1 yd = 36 in).
2. Multiplikation der Feet mit 12 (1 ft = 12 in).
3. Berücksichtigung der angegebenen Inches und Addition zur Gesamtsumme.

MUSTERAUFGABE 2

Wandeln Sie 558 Inches in Yards, Feet und Inches um!

MUSTERLÖSUNG 2

1.	558	:	36	=	15 Yards
2. Rest	18	:	12	=	1 Foot
3. Rest	6	⟶		=	6 Inches
				=	yds 15.1.6

LÖSUNGSSCHRITTE 2

1. Division der angegebenen Inches durch 36 (36 Inches = 1 Yard).
2. Division des Rests durch 12 (12 Inches = 1 Foot).
3. Der übrig gebliebene Rest sind die restlichen Inches.

ÜBUNGSAUFGABEN

1. Wandeln Sie folgende angegebenen Strecken in Inches um:

a) 14.2.9 c) 19.2.0 e) 45.1.11
b) 18.2.10 d) 33.1.4 f) 9.1.7

2. Wie viele Yards, Feet und Inches sind:

a) 506 Inches d) 29 Inches g) 452 Inches
b) 3425 Inches e) 6329 Inches h) 5209 Inches
c) 249 Inches f) 980 Inches i) 510 Inches

4.2.1.2 Umwandlung von Yards in Meter und umgekehrt

MUSTERAUFGABE 1

Ein Importeur bezieht yds 28.1.11 Stoff aus Neuengland.
Wie vielen Metern entspricht diese Länge?

MUSTERLÖSUNG 1

I. Schritt: Umwandlung von Yards in Dezimalen von Yards

yds 28.1.11	Umwandlungsfaktoren für Dezimalzahlen von Yards lt. Tabelle		Dezimalgrößen
1. 28 yds	· 1,000	=	28,000
2. 1 ft	· 0,333	=	0,333
3. 11 in	· 0,028	=	0,308
4. yds 28.1.11			28,641 yds

nicht dezimales System ⟶ Umwandlung ⟶ dezimales System

II. Schritt: Umrechnung von Yards in Meter mithilfe der Vereinfachungsregel

5. 12 yds – 11 m
   28,641 yds – x m

$$x = \frac{11 \cdot 28{,}641}{12} = \underline{\underline{26{,}24 \text{ m}}}$$

LÖSUNGSSCHRITTE 1

I. Schritt

1. Übertragung der ganzen Yards-Zahl.
2. Multiplikation der Feet mit dem Umwandlungsfaktor 0,333.
3. Multiplikation der Inches mit dem Umwandlungsfaktor 0,028.
4. Ermittlung der Yards als Dezimalzahl.

II. Schritt

5. Umwandlung der Yards in Meter, wobei gilt:

   12 yds = 11 m

MUSTERAUFGABE 2

Wie viele Yards, Feet und Inches (Zoll) Kunststoffplanen müssen in Neuengland bestellt werden, wenn insgesamt 225 m benötigt werden?

MUSTERLÖSUNG 2

I. Schritt: Umwandlung von m in yds mithilfe der Vereinfachungsregel

11 m – 12 yds
225 m – x yds

1. $x = \frac{12 \cdot 225}{11} = \underline{\underline{245{,}455 \text{ yds}}}$

II. Schritt: Rückrechnung der Dezimalzahlen des Yards in yds, ft und in

2. **245**,455 yds = **245** yds
3. 0,455 yds · 3 = **1**,365 ft = **1** ft
4. 0,365 ft · 12 = **4**,38 = **4** in

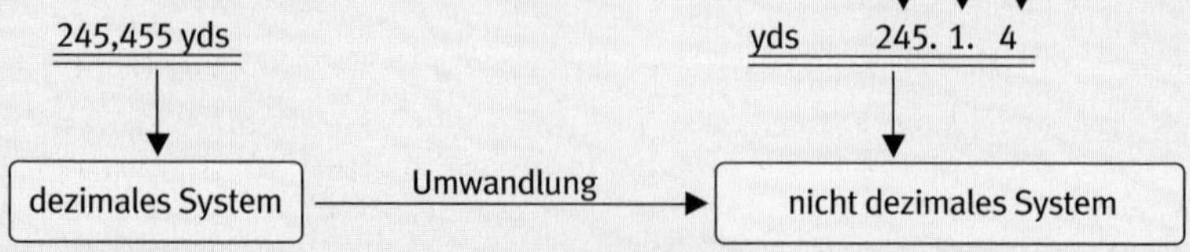

LÖSUNGSSCHRITTE 2

I. Schritt:

1. Umwandlung der Meterangaben in eine Dezimalzahl des Yard

II. Schritt:

2. Übertragung der ganzen Yards-Zahl.
3. Multiplikation der Dezimalzahl des Yard mit 3. Die ermittelte Zahl stellt die Feet (Fuß) dar.
4. Multiplikation der Dezimalzahl der Feet mit 12 und kfm. Rundung auf eine ganze Zahl. Diese stellt die restlichen Inches dar.

ÜBUNGSAUFGABEN

1. Ein Hamburger Importeur erhält verschiedene Stoffsendungen aus den USA, deren Maße in Meter umzurechnen sind:

a) 92.2.10 c) 17.–.3 e) 13.–.–
b) 182.1.6 d) 13.2.11 f) 16.2.–

2. In einem Bremer Exportgeschäft sind die Meterangaben auf US-Maße umzurechnen:

a) 350 m c) 55 m e) 82,75 m
b) 175 m d) 228,5 m f) 87 m

3. Wie viele Yards, Fuß und Zoll müssen bestellt werden, wenn eine Kunststoffplane von 80 m Länge gewünscht wird?

4. Geben Sie die Maße eines 20 (40) Fuß Containers (20 Fuß · 8 Fuß · 8,5 Fuß) in Meter an und bestimmen Sie dessen Rauminhalt.

Container 20 Fuß

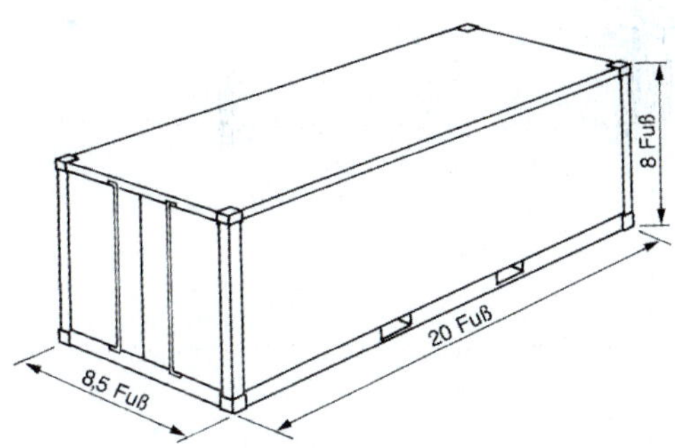

5. Nach einer Pressemitteilung im Mannheimer Morgen vom 3. April 1998 legte das größte Binnencontainerschiff der Welt, das MS „Jowi“, im Ludwigshafener Containerterminal an.

a) Ermitteln Sie, wie viele Container (Länge 30 ft; Breite 8,5 ft) obiges Schiff maximal transportieren kann, wenn die Länge des Frachtraumes 92 m und die Breite 15,80 m beträgt und die Container auf 4 Etagen hoch gestapelt werden können. (1 ft = 0,3048 m)

b) Welches durchschnittliche Bruttogewicht kann ein solcher Container höchstens aufweisen, wenn das Schiff max. 4800 t zuladen kann?

4.2.2 Rechnen mit nicht metrischen Gewichtseinheiten

Beim Rechnen mit ausländischen nicht dezimalen Gewichtseinheiten wollen wir uns auf das amerikanische System beschränken.

Die dabei verwendeten Abkürzungen sind:

- ton = Ton (Tons) = Tonne
- cwt = Hundredweight (Hundredweights) = Hundertgewicht
- qr = Quarter (Quarters) = Viertel
- lb = Pound (Pounds) = Pfund
- oz = Ounce (Ounces) = Unzen

Amerikanisches Gewichtssystem

	Umrechnungen in **kg** (gerundete Werte)	Dezimalzahlen des cwt
1 ton – 20 cwts	= 907,20000 kg	= 20
1 cwt – 4 qrs	= 45,36000 kg	= 1
1 qr – 25 lbs	= 11,34000 kg	= 0,25
1 lb – 16 oz	= 0,45360 kg	= 0,01
1 oz	= 0,02835 kg gerundet	

Schreibweise: 17.3.21 (cwts . qrs . lbs)

4.2.2.1 Umwandlung von Hundredweights in Quarters und Pounds und umgekehrt

MUSTERAUFGABE 1

Wandeln Sie cwts 19.2.17 in Pounds um!

MUSTERLÖSUNG 1

cwts	19.2.17		
1.	19. = 19 cwts	· 100 lbs	= 1900 lbs
2.	2. = 2 qrs	· 25 lbs	= 50 lbs
3.	17 = 17 lbs	⟶	= 17 lbs
			1967 lbs

LÖSUNGSSCHRITTE 1

1. Multiplikation der Hundredweights mit 100 (1 cwt = 100 lbs).
2. Multiplikation der Quarters mit 25 (1 qr = 25 lbs).
3. Berücksichtigung der angegebenen Pounds und Addition zur Gesamtsumme.

MUSTERAUFGABE 2

Wie viel cwts und qrs sind 3217 lbs?

MUSTERLÖSUNG 2

1.	3217	:	100	=	32 cwts
2. Rest	17	:	25	=	0 qrs
3. Rest	17	⟶		=	17 lbs
					= cwts 32.0.17

LÖSUNGSSCHRITTE 2

1. Division der angegebenen lbs durch 100 (dadurch erhält man als ganze Zahl die cwts; 100 lbs = 1 cwt!).
2. Division des Rests durch 25 (dadurch erhält man als ganze Zahl die Quarters; 25 lbs = 1 qr!).
3. Die Restgröße stellt die Pounds (lbs) dar.

ÜBUNGSAUFGABEN

1. Wandeln Sie folgende Gewichte in US-lbs um:

a) cwts 12.3.17
b) cwts 9.–.16
c) cwts 17.2.21
d) cwts 8.1.–
e) cwts 13.2.21
f) cwts –.3.21
g) tons 11.6.2.25
h) tons 21.15.3.5
i) tons 32.16.2.14

2. Wandeln Sie die angegebenen lbs in tons, cwts und qrs um:

a) 12300 lbs
b) 5128 lbs
c) 17913 lbs
d) 817 lbs
e) 3251 lbs
f) 215 lbs

4.2.2.2 Umwandlung von Hundredweights in Kilogramm und umgekehrt

MUSTERAUFGABE 1

Wie viel kg wiegt ein Frachtstück von cwts 3.2.6, das wir aus den USA beziehen?

MUSTERLÖSUNG 1

I. Schritt: Umwandlung von cwts in Dezimalen von cwts

cwts 3.2.6	Umwandlungsfaktoren für Dezimalzahlen von cwts lt. Tabelle		Dezimalgrößen
1. 3 cwts	· 1	=	3,000
2. 2 qrs	· 0,25	=	0,500
3. 6 lbs	· 0,01	=	0,060
4. cwts 3.2.6			3,560 cwts

nicht dezimales System —— Umwandlung ——→ dezimales System

II. Schritt: Umrechnung von cwts in kg

5. 1 cwt – 45,3600 kg
   3,56 cwts – x kg

$$x = \frac{45{,}36 \cdot 3{,}56}{1} = \underline{\underline{161{,}4816\ \text{kg}}}$$

LÖSUNGSSCHRITTE 1

I. Schritt

1. Übertragung der ganzen cwts-Zahl.
2. Multiplikation der Quarters mit dem Umwandlungsfaktor 0,25 (1 cwt = 4 qrs; 0,25 cwt = 1 qr).
3. Multiplikation der Pounds mit dem Umrechnungsfaktor 0,01.
4. Ermittlung der Hundredweights als Dezimalzahl.

II. Schritt

5. Umwandlung der Hundredweights in Kilogramm, wobei gilt: 1 cwt = 45,3600 kg.

MUSTERAUFGABE 2

Wie viel Hundredweights, Quarters und Pounds Kupferdraht müssen wir in den USA bestellen, wenn genau 161,4816 kg benötigt werden?

MUSTERLÖSUNG 2

I. Schritt: Umwandlung von kg in cwts

1. 45,3600 kg – 1 cwt
   161,4816 kg – x cwts

$$x = \frac{1 \cdot 161{,}4816}{45{,}3600} = \underline{\underline{3{,}56\ \text{cwts}}}$$

II. Schritt: Rückrechnung der Dezimalzahlen des Hundredweight in cwts, qrs und lbs

2. **3**,560 cwts = **3** cwts
3. 0,560 cwts · 4 = **2**,240 = **2** qrs
4. 0,240 qrs · 25 = **6** = **6** lbs

3,560 cwts → dezimales System

cwts 3. 2. 6 → nicht dezimales System

dezimales System — Umwandlung → nicht dezimales System

LÖSUNGSSCHRITTE 2

I. Schritt:

1. Umwandlung der Kilogrammangaben in eine Dezimalzahl der Hundredweights.

II. Schritt:

2. Übertragung der ganzen Hundredweight-Zahl (cwts).
3. Multiplikation der Dezimalzahl des cwts mit 4. Die ganze Zahl stellt die Quarters (qrs) dar.
4. Multiplikation der Dezimalzahl der Quarters mit 25 und kfm. Rundung auf eine ganze Zahl. Diese stellt die restlichen Pounds (lbs) dar.

ÜBUNGSAUFGABEN

1. Welchen kg-Gewichten entsprechen folgende Posten Stoffe, die wir aus Neuengland beziehen:

a) cwts 19.1.16
b) cwts 11.3.21
c) cwts 17.2.–
d) cwts 1.–.21

2. Wandeln Sie folgende kg-Posten in cwts, qrs und lbs um:

a) 525 kg
b) 715 kg
c) 175,8 kg
d) 17 kg 350 g
e) 16517 g
f) 1,045 t

3. Eine Ladung Kentucky-Whiskey wiegt insgesamt cwts 21.3.18.
Ermitteln Sie, welchem kg-Gewicht dies entspricht.

4. Wie viele 24-t-Waggons sind erforderlich, um eine Partie Wintergerste über cwts 8976.–.– abzutransportieren? (Auf volle Waggon runden!)

Am Ende dieses Kapitels soll der Vollständigkeit halber noch das alte englische Gewichtssystem dargestellt werden.

Englische Gewichtseinheiten

	Dezimalzahlen des cwt	Umrechnungen in kg (gerundete Werte)
1 ton – 20 cwts	= 20	= 1016 kg
1 cwt – 4 qrs	= 1	= 50,8 kg
1 qr – 28 lbs	= 0,25	= 12,7 kg
1 lb – 16 oz	= 0,009	= 0,4536 kg
1 oz		= 0,0283 kg

5 Flächen-, Körper- und Umfang-berechnung

LOP

Neben dem richtigen Umgang mit Maß- und Gewichtseinheiten wird das Beherrschen der Flächen-, Körper- und Umfangsberechnung als unabdingbare Voraussetzung für die Berufe der Lagerlogistik betrachtet, so etwa beim **Beladen von Lkw**, Waggons etc. mit Säcken, **Paletten** und Ähnlichem oder bei der optimalen Ausnutzung vorhandenen Lagerraums.

FORMEL

1. Quadrat

- Umfang $U = 4 \cdot a$
- Fläche $F = a \cdot a$

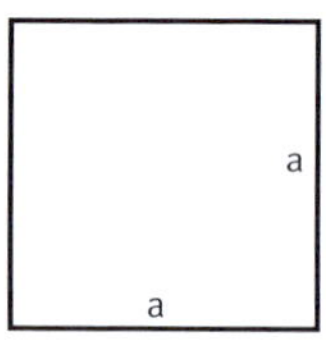

Würfel

- Volumen $V = a \cdot a \cdot a$
- Oberfläche $O = 6 \cdot a^2$

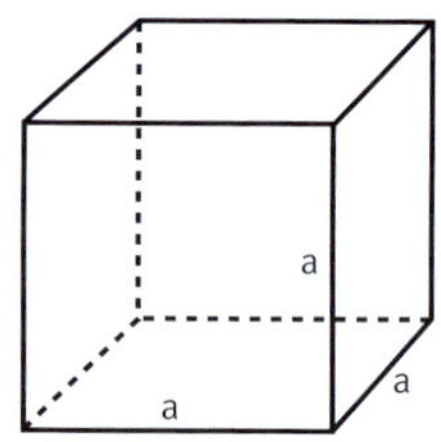

2. Rechteck

- Umfang $U = 2a + 2b$
- Fläche $F = a \cdot b$

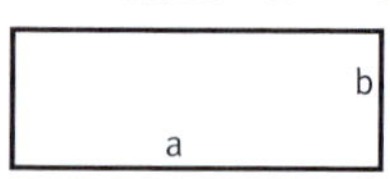

Quader

- Volumen $V = a \cdot b \cdot c$
- Oberfläche $O = 2ab + 2ac + 2bc$

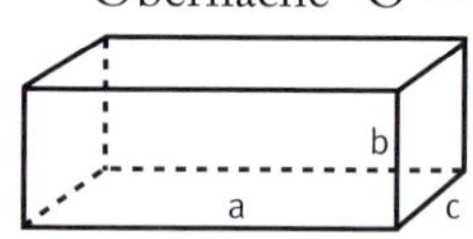

3. Dreieck

- Umfang $U = a + b + c$
- Fläche $F = \frac{g \cdot h}{2}$

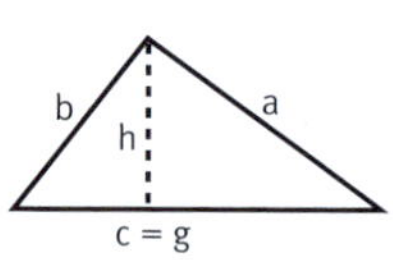

Dreiecksäule

- Volumen $V = \frac{g \cdot h}{2} \cdot l$

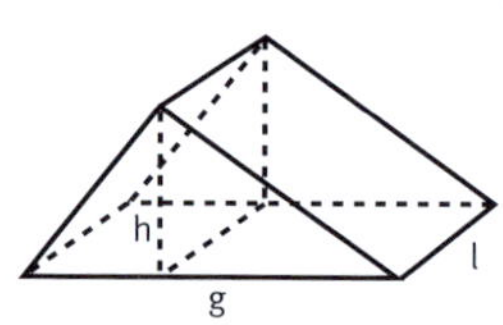

4. **Kreis**
- Umfang $U = 2r\pi$
- Fläche $F = r^2\pi$

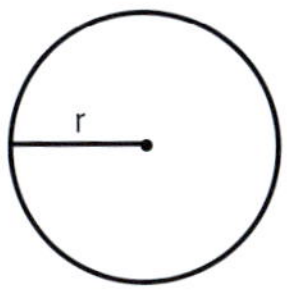

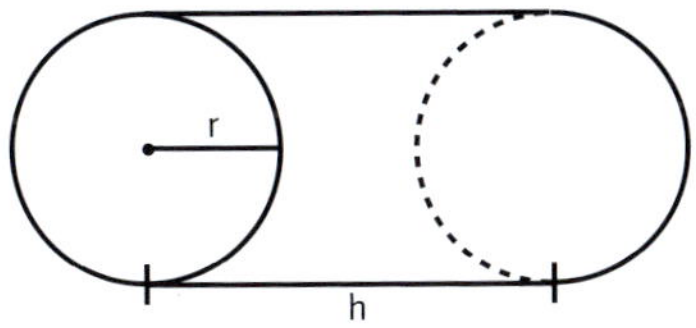

Kugel
- Volumen $V = \frac{4}{3}r^3\pi$

Zylinder
- Volumen $V = r^2\pi h$
- Oberfläche $O = 2r^2\pi + 2r\pi h$

5.1 Allgemeine Berechnungen

Musteraufgabe

Bei der Maschinenfabrik Bauer & Reinhard sollen 5 für den Export bestimmte würfelförmige Holzkisten mit einer Kantenlänge von 80 cm in Ölpapier verpackt werden.

Wie teuer ist das Ölpapier, wenn der m^2-Preis 3,50 EUR beträgt?

Musterlösung

Oberfläche $= 6\ a^2$
$= 6 \cdot a \cdot a$
$= 6 \cdot 0{,}8\ m \cdot 0{,}8\ m$
$= 6 \cdot 0{,}64\ m^2$
$\underline{\underline{= 3{,}84\ m^2}}$

Preis $= 3{,}84\ m^2 \cdot 3{,}50\ EUR/m^2 \cdot 5$ Kisten
$\underline{\underline{= 67{,}20\ EUR}}$

Lösungsschritte

1. Überlegung, um welche Fläche/Körper es sich bei der vorliegenden Aufgabe handelt.
   Hier: Oberfläche Würfel
2. Auswahl der Berechnungsformel.
   Hier: Oberflächenformel $O = 6\ a^2$
3. Errechnung der geforderten Größe.

ÜBUNGSAUFGABEN

1. Die Sanitärgroßhandlung Weber & Co. hat die Möglichkeit, ein an ihr Geschäft angrenzendes Grundstück zu kaufen. Das Grundstück hat folgende Abmessungen:

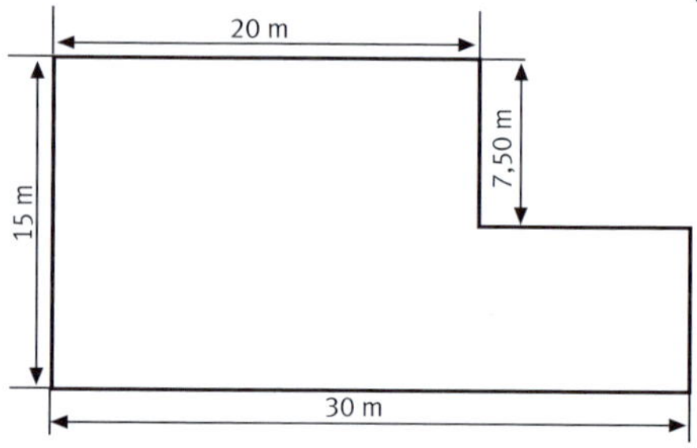

Wie teuer ist das Grundstück, wenn der m^2 280,00 EUR kostet?

2. Der Fußballverein Eintracht Bonifaz plant den Bau eines neuen Sportplatzes.
a) Welche Fläche umfasst das Fußballfeld, wenn es 110 m lang und 50 m breit werden soll?
b) Wie viel m legt ein Zuschauer zurück, wenn er einmal um das Spielfeld läuft?
c) Welche Fläche umfasst der Strafraum mit den Maßen 32 m · 16 m?

3. Der Radius eines Rennrades beträgt 0,45 m.
Wie viel m legt es mit einer Umdrehung zurück?

4. Ein Sattelauflieger hat folgende Innenmaße: Länge 12 m, Breite 2,50 m und Höhe 2,20 m.
Berechnen Sie den zur Verfügung stehenden Laderaum.

5. Wie viel m^3 Weizen fasst ein Silozug der Spedition Kruse, der folgende Innenmaße aufweist: Länge 7 m, Breite 2,50 m, Höhe 2,10 m?

6. Die Spedition Meier möchte an ihr Lagerhaus eine Auffahrt aus Beton anbauen lassen. Die Auffahrt soll folgendes Aussehen haben:

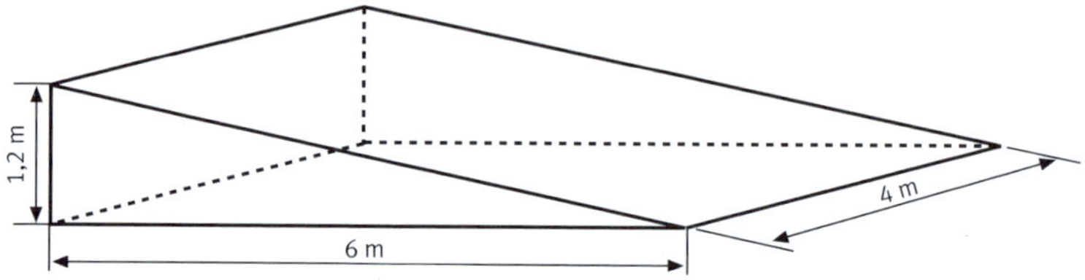

a) Wie viel m^2 Holz benötigt man für eine Seitenschalung?
b) Wie teuer wird die Auffahrt, wenn für 1 m^3 Beton 1150,00 EUR zu zahlen sind?

7. Ermitteln Sie die Lagerkosten pro m^2 und pro Monat, mit denen die Spedition Meier für ihr zweigeschossiges Lagerhaus rechnet, wenn pro Quartal folgende Lagerkosten entstehen:

– Miete	35000,00 EUR
– Personal	40000,00 EUR
– Abschreibungen	5000,00 EUR
– sonstige Kosten	10000,00 EUR

Die Grundfläche des Lagerhauses beträgt 50 m · 25 m.

8. Wie viel Liter Wasser fasst ein Wassertank, der 5 m lang, 3,50 m breit und 2 m hoch ist?

9. Errechnen Sie die maximale Lagerkapazität (in Tonnen) des neu erbauten, dreigeschossigen Lagerhauses der Mannheimer Lagerhausgesellschaft mbH, wenn die Grundmaße 60 m · 20 m betragen und der m² mit max. 3000 kg belastet werden kann.

10. Aufgrund der hohen Nachfrage nach Lagerraum entschließt sich die Geschäftsleitung der Mannheimer Lagerhausgesellschaft mbH zum Anbau einer eingeschossigen Halle mit folgenden Grundmaßen: Wie viel m² zusätzlicher Lagerraum kann die Lagerhausgesellschaft ihren Kunden zur Verfügung stellen?

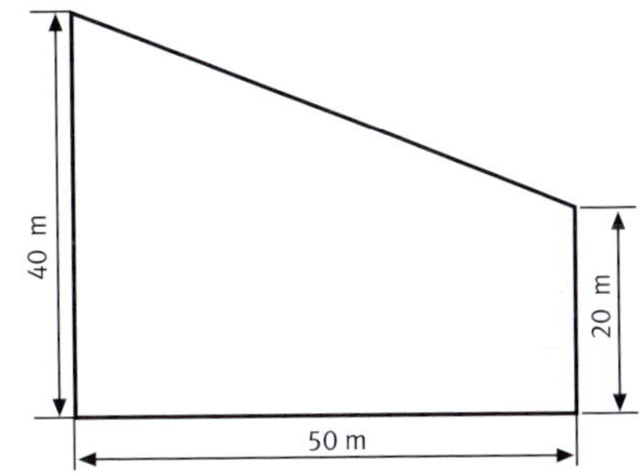

11. Wie viel 40 Fuß ISO-Container (Maße: 40 Fuß · 8 Fuß · 8,5 Fuß) werden benötigt, um 838,64 m³ Bauschutt abzutransportieren, wenn 1 Fuß = 30,48 cm? (Berechnung bis auf zwei Stellen nach dem Komma!)

12. Wie viel Öl muss die Firma Schulze & Co. bestellen, wenn sie ihren Tank vollfüllen möchte und ein eingetauchter Stab auf eine Höhe von 40 cm ölig ist? Tankinnenmaße: 4,5 m · 2 m · 1,80 m.

13. Ein Grundstück von 200 m Länge und 50 m Breite soll mit Reihenhäusern bebaut werden.
a) Welche Fläche umfasst das Grundstück?
b) Wie teuer ist das Grundstück, wenn der m²-Preis 450,00 EUR beträgt?
c) Wie viel m² umfasst das Grundstück eines Reihenhauses, wenn dieses 8 m breit und 50 m lang (tief) sein soll?
d) Wie viele Reihenhäuser gleichen Typs kann eine Immobiliengesellschaft auf dem obigen Grundstück bauen?

14. Die Gesamttragfähigkeit einer Lagerhalle beträgt 2500 t.
Wie viele m² umfasst die Halle, wenn der m² mit max. 2500 kg belastet werden darf?

15. **Gbs – großer geschlossener Standardwaggon:**
Länge des Laderaumes 12,71 m
Breite des Laderaumes 2,65 m
Ladekapazität 27 t (89 m³)

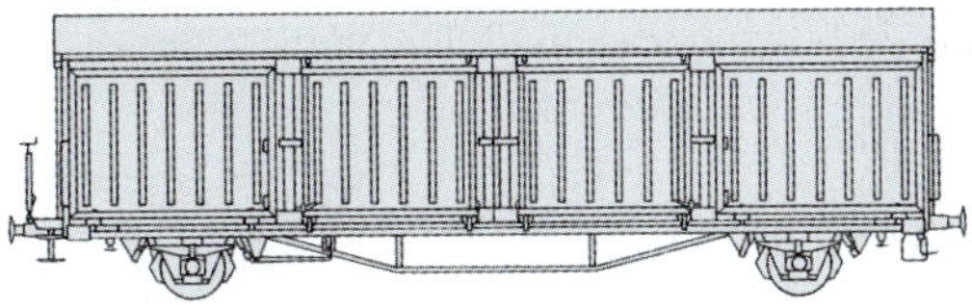

Hbis – geschlossener Waggon mit Schiebewänden:
Länge des Laderaumes 12,78 m
Breite des Laderaumes 2,60 m
Ladekapazität 25 t (94 m³)

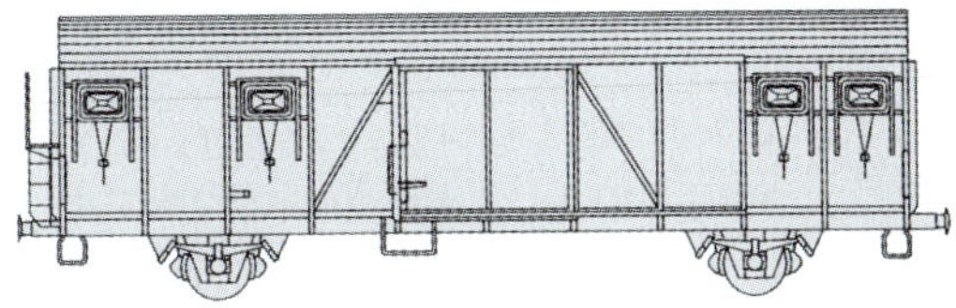

a) Berechnen Sie die Höhe der abgebildeten Waggons.
b) Ermitteln Sie, wie viele kg bei obigen Waggons höchstens pro m^2 geladen werden können.
c) Wie viele t Düngemittel können mit je 23 Gbs und Hbis befördert werden, wenn jeder Waggon nur zu 3/4 seiner Ladekapazität beladen werden kann?

16. Wie viele Liter fasst ein Tanklastzug mit folgenden Maßen:

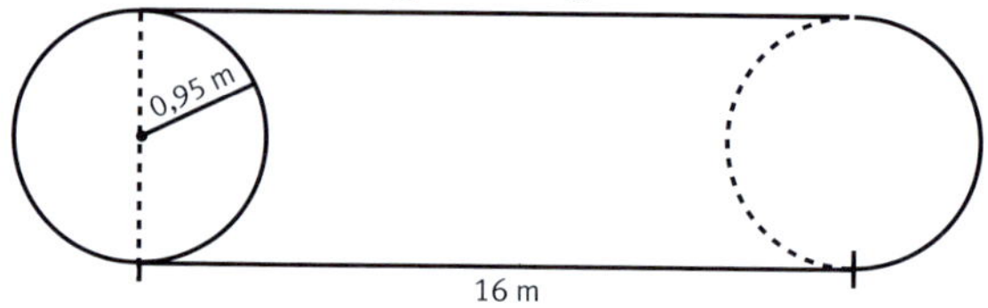

17. Ermitteln Sie, wie viele der abgebildeten Pulver- und Granulatwaggons benötigt werden, um 3 mit Kunststoffgranulat gefüllte Silos der Firma Dittmann & Barth zu leeren, wenn die Silos folgende Innenmaße besitzen:
Silo I (4 m · 4 m · 25 m)
Silo II (4 m · 3 m · 25 m)
Silo III (4 m · 2 m · 25 m)?

Pulver- und Granulatwaggon
mit verschiedenen Füllmengen
(bis max. 100 m^3 bzw. 58 t)

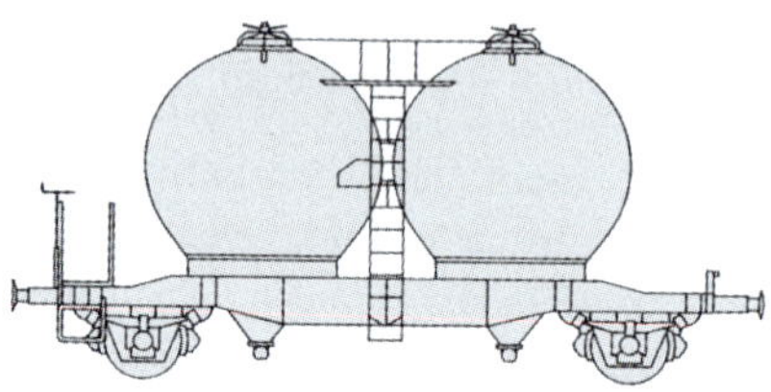

18. Die Firma Traub in Mannheim erhält 10 Stahlbehälter mit Filtern geliefert. Jeder dieser Stahlbehälter ist 2,40 m lang, 1,68 m breit, 1,26 m hoch und wiegt leer 57,6 kg. Die Filter, die in rechteckige Schachteln verpackt sind, sind 14 cm lang, 14 cm breit und 20 cm hoch und wiegen jeweils mit Verpackung 1 200 g.
a) Wie viele Filter fasst ein Stahlbehälter bei optimaler Bestückung?
b) Wie viele volle Stahlbehälter dürfen übereinander gestapelt werden, wenn die Lagerhalle 8 m hoch ist und der Lagerboden mit maximal 2 000 kg/m^2 belastet werden kann?
c) Wie viele m^2 werden für die Einlagerung der 10 Stahlbehälter benötigt?

19. a) Wie viele m^3 Erde müssen ausgebaggert werden, wenn ein 400 m langes Hafenbecken ausgehoben werden soll, das an der Sohle 30 m und an der Wasseroberfläche 50 m breit ist und 2,80 m tief sein soll?

Schnittzeichnung

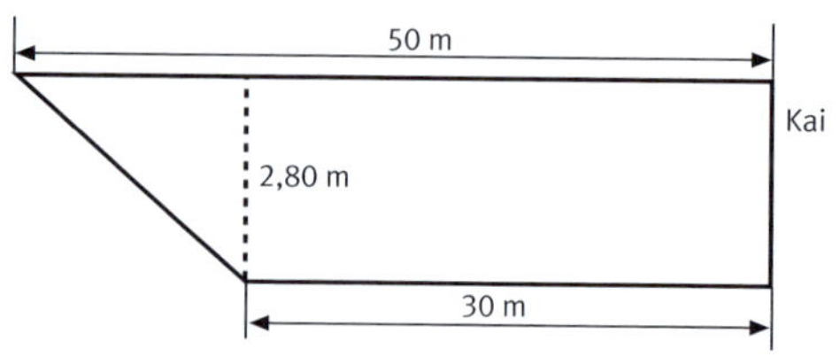

b) Wie viele Güterzüge mit je 40 Waggons wären nötig, um obige Erdmenge abzufahren, wenn die Innenmaße pro Waggon 12,80 m · 2,60 m · 2,10 m betragen (Volumen eines Waggon auf volle m^3 runden)?

20. Sie sind als Mitarbeiter/-in der internationalen Spedition EDR, Lyon, in deren Filiale in Mannheim mit dem Versand der eingelagerten Waren betraut. Laut einem Ihnen vorliegenden Arbeitsauftrag sollen Sie 396 Pakete Kunststoffteile – wie abgebildet – auf Euro-Paletten verpacken.

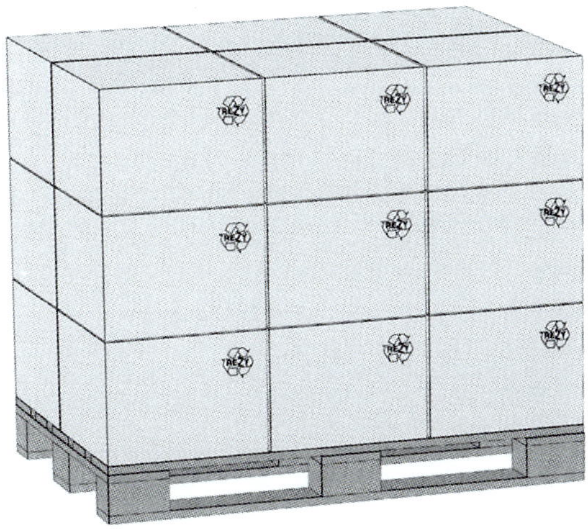

a) Ermitteln Sie die Maße der einzelnen Pakete, wenn die Höhe der abgebildeten Euro-Palette einschließlich des 10 cm hohen Palettensockels 1,00 m beträgt.
b) Wie viele Euro-Paletten werden zur Beförderung der Pakete benötigt?
c) Errechnen Sie das Gesamtgewicht der Sendung, wenn jedes Paket 35 kg wiegt und das Eigengewicht jeder Euro-Palette 20 kg beträgt.

5.2 Grundfläche, Lagerfläche, Ladefläche, Verkehrsfläche

Lagernutzflächen oder auch Ladenutzflächen geben die Grundflächen (Bruttofläche) von Lager- bzw. Lade-Räumen an. Diese Flächen können i.d.R. jedoch nicht völlig als Lagerfläche (= Fläche für die wirtschaftliche Lagerung von Gütern; sog. Nettofläche) verwendet werden, da für eine reibungslose Ein- und Auslagerung genügend und ausreichend breite Wege für innerbetriebliche Transportmittel, sogenannte Verkehrsflächen, freigehalten werden müssen.

Nachfolgende Darstellung gibt die übliche Aufteilung der Bruttofläche wieder:

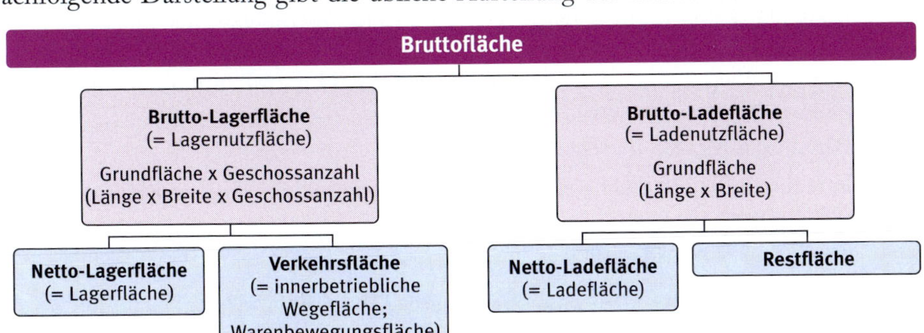

MUSTERAUFGABE

Eine neu gebaute, eingeschossige Lagerhalle weist eine Grundfläche von 75 m · 40 m auf. Berechnen Sie die zur Verfügung stehende Lagerfläche, wenn für die innerbetrieblichen Verkehrswege 1/4 der Fläche freizuhalten sind.

MUSTERLÖSUNG

Grundfläche (Lagernutzfläche):	75 m · 40 m	= 3000 m^2
Wegefläche (Verkehrsfläche):	1/4	= 750 m^2
Lagerfläche	3000 m^2 – 750 m^2	= 2250 m^2

LÖSUNGSSCHRITTE

1. Ermittlung der insgesamt zur Verfügung stehenden Grundfläche.
2. Berechnung der Wegefläche.
3. Ermittlung der Lager-(Lade-)fläche.

ÜBUNGSAUFGABEN

1. Eine Sendung von 22 Euro-Paletten (120 cm · 80 cm) soll eingelagert werden.

a) Wie viel m^2 Lagerfläche müssen für die Einlagerung zur Verfügung gestellt werden?

b) Welche Lagerfläche müsste bereitgestellt werden, wenn die Paletten in zwei Lagen gestapelt werden könnten?

2. Wie viele nicht stapelbare Euro-Paletttten der Größe 1200 mm · 800 mm können in einem neuen Lageranbau mit den Maßen 30 m · 20 m eingelagert werden?

3. Das 4-geschossige Lagergebäude der Mannheimer Lagerhausgesellschaft weist eine Länge von 120 m und eine Breite von 35 m auf.

a) Ermitteln Sie die Grundfläche.

b) Berechnen Sie die gesamte Lagernutzfläche.

c) Errechnen Sie die zur Verfügung stehende reine Lagerfläche, wenn für innerbetriebliche Fahr- und Gehwege 1/5 der Fläche freizuhalten ist.

4. Ein Sattelauflieger mit den Maßen 7,85 m · 2,44 m soll mit nicht stapelbaren Holzkisten beladen werden.

a) Berechnen Sie die Ladenutzfläche.

b) Errechnen Sie die Fläche einer Kiste, wenn diese 95 cm lang und 60 cm breit ist.

c) Wie viele Kisten können tatsächlich bei optimaler Ausnutzung eingelagert werden?

d) Ermitteln Sie die reine Ladefläche der Holzkisten, sowie die nicht zu nutzende Restfläche.

5. Nico soll den hinteren Teil des Freilagers (14,40 m · 800 cm) mit Euro-Paletten belegen.

a) Wie viele Euro-Paletten (120 cm · 80 cm) kann Nico bei optimaler Ausnutzung des Freilagers unterbringen?

b) Wie vielen Lkw entspricht dies, wenn pro Lkw 20 Paletten angeliefert werden?

c) Wie viele zusätzliche Tonnen Waren sind nun im Freilager gelagert, wenn eine Palette mit durchschnittlich 800 kg bepackt ist?

6. Als Fachkraft für Lagerlogistik sind Sie auch häufig mit der Versendung von Gütern durch die Deutsche Bahn AG betraut.

a) Ermitteln Sie, wie viele Euro-Paletten in einem Gelenkwaggon der Deutschen Bahn AG geladen werden können, wenn die Länge des Laderaumes 19,85 m, die Breite 2,65 m und die Höhe 2,73 m beträgt, die Paletten nicht stapelbar sind und jede beladene Palette eine Höhe von 145 cm aufweist.

b) Berechnen Sie das durchschnittliche Gewicht je Palette, wenn der Waggon mit höchstens 52,2 t beladen werden darf.

c) Wie viel m^3 Laderaum (Restvolumen) bleibt frei, wenn der Waggon mit der maximalen Anzahl an Paletten beladen ist?

d) Ermitteln Sie die mit der Auslagerung der Paletten verbundenen Zeiten und Kosten, wenn nachfolgende Daten zur Verfügung stehen:

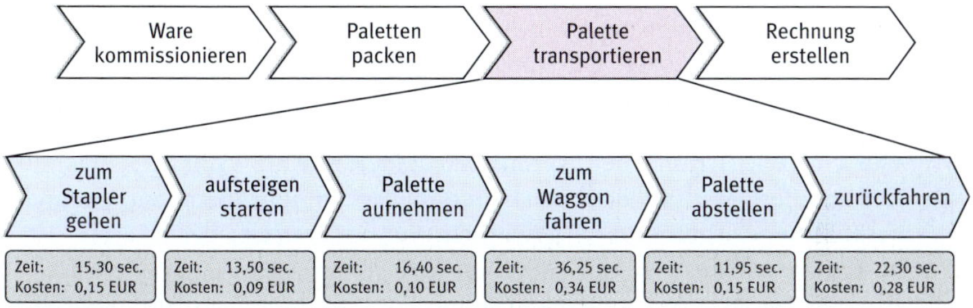

Hinweis: Zur Lösung kann eine Excel-Tabelle nach folgendem Muster erstellt werden:

Vorgang	Häufigkeit	Zeit		Kosten	
		einmalig	insgesamt	einmalig	insgesamt

e) Welchem Stundensatz entsprechen die Einlagerungskosten?

7. Die Spedition „Weltweit" setzt im Linienverkehr nach England vorwiegend unten angegebene Lkw ein.

a) Ermitteln Sie, wie viele Euro-Paletten (1,20 m · 0,80 m) in den abgebildeten Sattelzug geladen werden können, wenn die Innenbreite des Sattelaufliegers 2,44 m beträgt, die Paletten stapelbar sind und jede bepackte Palette eine Höhe von 120 cm aufweist.

b) Berechnen Sie das Ladungsgewicht des Lkw, wenn jede Palette im Durchschnitt 520 kg wiegt.

c) Skizzieren Sie die Draufsicht eines möglichen Ladeplanes.

d) Wie viel Laderaum Restvolumen bleibt frei, wenn der Sattelauflieger mit der maximalen Anzahl an Paletten beladen ist?

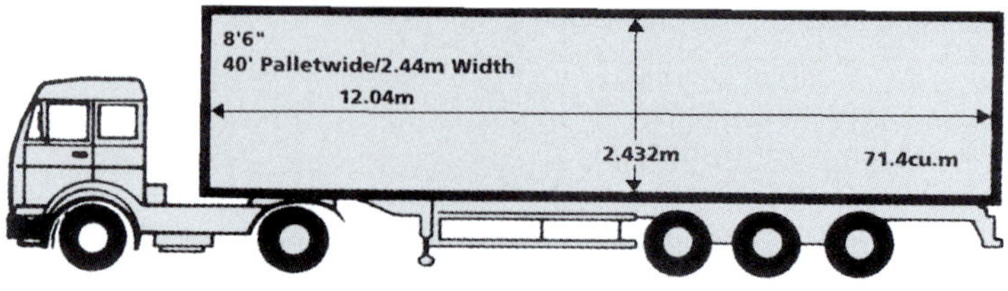

8. Laut eines Zeitungsberichts lagert der Reifenhersteller Goodyear in seiner neuen 73 000 m^2 großen überdachten Lagerhalle bei Philippsburg 2 Mio. Reifen auf 3 200 Palettenstellplätzen.

a) Wie viele Reifen werden durchschnittlich pro Palettenstellplatz gelagert?

b) Wie viel m^2 benötigt ein Palettenstellplatz, wenn 20 % der Brutto-Lagerfläche für Verkehrswege frei zu halten sind?

c) Wie viele Reifen werden täglich abverkauft, wenn über Tag 45 Lkw und im Nachtsprung 80 Lkw mit je 200 Reifen abgefertigt werden?

d) Welcher täglich neu zu belegenden Lagerfläche entspricht dieser Abverkauf an Reifen?

e) Wie viele Arbeitstage würde es dauern, die Lagerhalle komplett zu räumen, wenn pro Tag max. 125 Lkw abgefertigt werden könnten und jeder Lkw mit 200 Reifen beladen wird?

9. Die Geschäftsleitung des Automobilzulieferers Karl Wolf KG, Mannheim, beabsichtigt die Lagerhaltung ihres Tiefkühllagers zu optimieren, um dadurch einerseits zusätzlichen Lagerraum zu gewinnen und andererseits die Energie- und Betriebskosten zu senken.
Ein auf dieses Problem spezialisiertes Unternehmen schlägt daraufhin die Umwandlung des stationären Regalsystems in eine Verschieberegalanlage vor.

a) Ermitteln Sie den durch die beabsichtigte Umwandlung erzielten Betriebsflächengewinn in Prozent für Fall 1.

b) Errechnen Sie die Steigerung der Lagerkapazität im Fall 2.

Bisheriges stationäres Regalsystem mit 10 Regalzeilen

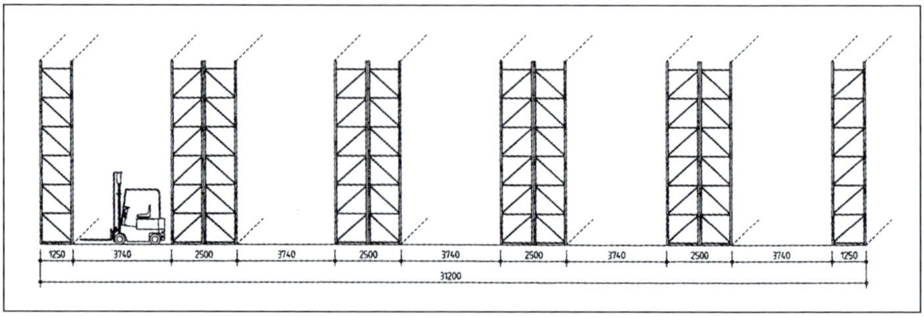

Fall 1

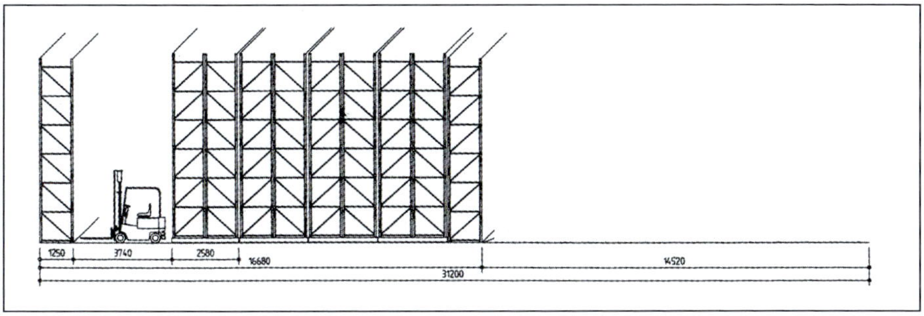

Fall 2

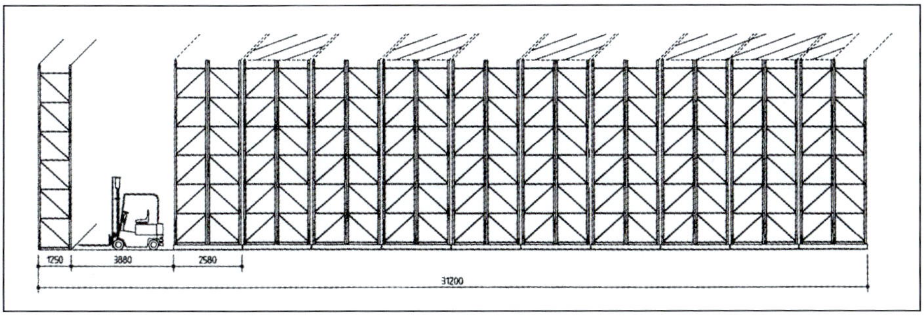

5.3 Nutzungsgrade im Lager (Flächen- und Raumnutzungsgrad)

LOP

Als hilfreiche Kenngrößen im Lagerbereich gelten die Nutzungsgrade, geben sie doch das Verhältnis aus tatsächlichem und maximalem Wert einer Bezugsgröße an, d.h. sie informieren über die aktuelle Auslastung unseres Lagers bzw. des zu beladenden Fahrzeugs.

Solche Kenngrößen können sein:

Flächennutzungsgrad	Raumnutzungsgrad	Lagernutzungsgrad für Hochregallager
Der Flächennutzungsgrad ist ein Prozentsatz, der das Verhältnis von tatsächlich belegter zu nutzbarer Fläche angibt	Der Raumnutzungsgrad ist ein Prozentsatz, der das Verhältnis des tatsächlich genutzten Raumes zum nutzbaren Raum angibt	Der Lagernutzungsgrad ist ein Prozentsatz, der die Auslastung eines Hochregallagers wiedergibt.
Formel: Flächennutzungsgrad = $\frac{\text{tatsächlich belegte Fläche} \cdot 100}{\text{nutzbare Fläche (Bruttofläche)}}$	Formel: Raumnutzungsgrad = $\frac{\text{tatsächlich genutzter Raum} \cdot 100}{\text{nutzbarer Raum (Bruttoraum)}}$	Formel: Lagernutzungsgrad = $\frac{\text{tatsächlich belegte Hochregallagerplätze} \cdot 100}{\text{Gesamthochregallagerplätze (Bruttolagerplätze)}}$

MUSTERAUFGABE

Die Grundfläche des doppelgeschossigen Lagerhauses der Dortmunder Lagergenossenschaft GmbH misst 80 m · 30 m. Auf notwendige innerbetriebliche Verkehrsflächen entfallen 15 %.

a) Errechnen Sie die gesamte Lagernutzfläche (Bruttolagerfläche)!

b) Ermitteln Sie die reine Lagerfläche (Nettolagerfläche)!

c) Ermitteln Sie den Flächennutzungsgrad, wenn das Lager im Durchschnitt bei Bodenlagerung mit 3 800 Euro-Paletten belegt ist!

MUSTERLÖSUNG

a) Bruttofläche = L · B
= 80 m · 30 m
= 2400 m^2 · 2 Geschosse
= 4800 m^2

b) Nettolagerfläche = Bruttolagerfläche – Verkehrsfläche
= 4800 m^2 – 720 m^2
= 4080 m^2

c) Fläche einer Euro-Palette = 1,20 m · 0,80 m
= 0,96 m^2

Gesamtfläche der Euro-Paletten: 0,96 m^2 · 3800 Paletten = 3 648 m^2

$$\text{Flächennutzungsgrad} = \frac{3648\ m^2}{4800\ m^2} \cdot 100 = 76\,\%$$

LÖSUNGSSCHRITTE

1. Ermittlung der Bruttofläche des gesamten Lagergebäudes
   hier: Länge · Breite · Geschossanzahl = 4800 m^2
2. Berechnung der Nettolagerfläche
   hier: Bruttolagerfläche – 15 % Verkehrsfläche = 4080 m^2
3. Errechnung der durchschnittlichen Belegungsfläche
   hier: Fläche einer Euro-Palette · ∅ Palettenanzahl = 3648 m^2
4. Ermittlung des Flächennutzungsgrades, wobei zu beachten ist, dass sich der Nutzungsgrad immer auf die Bruttofläche bezieht!
   hier:
   $$\text{Flächennutzungsgrad} = \frac{\text{aktuell genutzte Fläche } 3648\ m^2}{\text{Bruttofläche } 4800\ m^2} \cdot 100 = 76\,\%$$

ÜBUNGSAUFGABEN

1. Das neu errichtete Lagerhaus der Spedition Josef Dittmann KG, Tauberbischofsheim, mit den Innenabmessungen (L · B · H) 70,00 m · 43,20 m · 7,00 m wurde mit 10 Regalreihen mit den Maßen 65,00 m · 2,40 m · 6,50 m bestückt.

Berechnen Sie:

a) die zur Verfügung stehende Bruttolagerfläche (Lagernutzfläche),
b) die reine Lagerfläche (Nettofläche),
c) den Flächennutzungsgrad,
d) den Lagerraum der gesamten Halle (Bruttolagerraum),
e) den von den Regalen beanspruchten Raum (Nettolagerraum),
f) den Raumnutzungsgrad.

2. Ein 20-Fuß-Standard-Container mit den Innenmaßen (L · B · H) 5935 mm · 2335 mm · 2383 mm soll mit quaderförmigen Kisten beladen werden.

a) Berechnen Sie den zur Verfügung stehenden Laderaum in m^3.
b) Wie viele der stapelbaren Kisten mit den Maßen (L · B · H) 50 cm · 40 cm · 30 cm passen maximal in den Container, wenn die Kisten aus Sicherheitsgründen auf ihrer Grundfläche stehen müssen?
c) Berechnen Sie den Raumnutzungsgrad, wenn der Container mit der maximalen Anzahl an Kisten beladen wird.

3. Das zweigeschossige Lagergebäude der Gebr. Neumann GmbH mit den Grundmaßen 80 m · 50 m wird ausschließlich als Palettenlager genutzt. Auf benötigte Verkehrswege sowie den Kommissionsbereich entfallen 20%. Im Durchschnitt sind 6500 Euro-Paletten eingelagert.

Ermitteln Sie den Flächennutzungsgrad.

4. Das neu gebaute Palettenlager der Rhein-Main Lagergesellschaft mbH weist bei einer Geschosshöhe von 6,90 m eine nutzbare Fläche von 15000 m^2 auf. Die Geschäftsleitung rechnet mit durchschnittlich 50000 gelagerten Euro-Paletten.

Als Stapellager betrieben können drei mit Waren bepackte Euro-Paletten übereinander eingelagert werden, als Hochregallager mit eingezogenem Stahlboden lassen sich je Ebene ebenfalls drei Paletten übereinander stapeln.

a) Ermitteln Sie den Raumnutzungsgrad, wenn in Zukunft durchschnittlich 50000 Euro-Paletten mit einer Höhe von 1,10 m eingelagert werden sollen.
b) Vergleichen Sie die Flächennutzung im Hochregallager mit der im Stapellager und entscheiden Sie sich für eine der beiden Lagerarten.

5. Die Dittmann & Konrad GmbH, Mannheim, verfügt über das neue, nachstehend abgebildete Euro-Palettenlager mit den Maßen: Länge 14 m × Breite 8 m × Höhe 6 m.

a) Berechnen Sie die zur Verfügung stehende Bruttolagerfläche (Lagernutzfläche).
b) Ermitteln Sie die Nettolagerfläche, wenn sämtliche Palettenstellplätze belegt sind.
c) Errechnen Sie den Flächennutzungsgrad, wenn sämtliche Palettenplätze belegt sind.

d) Wie viel % beträgt der aktuelle Flächennutzungsgrad, wenn der Stapler seine letzte Palette einlagert?

e) Wie viele Euro-Palettenstellplätze kann die Dittmann & Konrad GmbH maximal zur Verfügung stellen, wenn eine bepackte Palette eine Höhe von 160 cm aufweist?

f) Berechnen Sie den zur Verfügung stehenden Bruttolagerraum.

g) Welchem Raumnutzungsgrad würde die Vollausnutzung des Palettenlagers entsprechen?

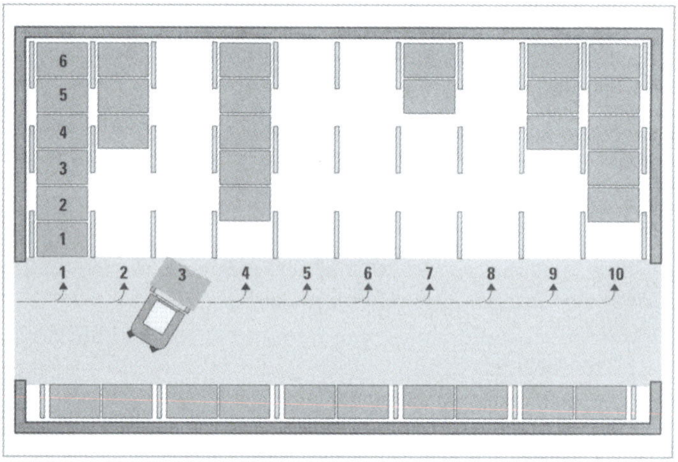

Draufsicht

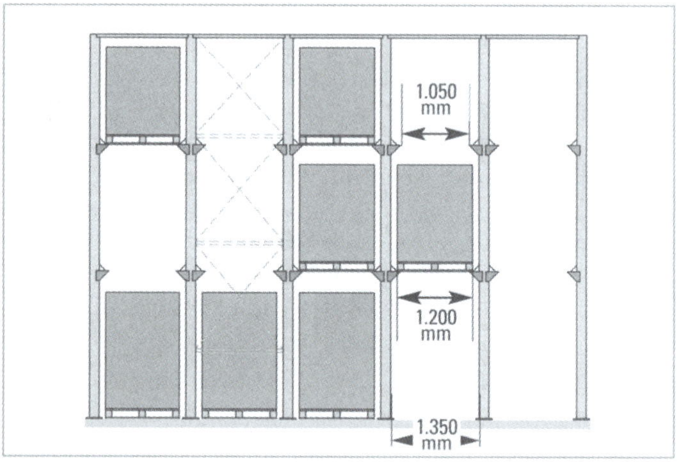

Seitenansicht

Quelle: Bito Gesamtkatalog Lagertechnik Januar 2004 D, S. 59

6. Die Da Rocha KG ist eine internationale Spedition, die sich auf Linienverkehre nach Großbritannien spezialisiert hat. Sie verwendet aus Kostengründen hauptsächlich unten abgebildete MHT-Trailer, die über ein „Double Loading System“ mit folgenden Maßangaben verfügen:

System	length	width	hight
Mega-Trailer	13,60	2,50	2,80
MHT-Trailer			
– top deck	13,50	2,50	1,83
– bottom deck	9,65	2,50	1,83

Hinweis: Alle Angaben erfolgen in Meter!

a) Ermitteln Sie, wie viele bepackte Euro-Paletten mit einer Höhe von 120 cm sich maximal mit dem MHT-Trailer befördern lassen.
b) Errechnen Sie den dann vorliegenden Raumnutzungsgrad.

6 Verteilungsrechnen

TIPP Für sämtliche nachfolgenden Aufgaben empfiehlt sich der Einsatz eines Tabellenkalkulationsprogramms.

6.1 Die allgemeine Verteilungsrechnung

Das Ziel der Verteilungsrechnung besteht darin, eine Gesamtmenge nach einem gegebenen Verteilungsschlüssel in verschieden große Teile zu zerlegen.

MUSTERAUFGABE

In einem Einkaufszentrum fallen monatliche Mietkosten in Höhe von insgesamt 91 200,00 EUR an. Diese Kosten sollen nach der Quadratmeterzahl auf die einzelnen Geschäfte verteilt werden:

Bekleidungshaus Haupt	500 m²
Einrichtungshaus Becker & Co.	2000 m²
Jeansladen „Pascal“	300 m²
Schuhgeschäft Marcel	50 m²

Ermitteln Sie die monatliche Miete für jedes Geschäft!

MUSTERLÖSUNG

Geschäft	Fläche in m²	Teile	monatliche Miete
Bekleidungshaus	500	10	16 000,00 EUR
Einrichtungshaus	2 000	40	64 000,00 EUR
Jeansladen	300	6	9 600,00 EUR
Schuhgeschäft	50	1	1 600,00 EUR
	2 850	57	91 200,00 EUR
		1	1 600,00 EUR
			(Lösungsmenge)

LÖSUNGSSCHRITTE

1. Aufstellung des Verteilungsschemas.
2. Ermittlung der Teile (falls erforderlich) zur Vereinfachung der Rechnung; ggf. müssen ungleichnamige Brüche auf einen Hauptnenner gebracht werden.
3. Addition der Teile und Ermittlung der Lösungsmenge durch Division der zu verteilenden Gesamtmenge durch die Summe der Teile.
4. Errechnung der einzelnen Anteile.

ÜBUNGSAUFGABEN

1. Ein Lottogewinn in Höhe von 800 000,00 EUR soll auf drei Personen im Verhältnis ihres Einsatzes verteilt werden. A gab 1,50 EUR, B gab 5,50 EUR und C gab 3,00 EUR.
Welcher Anteil am Gesamtgewinn steht A, B und C zu?

2. Durch den gemeinsamen Einkauf von Waren erhalten drei Sanitärgeschäfte einen Bonus von 205 000,00 EUR auf der Grundlage nachfolgender Umsätze:

Unternehmung	Umsätze in Mill. EUR
A	1,8
B	0,9
C	1,4

Berechnen Sie den Bonus, den jedes Unternehmen erhält.

3. Eine Unternehmung benötigt jährlich 120 000 l Heizöl zum Literpreis von 0,40 EUR.

Die Heizkosten sollen nach der Größe der verschiedenen Abteilungen verteilt werden:

- Verwaltungsräume 210 m^3 Rauminhalt
- Sozialraum 45 m^3 Rauminhalt
- Lager 235 m^3 Rauminhalt
- Werkstatt 910 m^3 Rauminhalt

Wie hoch ist der Heizkostenanteil jeder Abteilung?

4. An einem Gelegenheitsgeschäft beteiligen sich 3 Partner wie folgt: A mit 18 000,00 EUR, B mit 21 000,00 EUR und C mit 12 000,00 EUR.

Welchen Anteil erhält jeder Gesellschafter, wenn ein Gewinn in Höhe von 11 084,00 EUR entsprechend dem Verhältnis der Kapitalanteile verteilt werden soll?

5. 148,80 EUR Bezugskosten werden nach dem Gewicht auf folgende Waren verteilt:

- Mehl 75 kg
- Erbsen 375 kg
- Salz 180 kg
- Zucker 420 kg

Mit welchen Bezugskosten werden die einzelnen Waren belastet?

6. Eine Lohnprämie von 8 800,00 EUR soll zwischen den Arbeitern in der Abteilung „Kommissionierung“ im Verhältnis der geleisteten Überstunden verteilt werden: A leistet 46 Überstunden, B 60, C 26, D 32 und E 12.

Wie viel EUR erhält jeder Arbeiter?

7. Die Spedition Müller & Klein liefert folgende Waren per Lkw an einen Industriebetrieb:

- Ware I: 16 t
- Ware II: 38 t
- Ware III: 26 t

Verteilen Sie die Transport- und Versicherungskosten in Höhe von 8 800,00 EUR anteilsmäßig.

8. Zum Kauf eines Lkw im Wert von 300 000,00 EUR gab A 1/4, B 1/5, C 1/6 und D den Rest des Kaufpreises.

Wie viel EUR gab jeder der Gesellschafter?

9. Am Kauf eines Grundstückes in Höhe von 324 480,00 EUR sind 4 Geschäftsleute beteiligt: A mit 1/3, B mit 1/4, C mit 3/8 und D mit dem Rest.

Wie hoch ist der Anteil jedes Geschäftsmanns?

10. Fünf Geschwister erben ein Elektrofachgeschäft. Aufgrund verschiedener Schenkungen zu Lebzeiten wird das Erbe ungleich verteilt. A erhält 1/10, B 2/5, C 1/5, D 1/8 und E den Rest in Höhe von 38 780,00 EUR.

Wie hoch ist die Erbschaft insgesamt und wie viel EUR erhält jedes der Geschwister?

11. Von den Baukosten eines Golfplatzes trägt der Golfclub „Langer" 1/12, ein privater Sponsor 20%, ein Sportgeschäft 1/6 und die Gemeinde 412 500,00 EUR.

Ermitteln Sie die Baukosten insgesamt und je Geldgeber.

12. Anlässlich ihres 25-jährigen Betriebsjubiläums verteilt die Firma Müller & Co. an ihre Lagerarbeiter eine Gratifikation in Höhe von 5 600,00 EUR.

Wie hoch ist der Anteil, den jeder Arbeiter erhält, wenn jeder Arbeiter zunächst 500,00 EUR vorweg bekommt und der Restbetrag nach der Betriebszugehörigkeit verteilt wird? A ist 6 Jahre und 8 Monate, B 4 Jahre und 5 Monate, C 2 Jahre und 7 Monate und D 1 Jahr und 4 Monate in der Unternehmung.

13. Die Spielwarengroßhandlung Müller und Co., Hamburg, bezieht aus Hongkong 4 Kisten Spielwaren. Die Schiffsfracht für die Sendung beträgt insgesamt 1 764,00 EUR.

Wie hoch sind die Frachtkosten je Kiste, wenn die Seefracht i.d.R. nach dem Rauminhalt der einzelnen Kisten berechnet wird und die Kisten folgende Abmessungen haben:

Kiste 1	1,2 m · 0,8 m · 1,5 m
Kiste 2	0,8 m · 0,5 m · 0,6 m
Kiste 3	0,4 m · 0,4 m · 0,3 m
Kiste 4	0,9 m · 0,6 m · 0,5 m

14. Zwei Geschäftsleute haben gemeinsam 12 650 l Heizöl eingekauft. Wie viele Liter bekommt jeder von ihnen, wenn A 1/5 mehr erhalten soll als B?

15. 15 200,00 EUR sollen an A, B und C so verteilt werden, dass B die Hälfte mehr als A und C die Hälfte mehr als B erhält.

Wie viel EUR erhalten A, B und C?

16. Das Sanitärfachgeschäft Müller, Stuttgart, unterhält im süddeutschen Raum drei Filialen. Anlässlich des 50-jährigen Firmenjubiläums wurde eine besondere Werbeaktion durchgeführt. Die dabei entstandenen Kosten in Höhe von 72 000,00 EUR sollen auf alle Geschäfte im Verhältnis der Vorjahresumsätze verteilt werden.

a) Wie hoch waren die einzelnen Vorjahresumsätze, wenn die Zentrale in Stuttgart 3/8, die Filiale A 1/3, die Filiale B 1/6 des gesamten Umsatzes und die Filiale C einen Umsatz von 1 320 000,00 EUR erzielte?

b) Führen Sie nun die Verteilung der entstandenen Werbekosten durch.

17. Dem Autohaus Freddi Münster e. K. wurde von der Ersatzteile Neumann GmbH für Ersatzteile nachfolgende Rechnung ausgestellt:

Ersatzteile Neumann GmbH

Ersatzteile Neumann GmbH, Burgstr. 10, 10127 Berlin

Autohaus Freddi Münster e.K.
Heidelberger Str. 128
33817 Bielefeld

Rechnung	
Rechnungsdatum	27.02.20..
Kunden-Nr.	3279
Rechnungs-Nr.	381/02
Bitte bei Zahlung angeben	

Position	Menge	Text	Betrag in EUR
1	1	Getriebe; Gewicht 35 kg	800,00
2	1	Frontspoiler; schwarz, Typ 2001, Gewicht 15 kg	250,00
3		Frachtkosten	80,00
4		Kosten für Transportversicherung	21,00
		Rechnungsbetrag netto	1 151,00
		zuzüglich USt	218,69
Summe		zahlbar bis 27.03.20..	1 369,69

Bankverbindung: Commerzbank Berlin, BLZ 1 001 903, Konto-Nr.: 793 231
USt-IdNr.: 141 905 112

a) Verteilen Sie die Frachtkosten anteilig nach dem Gewicht der Ware, die Transportversicherung nach dem Warenwert und ermitteln Sie die Gesamtkosten je Artikel ohne Berücksichtigung der Umsatzsteuer.

b) Herr Münster erinnert sich, dass er für eine identische Lieferung im letzten Jahr lediglich Frachtkosten in Höhe von 72,00 EUR zahlen musste.

Um wie viel Prozent sind die Frachtkosten in diesem Jahr angestiegen?

6.2 Gewinnverteilung der Personengesellschaften

6.2.1 Gewinnverteilung bei der offenen Handelsgesellschaft (OHG)

WSP Eine **OHG** ist eine **Personengesellschaft**, die aus mindestens zwei Personen besteht. Ein sich aus der GuV ergebender Gewinn ist auf die Gesellschafter zu verteilen. Falls der Gesellschaftsvertrag keine Vereinbarung über die Gewinnverteilung enthält, so ist der Gewinn nach der gesetzlichen Regelung des § 121 HGB zu verteilen.

§ 121. [Verteilung von Gewinn und Verlust] (1) [1]Von dem Jahresgewinn gebührt jedem Gesellschafter zunächst ein Anteil in Höhe von vier vom Hundert seines Kapitalanteils. [2]Reicht der Jahresgewinn hierzu nicht aus, so bestimmen sich die Anteile nach einem entsprechend niedrigeren Satze.

(2) [1]Bei der Berechnung des nach Absatz 1 einem Gesellschafter zukommenden Gewinnanteils werden Leistungen, die der Gesellschafter im Laufe des Geschäftsjahrs als Einlage gemacht hat, nach dem Verhältnisse der seit der Leistung abgelaufenen Zeit berücksichtigt. [2]Hat der Gesellschafter im Laufe des Geschäftsjahrs Geld auf seinen Kapitalanteil entnommen, so werden die entnommenen Beträge nach dem Verhältnisse der bis zur Entnahme abgelaufenen Zeit berücksichtigt.

(3) Derjenige Teil des Jahresgewinns, welcher die nach den Absätzen 1 und 2 zu berechnenden Gewinnanteile übersteigt, sowie der Verlust eines Geschäftsjahrs wird unter die Gesellschafter nach Köpfen verteilt.

§ 121 HGB sieht demnach vor, dass

1. jeder Gesellschafter zunächst eine 4%ige Verzinsung seiner Einlage erhält und danach
2. ein sich ergebender Rest gleichmäßig auf die Gesellschafter zu verteilen ist. Das Gesetz spricht von der Verteilung des Restgewinns nach Köpfen.

MUSTERAUFGABE

An einer OHG ist A mit 100000,00 EUR, B mit 300000,00 EUR und C mit 400000,00 EUR beteiligt.

Wie viel EUR erhält jeder Gesellschafter, wenn ein Gewinn in Höhe von 80000,00 EUR entsprechend den gesetzlichen Vorschriften zu verteilen ist?

MUSTERLÖSUNG

Gesellschafter	Anteil	4%	Restgewinn	Gesamtanteil
A	100000,00	4000,00	16000,00	20000,00
B	300000,00	12000,00	16000,00	28000,00
C	400000,00	16000,00	16000,00	32000,00
	800000,00	32000,00	48000,00	80000,00

Gesamtgewinn	80000,00 EUR	
– 4%ige Verzinsung	32000,00 EUR	
Restgewinn	48000,00 EUR	: 3 (Personen) = 16000,00 EUR

LÖSUNGSSCHRITTE

1. Aufstellung des Verteilungsschemas.
2. Errechnung der jeweiligen 4%igen Verzinsung.
3. Ermittlung des gesamten Restgewinns.
4. Errechnung des Restgewinns je Gesellschafter, indem der gesamte Restgewinn durch die Anzahl der Gesellschafter geteilt wird.
5. Ermittlung des Gesamtgewinns je Gesellschafter.

ÜBUNGSAUFGABEN

1. An der Elektrogroßhandlung Berg OHG sind Herr Berg mit 150000,00 EUR, Herr Christ mit 120000,00 EUR und Herr Deutsch mit 90000,00 EUR beteiligt. Der sich ergebende Jahresgewinn von 180000,00 EUR soll so verteilt werden, dass jeder Gesellschafter zunächst eine 4%ige Verzinsung der Kapitaleinlage erhält und der Rest gleichmäßig verteilt wird.

2. An der Spedition Adam OHG sind die Gesellschafter Adam mit 320000,00 EUR, Becker mit 240000,00 EUR und Clauß mit 220000,00 EUR beteiligt. Laut Gesellschaftsvertrag ist der Jahresgewinn von 215800,00 EUR wie folgt zu verteilen: Zunächst erhält jeder Gesellschafter 6% seiner Einlage; der Rest ist im Verhältnis 5:4:4 (Adam:Becker:Clauß) aufzuteilen.
Welchen Gewinnanteil erhält jeder Gesellschafter?

3. An einer OHG mit einer Gesamteinlage von 1,8 Mill. EUR sind 4 Gesellschafter beteiligt: A mit 1/4, B mit 2/5, C mit 1/6 und D mit dem Rest.
Der Jahresgewinn in Höhe von 400000,00 EUR soll auf die einzelnen Gesellschafter entsprechend den gesetzlichen Bestimmungen verteilt werden.
Welchen Gewinnanteil erhält jeder Gesellschafter?

4. Vier Gesellschafter gründen eine OHG. A ist mit 1/3, B mit 1/12, C mit 1/2 und D mit dem Rest = 100000,00 EUR beteiligt.
Wie hoch ist der Gewinnanteil jedes Gesellschafters, wenn die Verteilung nach HGB § 121 erfolgen soll und der Gesamtgewinn 200000,00 EUR beträgt?

5. Anna Wolf, Maria Konrad und Anton Dittmann gründen die Wolf & Konrad OHG zum Vertrieb von Sanitärartikeln. Anna Wolf bringt eine Kapitaleinlage von 140000,00 EUR ein, Maria Konrad übernimmt 1/3 und Anton Dittmann 1/4 des Gesamtkapitals.

a) Ermitteln Sie die Kapitaleinlagen von Maria Konrad und Anton Dittmann.

b) Zur Gewinnverteilung steht folgende Regelung im Gesellschaftsvertrag:

> § 5 Gewinnverteilung
> Das eingesetzte Kapital ist zunächst mit 6% zu verzinsen, der darüber hinausgehende Gewinn wird auf die Gesellschafter nach Köpfen verteilt.

Ermitteln Sie die Gewinnanteile eines jeden Gesellschafters, wenn der Gesamtgewinn des vergangenen Geschäftsjahres 110160,00 EUR betrug.

6.2.2 Gewinnverteilung bei der Kommanditgesellschaft (KG)

Die Kommanditgesellschaft (KG) ist wie die OHG eine Personengesellschaft, die aus mindestens zwei Personen – einem Vollhafter (Komplementär) und einem Teilhafter (Kommanditist) – besteht.

Für einen sich ergebenden Gewinn sieht der Gesetzgeber in § 168 HGB vor, dass zunächst

1. jeder Gesellschafter eine 4%ige Verzinsung seiner Einlagen erhält und danach
2. ein sich ergebender Rest in angemessenem Verhältnis zu verteilen ist.

§ 168 **[Verteilung von Gewinn und Verlust]** (1) Die Anteile der Gesellschafter am Gewinn bestimmen sich, soweit der Gewinn den Betrag von vier vom Hundert der Kapitalanteile nicht übersteigt, nach den Vorschriften des § 121 Abs. 1 und 2.

(2) In Ansehung des Gewinns, welcher diesen Betrag übersteigt, sowie in Ansehung eines Verlustes gilt, soweit nicht ein anderes vereinbart ist, ein den Umständen nach angemessenes Verhältnis der Anteile als bedungen.

MUSTERAUFGABE

Im Gesellschaftsvertrag der Spedition Eiltrans KG vereinbarten der Vollhafter Mott und der Teilhafter Refior, dass bei der Gewinnverteilung vorab eine Verzinsung von 4% zu erfolgen hat und anschließend ein sich ergebender Gewinn im Verhältnis der Kapitalanteile zu verteilen ist.

Welchen Gewinnanteil erhält jeder Gesellschafter, wenn im vergangenen Geschäftsjahr ein Gewinn in Höhe von 144000,00 EUR erzielt wurde und Mott mit 400000,00 EUR und Refior mit 200000,00 EUR an der KG beteiligt waren?

MUSTERLÖSUNG

Gesellschafter	Anteil	Teile	4%	Rest	Insgesamt
Mott	400000	4	16000	80000	96000
Refior	200000	2	8000	40000	48000
		6	24000	120000	144000
		1		20000	

LÖSUNGSSCHRITTE

1. Aufstellen des Verteilungsschemas.
2. Ermittlung der Teile, falls erforderlich.
3. Errechnung der 4%igen Verzinsung.
4. Ermittlung des Restgewinns.
5. Errechnung eines Teilbetrages.
6. Ermittlung des Gesamtgewinns je Gesellschafter.

ÜBUNGSAUFGABEN

1. An der Sanitärgroßhandlung Neumann KG sind die Komplementärin Roswitha Neumann mit 450 000,00 EUR sowie ihre beiden Schwestern Bibiana mit 80 000,00 EUR und Brigitta mit 50 000,00 EUR als Kommanditistinnen beteiligt. Im Gesellschaftsvertrag wurde vereinbart, dass zunächst jeder Gesellschafter entsprechend der gesetzlichen Regelung eine 4 %ige Verzinsung seiner Einlage erhält und danach ein sich ergebender Rest im Verhältnis 10 : 2 : 2 zu verteilen ist.

Ermitteln Sie den Gesamtgewinn jeder Schwester, wenn im abgelaufenen Geschäftsjahr ein zu verteilender Gewinn in Höhe von 128 200,00 EUR angefallen ist.

2. An der Euroweit KG sind der Vollhafter Markus Eberle mit 800 000,00 EUR und die beiden Teilhafter Uwe Leuck mit 200 000,00 EUR und Mario Früh mit 100 000,00 EUR beteiligt. Bezüglich der Gewinnverteilung wurde im Gesellschaftsvertrag vereinbart, dass vorab eine Kapitalverzinsung von 6 % pro Jahr zu erfolgen hat und danach ein sich ergebender Rest im Verhältnis der Kapitaleinlagen zu verteilen ist.

Führen Sie die Gewinnverteilung bei der Euroweit KG durch, wenn der zu verteilende Gewinn am Jahresende 286 000,00 EUR beträgt.

3. Die Gewinnverteilung bei der Tannebaum KG, Ludwigsburg, ist im Gesellschaftsvertrag wie folgt festgeschrieben:

> Vorab erhält jeder Komplementär eine jährliche Vergütung von 50 000,00 EUR. Danach hat eine Kapitalverzinsung von 4 % zu erfolgen. Ein sich darüber hinaus ergebender Restgewinn ist im Verhältnis der Kapitalanteile zu verteilen.

Verteilen Sie einen sich ergebenden Jahresgewinn in Höhe von 167 200,00 EUR entsprechend dem Gesellschaftsvertrag, wenn an der Tannebaum KG neben den beiden Vollhaftern Hartmut und Sina Tannebaum mit je 200 000,00 EUR noch der Teilhafter Andreas Fritz mit 80 000,00 EUR beteiligt ist.

4. Bei der Spedition Lehmann KG sind neben dem Vollhafter Gerd Lehmann noch seine beiden Töchter Nicola und Katja als Teilhafter beteiligt. Die Einlagen der Gesellschafter betragen:

– Vollhafter (Komplementär) Gerd Lehmann	2 000 000,00 EUR
– Teilhafter (Kommanditist) Nicola Lehmann	400 000,00 EUR
– Teilhafter (Kommanditist) Katja Lehmann	600 000,00 EUR

Auszug aus dem Gesellschaftsvertrag:

> **§ 5 Gewinnverteilung**
>
> (1) Der Vollhafter erhält für seine Geschäftsführung eine Tätigkeitsvergütung in Höhe von 3 500,00 EUR monatlich, die am Jahresende vom Gesamtgewinn jedoch vor der Verteilung abzuziehen sind.
>
> (2) Danach erhält jeder Gesellschafter entsprechend den gesetzlichen Bestimmungen eine 4 %ige Verzinsung seiner Einlagen.
>
> (3) Ein sich ergebender Rest ist im Verhältnis der Einlagen zu verteilen.

Verteilen Sie einen sich ergebenden Jahresgewinn in Höhe von 252 000,00 EUR entsprechend der Regelung des Gesellschaftsvertrags.

PRÜFUNGSAUFGABE

P

Hinweis: Bei nachfolgender Aufgabe handelt es sich um eine Aufgabe, die sowohl Rechen- als auch Buchführungsinhalte aufweist.

Die beiden Freunde Christian Eulig und Thomas Storz betreiben unter der Firma Eulig & Storz KG eine Schraubengroßhandlung in Mannheim.

a) Ermitteln Sie aus der vorliegenden Gewinn- und Verlustrechnung den Gewinn der Eulig & Storz KG.

Aufwand		GuV	Ertrag
Konto 600	2500000,00	Konto 500	4000000,00
Konto 61–64	680000,00	Sonstige Erträge	68000,00
Konto 65	32000,00		
Sonstiger Aufwand	426000,00		

b) Auf welches Konto wird ein sich ergebender Gewinn oder Verlust verbucht?

c) Führen Sie die Gewinnverteilung der Eulig & Storz KG für das Jahr 2007 unter Berücksichtigung des in Anlage 1 aufgeführten Gesellschaftsvertrages durch.

Anlage 1: Auszug aus dem Gesellschaftsvertrag

Gesellschaftsvertrag der Eulig & Storz KG

1. Allgemeine Angaben

- Herr Christian Eulig wird Komplementär der Gesellschaft.
- Herr Thomas Storz wird Komplementär der Gesellschaft.
- Herr Helmut Landa wird Kommanditist der Gesellschaft.
- Die Firma wird unter dem Namen Eulig & Storz KG in das Handelsregister eingetragen.
- Sitz des Unternehmens ist Mannheim, B 7, 12.
- Der Geschäftsbetrieb beginnt am 01.01.2005.

2. Pflichten der Gesellschafter

- Christian Eulig bringt als Vollhafter 1500,000,00 EUR als Vermögen ein.
- Thomas Storz bringt als Vollhafter 670000,00 EUR als Vermögen ein.
- Helmut Landa bringt als Teilhafter 430000,00 EUR als Vermögen ein.
- Bei Kaufabschlüssen über 50000,00 EUR ist ein Gesamtbeschluss aller Gesellschafter erforderlich.

3. Rechte der Gesellschafter

- Die beiden Vollhafter erhalten eine jährliche Tätigkeitsvergütung von je 40000,00 EUR.
- Die Kapitaleinlagen werden mit 5 % verzinst.
- Ein verbleibender Restgewinn sowie ein eventueller Verlust werden im Verhältnis 5 : 5 : 1 aufgeteilt.

7 Durchschnittsrechnung

7.1 Der einfache Durchschnitt

Bei dieser Rechenart wird aus mehreren Beträgen ein durchschnittlicher Wert ermittelt. Dabei wird allerdings Mengengleichheit unterstellt.

MUSTERAUFGABE

Ein Kaufmann verzeichnet während einer Woche folgende Tagesumsätze: Montag 7869,00 EUR, Dienstag 12978,00 EUR, Mittwoch 13756,00 EUR, Donnerstag 8435,00 EUR, Freitag 10342,00 EUR, Samstag 6620,00 EUR.

Wie hoch ist der durchschnittliche Tagesumsatz?

MUSTERLÖSUNG

Tage	Umsätze
Montag	7869,00 EUR
Dienstag	12978,00 EUR
Mittwoch	13756,00 EUR
Donnerstag	8435,00 EUR
Freitag	10342,00 EUR
Samstag	6620,00 EUR
	60000,00 EUR : 6 Tage = 10000,00 EUR

Der durchschnittliche Tagesumsatz beträgt 10000,00 EUR.

LÖSUNGSSCHRITTE

1. Addition der einzelnen Posten.
2. Division der ermittelten Gesamtsumme durch die Anzahl der Posten.

FORMEL

$$\text{einfacher Durchschnittswert} = \frac{\text{Gesamtsumme}}{\text{Anzahl der Posten}}$$

ÜBUNGSAUFGABEN

1. Der Auszubildende Thomas Pfister schrieb im vergangenen Schuljahr im Fach „Rechnen" folgende Noten:

1,5; 3,5; 2,0; 5,5; 2,5.

Welche Zeugnisnote erhält Thomas?

2. Ein Lebensmittelgeschäft wurde in der vergangenen Woche unterschiedlich frequentiert. Am Montag besuchten 344 Kunden das Geschäft, am Dienstag 287, am Mittwoch 198, am Donnerstag 362, am Freitag 412 und am Samstag 401.

Wie viele Kunden besuchten das Geschäft durchschnittlich pro Tag?

3. Ein Lkw-Fahrer legte in der Woche vom 02.10.–06.10.20.. folgende Tagesstrecken zurück: Montag 587 km, Dienstag 618 km, Mittwoch 746 km, Donnerstag 653 km und Freitag 396 km.

Wie viel km fuhr der Lkw-Fahrer durchschnittlich pro Tag?

4. Der Reisende Edgar Traub hat folgende Tagesumsätze: Montag 4367,00 EUR, Dienstag 6549,00 EUR, Mittwoch 3786,00 EUR, Donnerstag 5674,00 EUR und Freitag 7624,00 EUR.

Wie hoch war sein durchschnittlicher Tagesumsatz?

5. Die Filialbetriebe eines Elektrofachgeschäftes erzielten folgende Jahresumsätze: Filiale A 6536700,00 EUR, Filiale B 4379300,00 EUR, Filiale C 7540000,00 EUR.

Ermitteln Sie den durchschnittlichen Umsatz.

6. Ein Sanitärgeschäft erzielte im vergangenen Jahr folgende Monatsumsätze: Januar 1356798,00 EUR, Februar 987562,00 EUR, März 1352142,00 EUR, April 875453,00 EUR, Mai 987768,00 EUR, Juni 967532,00 EUR, Juli 1004764,00 EUR, August 875301,00 EUR, September 1342657,00 EUR, Oktober 1442459,00 EUR, November 876453,00 EUR und Dezember 1472111,00 EUR.

Wie hoch war der durchschnittliche Monatsumsatz?

7. Ein Lebensmittelfachgeschäft erzielte in den vergangenen 5 Jahren folgende Reingewinne: 1. Jahr 82579,00 EUR, 2. Jahr 69792,00 EUR, 3. Jahr 78531,00 EUR, 4. Jahr 91683,00 EUR, 5. Jahr 87980,00 EUR.

Wie hoch war der durchschnittliche Reingewinn in den letzten 5 Jahren?

8. Das Mindestgewicht einer Ware beträgt 285 g. Beim Nachwiegen der Sendung dieser Ware werden folgende Einzelgewichte ermittelt:

322 g, 304 g, 318 g, 316 g und 310 g.

Wie viel g liegt das Durchschnittsgewicht über dem Mindestgewicht?

9. Die Peter Zöphel KG, Oberstdorf, ist eine Arzneimittelgroßhandlung, die viele Apotheken im süddeutschen Raum mit Arzneimitteln beliefert. Um an einer wichtigen Pharma-Tagung in Leipzig teilzunehmen, entschließt sich Herr Zöphel, den ICE 2012 „Allgäu", der täglich auf der 1182 km langen Strecke zwischen Oberstdorf und Leipzig verkehrt, zu nutzen.

a) Ermitteln Sie die Durchschnittsgeschwindigkeit des Zuges (auf volle km runden!), wenn dieser um 09:48 Uhr im Oberstdorfer Bahnhof abfährt und um 23:22 Uhr am Leipziger Hauptbahnhof eintrifft und an Zwischenaufenthalten an den verschiedenen Umsteigebahnhöfen 151 Minuten entstehen.
b) Wann würde der ICE den Leipziger Hauptbahnhof erreichen, wenn der Zug seine Durchschnittsgeschwindigkeit um 10 km/h erhöhen könnte? (Zwischenrechnung auf volle Minuten aufrunden!)

7.2 Der gewogene Durchschnitt

Der gewogene Durchschnitt wird immer dann angewandt, wenn mehrere nicht gleichwertige Größen gegeben sind. Dies hat zur Folge, dass diese Größen zunächst gewichtet werden müssen, z. B. bei der Ermittlung des Gesamtpreises einer Sorte aus der Multiplikation von Menge und Preis.

MUSTERAUFGABE

Das Elektrogeschäft Breuer & Co., Mannheim, bezog im letzten Quartal exklusive Farbfernsehgeräte der Marke „Sehgut" zu folgenden Preisen: 75 Stück zu je 980,00 EUR, 28 Stück zu je 1 130,00 EUR und 115 Stück zu je 900,00 EUR.

Wie hoch ist der Durchschnittspreis, zu dem die Farbfernsehgeräte bezogen wurden?

MUSTERLÖSUNG

Lieferung	Menge	Preis/Stück	Gesamtpreis
I	75	980,00 EUR	73 500,00 EUR
II	28	1 130,00 EUR	31 640,00 EUR
III	115	900,00 EUR	103 500,00 EUR
	218		208 640,00 EUR
	1	957,06 EUR	

LÖSUNGSSCHRITTE

1. Aufstellung des Schemas.
2. Ermittlung des Gesamtpreises je Lieferung/Sorte.
3. Ermittlung der Gesamtmenge.
4. Errechnung des gewogenen Durchschnittspreises durch Division des Gesamtpreises durch die Gesamtmenge.

FORMEL

$$\text{gewogener Durchschnitt} = \frac{\text{Gesamtpreis}}{\text{Gesamtmenge}}$$

ÜBUNGSAUFGABEN

1. Im Winterschlussverkauf werden unterschiedliche Stoffreste zu einem einheitlichen Preis angeboten. Es handelt sich dabei um folgende Posten: Sorte I 22 m zu je 3,20 EUR, Sorte II 82 m zu je 4,95 EUR und Sorte III 10 m zu je 3,90 EUR.

Wie hoch ist der Durchschnittspreis für 1 m Stoff?

2. Ein Spediteur beschäftigte zur Erledigung eines eiligen Auftrages 14 Tagelöhner, die folgende Stundensätze erhielten: 1 Arbeiter bekam 5,90 EUR, 3 Arbeiter erhielten je 6,25 EUR, 8 Arbeiter arbeiteten für je 7,10 EUR und 2 Arbeiter bekamen je 7,50 EUR.

Wie viel EUR betrug der durchschnittliche Stundenverdienst eines Tagelöhners?

3. Der Transport und Lagerei AG stehen diverse Silos mit unterschiedlichen Fassungsvermögen zur Verfügung. 5 Silos mit je 180 t, 12 Silos mit je 250 t, 8 Silos mit je 275 t und 3 Silos mit je 300 t.

Wie hoch ist das durchschnittliche Fassungsvermögen eines Silos?

4. Der Lagerleiter Marco Schweighoffer überlegt sich, ob es nicht sinnvoll sei, einen Teil seiner Ersparnisse in Aktien anzulegen. Deshalb verfolgte er in letzter Zeit die in der Tageszeitung angegebenen Börsenkurse mit großem Interesse. Der Börsenkurs der von ihm favorisierten Aktie entwickelte sich über die Woche wie folgt:

Börsentage	Montag	Dienstag	Mittwoch	Donnerstag	Freitag
Kurse in EUR	13,50	12,85	12,90	13,40	12,35
Gekaufte Stück	20	40	40	10	90

a) Berechnen Sie den Durchschnittskurs der Aktie an den 5 Tagen.

b) Wie viel Euro hätte eine Aktie im Durchschnitt gekostet, wenn Herr Schweighoffer die angegebene Stückzahl gekauft hätte?

c) Um wie viel Prozent ist der Kurs der Aktie in der betrachteten Woche gesunken?

5. Der Geschäftswagen der Firma Müller & Schmidt wurde während einer Geschäftsreise dreimal betankt:

1. Tankstopp 35 l je 1,08 EUR
2. Tankstopp 70 l je 1,11 EUR
3. Tankstopp 46 l je 1,10 EUR

Wie hoch war der Durchschnittspreis für einen Liter Benzin?

6. Drei Sorten Pralinen sollen zu einer Geschenkpackung gemischt werden. Dazu verwendet man von Sorte I 5 kg zu je 7,80 EUR, von Sorte II 8 kg zu je 9,60 EUR und von Sorte III 7 kg zu je 5,80 EUR.

Was kostet ein kg der Mischung?

7. In der Schnapsbrennerei Bauer & Sohn werden 200 l Alkohol von 68 % mit 80 l destilliertem Wasser gemischt.
Wie viel % hat nun ein Liter der Mischung?

8. In eine Badewanne fließen 150 l Wasser mit einer Temperatur von 68° C und 100 l Wasser mit 12° C.
Wie hoch ist die Temperatur der Mischung?

9. Peter Dietrich stellt Panzerketten mit einem Feingehalt von 333/1 000 her. Er verwendet dafür 333 Gewichtsteile Feingold (Preis je kg = 12 000,00 EUR), 500 Gewichtsteile Silber (Preis je kg = 240,00 EUR) und 167 Gewichtsteile Kupfer (Preis je kg = 9,00 EUR).

a) Wie teuer ist ein Gramm der Panzerkette, wenn der Arbeitslohn unberücksichtigt bleibt?

b) Wie teuer ist eine 50 cm lange Panzerkette im Gewicht von 25,6 g, wenn zum Materialpreis noch 137,50 EUR Arbeitslohn und 18 % Gewinn kommen?

10. Sie werden als Mitarbeiter/-in der Jaus OHG vorübergehend in der Lohnabrechnung eingesetzt.
Am Ende des Monats August weist Ihr Bildschirm folgende Daten aus:

Microsoft Excel - Besprechungspunkt 2 - Buch S. 89.XLS

Lohnabrechnung

Rohstofflager: 41 — Monat: **August**

Pers.Nr.	Name	Vorname	Steuerklasse	Arb.Std.	Std.lohn	Bruttolohn
187	Leuck	Uwe	III/ 1	176	9,80	?
188	Eberle	Markus	IV	182	10,50	?
189	Gottmann	Wolfgang	I	202	12,04	?
190	Schweighoffer	Joachim	III/2	192	11,80	?
191	Haupt	Marina	V	184	10,25	?
Durchschnittswerte:				?	?	?

a) Berechnen Sie den Bruttoverdienst eines jeden Arbeiters.

b) Ermitteln Sie für den Monat August die geleisteten ∅-Arbeitsstunden, den ∅-Stundenlohn sowie den ∅-Monatslohn.

8 Zinsrechnen

8.1 Einführung in die Zinsrechnung

Die Zinsrechnung gehört ebenso wie die Prozentrechnung zu den wenigen Rechenarten, die sich sowohl durch das Privat- als auch durch das Wirtschaftsleben zieht.

BWP

Als **Zins** bezeichnet man dabei den Preis, den man für die Überlassung von Geld bezahlen muss.

MERKE

Zins = Preis für die Überlassung von geliehenem Geld

Die Höhe der Zinsen wird im Zinssatz (Zinsfuß) ausgedrückt, der sich auf ein Jahr bezieht und dadurch vom Prozentsatz unterscheidet. So bedeutet z. B. ein Zinssatz von 6,5 %, dass ein Kapital von 100,00 EUR in einem Jahr zu 6,5 % verzinst wird und somit 6,50 EUR Zinsen erbringt, wie folgendes Beispiel zeigt:

BEISPIEL

100 % – 100,00 EUR	Bedingungssatz
6,5 % – x EUR	Fragesatz
$x = \frac{100 \cdot 6{,}5}{100}$	Schlusssatz
x = 6,50 EUR	

Bezieht man die Zinsrechnung wie dargestellt auf ein Jahr, erkennt man, dass es sich um eine Prozentrechnung handelt, die mithilfe des Dreisatzes gelöst werden kann. Weicht der Zeitraum von einem Jahr ab, muss man die Zeit als zusätzliche Größe in die Überlegung einbeziehen.

MERKE

Die Zinsrechnung ist eine um den Faktor ZEIT erweiterte Prozentrechnung.

Prozentrechnung	Zinsrechnung		
Grundwert	→ Kapital	(K) = 100 %	
Prozentwert	→ Zinsen	(z)	
Prozentsatz	→ Zinssatz	(p)	
	+		
	Zeit		· Jahre (j)
			· Monate (m)
			· Tage (t)

Ersetzt man nun im Schlusssatz des Einführungsbeispiels die Zahlen durch die Größen der Zinsrechnung, so erhält man die für die Zinsrechnung notwendige Ausgangsformel,

$$x = \frac{100 \cdot 6{,}5}{100} \cdot 1 \text{ (Jahr)}$$

$$\text{Zinsen} = \frac{\text{Kapital} \cdot \text{Zinssatz}}{100} \cdot \text{Zeit}$$

Jahre → $\frac{\text{Jahre}}{1}$

Monate → $\frac{\text{Monate}}{12}$

Tage → $\frac{\text{Tage}}{360}$

die sich je nach Betrachtungszeitraum (Jahre, Monate, Tage) in die entsprechende Zinsformel umformen lässt.

FORMEL

$$\text{Jahreszinsen} = \frac{\text{Kapital} \cdot \text{Jahre} \cdot \text{Zinssatz}}{100 \cdot 1}$$

$$\text{Monatszinsen} = \frac{\text{Kapital} \cdot \text{Monate} \cdot \text{Zinssatz}}{100 \cdot 12}$$

$$\text{Tageszinsen} = \frac{\text{Kapital} \cdot \text{Tage} \cdot \text{Zinssatz}}{100 \cdot 360}$$

8.2 Berechnung der Zinsen

8.2.1 Berechnung der Jahreszinsen

FORMEL

$$\text{Jahreszinsen} = \frac{\text{Kapital} \cdot \text{Jahre} \cdot \text{Zinssatz}}{100 \cdot 1}$$

oder: $$z = \frac{K \cdot j \cdot p}{100 \cdot 1}$$

MUSTERAUFGABE

Wie viel Zinsen erbringt ein Sparkapital von 5000,00 EUR in 3 Jahren bei einem Zinssatz von 4,5%?

MUSTERLÖSUNG

Gegeben: K = 5000,00 EUR Gesucht: z = ?
j = 3 Jahre
p = 4,5%

Formel: $$z = \frac{K \cdot j \cdot p}{100 \cdot 1}$$

$$z = \frac{5000 \cdot 3 \cdot 4{,}5}{100 \cdot 1}$$

$$\underline{\underline{z = 675{,}00 \text{ EUR}}}$$

In 3 Jahren erbringt das Sparkapital 675,00 EUR Zinsen.

LÖSUNGSSCHRITTE

1. Gegebene Größen heraussuchen.
   Hier: K, j, p
   Beachte: Es müssen immer drei Größen gegeben sein!
2. Gesuchte Größe bestimmen.
   Hier: z = ?

3. Formel auswählen.
   Hier: Jahresformel
4. Gegebene Größen in die Formel einsetzen und die gesuchte Größe berechnen.

ÜBUNGSAUFGABEN

1. Ein Kapital in Höhe von 5 000,00 EUR wird bei einem Zinssatz von 6,5 % auf 4 Jahre festgelegt.
Wie hoch ist der Betrag, den man nach 4 Jahren einschließlich Zinsen erhält?

2. Ein Kunde des Unternehmens Eberle ist seit 1 1/2 Jahren mit einem Betrag von 2 350,00 EUR in Verzug.
Berechnen Sie die Verzugszinsen bei einem Zinssatz von 12 %.

3. Für eine größere Investition nimmt ein Kaufmann einen Kredit in Höhe von 250 000,00 EUR zu 8 3/4 % auf.
Wie viel Zinsen hat er in 3 Jahren zu zahlen?

4. Die Firma Schweizer & Co. hat auf ihrem Geschäftsgrundstück zwei Hypotheken. Die 1. Hypothek in Höhe von 85 000,00 EUR wird zu 6 %, die 2. Hypothek in Höhe von 50 000,00 EUR wird zu 7,5 % verzinst.
Wie hoch sind die jährlichen Hypothekenzinsen?

8.2.2 Berechnung der Monatszinsen

FORMEL

$$\text{Monatszinsen} = \frac{\text{Kapital} \cdot \text{Monate} \cdot \text{Zinssatz}}{100 \cdot 12}$$

oder:

$$z = \frac{K \cdot m \cdot p}{100 \cdot 12}$$

MUSTERAUFGABE

Wie viel Zinsen erbringt ein Kapitel von 3 500,00 EUR, das bei einem Zinssatz von 6 % für 7 Monate festgelegt wurde?

MUSTERLÖSUNG

Gegeben: K = 3 500,00 EUR Gesucht: z = ?
m = 7 Monate
p = 6 %

Formel:

$$z = \frac{K \cdot m \cdot p}{100 \cdot 12}$$

$$z = \frac{3500 \cdot 7 \cdot 6}{100 \cdot 12}$$

$$\underline{\underline{z = 122{,}50 \text{ EUR}}}$$

LÖSUNGSSCHRITTE

1. Gegebene und gesuchte Größen bestimmen.
2. Formel auswählen.
3. Gegebene Größen in die Formel einsetzen und die gesuchte Größe berechnen.

ÜBUNGSAUFGABEN

1. Berechnen Sie die Zinsen:

	Kapital	Zinssatz	Zeit
a)	12 960,00 EUR	8,5 %	11 Monate
b)	6 780,00 EUR	9,8 %	7 Monate
c)	10 525,00 EUR	6 3/4 %	16 Monate
d)	830,00 EUR	7 2/3 %	5 Monate

2. Dominik Barth legt 15 000,00 EUR bei seiner Bank als Festgeld für 2 Monate an. Wie viel Zinsen erhält er bei einer Verzinsung von 6 1/4 % gutgeschrieben?

3. Ein Einzelhändler schuldet einem Großhändler 12 000,00 EUR. Der Großhändler berechnet Verzugszinsen in Höhe von 8 2/3 %.
Welchen Betrag muss der Einzelhändler nach 18 Monaten einschließlich Zinsen und 12,00 EUR Mahngebühren an den Großhändler überweisen?

4. Ein Kapital von 3 780,00 EUR wird vom 1. März 20.. bis zum 1. Juli 20.. bei einem Zinssatz von 6 1/3 % fest angelegt.
Welchen Betrag einschließlich Zinsen erhält man nach Ablauf der Vertragsdauer?

5. Die Firma Müller OHG hat zur Finanzierung von Rohstoffen bei der Deutschen Bank einen Überbrückungskredit in Höhe von 14 750,00 EUR aufgenommen.
Welchen Betrag muss die Firma Müller nach 6 1/2 Monaten zurückzahlen, wenn ein Zinssatz von 5 3/4 % vereinbart wurde?

6. Die Commerzbank berechnet für einen Kredit in Höhe von 58 000,00 EUR, der vom 10. April 20.. bis 10. September 20.. in Anspruch genommen wurde, 7,5 % Zinsen, 1,5 % Provision des zugesagten Kredites sowie 8,00 EUR Auslagen.
Wie hoch sind die Kreditkosten, die durch die Aufnahme des Kredites entstehen?

8.2.3 Berechnung der Tageszinsen

FORMEL

$$\text{Tageszinsen} = \frac{\text{Kapital} \cdot \text{Tage} \cdot \text{Zinssatz}}{100 \cdot 360}$$

$$\text{oder:} \quad z = \frac{K \cdot t \cdot p}{100 \cdot 360}$$

Ersetzt man in der Tagesformel das „t“ durch ein „i“, ergibt sich die einprägsame **„Kip-Formel“**, die als allgemeine Zinsformel bezeichnet wird.

Allgemeine Zinsformel

$$z = \frac{K \cdot i \cdot p}{100 \cdot 360}$$

Musteraufgabe

Ein mit 9% verzinstes Darlehen in Höhe von 8500,00 EUR wird nach 195 Tagen zurückgezahlt. Wie hoch war der Rückzahlungsbetrag einschließlich Zinsen?

Musterlösung

Gegeben: K = 8500,00 EUR — Gesucht: z = ?

p = 9%

t = 195 Tage

Formel:

$$z = \frac{K \cdot i \cdot p}{100 \cdot 360}$$

$$z = \frac{8500 \cdot 195 \cdot 9}{100 \cdot 360}$$

$$z = 414{,}38 \text{ EUR}$$

Kreditbetrag	8500,00 EUR
+ Zinsen	414,38 EUR
= Rückzahlungsbetrag	8914,38 EUR

Lösungsschritte

1. Gegebene und gesuchte Größen bestimmen.
2. Formel auswählen.
3. Gegebene Größen in die Formel einsetzen und die gesuchte Größe bestimmen.
4. Rückzahlungsbetrag errechnen.

Bei der Tageberechnung gilt es in der Zinsrechnung Folgendes zu beachten:

Merke

1. Das Jahr wird mit 360 Tagen gerechnet.
2. Jeder Monat wird mit 30 Tagen gerechnet,
   - der 31. eines Monats wird vernachlässigt,
   - der Februar wird mit 30 Tagen gerechnet.

   Ausnahme: Bei der Verzinsung bis zum 28. (29.) Februar werden auch nur 28 (29) Tage berechnet.
3. Der Tag, von dem aus gerechnet wird, zählt nicht mit.

Berechnungsbeispiele einzelner Zinstage:

a) 15.06.–27.09.

b) 19.01.–31.05.

c) 06.08.–18.12.

d) 17.12.–28.02.

Zur Berechnung der Zinstage unterscheidet man 2 Möglichkeiten:

1. Möglichkeit:

- angebrochene Monate auf volle Monate auffüllen
- die übersprungenen (vollen) Monate ermitteln und mit je 30 Tagen multiplizieren
- Tage des angebrochenen Monats hinzuaddieren

Lösung a) 15.06.–27.09.

angebrochenen Monat auffüllen (15.06.–30.06.)	15 Tage
+ 2 volle Monate (Juli, August) à 30 Tage	60 Tage
+ Tage des angebrochenen Monats (27.09.)	27 Tage
= Zinstage	102 Tage

Lösung b) 19.01.–31.05.

angebrochenen Monat auffüllen (19.01.–30.01.)	11 Tage
+ 4 volle Monate (Februar, März, April, Mai) à 30 Tage	120 Tage
= Zinstage	131 Tage

2. Möglichkeit

- Berechnung der ganzen Monate zu je 30 Tage
- Berücksichtigung der Zu- bzw. Abschläge

Lösung c) 06.08.–18.12.

4 Monate (06.08.–06.12.) à 30 Tage	120 Tage
+ Zuschläge (06.12.–18.12.)	12 Tage
= Zinstage	132 Tage

Lösung d) 17.12.–28.02.

2 Monate (17.12.–17.02.) à 30 Tage	60 Tage
+ Zuschläge (17.02.–28.02.)	11 Tage
= Zinstage	71 Tage

ÜBUNGSAUFGABEN

1. Berechnen Sie die Zinstage:

a) 18.01.–31.03.
b) 29.01.–05.04.
c) 01.02.–24.05.
d) 31.03.–17.11.
e) 28.02.–11.05.
f) 23.03.–16.06.
g) 18.11.–23.07.
h) 02.06.–31.12.

2. Berechnen Sie die Zinsen der folgenden Darlehen:

	Darlehen	Zinssatz	Zeit
a)	11 750,00 EUR	5,8 %	16.04.–31.07.
b)	3 400,00 EUR	7,5 %	21.01.–17.06.
c)	20 500,00 EUR	6,3 %	02.02.–11.08.
d)	975,00 EUR	8,8 %	17.12.–28.02.

3. Die Firma Schöngut erhält am 23.04. von der Stadtsparkasse Mannheim einen 7 1/2 %igen Überbrückungskredit von 23 800,00 EUR.

Welchen Betrag muss die Firma Schöngut am 15.11. zurückzahlen?

4. Wie viel Zinsen erbringt ein Kapital von 12500,00 EUR, das in der Zeit vom 13.03. bis 26.07. zu 4 2/3% festgelegt war?

5. Ein Kunde ist mit der Bezahlung einer Rechnung in Höhe von 845,00 EUR seit dem 17.05. in Verzug.

Welchen Betrag muss er am 31.10. bei 6,5% Verzugszinsen und einer Mahngebühr von 5,00 EUR überweisen?

6. Die Spedition Schneider & Co. hat eine Rechnung über 6450,00 EUR, die bereits am 18.08. fällig war, erst am 21.12. überwiesen.

Wie hoch war der Überweisungsbetrag einschließlich 7% Verzugszinsen?

7. Ein Kaufmann schuldet für gelieferte Waren 1758,00 EUR, fällig am 16.04., und 2347,00 EUR, fällig am 03.05.

Wie viel EUR muss der Kaufmann am 30.06. an seinen Lieferanten einschließlich 6 2/3% Verzugszinsen überweisen?

8. Ein Kunde erhielt am 02.04. eine Rechnung über 7380,00 EUR mit einem Zahlungsziel von 30 Tagen.

Welchen Betrag fordern wir am 12.05. bei 8,5% Verzugszinsen?

9. Ein Kapital in Höhe von 3850,00 EUR wird vom 23.02. bis zum 17.08. bei der Dresdner Bank angelegt.

Wie hoch sind die Zinsen, wenn der Zinssatz bis zum 11.04. 6,5% betrug und anschließend auf 7% erhöht wurde?

10. Die Firma Weber & Co. bezieht eine Warenlieferung im Wert von 6800,00 EUR. Vereinbart wurde bei Vertragsabschluss folgende Zahlungsbedingung: „Zahlbar bei Lieferung unter Abzug von 2,5% Skonto oder innerhalb von 30 Tagen rein netto.“ Ist es für die Firma Weber & Co. ratsam, unter Abzug von Skonto zu zahlen, wenn sie dafür einen Kredit zu 9% bei ihrer Hausbank aufnehmen muss?

8.3 Berechnung des Kapitals, des Zinssatzes und der Zeit

Je nachdem, welche Größe der Zinsformel gesucht ist, kann die allgemeine Zinsformel entsprechend umgeformt werden.

Allgemeine Zinsformel:

$$z = \frac{K \cdot i \cdot p}{100 \cdot 360}$$

↓ ← Multiplikation mit dem Nenner (100 · 360)

$$z \cdot 100 \cdot 360 = K \cdot i \cdot p$$

← Division durch die beiden gegebenen Größen

: (i · p)

$$K = \frac{z \cdot 100 \cdot 360}{i \cdot p}$$

: (K · p)

$$i = \frac{z \cdot 100 \cdot 360}{K \cdot p}$$

: (K · i)

$$p = \frac{z \cdot 100 \cdot 360}{K \cdot i}$$

Ohne mathematische Kenntnisse lassen sich die Formeln der gesuchten Größe auch folgendermaßen ermitteln:

Man denke sich die beiden Seiten eines Buches. Auf die eine Seite schreibt man die Worte „Kip“, auf die andere Seite die restlichen Größen der Zinsrechnung.

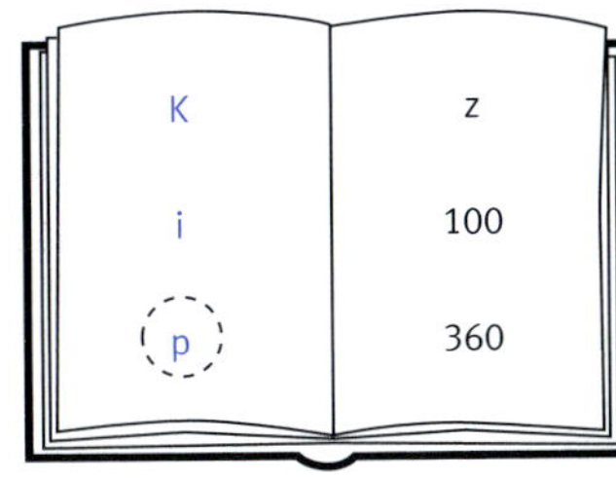

Wird nun eine der Größen K, i oder p gesucht, so deckt man diese ab (hier: „p“), sodass nur noch zwei Größen auf der Seite stehen. Anschließend wendet man folgenden Grundsatz an:

„Diejenige Seite des Buches, die noch alle drei Größen aufweist (hier: z, 100, 360), kommt immer auf den Bruch, diejenige Seite, die eine Größe weniger aufweist (hier: K, i), kommt immer unter den Bruchstrich.“

Es ergeben sich somit oben stehende Formeln.

8.3.1 Berechnung des Kapitals

Formel

$$K = \frac{z \cdot 100 \cdot 360}{i \cdot p}$$

Musteraufgabe

Für ein Sparguthaben, das in der Zeit vom 18.02.–28.06. zu 3 % angelegt war, schrieb uns die Bank 65,00 EUR Zinsen gut.

Wie hoch war das Sparguthaben?

Musterlösung

Gegeben: i = 130 Tage, p = 3 %, z = 65,00 EUR

Gesucht: K = ?

Formel:

$$K = \frac{z \cdot 100 \cdot 360}{i \cdot p}$$

$$K = \frac{65 \cdot 100 \cdot 360}{130 \cdot 3}$$

$$\underline{\underline{K = 6000{,}00 \text{ EUR}}}$$

Lösungsschritte

1. Bestimmung der angegebenen und gesuchten Größen.
2. Auswahl der gesuchten Formel (Umstellen der „Kip-Formel“).
3. Einsetzen der gegebenen Größen in die Formel und Errechnung der gesuchten Größe.

ÜBUNGSAUFGABEN

1. Berechnen Sie in folgenden Fällen das Kapital:

	Zinsen	Laufzeit	Zinssatz
a)	24,50 EUR	11. 05.–18. 06.	7%
b)	16,80 EUR	31. 01.–28. 02.	6%
c)	8,50 EUR	23. 08.–18. 11.	4 1/2%
d)	50,50 EUR	21. 12.–02. 04.	3 1/3%

2. Wie hoch ist das Kapital, das bei einer Verzinsung von 9% in 160 Tagen 56,00 EUR Zinsen erbringt?

3. Welchen Sparbetrag muss man bei einer 4%igen Verzinsung 6 Monate anlegen, damit er einen Zinsertrag von 400,00 EUR erbringt?

4. Ein Sparer erhält aus 8%igen Pfandbriefen halbjährlich 210,00 EUR Zinsen.

Wie hoch ist der Nennwert der Pfandbriefe?

5. Mit welchem Betrag war ein Kunde in Zahlungsverzug, wenn wir ihm wegen verspäteter Zahlung für die Zeit vom 11.03.–11.06. mit 8% Verzugszinsen = 22,50 EUR belasten?

6. Für einen zweimonatigen Überziehungskredit mussten wir 12% = 223,00 EUR bezahlen.

Wie hoch war der Kredit?

7. Der Auszubildende Peter Müller überzog sein Girokonto in der Zeit vom 09.03.–29.03., worauf ihn die Bank mit 12,5% = 5,50 EUR Überziehungszinsen belastete.

Mit welchem Betrag hat Peter sein Konto überzogen?

8. Welchen Betrag müsste man in 7,5%ige Wertpapiere investieren, um ein monatliches Zusatzeinkommen von 600,00 EUR zu erzielen?

8.3.2 Berechnung des Zinssatzes

FORMEL

$$p = \frac{z \cdot 100 \cdot 360}{K \cdot i}$$

MUSTERAUFGABE

Zu welchem Zinssatz wurde ein Sparguthaben von 2800,00 EUR festgelegt, wenn die Bank für die Zeit vom 27.03.–09.06. 30,80 EUR Zinsen gutschrieb?

MUSTERLÖSUNG

Gegeben: $K = 2800{,}00$ EUR Gesucht: $p = ?$

$i = 72$ Tage

$z = 30{,}80$ EUR

Formel: $$p = \frac{z \cdot 100 \cdot 360}{K \cdot i}$$

$$p = \frac{30{,}80 \cdot 100 \cdot 360}{2800 \cdot 72}$$

$$\underline{\underline{p = 5{,}5\,\%}}$$

LÖSUNGSSCHRITTE

1. Bestimmung der gegebenen und gesuchten Größen.
2. Auswahl der gesuchten Formel.
3. Einsetzen der gegebenen Größen in die Formel und Errechnung der gesuchten Größe.

ÜBUNGSAUFGABEN

1. Ein Kreditnehmer überweist für einen Kredit in Höhe von 2860,00 EUR für 58 Tage 35,71 EUR Zinsen.
Zu welchem Zinssatz war der Kredit vereinbart?

2. Für eine Hypothek von 80000,00 EUR mussten vierteljährlich 2600,00 EUR Zinsen gezahlt werden.
Zu welchen Zinssatz wurde die Hypothek verzinst?

3. Eine am 20.11. fällige Rechnung über 2500,00 EUR wurde erst am 15.01. einschließlich Verzugszinsen mit 2525,46 EUR zurückgezahlt.
Wie viel % Verzugszinsen wurden berechnet?

4. Manuela bezahlte für einen Kredit von 3500,00 EUR bei einer Laufzeit von 3 1/2 Monaten 81,66 EUR Zinsen.
Welcher Zinsfuß war vereinbart?

5. Die Stadtsparkasse Mannheim gewährte einem Kunden am 04.05. einen Kredit über 25000,00 EUR. Als der Kunde den Kredit am 19.12. zurückzahlte, berechnete ihm die Sparkasse 1250,00 EUR Zinsen.
Zu welchem Zinsfuß lieh die Sparkasse das Geld aus?

6. Bei welchem Zinssatz verdoppelt sich ein Kapital von 5000,00 EUR in 10 Jahren?

7. Michael beabsichtigt ein Fernsehgerät zu kaufen, das bei Barzahlung 1580,00 EUR kostet. Da er zurzeit nicht so viel Bargeld besitzt, beschließt er, das Fernsehgerät mit einem Ratenkredit zu finanzieren. Dabei sind sofort 330,00 EUR anzuzahlen. Der Rest ist in 6 Monatsraten zu je 225,00 EUR zu begleichen.
Berechnen Sie, wie hoch der Zinsfuß ist, der dem Ratengeschäft zugrunde gelegt wurde.

8.3.3 Berechnung der Zeit

FORMEL

$$i = \frac{z \cdot 100 \cdot 360}{K \cdot p}$$

MUSTERAUFGABE

Ein Sparguthaben von 3500,00 EUR, das mit 4,5% verzinst wurde, brachte 70,00 EUR Zinsen. Wie viel Tage war das Kapital angelegt?

MUSTERLÖSUNG

Gegeben: K = 3500,00 EUR   Gesucht: i = ?

p = 4,5%

z = 70,80 EUR

Formel: $i = \frac{z \cdot 100 \cdot 360}{K \cdot p}$

$i = \frac{70 \cdot 100 \cdot 360}{3500 \cdot 4{,}5}$

$\underline{\underline{i = 160 \text{ Tage}}}$

LÖSUNGSSCHRITTE

1. Bestimmung der gegebenen und gesuchten Größen.
2. Auswahl der gesuchten Formel.
3. Einsetzen der gegebenen Größen in die Formel und Errechnung der gesuchten Größe.
   Beachte: Bei der Errechnung der Zinstage wird in der Praxis grundsätzlich aufgerundet!

ÜBUNGSAUFGABEN

1. In welcher Zeit wuchs ein Sparguthaben von 27500,00 EUR auf 30000,00 EUR an, wenn es mit 6% verzinst wurde?

2. Ein Kapital von 5600,00 EUR brachte bei einer 7%igen Verzinsung 1176,00 EUR Zinsen.
Wie viel Jahre war das Kapital angelegt?

3. Wann wurde ein Kredit in Höhe von 1360,00 EUR aufgenommen, wenn er am 20.08. einschließlich 5% Zinsen mit 1380,40 EUR zurückgezahlt wurde?

4. An welchem Tag wurde eine Rechnung über 1850,00 EUR ausgestellt, wenn am 15.04. 6 2/3% Verzugszinsen = 45,22 EUR berechnet wurden?

5. Am 15.03. wurde eine Erbschaft von 28500,00 EUR bei der Dresdner Bank zu 7 1/2% angelegt. Vereinbarungsgemäß darf die Erbschaft erst dann ausgezahlt werden, wenn sie auf 30000,00 EUR angewachsen ist.
An welchem Tag ist die Erbschaft fällig?

6. Wann wurde eine Rechnung über 2070,00 EUR ausgestellt, wenn ein Zahlungsziel von 30 Tagen vereinbart war und uns am 17.05. 8% Verzugszinsen = 23,00 EUR belastet wurden?

7. Wann wurden 2400,00 EUR auf ein Sparkonto eingezahlt, wenn der Zinsfuß bis zum 20.08. 4,5% betrug und dann auf 5% erhöht wurde?

Das Guthaben betrug am 31.12. einschließlich Zinsen 2488,00 EUR.

8. Die Kreissparkasse Weinheim berechnete für einen Kredit in Höhe von 7500,00 EUR, den wir am 17.02. in Anspruch nahmen, 8% = 300,00 EUR Zinsen.

Wann wurde der Kredit zurückgezahlt?

VERMISCHTE ZINSRECHENAUFGABEN

1. Ein Spediteur benötigt einen Überbrückungskredit in Höhe von 15000,00 EUR für 3 1/2 Monate. Auf seine Anfrage bei zwei Banken erhielt er folgende Angebote:

Angebot 1: 7,5% Zinsen bei 100%iger Auszahlung

Angebot 2: 6% Zinsen + 1% Bearbeitungsgebühr von der Kreditsumme

Errechnen Sie das günstigere Angebot.

2. Ermitteln Sie die monatliche Zinsbelastung der Familie Eberle, die zum Kauf ihres Hauses eine Hypothek über 250000,00 EUR zu 8,5% aufnehmen musste.

3. Ein Kunde schuldet einen seit dem 18.02. fälligen Rechnungsbetrag über 1600,00 EUR. Er überwies dafür einschließlich 7,5% Verzugszinsen 1625,00 EUR.

Ermitteln Sie, wann der Rechnungsbetrag beglichen wurde.

4. Ein Wohnhaus brachte im 1. Quartal 20.. 18000,00 EUR Mieteinnahmen. An Gebäudekosten entstanden im gleichen Zeitraum insgesamt 8000,00 EUR.

Wie hoch ist der zugrunde gelegte Wert des Hauses, wenn der Eigentümer von einer 8%igen Verzinsung seines ins Haus investierten Kapitals ausgeht?

5. Ein Sparguthaben in Höhe von 2850,00 EUR wuchs vom 23.03.–28.07. auf 2925,00 EUR an.

Zu welchem Zinssatz war es angelegt?

6. Die Bezirkssparkasse Heidelberg berechnet für einen Kredit über 72000,00 EUR, der in der Zeit vom 10.03.–25.07. in Anspruch genommen wurde, 7% Zinsen, 1/6% Provision des zugesagten Kredites sowie 6,00 EUR Gebühren.

Welchem Zinssatz entspricht die gesamte Belastung?

7. Die Einzelhändlerin Kristin Schweighoffer erhält eine Eingangsrechnung über 17250,00 EUR inkl. USt mit folgender Zahlungsbedingung: „Zahlbar innerhalb von 10 Tagen unter Abzug von 2% Skonto oder innerhalb von 30 Tagen rein netto." Statt den Lieferantenkredit in Anspruch zu nehmen, überzieht die Einzelhändlerin ihr Bankkonto und nutzt die Skontogewährung aus. Die Bank berechnet ihr für den zur Verfügung gestellten Betrag 15% Sollzinsen.

Berechnen Sie

a) den Skontoertrag,

b) den in Anspruch zu nehmenden Bankkredit,

c) die zu zahlenden Kreditzinsen,

d) die Ersparnis, die sich durch obige Vorgehensweise ergibt.

8. Für den Kauf von Rohstoffen berechnete uns unser Lieferer am 25. April 20.. 82500,00 EUR. Zahlungsbedingungen: Zahlbar innerhalb von 14 Tagen mit 2,5 % Skonto oder innerhalb von 30 Tagen rein netto. Bei Zielüberschreitung wurden 6 % Verzugszinsen vereinbart. Wegen kurzfristiger Liquiditätsprobleme können wir die Rechnung jedoch erst am 26. Juni begleichen.

a) Welchen Betrag müssen wir am 26. Juni überweisen?

b) Unser Girokonto verzeichnete am 28. April einen Kontostand von 144000,00 EUR Soll. Unser Kreditlimit beträgt 180000,00 EUR zu 10 %, darüber hinausgehend werden Kontoüberziehungen bis 250000,00 EUR von der Bank geduldet, allerdings erfolgt hierfür ein Zinsaufschlag von 3 %. Berechnen Sie, ob es unter den gegebenen Bedingungen sinnvoll ist, das Skonto auszunutzen.

9. Denise Esen ist während ihrer Ausbildung bei der Firma Alfred Becker e. K., Automobilzubehör, Bruchsal, auch einige Wochen in der Finanzbuchhaltung beschäftigt und dort mit der Überwachung der Zahlungseingänge betraut.

Auf ihrem Bildschirm erscheint folgender Ausdruck:

offene Posten

ESC Ende	F3 Neu	F4 Speichern	F5 Suchen	F6 Buchen
F1 Hilfe	vorwärts	rückwärts	F12 Mahnungen	SF12 EinzMahng

Rechnungs-Nr.	1003751		Datum	11. Mai
Debitoren-Nr.	10976		Zahlungsziel	30 Tage
Kunden-Nr.	10976		Rechnungsbetrag	1875,00 EUR
Anrede	2		Bezahlt	0,00
Name 1	Edgar		Gutschrift-Nr.	
Name 2	Traub		Gesamtbetrag	
Straße	Schneidertor 7			
PLZ/Ort D	76153	Karlsruhe	offener Betrag	1875,00 EUR
1. Mahnung am	20. Juni			
2. Mahnung am	20. Juli			
3. Mahnung am			Mahnstufe	2

Welchen Gesamtbetrag muss Denise dem Kunden am 15. August 20.. in Rechnung stellen, wenn die Firma Alfred Becker mit 12 % Verzugszinsen sowie 10,00 EUR für sonstige Auslagen kalkuliert?

9 Währungsrechnen

In einer Zeit zunehmender privater und geschäftlicher Auslandsaktivitäten erwächst die Notwendigkeit einer umfassenden Kenntnis der Währungsrechnung.

Die Gültigkeit dieser Aussage bleibt auch nach dem 01.03.2002 uneingeschränkt bestehen, obwohl seit diesem Zeitpunkt innerhalb der Europäischen Währungsunion (EWU) nur noch der **Euro** als alleiniges gesetzliches Zahlungsmittel gilt. Da sich jedoch ein wesentlicher Teil unseres Handels mit nicht EU- bzw. nicht Euro-Ländern abspielt, erfordern der weltweit steigende Güteraustausch und mit ihm die Globalisierung der Märkte auch in Zukunft grundlegende Kenntnisse im Umgang mit ausländischen Währungen. **WSP**

Zurzeit sind von nachfolgenden 27 EU-Mitgliedsstaaten an der Europäischen Währungsunion – mit dem Euro als Zahlungsmittel – beteiligt:

Mitgliedsstaaten EU	Währungen		Euro-Einführung vorgesehen für
	EUR	sonstige	
Belgien	EUR		
Bulgarien		Lew	
Dänemark		dkr	
Deutschland	EUR		
Estland		ekr	
Finnland	EUR		
Frankreich	EUR		
Griechenland	EUR		
Großbritannien		£	
Irland	EUR		
Italien	EUR		
Lettland		Lats	
Litauen		Litas	
Luxemburg	EUR		
Malta		Lm	2008
Niederlande	EUR		
Österreich	EUR		
Polen		Zloty	
Portugal	EUR		
Rumänien		Leu	
Schweden		skr	
Slowakei		Sk	2009
Slowenien	EUR		
Spanien	EUR		
Tschechien		Czk	
Ungarn		Ft	
Zypern		Zypr. £	2008

Zudem geben die drei Kleinstaaten Monaco, San Marino und Vatikan, die mit Sonderverträgen an die Währungsunion gekoppelt sind, eigene Euromünzen aus.

Beim Währungsrechnen handelt es sich um eine Rechenart zur Umrechnung inländischer in ausländische Währungen und umgekehrt. Als zentrale Größe taucht dabei der

Begriff „Kurs" auf. In der EWU werden die Kurse in der sogenannten Mengennotierung angegeben. Diese drückt den Wert eines Euro in der jeweiligen Auslandswährung aus.

MERKE

Die Kursangabe innerhalb der EWU erfolgt in Auslandswährung je Euro = Mengennotierung; damit gilt:

Kurs = Verhältnis von **einem Euro** zur Auslandswährung
(d. h. der Kurs gibt an, wie viele ausländische Geldeinheiten man für einen Euro erhält)
Beispiel: 1 EUR = ... sfr

Wie die nachfolgende Kurstafel zeigt, weisen alle Kurse einen niedrigeren Verkaufskurs und einen höheren Ankaufskurs auf. Dies ist darauf zurückzuführen, dass der Euro die Ausgangsgrundlage bildet, d. h. beim Kauf von z. B. US-$ erhält der Kunde lt. Tabelle für einen Euro 1,3231 US-$. Wechselt er nun die US-$ in Euro um, so bekommt er erst für 1,3931 US-$ einen Euro, d. h. die Bank erhält je Euro für ihren Verwaltungsaufwand 0,07 US-$.

BEISPIEL

Sortenkurse für 1 Euro

			Angaben in US-$	
Land	**Währung**	**Bezugsgröße**	**Ankauf**	**Verkauf**
USA	US-$	1 Euro	1,3931	1,3231

Lesebeispiel: Für einen Euro zahlen Sie: 1,3931 US-$ erhalten Sie: 1,3231 US-$

d. h. die Bank verkauft Euro (Briefkurs) und kauft ausl. Geldeinheiten

d. h. die Bank kauft Euro an (Geldkurs) und verkauft ausl. Geldeinheiten

Hinweis:

1. Ankaufskurse und Verkaufskurse werden immer vom Standpunkt der Bank aus betrachtet.
2. Aus Vereinfachungsgründen empfiehlt sich folgende Vorgehensweise. Man stelle sich stets die Frage: „Was macht die Bank mit ausländischen Geldeinheiten?"
   a) **kauft** die Bank ausl. Geldeinheiten **an** → **Ankauf**skurs
   b) **verkauft** die Bank ausl. Geldeinheiten → **Verkauf**skurs

Beachte: Diese Fragestellung lässt sich sowohl auf den Umtausch im Inland als auch im Ausland anwenden!

Vereinfachter Auszug einer deutschen Kurstabelle **Stand: 02. 05. 2007**

Land	Währungseinheit	verwendete Abkürzungen alt	neu	Sortenkurse ausl. Geldeinheiten für 1 Euro Ankauf	Verkauf
USA	US-Dollar	US-$	USD	1,3931	1,3231
Großbritannien	engl. Pfund	£	GBP	0,7031	0,6581
Kanada	Kan. Dollar	Kan-$	CAD	1,5856	1,4356
Schweiz	Franken	sfr	CHF	1,6825	1,6175
Dänemark	dän. Kronen	drk	DKK	7,8736	7,0236
Norwegen	nor. Kronen	nkr	NOK	8,5444	7,6944
Schweden	schwed. Kronen	skr	SEK	9,6154	8,6645
Japan	jap. Yen	Yen	JPY	167,3800	158,3800
Südafrika	Rand	Rand	ZAR	11,2719	7,8719
Australien	Dollar	A-$	AUD	1,7386	1,5586

Quelle: HANDELSBLATT, Nr. 85, 03. 05. 2007, S. 36

Hinweis: Die Bezeichnungen „Verkauf“ und „Ankauf“ entsprechen den Bezeichnungen „Geld“ und „Brief“ bei anderen Instituten.

9.1 Umrechnungen im Währungsinland

MUSTERAUFGABE

Für eine Urlaubsreise wechselt Familie Müller 700,00 EUR in Schweizer Franken um.
Wie viel sfr erhält Familie Müller, wenn die Bank mit folgenden Kursen rechnet?

Land	Währung	Ankauf	Verkauf
Schweiz	sfr	1,6825	1,6175

MUSTERLÖSUNG

1 EUR – 1,6175 sfr

700 EUR – x sfr

$$x = \frac{1{,}6175 \cdot 700}{1} = 1\,132{,}25 \text{ sfr}$$

Familie Müller erhält von ihrer Bank 1 132,25 sfr ausgezahlt.

LÖSUNGSSCHRITTE

1. Überlegung: Ankaufskurs oder Verkaufskurs?
   Da die Bank die fremden Währungen an die Familie Müller verkauft, muss der Verkaufskurs genommen werden.
   Hier: 1,6175

2. Überlegung: Worauf bezieht sich der Kurs?
   Da die Umwechslung im Währungsinland stattfindet, wird der Kurs in sfr für einen Euro angegeben.
   Hier: 1,6175 sfr für 1 Euro
3. Aufstellen der Kursgleichungen und Lösung mittels Dreisatz (siehe Kapitel 2); für die Schweiz ergibt sich:

   1 EUR – 1,6175 sfr
   700 EUR – x sfr

$$x = \frac{1{,}6175 \cdot 700}{1} = \underline{\underline{1\,132{,}25 \text{ sfr}}}$$

ÜBUNGSAUFGABEN

1. Herr Klein fährt im Winterurlaub in die Schweiz. Vor seiner Abreise tauscht er bei seiner Bank 450,00 EUR in Schweizer Franken um.
Wie viel sfr erhält Herr Klein, wenn seine Bank mit einem Kurs von 1,590 rechnet?

2. Vor einer längeren Geschäftsreise wechselt der Reisende Herr Kleinert folgende Beträge bei seiner Hausbank um:
- 300,00 EUR in sfr (Kurs 1,5425)
- 800,00 EUR in US-$ (Kurs 1,2178)
- 650,00 EUR in £ (Kurs 0,6463)

Wie viele sfr, US-$ und £ erhält Herr Kleinert ausgehändigt?

3. Ein Sanitärgeschäft in Heidelberg bezieht 15 Einhebelmischer aus der Schweiz. Der Stückpreis beträgt 256 sfr.
Auf wie viel EUR lautet die Rechnung, wenn zu einem Kurs von 1,631 abgerechnet wird?

4. Der Einkäufer eines größeren Industriebetriebes tauscht vor seiner Auslandreise 3 000,00 EUR in Auslandswährungen um: 1 300,00 EUR in Rand, 800,00 EUR in jap. Yen und den Rest in australische Dollar.
Wie viele Einheiten jeder Währung erhält er, wenn die Bank mit folgenden Kursen rechnet:

Land	Währung	Ankauf	Verkauf
Südafrika	Rand	9,471	5,400
Japan	Yen	135,400	125,800
Australien	A-$	2,050	1,725

5. Für eine Reise nach Schweden tauscht ein Kaufmann 4 500,00 EUR in schwedische Kronen um.
Wie viele Kronen zahlt seine Bank aus, wenn sie mit einem Kurs von von 10,160 rechnet?

6. Der Auszubildende Peter Klein bringt von seiner Reise nach England noch 18 £ zurück, die er sofort bei seiner Bank zum Kurs von 0,680 umtauscht.
Wie viel EUR erhält er dafür?

7. Die Firma Schneider bezieht aus Südafrika 5 780 kg Orangen zu einem Preis von 3,2 Rand je kg.
Welchen EUR-Betrag muss die Firma Schneider bei einem Kurs von 5,350 für die gesamte Sendung bezahlen?

8. Für eine Geschäftsreise in die USA hat ein Kaufmann 2 750,00 EUR zum Kurs von 1,2500 in US-Dollar umgewechselt. Er bringt von seiner Reise noch 70 $ zurück.
Wie viel EUR verliert er, wenn er den Restbetrag zum Kurs von 1,2800 zurücktauscht?

9. Eine Maschinenfabrik bezahlte für eine Sendung Dichtungsringe 6 527,00 EUR. Die Rechnung lautete auf 60 200,00 skr.
Wie hoch ist der Kurs, zu dem die Deutsche Bank mit der Maschinenfabrik abgerechnet hat?

10. Ein Stoffimporteur bezieht aus Australien 2500 m Tuch zu einem Gesamtpreis von 101 000,00 A-$.
Wie viel EUR kostet ein Meter, wenn der Importeur zusätzlich noch 250,00 A-$ Spesen und 1 500,00 EUR Zoll zahlen muss? (Kurs 1,800)

11. Ein japanischer Hi-Fi-Hersteller bietet einem deutschen Großkunden CD-Player zu einem Preis von 24 000,00 Yen pro Stück frei Hamburg an.
Wie viel EUR muss der Großkunde pro Gerät bei einem Kurs von 135,000 bezahlen?

12. Ein Schweizer Tourist kauft in einem Lörracher Lederwarengeschäft eine Tennistasche, die mit 180,00 EUR ausgezeichnet ist. Da er keine EUR besitzt, möchte er die Tasche in sfr bezahlen.
Welchen Wechselkurs hat der Inhaber zugrunde gelegt, wenn er dem Schweizer 315,00 sfr berechnet?

13. Eine CD kostet in Deutschland 11,45 EUR und in der Schweiz 19,80 sfr.
Wo kauft man die CD am günstigsten und wie viel EUR würde man sparen? (Kurs 1,650)

9.2 Umrechnungen im Währungsausland

Bei den Umrechnungen im Ausland hat sich mit der Einführung des Euro gegenüber der bisherigen Berechnung lediglich eine Änderung ergeben, die darin besteht, dass sich die Kurse im Ausland nunmehr auf **einen Euro** beziehen, wie nachfolgende Tabelle der für uns wichtigen Länder verdeutlicht:

Land	Bezugsgröße	Kursangabe in der jeweiligen Landeswährung
USA	1 Euro	1,2450
Großbritannien	1 Euro	0,6780
Schweiz	1 Euro	1,5500

Wie aus der Darstellung hervorgeht, besteht nun kein Unterschied mehr, ob im In- oder im Ausland getauscht wird, da sich die Kursangabe in beiden Fällen auf einen Euro bezieht. Es gilt lediglich zu überlegen, ob das ausländische Kreditinstitut den Euro an- oder verkauft.

MUSTERAUFGABE

Ein deutscher Urlauber tauscht an seinem Urlaubsort in der Schweiz 350,00 EUR zum Kurs 1,5327 in sfr um.

Wie viel sfr erhält der Tourist bei den nachfolgenden Kursen ausgezahlt?

Ankauf: 1,5327 Verkauf: 1,6150

MUSTERLÖSUNG

1 EUR – 1,5327 sfr (Kursgleichung)

350 EUR – x sfr

$$x = \frac{1{,}5327 \cdot 350}{1} = \underline{\underline{536{,}45 \text{ sfr}}}$$

LÖSUNGSSCHRITTE

1. Überlegung: Wo wird getauscht?
   Hier: in der Schweiz
2. Überlegung: Ankaufskurs oder Verkaufskurs?
   Da die schweizer Bank die ausländischen Währungseinheiten, hier den Euro ankauft, muss der Ankaufskurs genommen werden!
   Hier: 1,5327
3. Überlegung: Worauf bezieht sich demnach der Kurs?
   Hier: 1,5327 sfr für 1 EUR
4. Aufstellen der Kursgleichung und Lösung mittels Dreisatz (siehe Kapitel 2).
   Hier: 1 EUR – 1,5327 sfr (Kursgleichung)
   350 EUR – x sfr

$$x = \frac{1{,}5327 \cdot 350}{1} = \underline{\underline{536{,}45 \text{ sfr}}}$$

ÜBUNGSAUFGABEN

1. Marco Schweighoffer, Auszubildender der Maschinenfabrik Dortmund AG, soll für seinen Chef, der dringend geschäftlich nach Genf muss, 4000,00 EUR in sfr umtauschen. Da sich Marco gut im Währungsrechnen auskennt, will er seinem Chef die günstigste Möglichkeit aufzeigen.

a) Berechnen Sie, ob es für Marcos Chef günstiger ist, in Dortmund oder in Genf zu tauschen.
   Kursnotierung:
   Dortmunder Volksbank: 1,590
   Sparkasse Genf: 1,600

b) Wie viel sfr beträgt der Unterschiedsbetrag?

2. Ein Student unternimmt eine Studienreise in die USA. Vor dem Reiseantritt überlegt er, ob er 1200,00 EUR in Deutschland zum Kurs 1,2500 oder in den USA zum Kurs 1,2800 umtauschen soll.

Wo soll der Student Ihrer Meinung nach tauschen?

3. Während einer Geschäftsreise tauscht Herr Schmidt in Stockholm 380,00 EUR in 3401,00 skr um.

Mit welchem Kurs rechnete die schwedische Bank?

4. Ein Auslandsvertreter besucht seinen Geschäftspartner in Kanada.

Wie viel EUR hat er in Toronto umgetauscht, wenn ihm die Bank bei einem Kurs von 1,7500 genau 875,00 Kan-$ auszahlte?

5. Kurz vor seiner Heimreise tauschte ein deutscher Urlauber in Dänemark 2870,00 dkr in 350,00 EUR um.

Mit welchem Kurs rechnete die dänische Bank?

6. Ein südafrikanisches Hotel bietet in der Hauptsaison Vollpension für 210 Rand pro Person und Tag an.

Wie viel EUR würde ein 14-tägiger Urlaub einer vierköpfigen Familie bei einem Kurs von 6,0308 kosten? (Ergebnis auf ganze EUR kfm. runden!)

VERMISCHTE WÄHRUNGSAUFGABEN

1. Fabrikant Berger besuchte eine Messe in Oslo. Zuvor hatte er in Köln 12800,00 EUR in nkr umgetauscht. Die Bank zahlte ihm dafür 123872,00 nkr aus.

a) Mit welchem Kurs rechnete die Bank?

b) In Oslo hätte Berger 200,00 nkr mehr erhalten.

Zu welchem Kurs notiert demnach der Euro in Oslo?

2. Wir begleichen die Rechnung unseres Lieferanten aus Japan über 350000,00 Yen durch Banküberweisung.
Mit wie viel EUR belastet die Bank unser Konto, wenn sie folgende Kurse zugrunde legt?

Währung	Ankauf	Verkauf
Yen	135,500	125,000

3. Ein Schweizer Geschäftsmann besucht einen Lieferanten in Dänemark. Bei einem Zwischenaufenthalt in Hannover tauscht er 3200,00 sfr in dkr um.
Wie viel dkr erhält er, wenn die Hannoversche Bank folgende Kurse zugrunde legt?

Währung	Ankauf	Verkauf
sfr	1,600	1,580
dkr	7,800	7,125

4. Ein Freiburger Geschäftsmann fliegt ab Zürich zu einer Geschäftsbesprechung nach New York. Vor seinem Abflug wechselt er in der Flughafenbank 2 500,00 EUR in US-$ um.
Wie viel US-$ zahlt ihm die Schweizer Bank aus, wenn nachfolgende Kurse gelten?

Währung	Ankauf	Verkauf
1 EUR	1,575	1,625
1 US-$	1,085	1,152

5. Für einen Besuch der zweitägigen internationalen Logistikmesse in London benötigt der Lagerleiter Herr Robin Jaus noch 500 englische Pfund.

Ermitteln Sie anhand des abgebildeten Sorten-Verkaufsscheines, welchen Euro-Betrag (Kurswert in EUR) ihm seine Sparkasse berechnet.

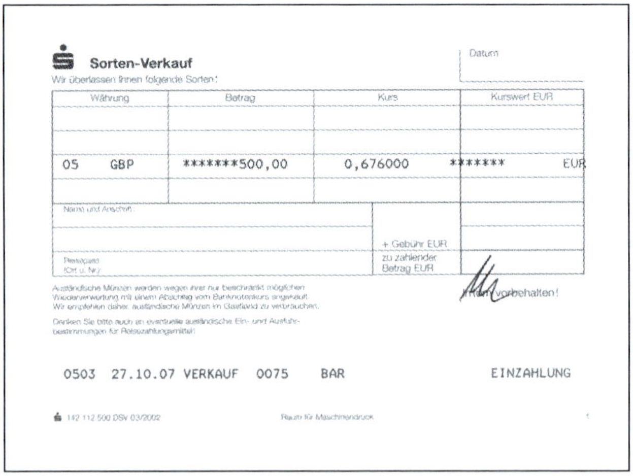
Sorten-Verkauf
Wir überlassen Ihnen folgende Sorten:

Datum

Währung	Betrag	Kurs	Kurswert EUR
05 GBP	******500,00	0,676000	******* EUR

Name und Anschrift:

+ Gebühr EUR

Reisepass (Ort u. Nr.)

zu zahlender Betrag EUR

Ausländische Münzen werden wegen ihrer nur beschränkt möglichen Wiederverwertung mit einem Abschlag vom Banknotenkurs angekauft. Wir empfehlen daher, ausländische Münzen im Gastland zu verbrauchen.

Denken Sie bitte auch an eventuelle ausländische Ein- und Ausfuhrbestimmungen für Reisezahlungsmittel!

vorbehalten!

0503 27.10.07 VERKAUF 0075 BAR EINZAHLUNG

142 112 500 DSV 03/2002 Raum für Maschinendruck

6. Die Kursentwicklung des Euro gegenüber dem US-$ stellt sich wie folgt dar:

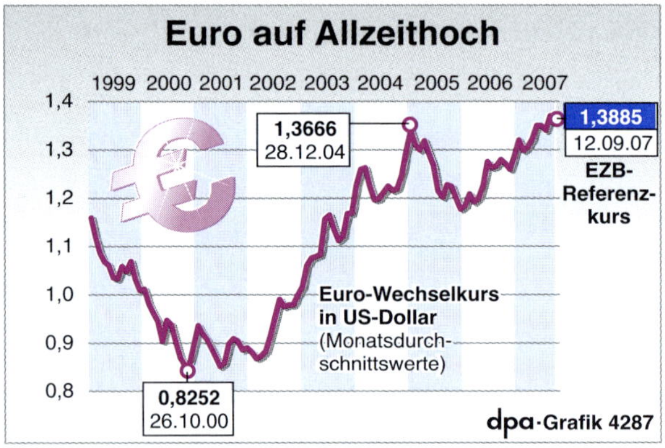

a) Errechnen Sie, um wie viel Prozent sich der Kurs des Euro gegenüber dem US-$ in der Zeit vom 26.10.2000 bis zum 12.09.2007 geändert hat.

b) Wie viel Euro hätte ein Anleger verloren, wenn er am 26.10.2000 10.000,00 EUR in US-$ angelegt und diese am 12.09.2007 wieder in Euro zurückgetauscht hätte?

10 Der Kettensatz

Der Kettensatz ist eine Rechenmethode, die besonders dann vorteilhaft eingesetzt werden kann, wenn Dreisatzaufgaben mit ausländischen Währungen, Maßen und Gewichten gelöst werden sollen.

Einschränkend gilt allerdings, dass es sich nur um Dreisatzaufgaben mit geradem Verhältnis handeln darf.

Musteraufgabe

Eine Münchner Bekleidungsfabrik bezieht aus den USA 36 yds Mantelstoff zum Gesamtpreis von 742,50 $.

Berechnen Sie, wie viel EUR 1 m dieses Stoffes im Einkauf kostet! (11 m – 12 yds; Kurs 1,250)

Musterlösung

I. Bisherige Lösung mithilfe von Dreisätzen

1. 12 yds – 11 m
   36 yds – x m

$$x = \frac{11 \cdot 36}{12}$$

$$x = 33 \text{ m}$$

2. 1,250 $ – 1 EUR
   742,500 $ – x EUR

$$x = \frac{742{,}500 \cdot 1}{1{,}250}$$

$$x = 594{,}00 \text{ EUR}$$

3. 33 m – 594,00 EUR
   1 m – x EUR

$$x = \frac{594{,}00 \cdot 1}{33} = 18{,}00 \text{ EUR je m}$$

II. Lösung mithilfe des Kettensatzes

1.	? EUR	–	1	**m**
2.	11 **m** ←	–	12	**yds**
	36 **yds** ←	–	742,50 $	
3.	1,250 $ ←	–	1	EUR ←

4. $$x = \frac{1 \cdot 12 \cdot 742{,}50 \cdot 1}{11 \cdot 36 \cdot 1{,}250}$$

$$x = 18{,}00 \text{ EUR}$$

Lösungsschritte

1. Der Kettensatz beginnt immer mit dem Fragesatz, wobei die gefragte Größe am Anfang steht.
   Hier: ? EUR – 1 **m**
2. Jeder weitere Satz der Kette beginnt links immer mit der Benennung, mit der der vorhergehende Satz der rechten Seite endete.
   Hier: 11 **m** – 12 yds

Die vorhergehende Gleichung endete auf Meter (? EUR – 1 **m**). Folglich muss die folgende Gleichung mit Meter beginnen (11 **m** – 12 yds) usw.

3. Die Kette ist geschlossen, wenn die auf der linken Seite gesuchte Benennung auf der rechten Seite erscheint.
   Hier: 1 EUR – 1 m

   .   .

   .   .

   .   .

   1,250 $ – 1 EUR
4. Zur Lösung des Kettensatzes verfährt man folgendermaßen:
   – die gesamte rechte Seite kommt **auf** den Bruch (Zähler)
   – die gesamte linke Seite kommt **unter** den Bruch (Nenner)

   Hier: $x = \frac{1 \cdot 12 \cdot 742{,}50 \cdot 1}{11 \cdot 36 \cdot 1{,}250}$ (Zähler) / (Nenner)

Beachte: In Zukunft kann auf die Zahl 1 im Zähler und Nenner verzichtet werden!

ÜBUNGSAUFGABEN

1. Wie viel EUR kosten 42 m amerikanischer Stoff, wenn der Angebotspreis für 1 yd 9,6 $ beträgt? (11 m – 12 yds; Kurs 1,250)

2. Eine Sendung Schweizer Käse wiegt 25,8 kg und kostet 350,00 sfr.
Was kosten 100 g Käse in Deutschland bei einem Kurs von 1,596?

3. Berechnen Sie den EUR-Preis für 1 m amerikanischen Stoff, wenn 1 yd zu 18,50 $ angeboten wird. (11 m – 12 yds; Kurs 1,250)

4. Wie viel EUR kostet 1 m Stoff, den wir aus den USA beziehen, wenn uns der Exporteur für 72 yds insgesamt 550,00 $ berechnet? (11 m – 12 yds; Kurs 1,250)

5. Berechnen Sie, welches der beiden folgenden Angebote günstiger ist:
A 1: aus der Schweiz: 1 kg zu 12,80 sfr (Kurs 1,587)
A 2: aus England: 1 kg zu 4,50 £ (Kurs 0,680)

6. Wie viel EUR kosten 500 g jamaikanischer Blue-Mountain-Kaffee, wenn wir diesen über einen Londoner Händler für 320,00 £ je cwt beziehen? (Kurs 0,680; 1 cwt = 45,358 kg)

7. Zu welchem Preis bieten wir eine Ledertasche in der Schweiz an, wenn diese in Deutschland 185,00 EUR kostet? (Kurs 1,600)

8. Eine US-Aluminiumhütte bietet einem deutschen Importeur 240 tons Aluminium für 24,00 $ je cwt an.
Wie viel EUR kosten 100 kg Aluminium? (Kurs 1,250; 1 cwt = 45,358 kg)

9. Ein US-amerikanischer Exporteur bietet einem deutschen Importeur eine Partie Baumwolle frei Kai Bremen zu 19,80 $ je cwt an.
Berechnen Sie den Angebotspreis für 100 kg in EUR. (Kurs 1,250; 1 cwt = 45,358 kg)

10. Eine Schiffsladung Monitoba-Weizen von 1 260 t wird von Antwerpen nach Basel verschifft. Der Frachtsatz beträgt 41,00 sfr/t.
Über wie viel EUR lautet die Fracht bei einem Kurs von 1,600?

11. Ein amerikanisches Frachtschiff bringt 195 Fässer zu je 2 qrs und einer Frachtrate von 5,00 $/100 kg nach Emden.
Wie hoch sind die Frachtkosten für die gesamte Ladung bei einem Tageskurs von 1,250? (4 qrs = 1 cwt = 45,348 kg)

12. Ein deutscher Großhändler bezieht aus der Schweiz 95 kg Käse zu einem Gesamtpreis von 815,00 sfr.
Berechnen Sie den Einkaufspreis für 100 g Käse, wenn dem Großhändler überdies 35,00 sfr für Frachtkosten in Rechnung gestellt werden. (Kurs 1,587)

13. Ein deutscher Importeur bezieht aus Japan monatlich 3 200 Videokameras vom Typ S 8 zu einem Gesamtpreis von 1 000 000,00 $.
Wie viel EUR kostet eine Kamera bei einem Kurs von 1,250?

14. Das US-amerikanische Frachtschiff „Grand Liberty" transportiert u. a. 415 Fässer Kunstharz zu je 3,5 qrs von New Orleans nach Hamburg. Der Frachtsatz beträgt 7,50 US-$ je 100 kg.
Mit welchen Transportkosten wird der Hamburger Importeur für die gesamte Sendung bei einem Tageskurs von 1,2353 belastet?

II Lagercontrolling

11 Lagerkalkulation

LOP

Die **Lagerkalkulation** ist eine Rechnung zur Ermittlung der Kosten je m² bzw. je t (100 kg usw.). Dieser Kostensatz wird benötigt, um den Kunden eine verursachungsgerechte Lagermiete zu berechnen.

Als Lagerkosten kommen u. a. in Betracht:

- **Verwaltungskosten,** z. B.: Löhne, Gehälter, Sozialleistungen, allg. Verwaltungskosten
- **Raumkosten,** z. B.: Miete, Abschreibungen, Instandhaltung, Energiekosten, Reinigung
- **Risikokosten,** z. B.: Versicherungsprämien, Mengenverluste durch Diebstahl u. a.
- **Kapitalkosten,** z. B.: Zinsen für das im Lager gebundene Kapital

Formel

$$\text{Lagerkosten je m}^2 = \frac{\text{gesamte Lagerkosten}}{\text{gesamte m}^2}$$

Neben den angegebenen reinen Lagerkosten (Lagerungskosten) werden in der Regel auch noch die Kosten der Ein- und Auslagerung sowie der Kommissionierung erfasst und dem Kunden in Rechnung gestellt.

Musteraufgabe

Der Lagerhausgesellschaft mbH, Mannheim, entstanden im 1. Quartal 20.. für ihr neu erbautes Lagerhaus mit einer Lagerfläche von 6 000 m² u. a. folgende Kosten:

– Personalkosten	65 000,00 EUR
– Abschreibungen	7 000,00 EUR
– Energiekosten	2 500,00 EUR
– Versicherungsprämie	3 500,00 EUR
– Reinigung	5 000,00 EUR

Mit welchen Lagerkosten belastet die Lagerhausgesellschaft einen Kunden pro Monat, wenn dieser 350 m² Lagerraum angemietet hat?

Musterlösung

$$\text{Kosten je m}^2 = \frac{83\,000{,}00 \text{ EUR}}{6000 \text{ m}^2} = \underline{\underline{13{,}83 \text{ EUR/m}^2}} \text{ und Quartal}$$

$$13{,}83 \text{ EUR/m}^2 \cdot 350 \text{ m}^2 = 4\,840{,}50 \text{ EUR/Quartal}$$

$$4\,840{,}50 \text{ EUR/Quartal} : 3 = \underline{\underline{1613{,}50 \text{ EUR/Monat}}}$$

LÖSUNGSSCHRITTE

1. Ermittlung der Gesamtkosten.
2. Errechnung der Kosten pro m² (bzw. pro t).
3. Ermittlung der Kosten pro Berechnungszeitpunkt.

ÜBUNGSAUFGABEN

1. Welche Lagerkosten muss die Maschinenfabrik Bauer der Lagerhausgesellschaft mbH für die Lagerung von 18,5 t Maschinenteile bezahlen, wenn die Lagerhausgesellschaft pro 50 kg 0,50 EUR Lagerkosten berechnet?

2. Mit welchen Lagerkosten je m² kalkuliert die Spedition Zehner, Mannheim, wenn dieser für ihr 5 600 m² großes Lagergebäude im Mai folgende Lagerkosten entstanden sind:

– Miete	30 000,00 EUR
– Personal	12 000,00 EUR
– Abschreibungen	4 000,00 EUR
– sonstige Kosten	8 000,00 EUR

3. Der Schnellfracht GmbH, Heidelberg, entstanden im vergangenen Geschäftsjahr folgende Lagerkosten:

– Personal	340 000,00 EUR
– Abschreibungen	125 000,00 EUR
– Zinsen	57 000,00 EUR
– Energiekosten	113 000,00 EUR
– Versicherungsprämien	13 000,00 EUR

a) Ermitteln Sie die monatlichen Lagerkosten.

b) Mit welchen Kosten je m² muss die Schnellfracht GmbH monatlich kalkulieren, wenn die Gesamtlagerfläche 11 285 m² beträgt?

c) Wie viel EUR muss ein Kunde bezahlen, der für den Monat Oktober 125 m² anmietete, wenn die Schnellfracht neben den Kosten je m² noch mit 0,50 EUR Gewinn je m² rechnet?

4. Mit welchen Lagerkosten belastet die Lagereigenossenschaft Schriesheim die Stahlwarenfabrik König & Co. KG für eine Ladung Federblätter im Gewicht von 22,4 t, wenn die Lagerkosten pro 100 kg 1,25 EUR betragen und die Lagereigenossenschaft zusätzlich mit 7% Gewinn kalkuliert?

5. Berechnen Sie den Preis für 1 kg Kupferdraht einschließlich Lagerkosten, wenn wir 18,4 t zum Einkaufspreis von 16 500,00 EUR bezogen und uns der Lieferer 8% Rabatt und 2,5% Skonto gewährte. Die Bezugskosten beliefen sich auf 935,00 EUR und als Lagerkosten werden 1,75 EUR je 100 kg berechnet.

6. Für das dreigeschossige Lagergebäude der Gebrüder Barth OHG mit den Grundmaßen 120 m · 36 m fielen für das 1. Quartal 20.. folgende Lagerkosten an:

- Personal 145 000,00 EUR
- Abschreibungen 68 000,00 EUR
- Energie 35 000,00 EUR
- sonstige Kosten 52 000,00 EUR

a) Berechnen Sie die Lagerkosten pro m^2 und Monat.

b) Mit welchen Lagerkosten pro Monat belastet die Gebr. Barth OHG einen Kunden, der für ein Palettenlager eine Fläche von 24 m · 8 m anmietete, wenn die OHG mit 0,80 EUR Gewinn je m^2 kalkuliert? (Umsatzsteuer 19 %)

c) Wie viel Euro-Paletten fasst das Palettenlager von Aufgabe b), wenn max. 3 Paletten übereinander stapelbar sind?

7. Die Schraubenfabrik Emil & Gertrud Neumann KG, Potsdam, möchte einen Teil ihrer Lagerhaltung an den Spediteur und Lagerhalter Dittmann & Konrad OHG, Berlin, auslagern.

Im Lagervertrag wurden u. a. nachfolgende Punkte aufgeführt:

Lagervertrag
zwischen

Lagerhalter	**Mieter**
Spediteur und Lagerhalter **Dittmann & Konrad OHG** **Mannheimer Str. 68** **10653 Berlin**	**Schraubenfabrik** **Emil & Gertrud Neumann KG** **Schillerstr. 8** **12670 Potsdam**

Vertragsbeginn:	01.01.20..	
Abrechnungszeitraum:	je Quartal	
Kostenauflistung	– Einlagerung je Palette:	60,00 EUR
	– Lagerkosten je Palette/Monat:	15,00 EUR
	– Auslagerung je Karton:	7,50 EUR
	– Verwaltung je Monat:	400,00 EUR

Datum: Berlin, 28.11.20..

Ermitteln Sie den am Quartalsende an den Lagerhalter Dittmann & Konrad OHG zu zahlenden Bruttobetrag, wenn die Emil & Gertrud Neumann KG am 02.01.20.. 150 Paletten mit je 20 Kartons einlagerte und am 28.02.20.. 40 Kartons an verschiedene Kunden in Süddeutschland verkauft und versandt wurden.

8. Die Spedition Ausanio KG lagerte für einen Kunden im abgelaufenen Quartal 243 000 kg Düngemittel aus.

Berechnen Sie die Kommissionierkosten

a) je Palette,

b) je 100 kg,

c) je Monat,

wenn die Lagerverwaltung folgende Angaben zur Verfügung stellt:
- Bruttogewicht je Palette 920 kg; Eigengewicht je Palette 20 kg
- Kommissionierzeit je Palette 12 Minuten
- Stundenlohn pro eingesetztem Arbeiter 12,50 EUR
- anzusetzende Lohnnebenkosten 80%

9. Die Mannheimer Kaufmannsmühle GmbH füllt u.a. auch Hartweizenmehl in 5-kg-Pakete ab, von denen monatlich im Durchschnitt 540 t auf Euro-Paletten (Bruttogewicht 815 kg je Palette; Tara 15 kg je Palette) in das Verkaufslager gebracht und eingelagert werden.
Des Weiteren gilt es zu beachten:
- Für die Einlagerung in das Verkaufslager werden täglich 2 Staplerstunden benötigt.
- Die Kosten pro Staplerstunde belaufen sich auf 30,00 EUR.
- Die monatliche Arbeitszeit beträgt 22 Arbeitstage.

a) Wie viele Pakete Mehl können auf einer Euro-Palette gestapelt werden?
b) Wie viele Euro-Paletten werden monatlich in das Verkaufslager gebracht?
c) Mit welchen Staplerkosten muss die Mannheimer Kaufmannsmühle
   (i) monatlich,
   (ii) pro Euro-Palette kalkulieren?
d) Wie viele Minuten benötigt man zur Einlagerung einer Palette? (auf ganze Zahl kfm. runden!)

10. Im Geschäftsbereich „Gewerbliche Lagerhaltung" fielen bei der Spedition Barth & Neumann KG folgende Kosten an:

Lagerkosten

Kostenart	Betrag in Euro	Bezugszeitraum
Personal	28.000,00	Monat
Abschreibungen	80.000,00	Jahr
Zinsen	12.000,00	1/2 Jahr
Energie	3.000,00	1/4 Jahr
Versicherungsprämien	2.000,00	1/2 Jahr
Allg. Verwaltungskosten	2.000,00	Monat

a) Wie hoch sind die gesamten Lagerkosten der Spedition Barth & Neumann KG pro Jahr?
b) Welche Lagerkosten pro Arbeitstag muss die Spedition ansetzen, wenn im abgelaufenen Jahr an 240 Tagen gearbeitet wurde?
c) Wie hoch sind die monatlichen Lagerkosten je m^2, wenn das zweigeschossige Lagerhaus eine Grundfläche von 120 m · 40 m aufweist und 16 2/3% der Fläche für Verkehrswege freizuhalten sind?
d) Berechnen Sie die Kosten, die einem Kunden der Spedition für den abgelaufenen Monat in Rechnung zu stellen sind, wenn folgende Punkte zu beachten sind:
   - eingelagerte Menge im vergangenen Monat: 80000 kg
   - ausgelagerte Menge im vergangenen Monat: 96000 kg
   - Nettogewicht einer Palette 800 kg
   - Ein- bzw. Auslagerungskosten je Palette 1,50 EUR
   - Umschlagskosten je Palette 0,10 EUR
   - angemietete Fläche 250 m^2
   - Gewinnzuschlag der Spedition Barth & Neumann KG 8 1/2%
   - Umsatzsteuer 19%

11. Die Geschäftsleitung der Maschinenfabrik Tannebaum GmbH, Ludwigsburg, überlegt sich, ob es besser wäre, im Kleinteilbereich eine weitere Lagerhalle selbst zu bauen oder die Lagerhaltung stattdessen an einen gewerblichen Lagerhalter zu übertragen.

Ein Kostenvergleich beider Möglichkeiten ergibt folgende Situation:

Eigenes Lager	Fremdlagerung
Beim Bau einer eigenen Lagerhalle entstehen insgesamt 50000,00 EUR fixe Kosten pro Jahr. Darüber hinaus muss mit 0,35 EUR je kg Kleinteile gerechnet werden.	Ein gewerblicher Lagerhalter wäre bereit, die Lagerhaltung komplett für 0,75 EUR je kg Kleinteile zu übernehmen.

a) Ermitteln Sie die günstigere Alternative, wenn von einer jährlichen Umschlagsmenge von 384000 kg ausgegangen werden kann.
b) Bei welcher jährlichen Umschlagsmenge ist die Eigen- und Fremdlagerung gleich teuer?

PRÜFUNGSAUFGABEN P

1. Die Metallwarenfabrik Brigitte Weber GmbH beabsichtigt ein neuartiges Klappscharnier in ihr Sortiment aufzunehmen. Sie ist sich allerdings noch nicht sicher, ob sie diese Klappscharniere selbst herstellen oder von einem slowenischen Unternehmen beziehen möchte.

Zur Entscheidungsfindung stehen folgende Daten zur Verfügung:

Eigenfertigung: Bei einer Eigenfertigung belaufen sich die Kosten für das Metall eines Scharniers auf 2,00 EUR pro Stück, sowie für benötigte Kunststoffteile auf 0,50 EUR pro Scharnier. Die fixen Kosten betragen bei Eigenfertigung 600,00 EUR pro Monat.

Fremdbezug: Die slowenische Firma ist bereit, das Scharnier für 6,50 EUR pro Stück zu liefern.

a) Entscheiden Sie rechnerisch, ob es für die Metallwarenfabrik Brigitte Weber wirtschaftlich sinnvoll ist, das Scharnier selbst zu fertigen, wenn von einem Monatsabsatz von 200 Scharnieren auszugehen ist.

b) Bei welcher Menge sind die Eigenfertigung und der Fremdbezug gleich teuer?

2. Die Spedition W. & E. Schmitt GmbH, Mannheim, überlegt aufgrund gestiegener Nachfrage nach Lagerraum, ob sie eine Lagerhalle selbst bauen oder stattdessen lieber anmieten soll. Bei einem neuen, zweigeschossigen Lageranbau von 62,5 m · 30 m rechnet der Geschäftsführer Werner Schmitt mit 90000,00 EUR fixen Kosten pro Jahr. Ein Inserat in der lokalen Zeitung eröffnet ihm darüber hinaus folgende Möglichkeit:

> Lagerräume auf 3 Etagen, ca. 4500 m², Etage je ca. 1500 m², auch einzeln oder mit Teilflächen zu vermieten.
>
> **Lagerräume**
> **MA-Neckarau, Nähe Autobahn**
>
> EG: 2,00 EUR/m², 1. + 2. OG: 1,25 EUR/m²
>
> Vorteil: Warenannahme vorhanden.
> Evtl. Lagerverwaltungsarbeiten können übernommen werden.
>
> Telefon von 08:00–16:00 Uhr:
> 0621 811875 Frau Werneth

a) Errechnen Sie die monatlichen Kosten, die bei einer Fremdlagerung entstehen, wenn das komplette EG sowie 40 % der ersten Etage angemietet würden.

b) Ermitteln Sie die zu zahlende durchschnittliche Miete je m².

c) Mit welchen monatlichen Kosten pro m² müsste die W.&E. Schmitt GmbH bei einer Eigenlagerung rechnen?

d) Errechnen Sie die günstigste Einlagerungsalternative, wenn wir von einem benötigten Lagerraum von 3700 m² ausgehen und eine weitere Anmietung ausschließlich bei Mietung der gesamten Fläche – zu den angegebenen Konditionen – möglich wäre.

e) Zu welcher Alternative würden Sie der Spedition W. & E. Schmitt GmbH raten?

3. Die Firma Deborah Döringer KG ist ein mittelständisches Großhandelsunternehmen in Mannheim. Bei der Wirtschaftlichkeitsbetrachtung des eigenen Lagerbereichs wird geprüft, ob in Zukunft eine Auslagerung verschiedener Artikel an einen selbstständigen Lagerhalter sinnvoll ist.

Ermitteln Sie anhand der folgenden Lagerdaten den durchschnittlichen Lagerbestand an Metallteilen, bis zu dem eine Fremdlagerung kostengünstiger wäre.

Eigenes Unternehmen:

– gesamte monatliche fixe Kosten	8000,00 EUR
– variable Lagerkosten je Metallteil	0,50 EUR

Fremdes Unternehmen:

– kompletter Lagerpreis bei Fremdlagerung pro Monat und Stück	1,30 EUR

12 Lagerkennziffern

LOP

BWP

Mit den verschiedenen **Kennziffern** versucht der Kaufmann, die Wirtschaftlichkeit des Lagerbereichs zu überprüfen. Dabei vergleicht man die aktuellen Werte entweder mit denen von Vorperioden oder mit den branchenüblichen Werten. Die zur Berechnung der **Lagerkennziffern** notwendigen Größen, wie z. B. der Warenbestand, werden dabei von der Buchführung zur Verfügung gestellt. Somit kann man die Buchführung quasi als Quelle der Lagerkennziffern begreifen.

Im vorliegenden Abschnitt geht es jedoch weniger um eine betriebswirtschaftliche Analyse zur Verbesserung der Kennzahlen als vielmehr um die Berechnung dieser Größen.

12.1 Ermittlung des Bestellzeitpunktes

Die Ermittlung des Bestellzeitpunktes hat die Aufgabe, die erforderlichen Gütermengen termingerecht zur Verfügung zu stellen. Der Bestellzeitpunkt ist dabei abhängig von

- der Lieferzeit,
- dem Verbrauch (Verkauf).

Damit es zu keinen Fehlmengen kommt, plant der Kaufmann zusätzlich eine *eiserne Reserve* (Mindestbestand, eiserner Bestand) ein.

Mindestbestand (eiserner Bestand) = der Bestand, der ständig auf Lager sein muss, um die Verkaufsbereitschaft (Betriebsbereitschaft) zu sichern. Er darf bei normalem Betriebsablauf nicht unterschritten werden.

Meldebestand = der Bestand, bei dessen Erreichen die Einkaufsabteilung informiert werden muss, damit sie neu bestellt. Der Meldebestand muss stets so hoch sein, dass die neue Ware eintrifft, bevor der Mindestbestand in Anspruch genommen wird.

Höchstbestand = maximaler Bestand, der auf Lager liegen darf bzw. kann.

FORMEL

$$\text{Meldebestand} = \text{täglicher Verbrauch} \cdot \text{Lieferzeit} + \text{Mindestbestand}$$

MUSTERAUFGABE

Bei welcher Menge muss das Lager die Einkaufsabteilung über die Beschaffung neuer Waren informieren, wenn folgende Größen gegeben sind:

– Lieferzeit	3 Tage
– täglicher Verbrauch	100 Stück
– Mindestbestand	200 Stück

MUSTERLÖSUNG

1. **grafische Lösung**

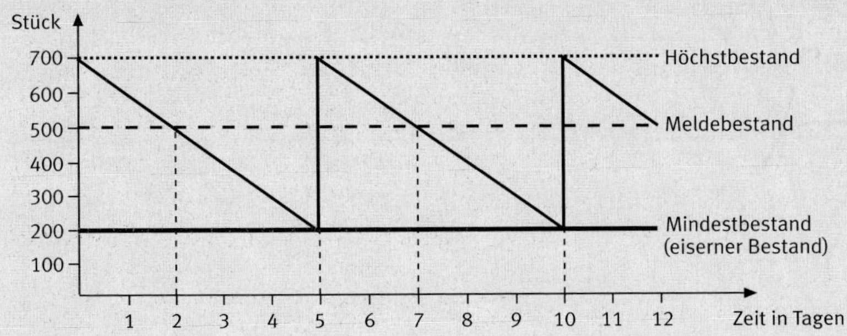

2. **mathematische Lösung**

Meldebestand = tägl. Verbrauch · Lieferzeit + Mindestbestand
Meldebestand = 100 Stück · 3 Tage + 200 Stück
Meldebestand = 500 Stück

FORMELUMSTELLUNGEN

$$\text{täglicher Verbrauch} = \frac{\text{Meldebestand} - \text{Mindestbestand}}{\text{Lieferzeit}}$$

$$\text{Lieferzeit} = \frac{\text{Meldebestand} - \text{Mindestbestand}}{\text{tägl. Verbrauch}}$$

$$\text{Mindestbestand} = \text{Meldebestand} - (\text{täglicher Verbrauch} \cdot \text{Lieferzeit})$$

MUSTERAUFGABE

Ermitteln Sie die zugrunde liegende Lieferzeit, wenn folgende Größen gegeben sind:

- Meldebestand 200 Stück
- Mindestbestand 80 Stück
- täglicher Verbrauch 15 Stück

MUSTERLÖSUNG

$$\text{Lieferzeit} = \frac{\text{Meldebestand} - \text{Mindestbestand}}{\text{täglicher Verbrauch}}$$

$$\text{Lieferzeit} = \frac{200\text{ Stück} - 80\text{ Stück}}{15\text{ Stück}}$$

$$\text{Lieferzeit} = \frac{120\text{ Stück}}{15\text{ Stück}}$$

Lieferzeit = 8 Tage

12.2 Der durchschnittliche Lagerbestand

Der durchschnittliche Lagerbestand (∅-LB) gibt diejenige Menge bzw. den Wert an Waren (Vorräten) an, die durchschnittlich am Lager sind. Man kann den ∅-LB somit als Mittelwert bezeichnen. Zur Errechnung verwendet man je nach dem zugrunde liegenden Betrachtungszeitraum unterschiedliche Formeln.

FORMELN

1. Jahresformeln

$$\varnothing\text{-LB} = \frac{\text{Jahres-AB} + \text{Jahres-EB}}{2}$$

$$\varnothing\text{-LB} = \frac{\text{Jahres-AB} + 4\ \text{Quartals-EB}}{5}$$

$$\varnothing\text{-LB} = \frac{\text{Jahres-AB} + 12\ \text{Monats-EB}}{13}$$

2. Quartalsformeln

$$\varnothing\text{-LB} = \frac{\text{Quartals-AB} + \text{Quartals-EB}}{2}$$

$$\varnothing\text{-LB} = \frac{\text{Quartals-AB} + 3\ \text{Monats-EB}}{4}$$

Aufgabe: Erstellen Sie die verschiedenen Formeln zur Ermittlung des ∅ LB, wenn als Betrachtungsraum 1/2 bzw. 3/4 Jahr zu berücksichtigen sind!

Besonderheiten:

1. Wird der gesamte Jahresbedarf zu Beginn des Jahres beschafft, so berechnet sich der ∅-Lagerbestand häufig wie folgt:

MERKE

$$\varnothing\text{-LB} = \frac{\text{Materialverbrauch (Wareneinsatz)}}{2} + \text{Mindestbestand}$$

2. Wird ein täglich konstanter Verbrauch bei gleichbleibenden Bestellungen unterstellt, wird häufig folgende vereinfachte Formel angewandt:

MERKE

$$\varnothing\text{-LB} = \frac{\text{Bestellmenge}}{2} + \text{Mindestbestand}$$

MUSTERAUFGABE

Ermitteln Sie aus der Lagerbestandsdatei der Firma Müller & Co. den durchschnittlichen Lagerbestand für Brausegarnituren auf der Basis von:

a) Jahres-AB und Jahres-EB,

b) Monatsbeständen!

LAGERBESTÄNDE
ARTIKEL: Brausegarnituren

Datum:	Bestand:	Datum:	Bestand:
AB	36	31.07.	62
31.01.	59	31.08.	56
28.02.	42	30.09.	30
31.03.	56	31.10.	47
30.04.	39	30.11.	34
31.05.	47	31.12.	42
30.06.	35		

MUSTERLÖSUNG

a) $$\varnothing\text{-LB} = \frac{\text{Jahres-AB} + \text{Jahres-EB}}{2}$$

$$\varnothing\text{-LB} = \frac{36 + 42}{2} = \frac{78}{2} = \underline{\underline{39}}$$

b) $$\varnothing\text{-LB} = \frac{\text{Jahres-AB} + 12 \text{ Monats-EB}}{13}$$

$$\varnothing\text{-LB} = \frac{36 + 59 + 42 + ... + 47 + 34 + 42}{13}$$

$$\varnothing\text{-LB} = \frac{585}{13} = \underline{\underline{45}}$$

MERKE Das Ergebnis wird umso genauer, je mehr Bestände in der Rechnung berücksichtigt werden.

12.3 Die Umschlagshäufigkeit

Die Umschlagshäufigkeit (UH) gibt darüber Auskunft, wie oft sich der durchschnittliche Lagerbestand während des Betrachtungszeitraumes umgeschlagen hat. Je größer die Umschlagshäufigkeit ist, desto geringer sind die Lagerrisiken, der Kapitaleinsatz und die Lagerkosten und umso größer ist die Rentabilität. Aus diesem Grunde gebührt dieser Messziffer besondere Beachtung.

FORMEL

$$\text{Umschlagshäufigkeit} = \frac{\text{Wareneinsatz}}{\text{durchschnittlicher Lagerbestand}}$$

Zur Berechnung der Umschlagshäufigkeit benötigt man somit neben dem durchschnittlichen Lagerbestand den „Wareneinsatz“, d.h. den Wert der verkauften Waren zu Einstandspreisen.

Ist der Wareneinsatz nicht angegeben, errechnet er sich wie folgt:

  Anfangsbestand
\+ Zugänge
− Endbestand
= Wareneinsatz

Die Umschlagshäufigkeit kann sowohl auf mengen- als auch auf wertmäßiger Basis ermittelt werden.

MUSTERAUFGABE

Im vorangegangenen Beispiel betrug der durchschnittliche Lagerbestand 45 Stück. Wie hoch ist die Umschlagshäufigkeit, wenn die Zugänge während des Betrachtungszeitraumes 411 Stück betrugen?

Musterlösung

1. Ermittlung des Wareneinsatzes

AB	36 Stück
+ Zugänge	411 Stück
− EB	42 Stück
= Wareneinsatz	405 Stück

2. Berechnung der Umschlagshäufigkeit

$$\text{UH} = \frac{\text{Wareneinsatz}}{\text{durchschnittlicher Lagerbestand}} = \frac{405}{45} = \underline{\underline{9}}$$

12.4 Die durchschnittliche Lagerdauer

Die durchschnittliche Lagerdauer (∅-LD) gibt an, wie lange der Kaufmann die Ware während des Betrachtungszeitraumes im Durchschnitt vom Eingang bis zum Verkauf am Lager hatte.

Formel

$$\varnothing\text{-Lagerdauer} = \frac{\text{Betrachtungszeitraum in Tagen}}{\text{Umschlagshäufigkeit}}$$

Je nach dem Betrachtungszeitraum ergeben sich folgende Formeln zur Errechnung der ∅-Lagerdauer:

Formeln

Betrachtungszeitraum	Formel
1 Jahr	$\varnothing\text{-LD} = \frac{360}{\text{UH}}$
1/2 Jahr	$\varnothing\text{-LD} = \frac{180}{\text{UH}}$
1 Quartal	$\varnothing\text{-LD} = \frac{90}{\text{UH}}$
3 Quartale	$\varnothing\text{-LD} = \frac{270}{\text{UH}}$

Beachte: Je größer die Umschlagshäufigkeit, desto geringer ist die Lagerdauer und umso geringer sind die Lagerkosten.

Musteraufgabe

Ermitteln Sie die ∅-Lagerdauer für die Brausegarnituren der Firma Müller & Co., wenn als Betrachtungszeitraum ein Jahr veranschlagt wird!

Musterlösung

$$\varnothing\text{-Lagerdauer} = \frac{360}{\text{UH}} = \frac{360}{9} = \underline{\underline{40 \text{ Tage}}}$$

12.5 Der Lagerzinssatz

Der Lagerzinssatz gibt denjenigen Prozentsatz an, mit dem unsere Ware zusätzlich zu belasten ist, um den Zinsverlust, der durch die Bindung des Kapitals in unseren Waren entsteht, auszugleichen.

FORMEL

$$\text{Lagerzinssatz} = \frac{\text{Jahreszinsfuß} \cdot \varnothing\text{-Lagerdauer}}{360}$$

MUSTERAUFGABE

Die ∅-Lagerdauer für Brausegarnituren beträgt wie bereits errechnet 40 Tage; der bankübliche Zinssatz ist 9 %.

Wie hoch ist in vorliegendem Fall der ∅-Lagerzinssatz?

MUSTERLÖSUNG

$$\varnothing\text{-Lagerzinssatz} = \frac{\text{Jahreszinsfuß} \cdot \varnothing\text{-Lagerdauer}}{360}$$

$$\varnothing\text{-Lagerzinssatz} = \frac{9 \cdot 40}{360}$$

$$\varnothing\text{-Lagerzinssatz} = \underline{\underline{1\,\%}}$$

Beachte: Je geringer die ∅-Lagerdauer, desto geringer ist der Lagerzinssatz.

12.6 Die Lagerzinsen

Die Lagerzinsen geben die Zinsen für das im Lager gebundene Kapital an. Als Berechnungsgrundlagen benötigt man dabei sowohl den wertmäßigen ∅-Lagerbestand als auch die ∅-Lagerdauer.

Die Lagerzinsen lassen sich nun in Anlehnung an die allgemeine Zinsformel (K · i · p-Formel) unter Beachtung folgender Zusammenhänge

DEFINITION

K (Kapital) = ∅-Lagerbestand
i (Zeit) = ∅-Lagerdauer

wie folgt ermitteln:

FORMEL

$$\text{Lagerzinsen} = \frac{\varnothing\text{-Lagerbestand} \cdot \varnothing\text{-Lagerdauer} \cdot p}{100 \cdot 360}$$

oder

FORMEL

$$\text{Lagerzinsen} = \frac{\varnothing\text{-Lagerbestand}}{100} \cdot \text{Lagerzinssatz}$$

MUSTERAUFGABE

Berechnen Sie die Lagerzinsen der Artikelgruppe 006, für die ein ∅-Lagerbestand von 120 000,00 EUR und eine ∅-Lagerdauer von 36 Tagen ermittelt wurde. Der bankübliche Zinssatz beträgt 10 %.

MUSTERLÖSUNG

$$\text{Lagerzinsen} = \frac{\varnothing\text{-Lagerbestand} \cdot \varnothing\text{-Lagerdauer} \cdot p}{100 \cdot 360}$$

$$\text{Lagerzinsen} = \frac{120\,000 \cdot 36 \cdot 10}{100 \cdot 360}$$

$$\text{Lagerzinsen} = \underline{\underline{1\,200{,}00\ \text{EUR}}}$$

12.7 Die durchschnittliche Lagerreichweite (Bestandsreichweite)

Die Lagerreichweite gibt an, wie viele Betrachtungsperioden (u. U. Tage, Wochen, Monate usw.) der durchschnittliche Lagerbestand zur Befriedigung der Abgänge reicht.

FORMEL

$$\text{Lagerreichweite in Perioden} = \frac{\varnothing\text{-LB}}{\text{Bedarf pro Zeiteinheit}}$$

MUSTERAUFGABE

Im Lager der Firma Müller & Co. befinden sich, wie bereits berechnet, im Durchschnitt 45 Brausegarnituren.

Wie viele Tage reicht der durchschnittliche Lagerbestand, wenn aufgrund der Absatzplanung ein Bedarf von 5 Stück pro Tag unterstellt wird?

MUSTERLÖSUNG

$$\text{Lagerreichweite in Tagen} = \frac{\varnothing\text{-LB}}{\text{Bedarf pro Zeiteinheit}}$$

$$\text{Lagerreichweite in Tagen} = \frac{45}{5}$$

$$\text{Lagerreichweite in Tagen} = \underline{\underline{9\ \text{Tage}}}$$

12.8 Weitere Lagerkennziffern

12.8.1 Lagerkostensatz

Der Lagerkostensatz zeigt den prozentualen Anteil der Lagerkosten am durchschnittlichen Lagerbestand an.

FORMEL

$$\text{Lagerkostensatz} = \frac{\text{Lagerkosten} \cdot 100}{\varnothing\text{-LB}}$$

12.8.2 Durchschnittliche Lagerplatzkosten

Die durchschnittlichen Lagerplatzkosten geben den Preis pro Lagerplatz an. Dieser Preis darf langfristig nicht unterschritten werden, da sonst die Kosten größer als die Erträge sind = langfristige Preisuntergrenze pro Lagerplatz.

FORMEL

$$\varnothing\text{-Lagerplatzkosten} = \frac{\text{Gesamtkosten des Lagers}}{\text{Anzahl der Lagerplätze}}$$

ÜBUNGSAUFGABEN

1. Das Warenhaus Ringkauf verkauft täglich 50 Pakete Waschmittel. Die Lieferzeit beträgt 8 Tage. Der eiserne Bestand wird aus Erfahrungsgründen auf 150 Stück festgesetzt.

a) Wie hoch ist der Meldebestand?

b) Ermitteln Sie die Bestellmenge, wenn die Lagerkapazität 1200 Pakete beträgt.

2. Für Artikel Nr. 1765 „Holzschrauben" liegen uns aus der Lagerbuchführung und der Inventur folgende Daten vor:

Jahresanfangsbestand	750,00 EUR
Summe der 12 Monatsendbestände	14200,00 EUR
Zugänge während des Jahres	7150,00 EUR
Jahresendbestand	1000,00 EUR

Ermitteln Sie aufgrund dieser Daten:

a) ∅-Lagerbestand bei Anwendung der Monatsformel,

b) Umschlagshäufigkeit,

c) ∅-Lagerdauer.

3. Angenommen, in Ihrem Betrieb ergeben sich folgende Zahlen für den Bereich „Duschkabinen":

Jahresanfangsbestand	260000,00 EUR
Zugänge	650000,00 EUR
Jahresendbestand	75000,00 EUR

Berechnen Sie folgende Kennziffern:

a) Umschlagshäufigkeit (auf ganze Zahl runden!),

b) ∅-Lagerdauer,

c) Lagerzinssatz (banküblicher Zinssatz 10%).

4. Aufgrund eines Branchenvergleiches müsste sich für die Fotogroßhandlung Maurer im Sortimentsbereich „Filme" eine durchschnittliche Lagerdauer von 30 Tagen ergeben. Herr Maurer beauftragt daraufhin seinen Assistenten, aus den eigenen Betriebszahlen (∅-Lagerbestand = 99000,00 EUR, Wareneinsatz = 1980000,00 EUR) folgende Lagerkennziffern zu ermitteln:

a) Umschlagshäufigkeit,

b) ∅-Lagerdauer,

c) Lagerzinssatz (Zinsfuß = 10%),

d) Zinsbelastung durch das im Lager „Filme" gebundene Kapital.

5. Bei der Firma Heinz Schulze wird der Lagerbestand überprüft. Hierfür stellt die Lagerverwaltung für das 1. Quartal folgende Unterlagen zur Verfügung:

Endbestand 31.12.2006	12730,00 EUR
Endbestand 31.01.2007	14220,00 EUR
Endbestand 28.02.2007	15350,00 EUR
Endbestand 31.03.2007	13700,00 EUR

Der Materialeinsatz betrug im betrachteten Zeitraum 50000,00 EUR.

a) Ermitteln Sie die ∅-Lagerdauer. (UH auf 1 Stelle nach dem Komma runden!)

b) Ermitteln Sie den Lagerzinssatz, wenn der bankübliche Zinsfuß 8% beträgt.

c) Errechnen Sie den neuen Meldebestand, wenn die Lagerfachkarte für Artikel Nr. 1254 „Wandhalterungen" folgende Größen aufweist:

– tägl. Verbrauch	15 Stück
– Lieferzeit	3 Tage
– interne Bearbeitungszeit	2 Tage
– Mindestbestand	20 Stück

6. Die Lagerkartei einer Ware weist folgende Zahlen auf:

Anfangsbestand	10000 Stück	=	20000,00 EUR
Zugänge	100000 Stück	=	200000,00 EUR
Wareneinsatz (Abgänge)	90000 Stück	=	180000,00 EUR

a) Wie hoch ist der Endbestand in Stück.

b) Ermitteln Sie den ∅-Lagerbestand in EUR und Stück,

c) Errechnen Sie die Umschlagshäufigkeit!

d) Wie viel EUR betragen die Lagerzinsen, wenn der bankübliche Zinssatz 8 1/2% beträgt?

7. Die Einkaufsabteilung der Metallwerke Bauer KG erhält vom Lager folgende Meldung:

„Am 3. Mai 20.. war der Lagerbestand an Kupferdraht 1,5 mm, Art. Nr. 50/08, aufgebraucht, sodass die Fertigung der dringend benötigten Wicklungen gestoppt werden musste."

Die Einkaufsabteilung überprüft daraufhin die Möglichkeit, eine solche Störung des Fertigungsablaufes in Zukunft zu vermeiden. Als Unterlage dient dabei die folgende Lagerfachkarte:

Lager: 2	Lagerfachkarte	Karte Nr. 14	
Artikel:	Kupferdraht	Mindestbestand:	120 m
Art. Nr.:	50/08	Meldebestand:	360 m
Einheit:	lfd. Meter	Tagesverbrauch:	12 m

Datum	Text	Beleg	Zugang	Abgang	Bestand
02.01.	Bestand				780
05.01.	Entnahme	ME 7		160	620
18.01.	Entnahme	ME 9		260	360
07.02.	Lieferschein	L 159	500		860
08.02.	Entnahme	ME 19		280	580
04.04.	Entnahme	ME 43		220	360
28.04.	Entnahme	ME 59		360	–

a) Ermitteln Sie aus dem Kopf der Lagerfachkarte die zugrunde gelegte Lieferzeit.

b) Errechnen Sie für den Zeitraum 01.01.–31.03. die ∅-Lagerdauer. (UH auf 1 Stelle nach dem Komma runden.)

8. Die Geschäftsführung der Motorenwerke Weinheim GmbH lässt den Lagerumschlag des Handelswarenlagers für das 4. Quartal überprüfen. Dem Sachbearbeiter Müller stehen folgende Daten zur Verfügung:

Endbestände der Warengruppe 7:

30.09.	13 000,00 EUR
31.10.	12 500,00 EUR
30.11.	13 300,00 EUR
31.12.	11 200,00 EUR
Einkäufe im 4. Quartal	85 700,00 EUR

a) Berechnen Sie den durchschnittlichen Lagerbestand.

b) Ermitteln Sie die Umschlagshäufigkeit des Warenlagers.

c) Wie lang ist die durchschnittliche Lagerdauer?

d) Wie hoch ist der Lagerzinssatz, wenn der bankübliche Zinsfuß 9 1/4% beträgt?

e) Ermitteln Sie den Meldebestand der Warengruppe „Querstecker", wenn die Motorenwerke mit einem Mindestbestand von 20 Stück rechnen, täglich 5 Stück verkauft werden und die Lieferzeit in der Regel 12 Tage beträgt.

9. Ketteler & Co. KG, ein mittelständischer Hersteller von Gartenmöbeln, verzeichnete im vergangenen Jahr stetig steigende Umsätze. Die Gewinnentwicklung verlief jedoch äußerst unbefriedigend. Bei der Ursachenforschung wurde auch der Beschaffungsbereich durchleuchtet.

Daten des vergangenen Jahres:

Lagerbestände – Balkonmöbel

	AB 28 000,00 EUR		
Januar	EB 24 000,00 EUR	Juli	EB 19 300,00 EUR
Februar	EB 29 400,00 EUR	August	EB 43 700,00 EUR
März	EB 38 100,00 EUR	September	EB 28 000,00 EUR
April	EB 40 200,00 EUR	Oktober	EB 5 900,00 EUR
Mai	EB 13 800,00 EUR	November	EB 42 900,00 EUR
Juni	EB 20 900,00 EUR	Dezember	EB 29 800,00 EUR

– der Wareneinsatz betrug 100 800,00 EUR.

– im letzten Jahr wurde an 235 Tagen gearbeitet.

a) Ermitteln Sie den durchschnittlichen Lagerbestand.

b) Errechnen Sie die Umschlagshäufigkeit.

c) Berechnen Sie die durchschnittliche Lagerdauer.

d) Ermitteln Sie den durchschnittlichen Tagesverbrauch.

10. Die Maschinenfabrik Wolfgang Unger, Bruchsal, ist ein mittelständisches Unternehmen, das Elektromotoren herstellt.

Von Fremdbezugsteil 319 sind am Ende des 40. Arbeitstages (erster Arbeitstag im März) noch 1 320 Stück am Lager. Der durchschnittliche Bedarf beträgt pro Arbeitstag 90 Stück.

Weitere Angaben:

– Mindestbestand 240 Stück

– Lieferzeit 8 Werktage ab Bestellung

– optimale Bestellmenge 1 260 Stück

Planen Sie mithilfe des nachfolgenden Kalenders die Bestelltermine für den Monat März 20..

März 20..

KT = Kalendertag **AT** = Arbeitstag (Werktag)

KT	1	2	3	4	5	6	7	8	9	10
AT	40	41	42	43	44	★	★	45	46	47
KT	11	12	13	14	15	16	17	18	19	20
AT	48	49	★	★	50	51	52	53	54	★
KT	21	22	23	24	25	26	27	28	29	30
AT	★	55	56	57	58	59	★	★	60	61
KT	31									
AT	62									

★ = Samstage bzw. Sonntage

a) Ermitteln Sie den Meldebestand.

b) Berechnen Sie den 1. Bestelltermin.

c) Errechnen Sie, wie lange eine Lieferung hält.

d) Berechnen Sie nun den 2. Bestelltermin im März.

11. Die Filiale eines Großhändlers schlägt ihren durchschnittlichen Lagerbestand im Jahr achtmal um. Sie kalkuliert mit einem Lagerzinssatz von 1,2%, der genau 5 000,00 EUR Lagerzinsen entspricht.

a) Berechnen Sie die durchschnittliche Lagerdauer.

b) Welchen aktuellen banküblichen Zinssatz hat die Filiale ihren Berechnungen zugrunde gelegt?

c) Welchen durchschnittlichen Lagerbestand weist die Filiale auf?

12. Beim Großhändler Karl Wolf, Mannheim, weist die Lagerfachkarte für den Artikel 2108 „Keilriemenscheiben" für das vergangene Geschäftsjahr folgende Zahlen aus:

Anfangsbestand:	40 000 Stück
Zugänge:	370 000 Stück
Endbestand:	50 000 Stück

a) Berechnen Sie die durchschnittliche Lagerdauer für den Artikel „Keilriemenscheiben".

b) Der bankübliche Zinssatz für kurzfristige Kredite beträgt zz. 12%, der Bareinkaufspreis je Keilriemenscheibe 12,00 EUR.

(1) Errechnen Sie den Lagerzinssatz.

(2) Wie viel EUR beträgt der jährliche Zinsaufwand für das durchschnittlich in Keilriemenscheiben gebundene Kapital?

13. Die Metallwerke AG, Dortmund, legte den eisernen Bestand (Mindestbestand) für einen Rohstoff auf 400 Tonnen fest. Im Durchschnitt gehen von diesem Rohstoff pro Arbeitswoche (= 5 Arbeitstage) 175 Tonnen in die Produktion ein.

Wie viel Tonnen beträgt der Meldebestand, wenn für die Lieferzeit des Rohstoffs 6 Tage veranschlagt werden und unsere Einkaufsabteilung für die Bearbeitung der Bestellung 3 Tage benötigt?

14. Die vorliegende Aufgabe ist als Bindeglied zwischen der **Buchhaltung** und dem kaufmännischen Rechnen zu verstehen, zeigt sie doch, dass die Buchführung als Quelle der Lagerkennziffern begriffen werden muss. **BWP**

Die Eröffnungs- und Schlussbilanz des Großhandelsbetriebes Kajmer & Co. weist für 20.. folgende Werte auf:

Eröffnungsbilanz 20..

Aktiva		Passiva	
Gebäude	500 000,00	Eigenkapital	832 500,00
Fuhrpark	200 000,00	Darlehen	450 000,00
Waren	850 000,00	Verbindlichkeiten	350 000,00
Forderungen	20 000,00		
Bank	50 000,00		
Kasse	12 500,00		
	1 632 500,00		1 632 500,00

Aktiva	Schlussbilanz 20..		Passiva
Gebäude	500 000,00	Eigenkapital	?
Fuhrpark	150 000,00	Darlehen	430 000,00
Waren	600 000,00	Verbindlichkeiten	300 000,00
Forderungen	15 000,00		
Bank	45 000,00		
Kasse	9 500,00		
	1 319 500,00		1 319 500,00

Die quartalsmäßig durchgeführten Zwischeninventuren der Warenbestände lieferten folgende Werte:

- 31.03.20.. 675 000,00 EUR
- 30.06.20.. 725 000,00 EUR
- 30.09.20.. 650 000,00 EUR

Der Wareneinsatz (zu Einstandspreisen) betrug während des Betrachtungszeitraumes 3 150 000,00 EUR.

Errechnen Sie aus den vorliegenden Angaben:

a) den durchschnittlichen Lagerbestand,

b) die Umschlagshäufigkeit,

c) die durchschnittliche Lagerdauer,

d) den Lagerzinssatz bei einem Jahreszinsfuß von 9 %.

15. Sie sind Mitarbeiter/-in der Automobilzubehörgroßhandlung Bauer & Co. und erhalten auf Ihrem Bildschirm bezüglich der Artikel-Nr. 30-154-07 den nachfolgend abgebildeten Ausdruck.

Ihr Chef möchte von Ihnen zum Artikel „Kolben“, Artikel-Nr. 30-154-07, folgende Informationen:

a) Wie viel Stück werden täglich verbraucht (verkauft)?

b) Wie viel Stück betragen die Abgänge im 4. Quartal?

Des Weiteren sollen Sie folgende Lagerkennziffern ermitteln:

c) den durchschnittlichen Lagerbestand bei quartalsmäßiger Inventur,

d) den Wareneinsatz,

e) die Lagerdauer (UH auf ganze Zahl kfm. runden),

f) den Lagerzinssatz, wenn der bankübliche Zinsfuß 9 % beträgt,

g) die Lagerzinsen, wenn von einem Einstandspreis von 40,00 EUR pro Stück ausgegangen werden kann.

	A	B	C	D	E	F	G
1							
2							
3			Lagerfachkarte				
4		Lager 3				Lagerort 04	
5							
6							
7		Artikel:	Kolben		Mindestbestand	154 Stück	
8		Art. Nr.:	30-154-07		Meldebestand	440 Stück	
9		Einheit	Stück		Lieferzeit	13 Tage	
10							
11							
12		Datum	Text	Zugänge/Stück	Abgänge/Stück	Bestand in Stück	
13				während des Quartals	während des Quartals		
14		01.01.	Bestand			600	
15		31.03.		1050	1280		
16		30.06.		1000	900		
17		30.09.		1050	1300		
18		31.12.		1000	?		
19		01.01.	Bestand			260	
20							

16. Als Mitarbeiter/-in der Heizungsbau GmbH, Nürnberg, sind Sie damit betraut, die Bestände der verwendeten Rohstoffe zu überprüfen und Neubestellungen zu veranlassen.

Den Blechen, einem für das Unternehmen wichtigen Rohstoff, gilt dabei Ihr besonderes Interesse.

	A	B	C	D	E	F	G
1							
2							
3			Bestandsführungskarte				
4							
5		Lager 2					Lagerort 05
6							
7							
8		Artikel:	Stahlblech		Sicherheitsreserve	:	5 Tage
9		Art.Nr.:	1.107.113		durchschn. tägl. Verbrauch:		150 m²
10		Einheit	m²		Höchstbestand	:	6000 m²
11					Lieferzeit	:	8 Tage
12							
13							
14							
15		Datum	Zugang	Abgang	Bestand	Lieferant	
16		11.05.	?			Berger & Co., Münster	
17							

Beantworten Sie nun aufgrund des vorliegenden Bildschirmausdrucks folgende Fragen:

a) Wie viele m^2 beträgt der eiserne Bestand (Mindestbestand) an Blechen?

b) Bei welcher Menge soll eine neue Bestellung ausgelöst werden?

c) Wie viele m^2 Bleche können normalerweise bestellt werden?

d) Die letzte Lieferung an Blechen erfolgte am Mittwoch, dem 11. Mai 20.. durch den Lieferanten Berger & Co., Münster.

An welchem Kalendertag muss die nächste Lieferung bestellt werden, wenn die Heizungsbau GmbH an fünf Tagen in der Woche arbeitet?

e) Ermitteln Sie, wie viele Arbeitstage die Zeitspanne zwischen zwei Bestellterminen beträgt.

17. Die Türenfabrik Schult-Linkholt GmbH, Mannheim, hat sich auf die Herstellung von Wohnungstüren spezialisiert. Um die Produktion sicherzustellen muss ständig eine bestimmte Menge an Scharnieren und Verbindungselementen vorrätig sein.

Für das Scharnier Nr. 0175 gelten folgende Lagerdaten:

Höchstbestand:	115 Stück
Mindestbestand:	dreifacher Tagesbedarf
Bestellmenge:	100 Stück
Tagesbedarf:	5 Stück

a) Berechnen Sie den Meldebestand, wenn die Lieferzeit bei telefonischer Bestellung drei Tage dauert.

b) Nach wie vielen Tagen muss bei unveränderten Bedingungen spätestens erneut bestellt werden?

Im vergangenen Jahr ergaben sich für das Scharnier 0175 folgende Lagerdaten:

Bestand am 01.01.20..	40 Stück
Bestand am 31.12.20..	70 Stück
Zugänge während des Jahres	1680 Stück
Einstandspreis je Stück	1,25 EUR

c) Berechnen Sie den durchschnittlichen Lagerbestand in Stück und EUR.

d) Ermitteln Sie die durchschnittliche Lagerdauer für Teil Nr. 0175.

e) Berechnen Sie die durchschnittliche Lagerreichweite.

PRÜFUNGSAUFGABEN

P

Hinweis: Bei den nachfolgenden beiden Aufgaben handelt es sich um Aufgaben, die sowohl Inhalte der Gesamtwirtschaft als auch Rechen- und Buchführungsinhalte mit einander verknüpfen und somit Prüfungscharakter besitzen.

1. Die Mannheimer Maschinenfabrik Andreas Eberle GmbH braucht für Fertigprodukte, die auf Euro-Paletten gepackt werden, zusätzlichen Lagerraum. Die Spedition Leuck OHG bietet Lagermöglichkeiten zum Preis von 0,20 EUR je m^3 und Tag an.

Die Errichtung eines eigenen Lagers mit maximal 250 m^2 Fläche und 4,00 m Höhe würde nach eigenen Berechnungen monatliche Kosten für Abschreibung, Personal, Strom etc. von rund 7000,00 EUR verursachen. Die durchschnittliche Lagermenge wird mit 980 m^3 angenommen; jeder Monat wird mit 30 Tagen gerechnet.

a) Ermitteln Sie, wie viel EUR für einen m^3 im Monat an die Spedition zu zahlen sind.

b) Wie hoch sind demnach die an die Spedition zu überweisenden durchschnittlichen Kosten pro Monat?

c) Bei wie viel m^3 verursachen das Eigenlager und das Fremdlager die gleichen Kosten?

d) Begründen Sie, für welche Lagermöglichkeit sich die Maschinenfabrik Andreas Eberle GmbH entscheiden wird.

e) Ab dem 01.03.20.. verlangt die Spedition Leuck OHG 0,05 EUR je m^3 und Tag mehr.
Beurteilen Sie, ob sich dies auf die unter d) getroffene Entscheidung auswirkt.

Die Lagerbuchhaltung der Maschinenfabrik Andreas Eberle GmbH liefert für das Einbauteil 0115 für die ersten 9 Monate folgende Zahlen:

Bestand am 31.12. des vergangenen Jahres	856 Stück
Bestand am 31.03. dieses Jahres	2411 Stück
Bestand am 30.06. dieses Jahres	793 Stück
Bestand am 30.09. dieses Jahres	3828 Stück

Der Verbrauch betrug lt. Materialentnahmescheinen in den ersten neun Monaten 6902 Stück.

f) Berechnen Sie den durchschnittlichen Lagerbestand.
g) Berechnen Sie die Umschlagshäufigkeit. (1 Stelle nach dem Komma!)
h) Wie viel Tage beträgt die durchschnittliche Lagerdauer?

Die hohen Lagerkosten im Teilebereich der Maschinenfabrik Andreas Eberle GmbH wurden beanstandet. Nun sollen Sie überprüfen, ob bzw. wie sich diese Kosten senken lassen.

i) Schlagen Sie eine Maßnahme zur Verkürzung der durchschnittlichen Lagerdauer vor.
j) Wie würden sich die vorgeschlagenen Maßnahmen auf das Lagerrisiko auswirken?

Eine Verkürzung der Lagerdauer würde auch zu einer Senkung der Lagerzinsen führen.

k) Welche Lagerkennziffern werden für die Ermittlung der Lagerzinsen benötigt?
l) Welche der für die Berechnung erforderlichen Größe kann die Lagerbuchhaltung nicht liefern?

2. In der Stahlhandelsgesellschaft A. &K. Wolf GmbH, Dortmund, ist man zurzeit dabei, die Lagerhaltung zu überprüfen und wenn möglich zu verbessern. Hierbei gilt das Augenmerk vor allem dem zu Jahresbeginn neu geschaffenen Bereich „Weißbleche". Als verantwortungsbewusster Mitarbeiter/-in erhalten Sie von Ihrem Vorgesetzten am Jahresende den Auftrag, den neu geschaffenen Bereich zu überprüfen. Hierzu liegt Ihnen nachfolgender Auszug (siehe Anlage 1, S. 276) aus der Lagerdatei vor.

a) Errechnen Sie den Endbestand an Weißblech in kg.

b) Ermitteln Sie den durchschnittlichen Lagerbestand in kg unter Verwendung der Quartalsformel.

c) Darüber hinaus errechnen Sie folgende Lagerdaten:
- den Wareneinsatz in kg,
- die Umschlagshäufigkeit,
- die durchschnittliche Lagerdauer.

Hinweis: Tage werden bei der Lagerdauer grundsätzlich aufgerundet!

d) Im Branchendurchschnitt betrug die durchschnittliche Lagerdauer 8 Tage. Erläutern Sie zwei Faktoren, die die Abweichung gegenüber dem Branchendurchschnitt verursacht haben könnten.
e) Beschreiben Sie, wie sich die erhöhte Lagerdauer auf die Wirtschaftlichkeit der Lagerhaltung auswirkt. (2 Angaben!)
f) Errechnen Sie den durchschnittlichen Einkaufspreis pro Einheit. (Siehe Anlage 1!)
g) Ermitteln Sie den Wert des Teilelagers Weißbleche am 31.12.2008, wenn eine Bewertung des Weißbleches zu dem unter f) ermittelten Durchschnittswert erfolgt.

Hinweis: Sollten Sie zu keinem Durchschnittswert und Endbestand gelangt sein, nehmen Sie einen Durchschnittswert von 4,50 EUR je kg sowie einen Endbestand von 1200 kg an.

h) Welchen Betrag hätte Ihr Unternehmen sparen können, wenn die gesamte Jahresmenge auf einmal und zwar am 03. Januar auf Ziel eingekauft worden wäre?
i) Geben Sie zwei Gründe an, die dagegen sprechen, die gesamte Jahresmenge auf einmal einzukaufen?
j) Verbuchen Sie unter Angabe der Kontennummern:
   (1) Den Wareneinkauf der 8000 kg Weißbleche am 3. Januar unter Berücksichtigung der geltenden Umsatzsteuer.
   (2) Die Bezahlung der Rechnung am 3. Februar durch Banküberweisung.

Anlage 1

Auszug aus der Lagerdatei					
Artikelnummer	Bezeichnung	Einkaufscode	Teileart: Rohstoff		
190551	Weißblech	kg	Nebenlager B 12		
Lieferer:	Stahlwerke L. Matt AG				
Zahlungsbedingungen:	8 Tage 2,5 % Skonto; 30 Tage rein netto				
Bestellverfahren:	Bestellrhythmusverfahren				
Liefertermine:	am 3. Tag eines jeden Quartals				
Jahr: 2008	Zugänge in kg	EK pro kg in EUR	Abgänge in kg	Bestand in kg	Wert in EUR
AB				0	0,00
05.01.08	8000	4,22			
03.02.08			6400		
05.04.08	8000	4,17			
08.06.08			8800		
05.07.08	8000	4,47			
07.09.08			8400		
05.10.08	8000	4,34			
06.12.08			7200		
EB				?	?

III Frachtrechnen

13 Entgeltberechnung im Versandbereich

Eine der wesentlichsten Tätigkeiten einer Fachkraft im Bereich Lagerwirtschaft/Logistik besteht in der **Verpackung von Gütern** und der optimalen Auswahl der Versandart. LOP Dies setzt einerseits die genaue Kenntnis der wichtigsten Versandarten und Verkehrsträger voraus, andererseits die optimale Auswahl der gültigen Tarife.

Übersicht über die zu behandelnden Entgeltberechnungen im Versandbereich:

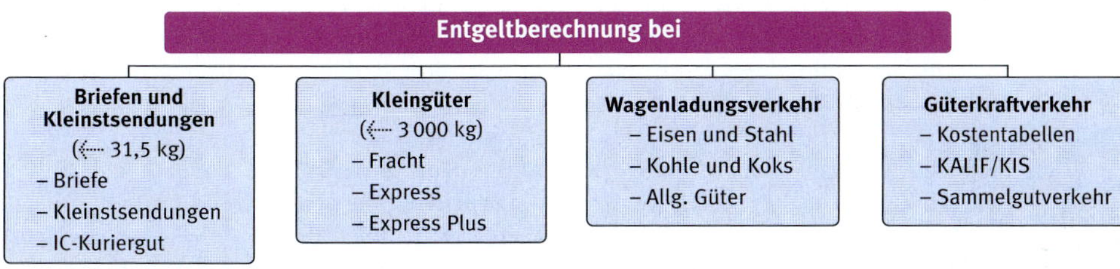

Hinweis: Alle zur Lösung der nachfolgenden Aufgaben benötigten Gebührenhefte und Tabellen inkl. der Entfernungs- und Mauttabellen befinden sich am Ende des Buches.

13.1 Entgeltberechnung im Bereich von Briefen und Kleinstsendungen

Hierbei handelt es sich neben der Beförderung von Briefen um den Versand von Päckchen, Paketen und IC-Kuriergut bis zu einem Höchstgewicht von 31,5 kg.

13.1.1 Briefversendungen

Obwohl der nationale Briefmarkt zum 1. Januar 2008 vollständig geöffnet wurde und somit völlige Konkurrenz unter diversen Briefanbietern herrscht, erscheint es angesichts der Tatsache, dass noch immer ca. 90 % des Umsatzes im Briefsektor auf die Deutsche Post AG entfällt, gerechtfertigt, weiterhin verstärkt deren Angebot darzustellen.

Generell lassen sich die Briefsendungen bei der DP AG in folgende Bereiche einteilen:

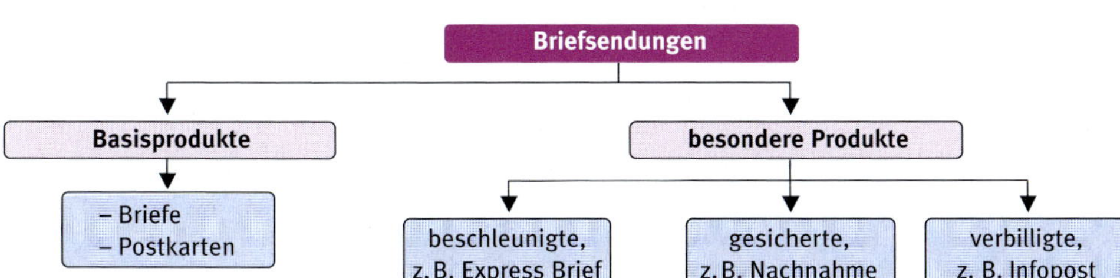

Post verliert ihr Briefmonopol

Die Regierungskoalition einigt sich auf den 1. Januar 2008

Berlin. Das Briefmonopol der Post wird zum Ende des Jahres fallen. Bundeskanzlerin Angela Merkel (CDU) und SPD-Chef Beck verständigten sich nach dpa-Informationen gestern darauf, dass das Monopol des Bonner Konzerns für Briefe unter 50 Gramm wie vorgesehen zum 1. Januar 2008 abgeschafft wird. Das beschlossene Gesetz wird damit nicht verändert. EU-weit sollen die Postmärkte erst 2009 geöffnet werden.
Vizekanzler Franz Müntefering und Finanzminister Peer Steinbrück (beide SPD) hatten zuvor die seit Jahren geplante und bereits beschlossene völlige Öffnung des deutschen Markts für Postdiensleistungen Anfang nächsten Jahres wieder in Frage gestellt. Die Marktöffnung sei im Prinzip nicht falsch, jedoch dürfe Deutschland nicht vorpreschen, wenn andere EU-Staaten sich gegen die Liberalisierung wehrten. Die SPD pocht nun aber im Postdienstleistungsbereich auf die Einführung eines Mindestlohns. SPD und Gewerkschaften monieren, dass die Arbeitsbedingungen der Beschäftigten bei den neuen Briefdienstleistern teilweise katastrophal seien. Post-Chef Klaus Zumwinkel hatte wiederholt davor gewarnt, dass die ganze Branche in einen Niedriglohnsektor abgleite. Bei einer völligen Liberalisierung könnten rund 32 000 Arbeitsplätze im Briefsektor bei der Post auf dem Spiel stehen.
Für die Post-Konkurrenz ist das Festhalten der Koalition an dem vereinbarten Fahrplan ein wichtiges Signal. Die etwa 750 Unternehmen haben nach eigenen Angaben rund 46 000 neue Arbeitsplätze geschaffen. Die Marktanteile der Post-Konkurrenten im Briefgeschäft wie die „Morgenpost“ sind nach Angaben der Bundesnetzagentur auf zuletzt 9,3 Prozent (2005: 6,7 Prozent) gestiegen. dpa/on

Mannheimer Morgen, 25. April 2007, Seite 8

TIPP Die zurzeit gültigen Preise der Post können den im Anhang befindlichen Auszügen entnommen werden. Es wird jedoch empfohlen, die jeweils neuesten Preislisten zu verwenden.

13.1.1.1 Basisprodukte

Die Deutsche Post AG unterscheidet folgende Basisprodukte:

- Standardbriefe
- Kompaktbriefe
- Großbriefe
- Maxibriefe
- Postkarten

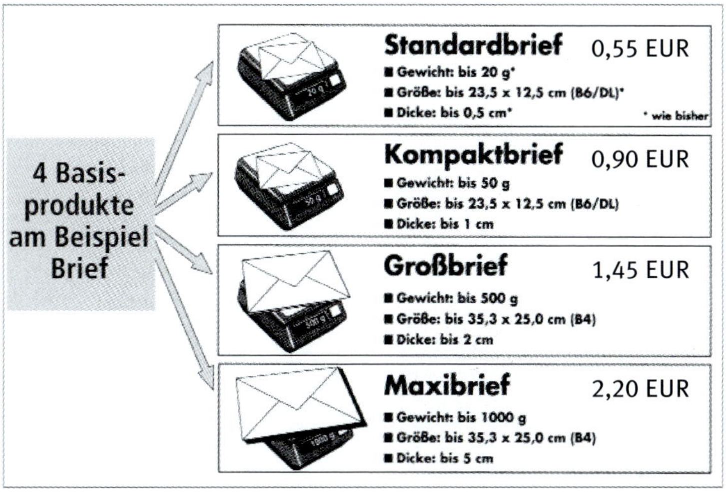

MUSTERAUFGABE

Der Auszubildende Peter Weber soll drei Briefe mit folgenden Gewichten frankieren:

Brief 1 = 18 g
Brief 2 = 115 g
Brief 3 = 280 g; Höhe 3 cm

Ermitteln Sie die gesamten Portokosten anhand oben stehender Tabelle!

MUSTERLÖSUNG

Brief 1 = Standardbrief	18 g	=	0,55 EUR
Brief 2 = Großbrief	115 g	=	1,45 EUR
Brief 3 = Maxibrief	280 g/3 cm Höhe	=	2,20 EUR
insgesamt			4,20 EUR

Die gesamten Kosten betragen 4,20 EUR.

LÖSUNGSSCHRITTE

1. Ermittlung der richtigen Briefart anhand des Gewichtes und/oder der Maße.
2. Ablesen des entsprechenden Preises aus der Preisliste der Post.

13.1.1.2 Besondere Produkte

Wie bereits eingangs dargestellt lassen sich die besonderen Briefsendungen und ihre Ausprägungen wie folgt unterteilen:

Besondere Produkte

→ beschleunigte, z. B.
  - Luftpostbrief
  - Express Brief

→ gesicherte, z. B.
  - Einschreiben
    - Eigenhändig
    - Rückschein
    - Einschreiben Einwurf
  - Nachnahme

→ verbilligte, z. B.
  - Infopost
  - Postwurfsendungen
  - Infobrief
  - Büchersendung

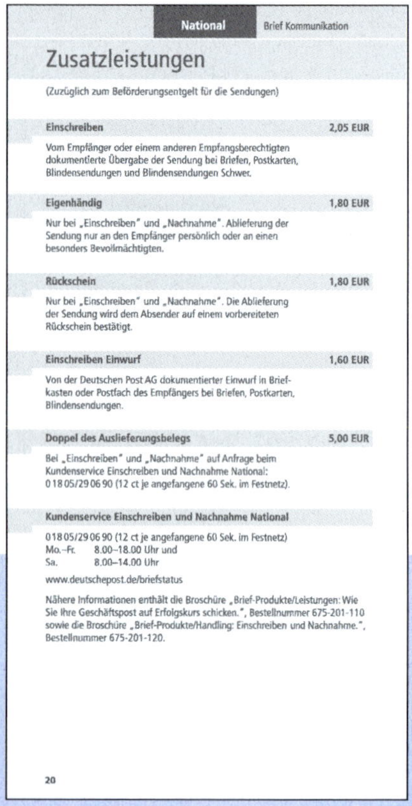

National Brief Kommunikation

Zusatzleistungen

(Zuzüglich zum Beförderungsentgelt für die Sendungen)

Einschreiben 2,05 EUR

Vom Empfänger oder einem anderen Empfangsberechtigten dokumentierte Übergabe der Sendung bei Briefen, Postkarten, Blindensendungen und Blindensendungen Schwer.

Eigenhändig 1,80 EUR

Nur bei „Einschreiben" und „Nachnahme". Ablieferung der Sendung nur an den Empfänger persönlich oder an einen besonders Bevollmächtigten.

Rückschein 1,80 EUR

Nur bei „Einschreiben" und „Nachnahme". Die Ablieferung der Sendung wird dem Absender auf einem vorbereiteten Rückschein bestätigt.

Einschreiben Einwurf 1,60 EUR

Von der Deutschen Post AG dokumentierter Einwurf in Briefkasten oder Postfach des Empfängers bei Briefen, Postkarten, Blindensendungen.

Doppel des Auslieferungsbelegs 5,00 EUR

Bei „Einschreiben" und „Nachnahme" auf Anfrage beim Kundenservice Einschreiben und Nachnahme National: 0 18 05/29 06 90 (12 ct je angefangene 60 Sek. im Festnetz).

Kundenservice Einschreiben und Nachnahme National

0 18 05/29 06 90 (12 ct je angefangene 60 Sek. im Festnetz)
Mo.–Fr. 8.00–18.00 Uhr und
Sa. 8.00–14.00 Uhr

www.deutschepost.de/briefstatus

Nähere Informationen enthält die Broschüre „Brief-Produkte/Leistungen: Wie Sie Ihre Geschäftspost auf Erfolgskurs schicken.", Bestellnummer 675-201-110 sowie die Broschüre „Brief-Produkte/Handling: Einschreiben und Nachnahme.", Bestellnummer 675-201-120.

20

MUSTERAUFGABE 1

Die Auszubildende Anja Volz soll nachfolgende Sendungen frankieren:

a) 1 Brief 16 g; Einschreiben Einwurf

b) 1 Brief 75 g; Einschreiben mit Rückschein

c) 1 Brief 185 g; Einschreiben, eigenhändig

Ermitteln Sie den gesamten Preis!

MUSTERLÖSUNG 1

a) Standardbrief;	16 g =	Grundpreis	0,55 EUR
		+ Einschreiben Einwurf	1,60 EUR
			2,15 EUR
b) Großbrief;	75 g =	Grundpreis	1,45 EUR
		+ Einschreiben	2,05 EUR
		+ Rückschein	1,80 EUR
			5,30 EUR
c) Großbrief;	185 g =	Grundpreis	1,45 EUR
		+ Einschreiben	2,05 EUR
		+ Eigenhändig	1,80 EUR
			5,30 EUR
insgesamt			12,75 EUR

Der gesamte Preis beträgt 12,75 EUR.

LÖSUNGSSCHRITTE 1

1. Ermittlung der jeweiligen Briefart anhand des Gewichtes und/oder der Maße.
2. Ermittlung des entsprechenden Zusatzentgelts.
3. Addition der ermittelten Preise zum Gesamtpreis.

MUSTERAUFGABE 2

Ein Großhändler möchte 7200 Preislisten im Gewicht von je 36 g an seine Kunden als Infopost verteilen.

Wie hoch ist das dafür zu entrichtende Entgelt?

MUSTERLÖSUNG 2

Hinweis: Auch die Infopost ist in die 4 Basisprodukte Standard, Kompakt, Groß und Maxi unterteilt.

Infopost-Kompakt; 36 g = Grundpreis = 0,34 EUR*

$$\begin{aligned} \text{Grundpreis} &= (36\ \text{g} - 20\ \text{g}) \cdot 0{,}352\ \text{ct} + 28\ \text{ct} \\ &= 16\ \text{g} \cdot 0{,}35\ \text{ct} + 28\ \text{ct} \\ &= 6\ \text{ct} + 28\ \text{ct} \\ &= 34\ \text{ct} \\ &= \underline{\underline{0{,}34\ \text{EUR}}} \end{aligned}$$

$$\begin{aligned} \text{Gesamtbetrag} &= 0{,}34\ \text{EUR} \cdot 7200\ \text{Stück} \\ &= \underline{\underline{2448{,}00\ \text{EUR}}} \end{aligned}$$

Der zu entrichtende Gesamtpreis beträgt 2448,00 EUR.

* Errechnung des Grundpreises bei Infopost-Kompakt mit folgender, in der Preisliste der Post angegebenen Formel:

Brief | Mengenversand

Infopost: Preise

Infopost (auch Kataloge*): Preise

	DEUTSCHLAND	
Infopost Standard (auch Kataloge)**		
Preis je Stück bis 20 g	0,25	EUR
Infopost Kompakt (auch Kataloge)**		
Preis je Stück bis 20 g	0,28	EUR
Preis je Stück über 20 g bis 50 g	0,28 bis 0,39	EUR
– so wird berechnet: (ganze g – 20) x 0,352 ct + 28 ct		
Infopost Groß (auch Kataloge)**		
Preis je Stück bis 20 g	0,36	EUR
Preis je Stück über 20 g bis 100 g	0,36 bis 0,64	EUR
– so wird berechnet: (ganze g – 20) x 0,352 ct + 36 ct		
Preis je Stück über 100 g bis 1.000 g	0,64 bis 1,05	EUR
– so wird berechnet: (ganze g – 100) x 0,046 ct + 64 ct		
Infopost Maxi (auch Kataloge)**		
Preis je Stück bis 20 g	0,73	EUR
Preis je Stück über 20 g bis 100 g	0,73 bis 1,01	EUR
– so wird berechnet: (ganze g – 20) x 0,352 ct + 73 ct		
Preis je Stück über 100 g bis 1.000 g	1,01 bis 1,42	EUR
– so wird berechnet: (ganze g – 100) x 0,046 ct + 101 ct		

Für Sendungen über 1.000 g siehe *INFOPOST* Schwer, →Seite 39.
Zur Rücksendung von *INFOPOST* siehe →Seite 41.

Berechnungsbeispiel*:**

Angenommen, Sie wollen 4.000 Kataloge versenden, Format DIN A4 (297 x 210 mm), Höhe 5 mm, Gewicht je Katalog*: 90 g. Sie schlagen bei den zulässigen Maßen nach (→Seite 12) und finden, dass Ihre Kataloge innerhalb der zulässigen Maße für einen Großbrief liegen.

Also benutzen Sie die Berechnungsformel für Infopost Groß, 20 g bis 100 g, siehe oben: (ganze g – 20) x 0,352 ct + 36 ct; für Ihren Katalog also: (90 – 20) x 0,352 ct + 36 ct = 60,64 ct; gerundet*** 61 ct je Katalog. Für den Versand von 4.000 Katalogen à 90 g zahlen Sie also insgesamt: 4.000 x 0,61 EUR = 2.440 EUR.

* Exklusivlizenz der Deutschen Post bis 100 g. Definition Kataloge siehe →Seite 34.
** Die jeweils zulässigen Maße finden Sie auf →Seite 12.
*** Das Ergebnis ist auf volle Cent mathematisch zu runden. Bruchteile von Gramm sind auf ganze Gramm aufzurunden.

35

FORMEL

Grundpreis = (Gewicht in ganzen Gramm − 20 Gramm) · 0,352 ct + 28 ct

LÖSUNGSSCHRITTE 2

1. Ermittlung der richtigen Infopostart anhand des Gewichts und/oder der Maße, die auch für die Brief-Basisprodukte gelten.
   Hier: Infopost-Kompakt
2. Berechnung des Grundpreises mit der angegebenen Formel.
   Hier: Grundpreis = (Gewicht in ganzen g − 20) · 0,352 ct + 28 ct
3. Errechnung des Gesamtpreises.
   Hier: 0,34 EUR · 7200 Stück = 2448,00 EUR

ÜBUNGSAUFGABEN

1. Wie hoch ist das Porto für einen Brief von 85 g, der von Mannheim nach München versandt wird?

2. Michaela muss einen dringend benötigten Brief von 120 g nach Köln senden. Ihr Chef beauftragt sie, diesen durch die Post Express GmbH zustellen zu lassen.

Wie hoch sind die Postkosten, wenn der Brief am folgenden Tag vor 10:00 Uhr zugestellt werden soll?

3. Während seiner Ausbildung musste Dieter Burger u.a. auch in der Postabteilung arbeiten. Dort tauchten folgende Probleme auf:

a) Ein Schriftstück im Gewicht von 85 g sollte per Einschreiben versandt werden. Außerdem wollte unsere Unternehmung eine Bestätigung über die ordnungsgemäße Zustellung des Briefes.

b) Ein weiterer Brief im Gewicht von 40 g sollte dem Empfänger bis spätestens 12:00 Uhr des nächsten Tages durch die Post Express GmbH zugestellt werden.

c) Darüber hinaus waren folgende Auslandsbriefe zu versenden:

- Brief 1 35 g in die USA
- Brief 2 18 g nach Frankreich
- Brief 3 55 g in die Schweiz

Errechnen Sie das jeweils zu zahlende Porto!

4. Die Elektrogroßhandlung Müller & Co. möchte an alle Haushalte ihres Bezirkes Werbeprospekte durch die Deutsche Post AG verteilen lassen. Gedacht ist dabei an 4500 Stück im Gewicht von je 8 g.

Mit welchem Preis der Deutschen Post AG muss die Elektrogroßhandlung kalkulieren, wenn sie Tarif C zugrunde legt?

5. Andrea muss einem Kunden ein dringend benötigtes Ersatzteil im Gewicht von 720 g zusenden.

a) Wie hoch sind die Portokosten, wenn Andrea das Ersatzteil mit einem eingeschriebenen Brief (Einschreiben) zustellen lässt?

b) Wie hoch wären die Portokosten, wenn das Ersatzteil per Nachnahme versandt würde (Warenwert 615,00 EUR)?

6. Die Sanitärgroßhandlung Karcher & Co. möchte eine Preisliste als Postwurfsendung verteilen lassen.

a) Wie hoch ist das gesamte Porto, wenn die Preisliste an 45000 Haushalte verteilt werden soll und die Liste ein Gewicht von 13 g hat? (Tarif B)

b) Eine Privatfirma übernimmt die Verteilung für 0,04 EUR das Stück.
Wie viel EUR könnten somit insgesamt eingespart werden?

7. Schlagen Sie in den folgenden Beispielen die zweckmäßigste Versendungsart vor und berechnen Sie die Preise:

Beschreibung	Anzahl	Gewicht
– Briefe:	a) 8	je 28 g
	b) 78	je 70 g
– Angebote, gedruckt, für dieselbe Leitregion	500	je 15 g
– Prospekt an alle umliegenden Haushalte	3000 (Tarif C)	je 8 g

8. Mit welchem Porto muss eine Büchersendung im Gewicht von 800 g freigemacht werden?

9. Wie hoch ist die Portoersparnis, wenn die zentrale Poststelle eines Unternehmens die folgenden 6 Schriftstücke an den gleichen Empfänger statt getrennt in einem Umschlag (Größe 35,3 · 25,0 cm, Dicke 4,5 cm) zusendet?

- ein Brief, Gewicht 55 g,
- ein Brief, Gewicht 17 g,
- ein Brief, Gewicht 530 g,
- ein Brief, Gewicht 35 g,
- ein Brief, Gewicht 175 g, Dicke 1,5 cm

10. Als Infopost sollen versandt werden:

a) 120 Briefe à 18 g als Infopost-Standard (Leitbereich der Einlieferungsstelle)

b) 670 Briefe à 35 g als Infopost-Kompakt

c) 890 Briefe à 115 g als Infopost-Groß

d) 750 Briefe à 65 g als Infopost-Maxi

e) 1380 Briefe à 230 g als Infopost-Maxi

Berechnen Sie die Preise einzeln und insgesamt.

11. Während Ihrer Ausbildung zur Fachkraft werden Sie auch in der Postabteilung eingesetzt. Hierbei werden Ihnen verschiedene Briefe zum Versand vorgelegt, für die Sie die Preise ermitteln müssen.

a) Ein Brief mit den Maßen 35 cm · 25 cm · 4 cm und dem Gewicht von 250 g soll mit folgenden Zusatzleistungen durch die Deutsche Post AG versandt werden:

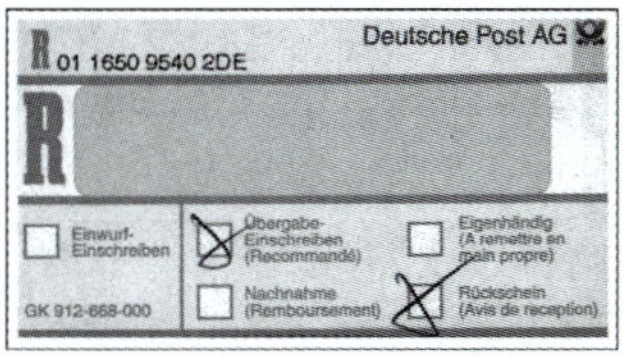
R 01 1650 9540 2DE
Deutsche Post AG
R
Einwurf-Einschreiben
Übergabe-Einschreiben (Recommandé)
Eigenhändig (A remettre en main propre)
Nachnahme (Remboursement)
Rückschein (Avis de reception)
GK 912-668-000

b) Ein weiterer Geschäftsbrief im Gewicht von 125 g soll von Mannheim nach Hamburg befördert werden, wobei folgende Versendungsform gewählt wurde:

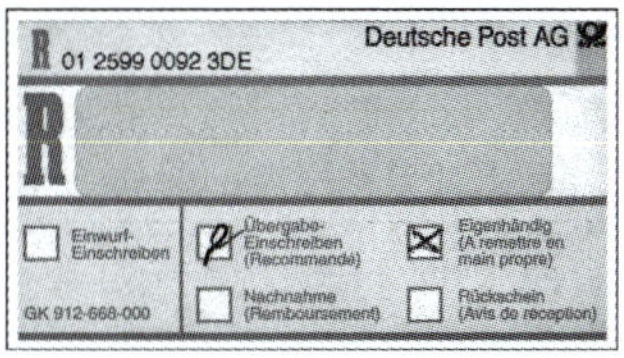
R 01 2599 0092 3DE
Deutsche Post AG
R
Einwurf-Einschreiben
Übergabe-Einschreiben (Recommandé)
Eigenhändig (A remettre en main propre)
Nachnahme (Remboursement)
Rückschein (Avis de reception)
GK 912-668-000

13.1.2 Kleinstsendungen

13.1.2.1 Paketversendungen mit der Deutschen Post AG

Die Paketversendung mit der Deutschen Post AG erfolgt durch die DHL[1], die innerhalb ihres Inland-Frachtdienstes u. a. folgende, für uns wichtige Versandarten unterscheidet:

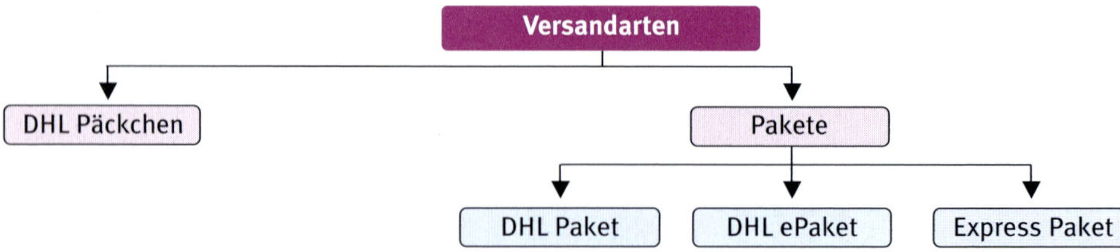

a) Beförderung von Päckchen

- Maße: – Mindestmaße 15 cm · 11 cm · 1 cm
  – Höchstmaße 60 cm · 30 cm · 15 cm
- Gewicht: max. 2 kg
- Preis: – Inland **3,90 EUR** (Stand: Juni 2007)
  – Ausland abhängig von Gewicht und Entfernung

b) Beförderung von Paketen

Bei der Ermittlung des Paketpreises gilt es, folgende Kriterien zu beachten:

- Paketart
- Gewicht
- Maße
- Besonderheiten

Entsprechend lassen sich folgende Paketarten unterscheiden:

Paketart / Kriterien	DHL Pakete	DHL ePakete[2]	Express Pakete[2]	sperrige Pakete (Sperrgut)
maximale Maße in cm	120 · 60 · 60	120 · 60 · 60	120 · 60 · 60	> 120 · 60 · 60
maximales Gewicht in kg	20	31,5	20	20
Besonderheiten z. B. Zustellung; Zuschlag	Zustellung i. d. R. am nächsten Werktag	Online-Beauftragung, Abholung der Pakete	Zustellung am nächsten Werktag; verschiedene Zustelloptionen	Zuschlag + 20,00 EUR

[1] Der Name DHL setzt sich aus den Anfangsbuchstaben der drei Gründer **D**alsey, **H**illblom und **L**ynn zusammen.

[2] Beim ePaket und Express Paket können vielfältige Extras wie z. B. Rückschein, eigenhändig, Nachnahme, Übergröße usw. gegen entsprechendes Entgelt hinzugewählt werden. Darüber hinaus werden die beiden Paketarten beim Versender abgeholt und dem Empfänger frei Haus zugestellt.

MUSTERAUFGABE

Peter Weber muss einem Kunden in München ein DHL Paket im Gewicht von 14,5 kg zusenden. Welchen Paketpreis muss Peter entrichten?

MUSTERLÖSUNG

14,5 kg = 9,90 EUR.

LÖSUNGSSCHRITTE

1. Auswahl der richtigen Beförderungsart.
2. Ablesen des entsprechenden Preises in der Preisliste der Post.

DHL Paket

DHL Paket*

DHL *PAKETE* sind verpackte und adressierte Güter bis 20 kg (für Güter bis 2 kg siehe DHL *PÄCKCHEN* →Seite 60). DHL *PAKETE* können nicht mit Postwertzeichen freigemacht werden. Haftung besteht beim nationalen Versand grundsätzlich bis zur Summe von 500 EUR (höhere Werte: Transportversicherung (National) →Seite 65). Beim internationalen Versand richtet sich die Haftung nach dem Weltpostvertrag. Sendungen mit Service Premium sind bis maximal 500 EUR versichert (bei höheren Werten: Wert international →Seiten 22, 66).

	DEUTSCHL.	ZONE 1**	ZONE 2**	ZONE 3**	ZONE 4**	
bis 5 kg	6,90	17,00	30,00	32,00	37,00	EUR
über 5 kg bis 10 kg	6,90	22,00	35,00	42,00	52,00	EUR
über 10 kg bis 20 kg	9,90	32,00	45,00	62,00	82,00	EUR

QUADERFORM
Mindestmaße: 15 x 11 x 1 cm
Höchstmaße: 120 x 60 x 60 cm
Höchstgewicht: 20 kg***

ROLLENFORM
Mindestmaße: Länge 15 cm, Durchmesser 5 cm
Höchstmaße: Länge 120 cm, Durchmesser 15 cm
Höchstgewicht: 5 kg

Details zum Rollenversand (→Seite 68)

Sperrige DHL *PAKETE* können Sie nur in Kombination mit dem Service Sperrgut versenden (→Seite 67).

SPARTIPP 1 Beim Erwerb Ihrer Pakete online unter www.dhl.de oder über DHL *PACKSTATION* (→Seite 71) zahlen Sie für den nationalen und EU-weiten Paketversand 1,00 EUR weniger.

SPARTIPP 2 Kleinere Güter bis 20 kg (!) können Sie in Deutschland preiswert mit einem DHL *PLUSPÄCKCHEN* (→Seite 60) versenden. Das kostet nur 5,99 EUR. Gegenüber einem DHL *PAKET* (mit z. B. 20 kg) sparen Sie also 3,91 EUR – und die Verpackung ist auch noch inklusive!

TIPP Sendungen, die mehr als 20 kg wiegen, können Sie für nur 12,90 EUR als *ePAKET* (→Seite 63) inkl. Abholung versenden.

62

ÜBUNGSAUFGABEN

1. Der Auszubildende Peter Krause muss in der Versandabteilung seiner Ausbildungsfirma folgende Pakete durch die Post versenden:

Nr.	Anzahl	Gewicht je Paket in kg
1	1	10,2
2	2	1,7
3	2	16,8
4	1	21,0
5	3	8,7

a) Welches Paket wird von der Deutschen Post AG nicht befördert?
b) Für welche Pakete gäbe es auch eine kostengünstigere Alternative?
c) Ermitteln Sie die Paketpreise je Paket und insgesamt.

2. Wie hoch sind die Portokosten für ein Päckchen im Gewicht von 1,8 kg, das Peter einem Kunden in Hamburg zusenden soll?

3. Ein Paket im Gewicht von 13,5 kg mit den Maßen 120 cm · 70 cm · 50 cm soll nach Hamburg versandt werden.
Wie hoch ist der Paketpreis im vorliegenden Fall?

4. Sebastian Lehmann, Auszubildender der Maschinenfabrik Haller & Co. in 68199 Mannheim, Nibelungenring 9, soll der Motorenfabrik Saarland AG in 66215 Saarbrücken, Talgasse 20, eine Sendung Zahnräder im Gesamtgewicht von 18,7 kg zusenden.

Ermitteln Sie den zu zahlenden Paketpreis, wenn die Sendung (90 cm · 40 cm · 40 cm) als Express Paket vor 10:00 Uhr am folgenden Tag zugestellt werden soll!

Auszug aus den Preistabellen für Express Pakete:

DHL Paket Services

Die Services werden zusätzlich zum Beförderungsentgelt der jeweiligen Sendungen berechnet. Sie sind teilweise kombinierbar.

Express Services

Mit den folgenden Services können Sie Ihr DHL *PAKET* innerhalb Deutschlands schneller machen.

Wenn Sie ein DHL *PAKET* mit Express Service verschicken, erhält es der Empfänger in Deutschland am nächsten Werktag (auch Samstag).

	DEUTSCHL.	
Express Service (Montag bis Samstag)	+12,50	EUR
Express vor 12 Uhr (Montag bis Samstag)	+17,00	EUR
Express vor 10 Uhr (Montag bis Samstag)	+23,00	EUR
Express vor 9 Uhr (Montag bis Samstag)	+33,00	EUR

Mit Express Sonn- und Feiertagszustellung liefern wir Ihr DHL *PAKET* deutschlandweit an allen Sonn- und Feiertagen aus.

	DEUTSCHL.	
Express Sonn- und Feiertagszustellung	+57,00	EUR

Bei Wahl des Services Eigenhändig übergeben wir Ihr DHL *PAKET* ausschließlich dem Empfänger persönlich oder einer von ihm besonders bevollmächtigten Person:

	DEUTSCHL.	
Eigenhändig	+12,00	EUR

Dieser Service kann nur in Verbindung mit einem der obigen Express Services genutzt werden.

Den schnellsten Transport ins Ausland bietet *EXPRESS INTERNATIONAL*. Voraussetzungen und Konditionen finden Sie auf →Seite 77.

64

5. Eine Lieferung Ersatzteile soll als ePaket nach Nürnberg versandt werden (siehe Preisliste im Anhang).

Wie hoch ist der Paketpreis, wenn das Paket ein Gewicht von 27,9 kg aufweist?

6. Peter Bauer versendet im Auftrag seiner Unternehmung ein Paket (80 cm · 50 cm · 40 cm; Gewicht 14,8 kg) an einen Kunden in Passau.

Wie hoch ist der zu zahlende Paketpreis, wenn es sich um ein Express Paket handelt, das vor 12:00 Uhr am nächsten Werktag zugestellt werden soll? (Preisliste siehe oben!)

7. Michaela Wagner muss ein Päckchen im Gewicht von 1,7 kg nach Italien versenden.

Mit welchem Entgelt muss sie am Postschalter rechnen?

8. Peter Müller muss folgende Sendungen versandfrei machen:

a) DHL-Paket 18,5 kg

b) Einschreibebrief mit Rückschein nach Stuttgart/680 g

c) 5 Briefe à 25 g an verschiedene Empfänger in Italien

d) Zustellung eines Express Briefes von 280 g bis zum nächsten Tag 9:00 Uhr.

Ermitteln Sie die jeweiligen Preise.

9. Wie hoch sind die Preise für nachfolgende Sendungen?

Anzahl	Bemerkungen	Gewicht je Sendung
a) 4	DHL-Pakete	12,4 kg
b) 1	ePaket (online)	25,8 kg
c) 8	Päckchen	1,2 kg
d) 2	DHL-Pakete, sperrig	16,8 kg

10. Firma Kunz & Sohn, Elektrogroßhandlung, Hannover, verschickt nachfolgende Sendungen.

Ermitteln Sie die günstigsten Preise für folgende Postsendungen:

a) 25 Angebotsbriefe von je 35 g an verschiedene Kunden; Briefformat 11 cm · 22 cm

b) 1 Päckchen von 1 800 g nach Hamburg; Format 40 cm · 18 cm · 10 cm

c) 5 ePakete (telefonische Beauftragung) zu je 28 kg

d) 75 Kataloge an verschiedene Kunden im Großraum Hamburg, Postleitbereich 2.... Jeder Katalog wiegt 300 g und misst 28 cm · 20 cm · 3,5 cm.

11. Verschiedene Proben im Gewicht von 17,8 kg sollen in einem Paket schnellstens von der BASF Ludwigshafen nach Argentinien versandt werden.

Welcher Betrag ist an die Deutsche Post AG zu entrichten, wenn die Sendung per Luftpost (Premium Service) zugestellt werden soll?

12. Ein Paket im Gewicht von 15,8 kg soll einem Kunden in Berlin mit dem Service „Express vor 10:00 Uhr“ am nächsten Tag zugesandt werden.

Welches Entgelt ist hierfür zu entrichten?

13. Ein Päckchen im Gewicht von 1,7 kg soll in die USA verschickt werden.

Mit welchem Preis ist zu rechnen, wenn das Päckchen als Pluspäckchen befördert werden soll?

14. Ermitteln Sie den von der Sanitärgroßhandlung Marco Schweighoffer OHG an die Deutsche Post AG zu zahlenden Preis für nachfolgendes 18,3 kg schweres Paket.

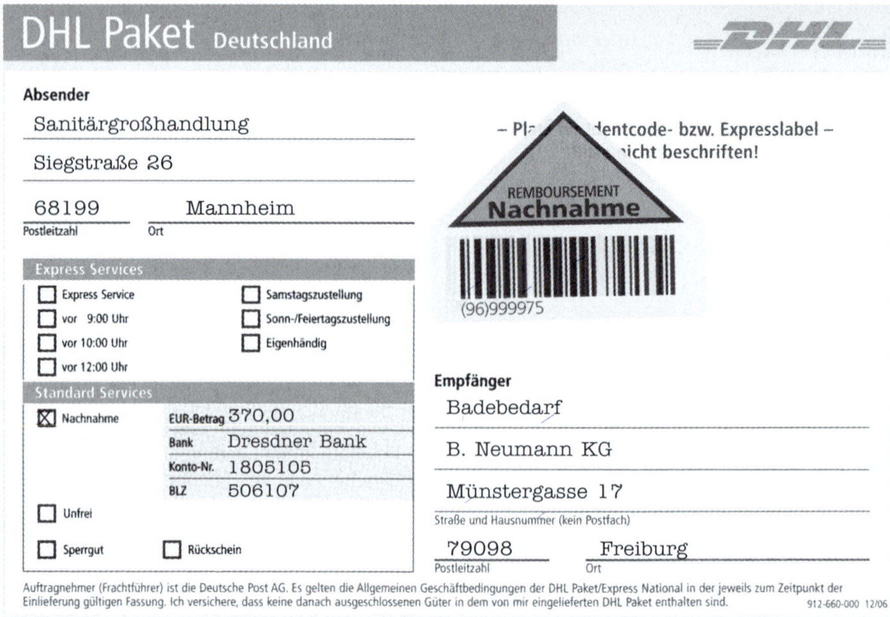
DHL Paket Deutschland

DHL

Absender
Sanitärgroßhandlung
Siegstraße 26
68199 Mannheim
Postleitzahl Ort

– Pl… …dentcode- bzw. Expresslabel – …icht beschriften!

REMBOURSEMENT Nachnahme

(96)999975

Express Services
☐ Express Service
☐ vor 9:00 Uhr
☐ vor 10:00 Uhr
☐ vor 12:00 Uhr
☐ Samstagszustellung
☐ Sonn-/Feiertagszustellung
☐ Eigenhändig

Standard Services
☒ Nachnahme
EUR-Betrag 370,00
Bank Dresdner Bank
Konto-Nr. 1805105
BLZ 506107
☐ Unfrei
☐ Sperrgut
☐ Rückschein

Empfänger
Badebedarf
B. Neumann KG
Münstergasse 17
Straße und Hausnummer (kein Postfach)
79098 Freiburg
Postleitzahl Ort

Auftragnehmer (Frachtführer) ist die Deutsche Post AG. Es gelten die Allgemeinen Geschäftbedingungen der DHL Paket/Express National in der jeweils zum Zeitpunkt der Einlieferung gültigen Fassung. Ich versichere, dass keine danach ausgeschlossenen Güter in dem von mir eingelieferten DHL Paket enthalten sind. 912-660-000 12/06

13.1.2.2 Paketversendungen mit privaten Paketdiensten

Bei Kleinstsendungen bis 31,5 kg, teils bis 70 kg, herrscht mittlerweile eine rege Konkurrenz, d.h. neben der Deutschen Post AG bieten noch viele weitere Unternehmen ihre Dienstleistungen an, wie nachfolgende – nicht vollständige – Darstellung verdeutlicht:

Kurier-, Express- und Paketdienste (KEP) in Deutschland

GLS	UPS	DPD	FedEx	TNT[1]
= Global Logistic Service	= United Parcel Service	= Deutscher Paket Dienst	= Federal Express	= Thomas Nationwide Transport

[1] Das Unternehmen TNT wurde 1946 in Sydney von Ken Thomas gegründet.

Aus der Fülle der Anbieter soll in vorliegendem Buch exemplarisch die Beförderung durch UPS und DPD (Depot 167) dargestellt werden.

Auszüge aus den Preislisten der DPD und von UPS (Stand Januar 2005)

UPS	
Tarife innerhalb Deutschlands = Zone 1 Beförderung der übergebenen Pakete frei Haus Empfänger	
Gewicht pro Paket in kg	Euro*
bis 4 kg	5,35
bis 7 kg	6,45
bis 10 kg	7,50
bis 14 kg	10,10
bis 20 kg	12,20
bis 22 kg	14,40
bis 24 kg	15,40
bis 28 kg	17,60
bis 30 kg	18,70
⋮	
bis 70 kg	38,25
Zuschläge pro Paket:	
– Inselzustellung	6,50
– Abholzuschlag (Einmalzuschlag)	6,95

DPD	
Abholung und Beförderung der übergebenen Pakete frei Haus Empfänger	
Gewicht pro Paket in kg	Euro*
0,1 kg– 2,0 kg	5,50
2,1 kg– 5,0 kg	6,50
5,1 kg–10,0 kg	8,70
10,1 kg–15,0 kg	10,50
15,1 kg–20,0 kg	12,00
21,1 kg–25,0 kg	14,00
25,1 kg–31,5 kg	16,00
Zuschläge pro Paket für:	
– Inselzustellung	12,50
Beachte: Preise pro Paket bei mind. 20 Paketen je Monat, national zuzüglich gesetzlicher Mehrwertsteuer	

* Preise zzgl. der gesetzlichen Mehrwertsteuer

MUSTERAUFGABE

Die Peter Zöphel AG, Mannheim, beliefert Kunden mit Zubehörteilen bis 40 kg grundsätzlich durch UPS.
Berechnen Sie die an UPS zu zahlende Gebühr für eine Sendung über 28,9 kg an einen Kunden in Binz/Rügen, wenn die Sendung beim Versender durch UPS abgeholt wird.

MUSTERLÖSUNG

Grundtarif	18,70 EUR
+ Zuschlag für Inselzustellung	6,50 EUR
+ Abholzuschlag	6,95 EUR
Nettopreis	32,15 EUR
+ USt 19%	6,11 EUR
Bruttopreis	38,26 EUR

LÖSUNGSSCHRITTE

1. Auswahl der entsprechenden Preisliste.
   Hier: Preisliste Normalpakete innerdeutscher Versand
2. Ablesen des entsprechenden Preises.
   Hier: 28,9 kg = 18,70 EUR
3. Berücksichtigung von Besonderheiten.
   Hier: – Inselzustellung = Zuschlag pro Paket von 6,50 EUR
   – Abholzuschlag = Einmalzuschlag von 6,95 EUR
4. Hinzurechnung der Umsatzsteuer, centgenau.

ÜBUNGSAUFGABEN

1. Die Sanitärgroßhandlung Zimmermann & Co., München, versendet an das Spenglereifachgeschäft Emil Neumann in Mannheim verschiedene Teile im Gesamtgewicht von 29,8 kg.

Ermitteln Sie den günstigsten Preis, wenn die Sanitärgroßhandlung eine Versendung durch DPD, UPS und die Deutsche Post AG (ePaket) in Betracht zieht.

2. Denise Esen, Versandleiterin einer mittelständischen Maschinenfabrik, überlegt, ob sie ein nicht so dringend benötigtes Ersatzteil im Gewicht von 15,8 kg an einen Kunden auf der Insel Helgoland günstiger durch UPS oder die Deutsche Post AG als DHL-Paket zustellen lässt.

Errechnen Sie den günstigeren Preis.

3. Im Warenausgangslager der Maschinenfabrik Zahn GmbH, Dresden, stehen unten angegebene Sendungen, die allesamt durch DPD zugestellt werden sollen.

Ermitteln Sie den an DPD zu zahlenden Gesamtbetrag.

Name	Empfangsort	Gewicht	Zusatzleistung
Autoteilezubehör Schweighoffer KG	Mannheim	26,3 kg	keine
Sächsisches Walzwerk	Riesa	19,9 kg	keine
Getreidemühle Schneider GmbH	Düsseldorf	22,8 kg	keine

4. Drei Kugellager im Gewicht von insgesamt 6,9 kg sollen an die Autolackiererei Peter Müller in Aachen durch UPS zugestellt werden.

Ermitteln Sie die an UPS zu zahlende Gesamtfracht, wenn die Ware beim Versender abzuholen ist.

PRÜFUNGSAUFGABE

P

Der im Wiesbadener Raum ansässige Felgenhersteller Karl Wolf OHG verkauft und versendet seine sportlichen 4,5 kg schweren Alufelgen mit folgenden Bedingungen in ganz Europa:

Zahlungsbedingungen: Zahlung innerhalb von 30 Tage rein netto, innerhalb von 10 Tagen unter Abzug von 3 % Skonto.

Rabatte: Für Mengenrabatte gelten folgende Sätze:

Menge in Stück	Rabatte in %
bis 4	0
5– 20	5
21– 40	10
41–100	15

Lieferbedingungen: Ab Werk

a) Mit welchen Kosten wird das Autohaus Christiane Gutperle KG im 110 km entfernten Mannheim belastet, wenn es 8 Sportfelgen zum Stückpreis von 135,00 EUR netto bestellt und als Versandform ein Speditionstransport vereinbart wurde?

Versandkosten/Shipping cost

- nationale Transporte
  Wenn nicht ausdrücklich eine Selbstabholung ausgewiesen ist, versenden wir innerhalb Deutschlands als versichertes DHL-Paket zu folgenden Preisen:

Gewicht	Preis in EUR
Bis 5 kg	7,00
5–10	10,50
11–20	14,00
20–31,5	18,00

  Als Alternative zur Selbstabholung bieten wir einen Speditionstransport zu günstigen Konditionen an:

einfache Entfernung von Wiesbaden Mitte		
Kilometer	Preis	
bis 25 km	pauschal 25,00 EUR	
25 bis 200 km	0,55 EUR pro einfachen km	mind. 25,00 EUR
über 200 km	Verhandlungssache	

- für versicherte internationale Transporte fallen folgende Preise in EUR an:

Gewicht in kg bis	Zone 1 France, Austria, UK, Belgium, Netherlands, Denmark, Luxembourg	Zone 2 Switzerland, Italy, Spain, Sweden, Portugal, Greece, Ireland, Finland, Czechia, Poland	Zone 3 Norway, Russia, Turkey, Bulgaria, Slovenia
1	21	22	37
5	27	30	46
10	36	41	59
15	44	52	71
20	50	60	81

b) Ermitteln Sie den Überweisungsbetrag, wenn das Autohaus Gutperle grundsätzlich die Skontierungsmöglichkeit ausnutzt.

c) Verbuchen Sie als Mitarbeiter/-in der Firma Gutperle sowohl die Eingangsrechnung als auch die Banküberweisung der Rechnung am 30. Tag.

d) Welchen Betrag stellt der Felgenhersteller Karl Wolf OHG einem Schweizer Autohaus in Genf für 4 Sportfelgen in Rechnung, wenn zu berücksichtigen ist, dass Rechnungen in das Ausland von der Umsatzsteuer befreit sind, der Nettopreis ebenfalls 135,00 EUR beträgt und die Firma Karl Wolf OHG mit der Versandabwicklung betraut wurde?

e) Wie viel Schweizer Franken werden dem Autohaus in Genf von seiner Bank belastet, wenn die Rechnung nach 30 Tagen bezahlt wird und die Schweizer Bank mit folgenden Kursen rechnet:

	Ankauf	Verkauf
1,00 EUR	1,5350	1,6025

13.1.2.3 IC-Kuriergut

Als weitere Beförderungsmöglichkeit im Bereich der Kleinstgüter bietet sich für die Bundesrepublik Deutschland der von time:matters GmbH organisierte IC-Kurierdienst an. Dabei handelt es sich um eine Kooperation mit dem Unternehmensbereich Personenverkehr der Deutschen Bahn AG, einem Service für sehr eilige Warensendungen bis zu einem Gewicht von 20 kg, die entweder mit Intercity-Zügen (IC) oder dem InterCityExpress (ICE) transportiert werden. Die Sendung wird entweder direkt am „IC-Kurierdienst" gekennzeichneten Zugabteil mit ausgefüllter IC-Kurierdienstkarte oder am IC-Kurierdienstschalter des Personenbahnhofs (spätestens 30 Minuten vor Abfahrt) aufgeliefert. Bei der Beförderung mit dem ICE kann das Kuriergut nur am Gepäckschalter aufgegeben werden.

Fracht

Land	Gewicht	Beförderungsleistungen (Stand Aprill 2007)		
		Bahnhof-Bahnhof	Haus-Bahnhof Bahnhof-Haus	Haus-Haus
Deutschland	Bis 10 kg	82,00 EUR	121,00 EUR	160,00 EUR
	> 10–15 kg	95,00 EUR	134,00 EUR	173,00 EUR
	> 15–20 kg	108,00 EUR	147,00 EUR	186,00 EUR

Bei den angegebenen Preisen handelt es sich um Nettopreise.

Gewicht

- max. 20 kg

Maße

- Länge – max. 1 m
- Umfang einschließlich Länge – max. 2 m

Hinweis: Sondervereinbarungen – etwa für Kurzstrecken – sind möglich.

Übungsaufgaben

1. Ein Titanzahnrad im Gewicht von 17 kg mit den Maßen 30 cm · 20 cm · 20 cm soll schnellstmöglich nach Dresden versandt werden.
Wie hoch ist die Fracht, wenn die Sendung als IC-Kuriergut im Bahnhof-Bahnhof-Verkehr befördert werden soll?

2. Eine Sendung Ersatzteile im Gewicht von 18,9 kg wird in 68199 Mannheim am IC-Schalter 30 Minuten vor Abfahrt aufgegeben. Die Zustellung der Ware in 56077 Koblenz erfolgt direkt beim Kunden.
Welchen Preis hat der Versender in Mannheim zu zahlen?

3. Dringend benötigte Ladescheine im Gewicht von 2,8 kg sollen schnellstens von Duisburg nach Karlsruhe transportiert werden.
Ermitteln Sie die dem Versender berechnete Fracht, wenn Haus-Haus-Verkehr vereinbart war.

4. Als IC-Kuriergut soll ein Ersatzteil im Gewicht von 13,4 kg von Mannheim nach Hamburg im Haus-Haus-Verkehr befördert werden.

Ermitteln Sie die dafür zu zahlende Fracht.

5. Mit welcher Wertmarke (Bruttofracht) muss nachfolgende Sendung versehen werden?

ic:kurier — **Annahmeschein*** für den Anlieferer — **time:matters**

Serviceline: 0700 – timematters / 0700 – 84 63 62 88 (0,12 Euro/Minute Hauptzeit (9–18 Uhr), 0,06 Euro/Minute Nebenzeit (18–9 Uhr))

Absender
Name: BASF AG
Abt./AP:
Straße: Bau C 800
PLZ+Ort: 67058 Ludwigshafen
Telefon:

Empfänger
Name: Knoll AG
Abt./AP:
Straße: Bergstr. 10
PLZ+Ort: 10058 Berlin
Telefon:

Gewicht: bitte ankreuzen ☐ ≤ 10 kg ☐ ≤ 15 kg ☒ ≤ 20 kg
Inhalt:
Kd.-Ref.:

Ich erkenne die umseitig abgedruckten ATB ausdrücklich an.
25.11.07 (Datum) 8:10 (Uhrzeit) P. Jaus (Unterschrift des Anlieferers)

Zuginformationen (ohne Gewähr)

Versandbahnhof	Datum	Abfahrt	in Zug Nr.
Mannheim	25.11.	8:31	ICE 596

Umladebahnhof	Ankunft	Abfahrt	in Zug Nr.

Bestimmungsbahnhof	Datum	Ankunft	in Zug Nr.
Berlin	25.11.	13:16	ICE 596

Auftragstyp: Bahnhof – Bahnhof

Transport nur mit Wertmarke (Bitte am Fahrkartenautomaten kaufen)

Bei Anlieferung festgestellte Mängel: | Annahmestempel mit Datum oder Zangenabdruck

Auftragsnummer: 2000389 LK

Uhrzeit | Unterschrift des ic:kurier Mitarbeiters

* Bitte in Druckschrift ausfüllen — Version 2004-09-01 — Bestellnummer: V60910*

13.2 Entgeltberechnung im Bereich der Kleingüter

13.2.1 Entgeltberechnung für Güter mit Normalgröße

Unter dem Bereich der Kleingüter fasst die Praxis i.d.R. sämtliche Güter bis zu einem Gewicht von 3000 kg zusammen. Obwohl auch in diesem Marktsegment eine große Konkurrenz herrscht und die einzelnen Anbieter ihren Frachtberechnungen eigene Haustarife zugrunde legen können, bleibt festzustellen, dass fast sämtliche Tarife entfernungs- und gewichtsorientiert aufgebaut sind. Deshalb kann die Abrechnung sämtlicher Kleingutsendungen anhand beiliegender Tabellen exemplarisch gezeigt werden.

Entsprechend der garantierten Laufzeit (Zustellzeit) unterscheidet man zwischen:

- Express Plus Gut
- Express Gut
- Frachtgut

Allgemeine Kriterien	Express Plus	Express	Fracht
Maximale Laufzeit (Mo.–Fr.)	Bis 10:30 Uhr am nächsten Werktag	Bis 14:00 Uhr am nächsten Werktag	24–48 Stunden
Geld-zurück-Garantie	Ja	Ja	Nein
Flächendeckender Haus-zu-Haus-Service	Ja, außer zu den deutschen Inseln und in die PLZ-Gebiete 17 + 18	Ja, außer zu den deutschen Inseln und in das PLZ-Gebiet 17	Ja
Maximale	Länge 200 cm, Breite 150 cm	Länge 200 cm, Breite 150 cm	Länge 200 cm, Breite 150 cm
Abmessungen	Höhe 220 cm	Höhe 220 cm	Höhe 220 cm
Gewichtsbegrenzung	Nein	Nein	Nein
pro Sendung			
Gewichtsbegrenzung	1 200 kg	1 200 kg	1 200 kg
pro Packstück			
Ausgeschlossene Güter	Bestimmte gefährliche Güter, lebende Tiere	Bestimmte gefährliche Güter, lebende Tiere	Bestimmte gefährliche Güter, lebende Tiere
Frankaturen	Frei Haus	Frei Haus	Frei Haus
	Unfrei	Unfrei	Unfrei
Warenwertnachnahmen	Sind zugelassen	Sind zugelassen	Sind zugelassen
Mindestabrechnungsgewicht	150 kg bei Euro-Flachpaletten	150 kg bei Euro-Flachpaletten	150 kg bei Euro-Flachpaletten
	250 kg bei Euro-Gitterboxpaletten	250 kg bei Euro-Gitterboxpaletten	250 kg bei Euro-Gitterboxpaletten
Mindesabrechnungsgewicht bei sperrigen Gütern	150 kg/m³	150 kg/m³	150 kg/m³

Express Plus Gut

Wie man der Übersicht entnehmen kann handelt es sich dabei um solche Sendungen, die schnell, i. d. R. bis spätestens 10:30 Uhr des nächsten Werktages, beim Empfänger ausgeliefert sein sollen.

Express Gut

Die als Express Gut versandten Waren werden bis 14:00 Uhr am nächsten Werktag zugestellt.

Fracht

Hierbei wird eine Zustellung innerhalb von maximal 48 Stunden gewährleistet.

Musteraufgabe

Die Firma Dennis Spiegel GmbH, Freiburg, liefert an die Maschinenfabrik Leuck AG in Heidelberg 50 elektronische Steuerungselemente im Gewicht von je 25 kg frei Haus. Für die Versendung der Ware benutzt man zwei Euro-Gibo-Paletten im Eigengewicht von je 20 kg.

a) Da die Teile dringend im 178 km entfernten Heidelberg benötigt werden, entschließt man sich, diese bis zum nächsten Tag um 10:30 Uhr zustellen zu lassen.
Ermitteln Sie die anfallende Bruttofracht!

b) Wie hoch wäre die zu entrichtende Bruttofracht, wenn die Sendung erst gegen 13:00 Uhr am nächsten Werktag zugestellt werden sollte?

c) Ermitteln Sie die Ersparnis, wenn die Auslieferung der Sendung erst am übernächsten Werktag erfolgen könnte!

Musterlösung

Nettogewicht	50 Stück	· 25 kg	=	1 250 kg
+ Tara	2 Paletten	· 20 kg	=	40 kg
Bruttogewicht				1 290 kg

a) Preistabelle Express Plus

Nettofracht 1 290 kg/178 km	320,00 EUR
+ 19% USt	60,80 EUR
Bruttofracht	380,80 EUR

b) Preistabelle Express

Nettofracht 1 290 kg/178 km	277,20 EUR
+ 19% USt	52,67 EUR
Bruttofracht	329,87 EUR

c) Preistabelle Fracht

Nettofracht 1 290 kg/178 km	252,00 EUR
+ 19% USt	47,88 EUR
Bruttofracht	299,88 EUR

Ersparnis	– gegenüber Express Plus	=	80,92 EUR
	– gegenüber Express	=	29,99 EUR

Lösungsschritte

1. Ermittlung des Bruttogewichts der Sendung.

2.1 Auswahl der richtigen Frachttabelle.
Hier: bei Aufgabe a) Zustellung vor 10:30 Uhr am nächsten Tag
= Express Plus Tabelle
b) Zustellung vor 14:00 Uhr, aber nach 10:30 Uhr am nächsten Tag
= Express Tabelle
c) Zustellung innerhalb von max. 48 Std.
= Fracht Tabelle

2.2 Ermittlung der Nettofracht aus der entsprechenden Tabelle.
Hier: Schnittpunkt 1 290 kg/178 km

2.3 Hinzurechnung der Umsatzsteuer, centgenau.

3. Berechnung der Ersparnis.

VERMISCHTE AUFGABEN

1. Berechnen Sie zu nachstehender Aufgabe die jeweiligen Frachtgebühren einschließlich USt:

Entfernung in km	Gewicht in kg
a) 410	712
b) 600	1580
c) 375	98
d) 815	125
e) 535	918
f) 75	2035
g) 111	98

2. Zwischen 2 Städten wird eine Sendung im Gesamtgewicht von 489,7 kg als Frachtgut über eine Entfernung von 285 km versandt.

Wie hoch ist die Fracht einschließlich Umsatzsteuer?

3. Peter Müller muss an einen Kunden im 490 km entfernten Aachen einen dringend benötigten Motor im Gesamtgewicht von 77 kg versenden.

Wie hoch sind die Frachtkosten für Herrn Müller?

4. Wie hoch ist die Fracht für ein Paket Kleineisenteile im Gewicht von 53 kg, das schnellstens – vor 10:30 Uhr am nächsten Werktag – nach 38448 Wolfsburg über 217 km versandt werden soll?

5. Eine Frachtgutsendung im Gesamtgewicht von 117 kg wird in einer Gitterboxpalette über eine Entfernung von 285 km versandt.

Auf wie viel Euro lautet die Frachtabrechnung einschließlich Umsatzsteuer?

6. Vier Kisten Maschinenteile sollen als Expressgut nach 81329 Tutzing versandt werden. Das Gesamtgewicht der Sendung beträgt 87,6 kg.

Wie hoch sind die Expressgutgebühren, wenn die Ware über 935 km transportiert wird?

7. Ein Frachtstück im Gewicht von 875 kg soll an einen Kunden in 10785 Berlin über 718 km zugestellt werden.

Wie viel Euro beträgt die zu zahlende Expressgutfracht?

8. Wir erwarten noch heute ein dringend benötigtes Einbauteil aus Hamburg im Gewicht von 9,8 kg.

Welche Versandart bietet sich unserem Lieferanten, wenn Haus-Haus-Beförderung vereinbart wurde, und mit welchen Kosten werden wir belastet?

9. Eine Unternehmung versendet verschiedene Kisten im Gesamtgewicht von 933 kg als Frachtgut, Entfernung 625 km.

Errechnen Sie die Frachtkosten einschließlich Umsatzsteuer.

10. Mit einer Spedition wird eine Frachtgutsendung im Gewicht von 579 kg über 437 km versandt. Wegen Sonderbehandlung der Frachtgutsendung wird ein Margenaufschlag[1] von 5% vereinbart.

Wie viel Euro einschließlich USt sind an den Spediteur zu zahlen?

11. Ein Paket im Gewicht von 33,8 kg soll per Expressgut über 290 km nach 26731 Emden versandt werden.

Wie hoch ist der zu zahlende Preis?

12. Eine Sendung im Gewicht von 43 kg soll als Expressgut über 617 km nach 54142 Trier versandt werden.

Wie viel Euro betragen die zu zahlenden Expressgutgebühren, wenn die Zustellung am nächsten Tag vor 10:30 Uhr erfolgen soll?

13. Eine Frachtgutsendung im Gewicht von 1 000 kg wird über eine Entfernung von 285 km befördert.

Wie hoch ist der zu zahlende Frachtbetrag einschließlich USt, wenn ein Margenabschlag von 6% vereinbart wurde?

14. Ein Karton mit Ersatzteilen soll als Frachtgut über eine Entfernung von 213 km befördert werden.

Auf wie viel Euro lautet die Frachtabrechnung einschließlich USt, wenn das Bruttogewicht der Sendung 1420 kg beträgt?

15. 1897 kg einer Sendung werden als Frachtgut über eine Entfernung von 477 km versandt.

Wie hoch sind die Frachtgebühren, wenn wegen Sonderbehandlung ein Margenaufschlag von 3% vereinbart wurde?

16. Eine Expressgutsendung im Gewicht von 138,70 kg soll über 705 km in den Freihafen von 20097 Hamburg zwecks Ausfuhr in die USA befördert werden. In der Expressgutkarte ist u.a. eingetragen: „Umsatzsteuerfreie Beförderung gemäß § 4 in Verbindung mit § 1 UStG“.

Wie hoch ist die Expressgutfracht?

17. Eine Sendung im Gesamtgewicht von 123 kg wird als Frachtgut über eine Entfernung von 77 km auf einer Euro-Flachpalette versandt.

Ermitteln Sie die Fracht einschließlich USt.

18. Verschiedene Frachtgüter im Gesamtgewicht von 1785 kg sind über eine Entfernung von 317 km zu transportieren.

Wie viel Euro müssen einschließlich USt gezahlt werden?

19. Eine Frachtgutsendung im Gesamtgewicht von 2409 kg soll von Mannheim nach Köln (196 km) versandt werden.

Wie hoch sind die Frachtkosten einschließlich USt?

[1] Bei Sendungen bis 3000 kg wird der Margenbetrag auf volle 10 Cents kaufmännisch gerundet.

20. Als Frachtgut sollen 2867 kg einer Ware über 319 km befördert werden.

Wie hoch ist der zu zahlende Frachtbetrag einschließlich USt, wenn ein Margenabschlag von 4% vereinbart wurde?

21. Verschiedene Maschinenteile im Gesamtgewicht von 1354 kg sind als Stückgut über eine Entfernung von 675 km zu transportieren. Wegen Sonderbehandlung der Sendung wurde ein Margenaufschlag von 3% vereinbart.

Wie hoch ist der Frachtberechnungsbetrag einschließlich USt?

22. Ein dringend benötigtes Ersatzteil im Gewicht von 17,6 kg soll im Haus-Haus-Verkehr über 417 km nach 80939 München versandt werden.

a) Welche Beförderungsmöglichkeiten bieten sich hierfür an?

b) Ermitteln Sie den jeweils zu zahlenden Betrag, wenn das Ersatzteil als IC-Kuriergut, Post-Expresspaket vor 9:00 Uhr oder als Express Plus Gut zugestellt würde.

23. Unser Lieferer in 90461 Nürnberg erwartet ein benötigtes, falsch ausgeliefertes Ersatzteil im Gewicht von 23,8 kg zurück.

a) Welche Versandmöglichkeiten könnten wir außer dem Expressgut wählen?

b) Ermitteln Sie die Expressgutgebühr, wenn die Entfernung 235 km beträgt und die Zustellung im Laufe des nächsten Werktages erfolgen soll.

24. Petra soll im Auftrag ihres Unternehmens ein Zahnrad im Gewicht von 8,7 kg an die Deutsche Werft in 20539 Hamburg (Entfernung 595 km) versenden.

In der Auftragserteilung bestand die Deutsche Werft auf der Lieferung am nächsten Tag.

a) Welche Versendungsmöglichkeiten können in Betracht gezogen werden, wenn Haus-Haus-Beförderung vereinbart wurde?

b) Stellen Sie die Kosten dreier Beförderungsmöglichkeiten einander gegenüber und wählen Sie die kostengünstigste Alternative aus.

c) Welche Versandart würden Sie wählen, wenn die Lieferung noch im Laufe des Tages in Hamburg eintreffen soll?

13.2.2 Entgeltberechnung für sperrige Güter

LOP

Güter werden dann als **sperrig** bezeichnet, wenn 1 m³ weniger als 150 kg wiegt. Aus diesem Grunde werden der Frachtberechnung 1,5 kg je angefangene 10 dm³ des Rauminhaltes zugrunde gelegt.

Beachte:

(1) Bei der Berechnung des Volumens werden die Maße kaufmännisch auf volle dm gerundet.

(2) Bei der Umrechnung von dm³ in kg gilt:

$$10\ dm^3 = 1{,}5\ kg$$

(3) Mindestabrechnungsgewicht bei sperrigen Gütern = 150 kg/m³.

MUSTERAUFGABE

Ein Frachtstück im Gewicht von 286 kg und mit den Maßen 312 cm · 138 cm · 85 cm soll über eine Entfernung von 516 km befördert werden.

Wie hoch ist der Frachtberechnungsbetrag einschließlich USt?

MUSTERLÖSUNG

31 dm · 14 dm · 9 dm = 3906 dm^3

3906 dm^3 (Frachtbriefangabe des Absenders) : 10 = 3906 · 1,5 kg = 585,90 kg Frachtberechnungsgewicht

Nettofracht 586 kg/516 km	213,90 EUR
+ USt 19%	40,64 EUR
= Frachtberechnungsbetrag	254,54 EUR

LÖSUNGSSCHRITTE

1. Umwandlung der angegebenen cm in dm (kfm. runden!).
   Hier: 312 cm = 31 dm
   138 cm = 14 dm
   85 cm = 9 dm
2. Errechnung des Volumens in dm^3.
3. Umwandlung des Volumens in kg, wobei gilt: 10 dm^3 = 1,5 kg
   10 dm^3 = 1,5 kg.
   3906 dm^3 = x kg
   x = 585,9 kg
4. Ablesen der Fracht aus der Frachtentafel bei 551–600 kg/501–600 km = 213,90 EUR.
5. Hinzurechnung der Umsatzsteuer, centgenau.

ÜBUNGSAUFGABEN

1. Über eine Entfernung von 397 km soll ein sperriges Frachtstück im Gewicht von 237 kg und mit den Maßen 344 cm · 107 cm · 84 cm befördert werden. Der Rauminhalt wurde vom Absender im Frachtbrief eingetragen.

Wie viel Euro sind einschließlich USt zu zahlen?

2. Eine sperrige Stückgutsendung im Gesamtgewicht von 517 kg soll über eine Entfernung von 817 km transportiert werden.

Wie viel Euro sind zu überweisen, wenn das Frachtstück folgende Maße hat: 383 cm · 129 cm · 100 cm?

3. Eine Spedition hat mehrere sperrige Stückgüter günstig, d.h. Raum sparend, zusammengestellt und das Gesamtvolumen von 6785 dm^3 bei einem Bruttogewicht von 586 kg im Frachtbrief eingetragen.

Wie viel Euro muss die Spedition für den Transport über 217 km einschließlich USt überweisen?

4. Eine Stückgutsendung, die aus folgenden sperrigen Frachtstücken besteht, soll über eine Entfernung von 487 km befördert werden.

Frachtstück 1 = 18,3 dm · 8,5 dm · 5,4 dm/ 67 kg

Frachtstück 2 = 39,7 dm · 11,6 dm · 8,0 dm/ 256 kg

Frachtstück 3 = 17,9 dm · 9,9 dm · 6,5 dm/ 82 kg

Der Absender stellt die Einzelstücke günstig zu einer Sendung zusammen und trägt das von ihm errechnete Volumen in den Frachtbrief ein.

Berechnen Sie die Fracht einschließlich USt.

5. Über eine Entfernung von 623 km wird ein sperriges Frachtstück im Gewicht von 259 kg mit den Maßen 375 cm · 119 cm · 65 cm befördert.

Wie hoch ist der Frachtberechnungsbetrag einschließlich USt, wenn die dringende Sendung am nächsten Werktag vor 10:30 Uhr zugestellt werden soll?

6. Ein sperriges Frachtstück im Gewicht von 489 kg und den Maßen 3985 mm · 1895 mm · 987 mm wird über eine Entfernung von 578 km befördert. Der Absender hat den Rauminhalt in dm³ im Frachtbrief eingetragen und eine Frachtermäßigung von 6% ausgehandelt.

Wie hoch sind die gesamten Beförderungskosten einschließlich USt?

MERKE

Zusammenfassende Rundungsregeln bei Kleingütern

Stückgewicht	Rundungen		
	Gewicht	Fracht	Marge
< 3000 kg	lt. Tabelle einordnen	aus Tabelle ablesen	auf volle 10 ct kfm. runden (bei Express Plus auf volle Euro kfm. runden)
sperrig	a) auf volle dm³ kfm. runden b) Umwandlung von dm³ in kg	siehe oben	siehe oben

13.3 Abrechnung im Wagenladungsverkehr – Entgeltberechnung bei der Deutschen Bahn AG –

Wie bei jedem Verkehrsträger wird auch im Bereich der Deutschen Bahn AG bzw. ihrem für den Gütertransport zuständigen Tochterunternehmen, der Railion Deutschland AG, die Fracht für sämtliche Güter frei vereinbart.

Lediglich für die Bereiche Eisen und Stahl sowie Kohle oder den Fall, dass keine Vereinbarung zwischen dem Versender und der Railion Deutschland AG getroffen wurde, wendet man als Orientierungsmaßstab die nachfolgend dargestellten Abrechnungsverfahren und Tabellen an.

Abrechnungsverfahren

1. Frachtberechnung mittels Koeffizienten	2. Frachtberechnung in EUR je Tonne aufgelieferter Ware	3. Frachtberechnung in EUR je verwendete Wagenart
Preisliste 130	Preisliste 100	Allgemeine Preisliste

Hinweise:

1. Bei allen in den Branchen-Preislisten angegebenen Beträgen handelt es sich um Höchstpreise, die durch Margenabschläge z. T. erheblich reduziert werden.
2. Für alle drei Abrechnungsverfahren gelten im Bereich der Frachtermittlung folgende Rundungsregeln:
   - die errechnete Fracht wird kaufmännisch auf volle EUR gerundet,
   - ein berechneter Margenauf- und -abschlag wird ebenfalls kaufmännisch auf volle EUR gerundet.

13.3.1 Frachtberechnung mittels Koeffizienten

Geltungsbereiche: z. B. Eisen und Stahl; siehe hierzu Preisliste 130.

Ausschlaggebend für die zu berechnende **Nettofracht** sind:

(1) Die Grundfracht – sie ist abhängig von der Entfernung.

Hinweis: Als Grundfracht (Preisbasis) wird das Gewicht eines 25-t-Achsenwagens lt. Frachtentafel 130 gewählt.

(2) Der maßgebliche Koeffizient – er hängt ab von

- dem Gewicht der Ladung,
  - Das Gewicht der Ladung umfasst alles, was zur Beförderung aufgeliefert wird (wirkliches Gewicht).
  - Das wirkliche Gewicht wird kaufmännisch auf volle Tonnen gerundet.
- der verwendeten Waggonart.

Hinweis:

	Mindestgewicht je Wagen	Mindestpreise je Wagen
Wagen mit zwei Achsen	15 t	153,39 EUR
Wagen mit mehr als zwei Achsen	20 t	214,74 EUR

MERKE

Grundfracht für einen 25-t-Waggon lt. Frachtentafel 130	× **Koeffizient** lt. Koeffiziententabelle	**= FRACHT**
abhängig von: – Entfernung	abhängig von: – Gewicht der Sendung – Art des Waggons	

MUSTERAUFGABE

17138 kg Bandstahl werden durch die DB AG im Achsenwagen über eine Entfernung von 528 km transportiert.

Wie hoch ist die zu entrichtende Bruttofracht, wenn ein Margenabschlag von 5% vereinbart wurde?

MUSTERLÖSUNG

1. 17138 kg = 17000 kg = 17 t
2. Grundfracht für 528 km (520–540 km) lt. Frachtentafel 958,16 EUR
3. maßgeblicher Koeffizient für 17 t im Achsenwagen lt. Koeffiziententabelle 0,795
4. Frachtermittlung:

Fracht	=	Grundfracht	· Koeffizienten
Fracht	=	958,16	· 0,795
Fracht	=	761,74	(kfm. Rundung auf volle EUR!)
Fracht	=	762,00 EUR	

Abrechnung:

Fracht 17 t/528 km/Achsenwagen	762,00 EUR
– 5% Marge (auf volle EUR kfm. runden!) (38,10 EUR)	38,00 EUR
	724,00 EUR
+ 19% USt	137,56 EUR
Bruttofracht	861,56 EUR

LÖSUNGSSCHRITTE

1. Kfm. Rundung des Frachtgewichtes auf volle Tonnen.
   Hier: 17138 kg = 17 t
2. Ablesen der Grundfracht lt. Preistafel 130 für Eisen und Stahl.
   Hier: 540 km = 958,16 EUR
3. Ermittlung des entsprechenden Koeffizienten aus der Koeffiziententabelle im Schnittpunkt:
   Gewichtsstufe (Spalte 1)/Wagenart (ab Spalte 2).
   Hier: 17 t/Wagen mit zwei Achsen = 0,795
4. Frachtermittlung durch Multiplikation der Grundfracht mit dem entsprechenden Koeffizienten und kfm. Rundung auf volle EUR!
   Hier: 958,16 · 0,795 = 761,74 = 762,00 EUR
5. Berücksichtigung einer evtl. Marge, die ebenfalls kfm. auf volle EUR zu runden ist.
6. Hinzurechnung der Umsatzsteuer, centgenau.

ÜBUNGSAUFGABEN

1. Ein Drehgestellwaggon mit Stahlröhren soll über eine Entfernung von 379 km befördert werden. Das Gewicht der Ladung beträgt 23456 kg.

Ermitteln Sie die Frachtkosten für die Sendung einschließlich Umsatzsteuer.

2. Die DB AG soll 6 879 kg Stahlmasse über eine Entfernung von 615 km im Achsenwagen transportieren.
Wie hoch ist der Frachtberechnungsbetrag einschließlich Umsatzsteuer?

3. Im abgebildeten Achsenwagen sollen 24787 kg Metall-Röhren von Dortmund nach München transportiert werden (560 km).
Wie hoch ist die Bruttofracht, wenn ein Margenabschlag von 7% vereinbart wurde?
Kbs – offener Waggon mit niedrigen Bordwänden und Rungen:

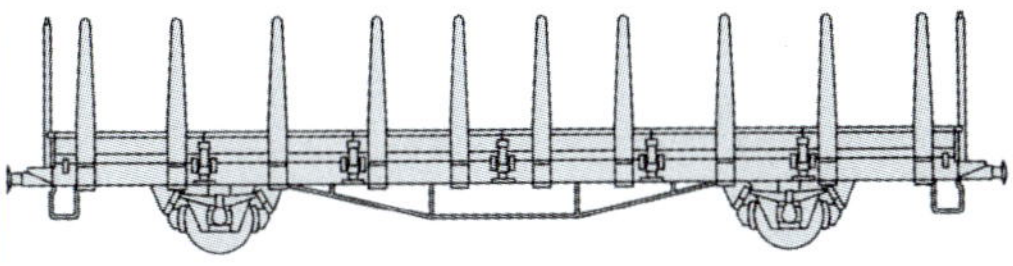

Länge der Ladefläche 12,50 m
Breite der Ladefläche 2,77 m
Ladekapazität 27,5 t

13.3.2 Frachtberechnung in Euro je Tonne aufgelieferter Ware

Geltungsbereich z.B.: Kohle, Koks; siehe hierzu Preisliste 100.
Ausschlaggebend für die zu berechnende **Nettofracht** ist:
(1) die Entfernung in km
(2) die Warengruppe: Steinkohle/Braunkohle oder Koks
(3) die Versandart:
- in Einzelwagen/Wagengruppe bis drei Wagen
- geschlossene Züge

(4) das Gewicht der Sendung

Hinweis:

	Mindestgewicht je Wagen	Mindestpreise je Wagen
Wagen mit zwei Achsen	12 t	133,45 EUR
Wagen mit mehr als zwei Achsen	27 t	186,62 EUR

MUSTERAUFGABE

23,8 t Steinkohle sollen von Dortmund nach Karlsruhe über 390 km durch die DB AG transportiert werden.
Errechnen Sie die Bruttofracht, wenn ein Margenabschlag von 30% vereinbart wurde!

MUSTERLÖSUNG

1. 23,8 t = 24 t
2. Feststellung der Warenart
3. Frachtsatz in EUR je Tonne/390 km/Einzelwagen = 27,96 EUR
4. Frachtermittlung = Frachtsatz · Tonnen:
5. Fracht = 27,96 EUR · 24 t
   Fracht = 671,04 EUR/Wagen (kfm. Rundung auf volle EUR)
   Fracht = 671,00 EUR

Abrechnung:

Fracht 24 t/Steinkohle/390 km/Einzelwagen	671,00 EUR
− 30% Marge (auf volle EUR kfm. runden!) (201,30 EUR)	201,00 EUR
	470,00 EUR
+ 19% USt	89,30 EUR
Bruttofracht	559,30 EUR

LÖSUNGSSCHRITTE

1. Kfm. Rundung des Frachtgewichtes auf volle Tonnen.
   Hier: 23,8 t = 24 t
2. Feststellung der Warenart.
   Hier: Steinkohle
3. Ablesen des Frachtsatzes pro Tonne Steinkohle im Einzelwagen lt. Preisliste 100.
   Hier: 27,96 EUR/t
4. Frachtermittlung durch Multiplikation des Frachtsatzes mit der angegebenen Tonnenzahl.
   Hier: 27,96 EUR · 24 t = 671,04 EUR
5. Kfm. Rundung der Fracht auf volle EUR.
   Hier: 671,04 EUR = 671,00 EUR
6. Berücksichtigung einer evtl. Marge, die ebenfalls kfm. auf volle EUR zu runden ist.
   Hier: 201,03 EUR = 201,00 EUR
7. Hinzurechnung der Umsatzsteuer, centgenau.

ÜBUNGSAUFGABEN

1. 27,2 t Steinkohle sollen mit der Bahn über eine Strecke von 615 km transportiert werden.

Welche Frachtkosten einschließlich Umsatzsteuer sind bei Verwendung eines Achsenwagens an die DB AG zu zahlen?

2. 28,5 t Koks sollen durch die DB AG über eine Entfernung von 473 km befördert werden.

Wie hoch sind die Frachtkosten für einen Drehgestellwagen einschließlich Umsatzsteuer, wenn mit der Bahn ein Margenabschlag von 3% vereinbart wurde?

3. Drei 24-t-Waggons Steinkohle sollen von Bochum nach Stuttgart über 432 km transportiert werden.

Errechnen Sie die Bruttofracht, wenn ein Margenabschlag von 35% vereinbart wurde.

13.3.3 Frachtberechnung in Euro je verwendete Wagenart

Geltungsbereich: für alle Güter, für die keine Vereinbarung getroffen wurde, siehe hierzu die allg. Preisliste.

Ausschlaggebend für die zu berechnende **Nettofracht** ist:

(1) die Entfernung in km

(2) der Wagentyp

- Wagen mit zwei Achsen = Preistafel 1
- Wagen mit mehr als zwei Achsen = Preistafel 2

(3) die Gewichtsstufe in Tonnen

MUSTERAUFGABE

Ein Achsenwagen (Wagen mit zwei Achsen) Altpapier im Gewicht von 18250 kg wird von Münster nach Nürnberg über 468 km durch die DB AG transportiert.

Ermitteln Sie die Bruttofracht bei einem Margenabschlag von 30%, wenn die Abrechnung nach der allg. Preisliste der DB AG erfolgt!

MUSTERLÖSUNG

1. 18250 kg = 18,25 t = 18 t
2. Frachtsatz für den verwendeten Wagen mit zwei Achsen lt. allg. Preisliste/Preistafel 1 = 18 t/468 km = 1226,00 EUR

Abrechnung:

Fracht 18 t/468 km/Wagen mit zwei Achsen	1226,00 EUR
– 30% Marge = 367,80 EUR (auf volle EUR kfm. runden!)	368,00 EUR
	858,00 EUR
+ 19% USt	163,02 EUR
Bruttofracht	1021,02 EUR

LÖSUNGSSCHRITTE

1. Kfm. Rundung des Frachtgewichtes auf volle Tonnen.
   Hier: 18,25 t = 18 t
2. Ablesen des Frachtsatzes je verwendete Wagenart lt. allg. Preisliste.
   Hier: Tafel 1 = Wagen mit zwei Achsen/18 t/468 km = 1226,00 EUR
3. Berücksichtigung einer evtl. Marge, die ebenfalls kfm. auf volle EUR zu runden ist.
   Hier: 367,80 EUR = 368,00 EUR
4. Hinzurechnung der Umsatzsteuer, centgenau.

ÜBUNGSAUFGABEN

1. Zum Transport einer Sendung Altpapier im Gewicht von 44,5 t wurde abgebildeter Waggon von der Bahn gestellt.

Berechnen Sie die dafür zu zahlende Bruttofracht, wenn das Altpapier über eine Entfernung von 725 km zu transportieren ist.

Großraumgüterwaggon:

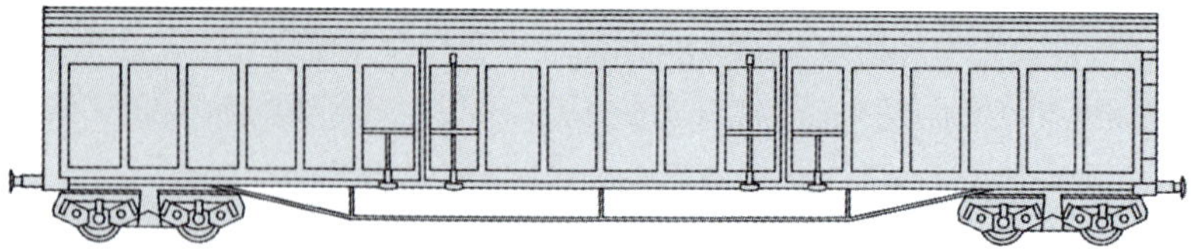

Länge des Laderaumes 19,85 m   Breite des Laderaumes 2,6 m   Ladekapazität 52,2 t

2. Eine Wagenladung Lebensmittelkonserven im Gesamtgewicht von 19651 kg soll über eine Entfernung von 213 km von der DB AG in einem Achsenwagen befördert werden.

Ermitteln Sie die Bruttofracht, wenn die Abrechnung nach der allg. Preisliste erfolgt.

Vermischte Aufgaben zu sämtlichen Frachtberechnungsmethoden

1. Ein Waggon Eisenbleche im Gewicht von 22436 kg soll von Mannheim nach Bochum (375 km) auf der Schiene transportiert werden.

Wie viel EUR an Frachtkosten einschließlich Umsatzsteuer sind an die DB AG zu zahlen, wenn ein Drehgestellwagen von 25 m benötigt wird?

2. 37250 kg Blankstahl sollen über eine Entfernung von 870 km durch die DB AG in einem Drehgestellwagen befördert werden.

Wie hoch sind die Frachtkosten einschließlich USt?

3. Zwei Waggons Stahlmasse sollen über eine Entfernung von 573 km durch die DB AG befördert werden. Das Gewicht beträgt je Waggon 28500 kg.

Welche Beförderungskosten einschließlich USt sind an die DB AG zu zahlen, wenn ein Margenabschlag von 2% vereinbart wurde und 2 Gelenkwagen benötigt werden?

4. 13450 kg Altpapier sollen von Heidelberg nach Aschaffenburg (Entfernung 362 km) von der DB AG in einem Achsenwagen befördert werden.

Wie viel EUR hat der Kunde einschließlich USt an die DB AG zu zahlen?

5. Stahlröhren im Gesamtgewicht von 26 986 kg sollen mit der Bahn über eine Entfernung von 97 km transportiert werden.

Ermitteln Sie die Frachtkosten einschließlich USt, wenn nachfolgender Drehgestell-Flachwagen der Gattung R verwendet wird.

6. 58 Tonnen Koks sollen mit zwei Gelenkwaggons von Köln nach Passau über 635 km durch die DB AG befördert werden. Zwischen Versender und Bahn wurde ein Margenabschlag von 40 % vereinbart.

Ermitteln Sie die zu zahlende Bruttofracht.

7. 38 775 kg Steinkohle werden von Dortmund nach Freiburg über eine Strecke von 625 km transportiert.

Wie hoch ist die Bruttofracht, wenn die DB AG eine Margenermäßigung von 30 % gewährt?

8. Verschiedene Lebensmittel im Gesamtgewicht von 30 370 kg sollen von München nach Hamburg über eine Strecke von 762 km befördert werden.

a) Berechnen Sie, ob es günstiger ist, bei der DB AG einen Achsenwagen oder einen Gelenkwagen zu bestellen.

b) Ermitteln Sie die an die DB AG zu zahlende Bruttofracht, wenn eine Margenermäßigung von 12 % vereinbart wurde und die Ware mit der günstigsten Waggonart versandt werden soll.

9. Eine Sendung Metallgehäuse soll von Nürnberg nach Köln über eine Entfernung von 370 km im Drehgestellwaggon (Innenmaße: 19,85 m · 2,6 m · 2,80 m) durch die Deutsche Bahn AG transportiert werden.

a) Berechnen Sie, wie viele Metallgehäuse in dem angeführten Drehgestellwaggon versandt werden können, wenn jedes Gehäuse in einem würfelförmigen Karton von 60 cm Kantenlänge verpackt ist.

b) Ermitteln Sie das Gesamtgewicht der Sendung, wenn jedes Metallgehäuse inkl. Verpackung 38,5 kg wiegt.

c) Berechnen Sie die an die DB AG zu zahlende Bruttofracht, wenn ein Margenabschlag von 30 % vereinbart wurde.

13.4 Entgeltberechnung im Bereich des Güterkraftverkehrs

Wie bei den übrigen Verkehrsträgern steht der Unternehmer heute mehr denn je vor der Herausforderung, in eigener Verantwortung markt- und kostengerechte Preise zu bilden, um sich für den in den kommenden Jahren zu erwartenden starken Preisdruck auf den internationalen Güterverkehrsmärkten zu rüsten.

Vor diesem Hintergrund favorisiert der Bundesverband Güterkraftverkehr Logistik und Entsorgung – kurz BGL – heute die Preisempfehlung mittels KALIF und KIS. Dabei handelt es sich um ein System, das die Unternehmen zur genauen Kalkulation ihrer Selbstkosten anleiten soll.

Die unter dem Kürzel „KURT“ (**K**ostenorientierte **U**nverbindliche **R**ichtpreis **T**abelle) vom ehemaligen Bundesverband Wirtschaftsverkehr und Entsorgung (BWE) herausgegebenen Richtpreise wurden zwischenzeitlich vom Bundeskartellamt als kartellrechtlich problematisch eingestuft und dürfen von Verbandsseite nicht mehr als Empfehlung ausgesprochen werden. Dennoch verwendet auch heute noch ein Großteil der Praxis das ehemalige Zahlenwerk unter dem Namen **Kostentabellen I–III** als Orientierungsgröße, wohl wissend, dass die solchermaßen ermittelten Preise nicht immer kostendeckend sind. Eine solch starke Verbreitung lässt es gerechtfertigt erscheinen, diese Methode darzustellen, da die einzelnen Unternehmen diese Tabellen auch weiterhin verwenden dürfen.

Neben diesen beiden Frachtberechnungsmethoden werden häufig noch Berechnungen nach Haustarifen, Einzelkalkulationen oder sonstigen Preisegestaltungen durchgeführt.

Bei all den angeführten Preisermittlungen gilt es jedoch festzuhalten, dass sich die zugrunde liegenden Komponenten der Frachtberechnung nicht geändert haben. Als solche gelten nach wie vor:

1. Ladungsgewicht/Nutzlastgewicht
2. Entfernung
3. Einsatzzeit/Nutzungszeit
4. Rücklademöglichkeit
5. Leerfahrt-Kilometer

Bevor die beiden Berechnungsmethoden dargestellt werden, gilt es zunächst die seit dem 01.01.2005 eingeführte Lkw-Maut zu behandeln, zumal es sich dabei um eine weitere Kosteneinflussgröße handelt, die bei sämtlichen Verfahren zu berücksichtigen ist und noch nicht in die entsprechenden Frachttabellen eingearbeitet wurde.

13.4.1 Ermittlung der Lkw-Maut

Seit dem 01.01.2005 werden für Lkw auf den deutschen Bundesautobahnen Mautgebühren fällig, die zunächst vom Transportführer zu bezahlen sind und zur korrekten Preisermittlung danach in die zu zahlende Fracht einkalkuliert und dem Kunden berechnet werden. Ob die Maut in der Abrechnung als eigene Position ausgewiesen wird, ist lt. Auskunft beim BGL vom Einzelfall abhängig.

Mautpflichtig ist nach ABMG (Autobahnmautgesetz für schwere Nutzfahrzeuge) die Benutzung deutscher Bundesautobahnen sowie einiger ausgewiesener Bundesstraßen mit Lkw und Fahrzeugkombinationen mit einem zulässigen Gesamtgewicht von mindestens **12 Tonnen**, wobei es völlig gleichgültig ist, ob der Lkw leer oder beladen unterwegs ist.

Die zu zahlende Maut berechnet sich dabei nach unterschiedlichen Verfahren, wovon nachfolgend eine sehr einfache Methode dargestellt werden soll. Diese orientiert sich sowohl an dem zugrunde liegenden Mautsatz als auch an den gefahrenen mautpflichtigen Kilometern.

Mautsatz

Der Mautsatz ist lt. § 4 ABMG abhängig von:

- der Anzahl der Achsen des Lkw oder der Fahrzeugkombination,
- den Schadstoffemissionsklassen,
- Ort und Zeit*
  (die Bundesregierung kann die Höhe der Maut pro Kilometer auch nach bestimmten Abschnitten von Bundesautobahnen und nach der Benutzungszeit bestimmen; § 3 Abs. 3 ABMG)

und beträgt zz. für schwere Lkw von mehr als 12 t durchschnittlich **12,4 Euro-Cent*** pro mautpflichtigem km. Dieser Satz wird auch den nachfolgenden Aufgaben zugrunde gelegt.

* Der tatsächliche Mautsatz differenziert zz. zwischen 0,09 EUR und 0,14 EUR und ist u. a. auch von dem Autobahnanteil- bzw. Leerfahrtenanteil in Prozent abhängig.

Mautpflichtige Kilometer

Die mautpflichtigen auf Bundesautobahnen gefahrenen Kilometer lassen sich anhand einer Tabelle leicht errechnen. Dabei werden in der Tabelle sowohl die gefahrenen als auch die mautpflichtigen Kilometer für den Transport angegeben, wobei unterstellt wird, dass zwischen beiden Orten die maximalen Autobahnkilometer gefahren werden. Benötigt werden hierzu lediglich die Postleitzahlen des Ausgangsortes sowie des Empfangsortes.

Auszug aus der Maut-Tabelle (vgl. S. 358):

Ausgangsort	**PLZ 010..***	**nach:**
Empfangsort PLZ*	gefahrene km	mautpflichtige km
780..	602	588
790..	684	664
850..	388	369
960..	285	269

Ausgangsort	**PLZ 011..**	**nach:**
080..	117	104
180..	401	311
200..	491	478
330..	469	427
490..	499	484
520..	645	622

Quelle: Praxishandbuch Mauttabellen, Huss Verlag, München

Errechnen lässt sich die zu zahlende Maut nun wie folgt:

MERKE

Mautbetrag = mautpflichtige km · Mautsatz

MUSTERAUFGABE

Ein Lkw transportiert zwischen 01067 Dresden und 79098 Freiburg Motoren im Gewicht von 22,8 t.

Ermitteln Sie

a) die mautpflichtigen km sowie

b) die sich dadurch ergebende Maut!

MUSTERLÖSUNG

a) Ausgangsort = 01067 Dresden = PLZ 010..
Empfangsort = 79098 Freiburg = PLZ 790..
Zwischen beiden Städten ergibt sich eine Entfernung von 684 km, wovon 664 km mautpflichtig sind.

* Beachten Sie: bei den PLZ interessieren lediglich die ersten drei Zahlen!

b) Zur Berechnung der zu zahlenden Maut benötigt man jetzt nur noch den entsprechenden km-Satz, der wie angegeben durchschnittlich 12,4 Cent beträgt.
An Maut ergibt sich somit:
Maut = 664 km · 0,124 EUR/km
Maut = 82,24 EUR

LÖSUNGSSCHRITTE

① Ablesen der mautpflichtigen km aus der entsprechenden Tabelle.

② Festlegung des zutreffenden Kilometersatzes,
hier: 12,4 Euro-Cent.

③ Berechnung der zu zahlenden Maut durch Multiplikation der mautpflichtigen km mit dem zutreffenden Mautsatz,
hier: 664 km · 0,124 EUR/km.

ÜBUNGSAUFGABEN

1. Ermitteln Sie
a) die mautpflichtigen km bei Fahrten zwischen den unten angegebenen Versand- und Empfangsorten,
b) die zu entrichtenden Mautgebühren.

Ausgangsort und	Empfangsort	mautpflichtige km	Maut in EUR
01067 Dresden	85049 Ingolstadt	?	?
	78098 Triberg	?	?
	96047 Bamberg	?	?
01187 Dresden	18055 Rostock	?	?
	33098 Paderborn	?	?
	20095 Hamburg	?	?
	52062 Aachen	?	?

2. Eine Ladung im Gewicht von 18000 kg wird mit einem Sattelfahrzeug von 01187 Dresden nach 49074 Osnabrück befördert. Ermitteln Sie die zu zahlende Lkw-Maut, bei einem Mautsatz von 0,124 EUR pro km.

3. 19,7 t Papier sollen von 01067 Dresden nach 85072 Eichstätt transportiert werden. Errechnen Sie die Mautgebühren, wenn von einem durchschnittlichen Mautsatz von 0,124 EUR pro km ausgegangen werden kann.

13.4.2 Frachtberechnung mithilfe der Kostentabellen

Wie dem Vorwort zum „KURT 98“ des ehemaligen Bundesverbandes Wirtschaft und Entsorgung e. V. zu entnehmen war, sollten die Richtpreis-Tabellen

- den Unternehmen des Güterkraftverkehrs den Übergang zur eigenverantwortlichen Preisbildung erleichtern,

- die Fähigkeit zur kosten- und marktorientierten Preisbildung stärken und
- Richtwerte zur Verbesserung des eigenen Preisbewusstseins geben.

Um diesen Zielsetzungen und den damit verbundenen Anforderung der Praxis gerecht zu werden, wurden drei Abrechnungssysteme entwickelt, die in den nachfolgend dargestellten Kostentabellen I–III ihren Niederschlag fanden.

Kostentabelle I	Kostentabelle II	Kostentabelle III
= Tages- und Kilometersätze	= Stundensätze	= Leistungssätze

Hinweis: Die mithilfe der Kostentabellen ermittelten Frachtsätze sind lediglich Richtwerte, die je nach Kosten- und Marktsituation über- bzw. unterschritten werden können; die zurzeit gültigen Tarife und Tabellen befinden sich am Ende des Buches.

Fracht

Bei den in den einzelnen Kostentabellen angegebenen Preisen handelt es sich um unverbindliche Richtsätze, die noch keine Umsatzsteuer enthalten.

Gewicht

Als Mindestgewicht werden 3 Tonnen zugrunde gelegt.

13.4.2.1 Kostentabelle I – Tages- und Kilometersätze

Die für die Tages- und Kilometersätze zuständige Tafel I ist für die Beförderung im innerdeutschen Güterkraftverkehr bestimmt und eignet sich vor allem für Einsätze mit langen Standzeiten, wobei zusätzlich pro Stunde i. d. R. mehr als 10 km gefahren werden.

Fracht

Die Fracht nach der Kostentabelle I setzt sich aus den beiden Komponenten

- Tagessatz und
- Kilometersatz

zusammen.

(1) Tagessätze

Diese sind abhängig von:

- der **Nutzlast** des Lkw in Tonnen
  - diese wirkt sich direkt auf die zu verrechnenden Tages- und Kilometersätze aus;
  - in der angegebenen Tabelle I sind die Frachtsätze bis zu einer Nutzlast von 29 t angegeben;
- der **Beschäftigungszeit**
  - als Mindestzeit werden 3 Std. berechnet;

$$\text{Frachtsatz} = 3\ \text{Std.} \cdot 1/8\ \text{Tagessatz}$$

  - zwischen 3 und 6 Std. dürfen angebrochene Std. auf volle Std. aufgerundet werden;

$$\text{Frachtsatz} = \text{Std.} \cdot 1/8\ \text{Tagessatz}$$

– zwischen 6 und 8 Std. wird der volle Tagessatz berechnet;

Frachtsatz = Tagessatz

– ab 8 Std. dürfen angebrochene Stunden auf volle Std. aufgerundet werden. Ist dies der Fall, so erhöht sich der Tagessatz je weitere Stunde um 1/8 Tagessatz.

Frachtsatz = Tagessatz + Std. · 1/8 Tagessatz

(2) Kilometersätze

Grundlage hierfür ist die **Entfernung**.

– Zur Ermittlung des Kilometersatzes sind die gefahrenen Kilometer (Last- und Leerkilometer) mit einem entsprechenden, von der Nutzlast des Lkw abhängigen Satz zu multiplizieren.

Merke

	berechneter Tagessatz	(1)
+	Kilometersatz	(2)
	Frachtbetrag	

Gewicht

Das Ladungsgewicht ist bei vorliegender Tabelle nicht zu beachten. Wichtig ist lediglich die **Nutzlast** des Lkw.

Musteraufgabe 1

Ein 14-t-Lkw wird auf einer Strecke von 85 km 8 Stunden eingesetzt.
Wie hoch ist die Fracht einschließlich USt für diesen Einsatz, wenn der Lkw ausschließlich Landstraßen benutzte?

Musterlösung 1

Tagessatz für 14 t (Tafel I)	341,62 EUR
+ Kilometersatz für 14 t = 0,50 EUR · 85 km	42,50 EUR
	384,12 EUR
+ 19% USt	72,98 EUR
= Frachtbetrag	457,10 EUR

Lösungsschritte 1

1. Ablesen des Tagessatzes in Tafel I, Spalte 2 bis 14 t.
   Hier: 341,62 EUR
2. Berechnung des Kilometersatzes; Ablesen des km-Satzes der entsprechenden Nutzlast und Multiplikation des Wertes mit den gefahrenen Kilometern.
   Hier: 0,50 EUR · 85 km = 42,50 EUR
3. Berechnung der Umsatzsteuer, centgenau.

MUSTERAUFGABE 2

Ein 16-t-Lkw ist 4 1/2 Std. im Einsatz. Die dabei zurückgelegte Strecke beträgt 62 km, wovon 25 km auf mautpflichtigen Autobahnabschnitten gefahren wurden.
Wie hoch ist der dafür zu zahlende Frachtbetrag, wenn ein Margenabschlag von 6% vereinbart wurde und der durchschnittliche Mautsatz 0,124 EUR pro km beträgt?

MUSTERLÖSUNG 2

1/8 Tagessatz/16 t = 43,30 EUR · 5 Std.	216,50 EUR
+ Kilometersatz/16 t = 0,54 EUR · 62 km	33,48 EUR
	249,98 EUR
− 6% Margenabschlag von 249,98 EUR	15,00 EUR
	234,98 EUR
+ Maut 0,124 · 25 km	3,10 EUR
	238,08 EUR
+ 19% USt	45,24 EUR
= Frachtbetrag	283,32 EUR

LÖSUNGSSCHRITTE 2

1. Ablesen des 1/8 Tagessatzes in Tafel I, Spalte „Nutzlast in t“ bei 16 t.
   Hier: 43,30 EUR
2. Multiplikation des ermittelten 1/8 Tagessatzes mit der benötigten Zeit.
   Hier: 43,30 EUR · 5 Std. = 216,50 EUR
3. Berechnung des Kilometersatzes; Ablesen des km-Satzes der entsprechenden Nutzlast und Multiplikation des Wertes mit den gefahrenen Kilometern.
   Hier: 0,54 EUR · 62 km = 33,48 EUR
4. Berechnung der Marge aus dem Frachtbetrag ohne Umsatzsteuer auf volle Cent genau.
5. Ermittlung der Maut falls erforderlich (Lkw ≥ 12 t, mautpflichtige Strecke)
6. Berechnung der Umsatzsteuer, centgenau.

ÜBUNGSAUFGABEN

1. Ein 18-t-Lkw ist 7 Std. im Einsatz. Die auf Landstraßen gefahrene Strecke beträgt 95 km.
Wie hoch ist der zu zahlende Rechnungsbetrag?

2. Über eine Entfernung von 125 km wird ein 12-t-Lkw 6 Std. und 20 Minuten eingesetzt.
Wie hoch ist die zu zahlende Fracht einschließlich USt, wenn er ausschließlich Bundes- und Landstraßen benutzt?

3. Ein 8-t-Lkw fährt 7 Std. 45 Minuten über eine Strecke von 87 km.
Berechnen Sie den Rechnungsbetrag, wenn ein Margenabschlag von 15% vereinbart wurde.

4. Über eine Entfernung von 35 km wird ein 6-t-Lkw 2 Std. 10 Minuten eingesetzt.
Berechnen Sie die Fracht einschließlich USt.

5. Ein 10-t-Lkw ist 6 1/2 Std. unterwegs. Die gefahrene Strecke beträgt 170 km. Wie hoch ist die Fracht einschließlich Umsatzsteuer, wenn ein Margenabschlag von 6 % vereinbart wurde?

6. Ein 24-t-Lkw war 9 Std. unterwegs. Die dabei zurückgelegte Strecke betrug insgesamt 295 km, davon 120 km auf mautpflichtigen Autobahnen.
Ermitteln Sie den zu zahlenden Rechnungsbetrag, wenn der Mautsatz 0,124 EUR/km beträgt.

7. Über 228 km wurde ein 8-t-Lkw 6 1/4 Std. eingesetzt.
Ermitteln Sie den zu zahlenden Rechnungsbetrag, wenn ein Margenabschlag von 5 % vereinbart wurde und keine Autobahnabschnitte gefahren wurden.

8. Ein 12-t-Lkw war 8 1/4 Std. im Einsatz. Die dabei gefahrene Strecke betrug 195 km.
Wie hoch ist die dafür zu entrichtende Bruttofracht, wenn für insgesamt 42 km Maut zu zahlen war? (Mautsatz = 0,124 EUR/km).

13.4.2.2 Kostentabelle II – Stundensätze

In Tafel II sind die Stundensätze, die je Einsatzstunde berechnet werden dürfen, enthalten. Sie eignet sich besonders für Einsätze mit geringer Fahrleistung, d.h. wenn

a) die ∅-Fahrleistung 10 km je Einsatzstunde nicht überschreitet oder

b) keine km-Angaben gemacht werden.

Hinsichtlich der **Nutzlast** ist Tafel II mit Tafel I kombiniert.

Fracht

Ausschlaggebend für die Höhe der zu zahlenden Fracht sind:

- die **Nutzlast** des Lkw in Tonnen
  - diese wirkt sich wie bei Tafel I direkt auf die zu verrechnenden Stundensätze aus;
- die **Beschäftigungszeit**
  - als Mindestzeit werden 3 Std. berechnet;
  - angebrochene Stunden dürfen auf volle Std. aufgerundet werden.

MERKE

Frachtbetrag = Stundensatz · Beschäftigungszeit

Gewicht

Wie bei der Preisberechnung nach Tabelle I ist auch hier lediglich die **Nutzlast** des Lkw von Bedeutung.

MUSTERAUFGABE

Ein 15-t-Lkw wird 6 Stunden eingesetzt.
Wie hoch ist die zu zahlende Fracht einschließlich Umsatzsteuer?

MUSTERLÖSUNG

Stundensatz für 15 t (Tafel II) 48,21 EUR · 6 Stunden	289,26 EUR
+ 19 % USt	54,96 EUR
= Frachtbetrag	344,22 EUR

LÖSUNGSSCHRITTE

1. Ablesen des Stundensatzes in Tafel II für die entsprechende Nutzlast.
   Hier: 48,21 EUR
2. Berechnung der Fracht durch Mulitplikation des ermittelten Stundensatzes mit der benötigten Zeit.
   Hier: 48,21 EUR · 6 Std. = 289,26 EUR
3. Hinzurechnung der Umsatzsteuer, centgenau.

MERKE

Tafel II findet immer dann Anwendung, wenn
a) pro Stunde weniger als 10 km gefahren oder
b) keine km-Angaben gemacht werden.

ÜBUNGSAUFGABEN

1. Ein 12-t-Lkw ist 8 Std. im Einsatz und legt dabei auf Bundes- und Landstraßen eine Strecke von 65 km zurück.
Welcher Frachtbetrag muss dafür einschließlich USt entrichtet werden?

2. Ein 8-t-Lkw erledigt einen Auftrag in 2 Std. 10 Minuten.
Wie hoch ist der zu zahlende Rechnungsbetrag, wenn ein Margenzuschlag von 6% vereinbart wurde?

3. Ein 6-t-Lkw wird für 8 Std. 45 Minuten eingesetzt.
Wie viel EUR beträgt der Frachtbetrag einschließlich Umsatzsteuer?

4. Für die Dauer von 10 Std. wird ein 15-t-Lkw eingesetzt. Dabei wurde ein Margenabschlag von 20% vereinbart.
Ermitteln Sie die Fracht für diesen Auftrag einschließlich Umsatzsteuer, wenn insgesamt für 65 km Maut zu zahlen war und diese dem Kunden in Rechnung gestellt wird. (Mautsatz 0,124 EUR/km)

5. Ein 5-t-Lkw wurde für einen Auftrag 1 Std. 50 Minuten eingesetzt.
Wie hoch ist der Rechnungsbetrag?

6. Für die Dauer von 6 3/4 Stunden wurde ein 12-t-Lkw eingesetzt. Vereinbart wurde ein Margenabschlag von 15%.
Wie hoch ist der zu zahlende Betrag einschließlich Umsatzsteuer, wenn keine Maut zu berücksichtigen ist?

7. Ein 24-t-Lkw ist 7,5 Std. im Einsatz, wobei die zurückgelegte Strecke 68 km beträgt.
Berechnen Sie die zu zahlende Bruttofracht, wenn ein Margenabschlag von 5% vereinbart wurde und insgesamt 25 mautpflichtige Kilometer gefahren wurden (Mautsatz 0,124 EUR/km).

13.4.2.3 Kostentabelle III – Leistungssätze

Tafel III enthält die Leistungssätze, die nach der Entfernung, die der Lkw bei jeder Fahrt beladen zurücklegt, sowie nach dem **Ladungsgewicht** berechnet werden.
Die Berechnung nach der Kostentabelle III eignet sich daher besonders für Transporte mit hoher Fahrleistung und geringen Stehzeiten, d.h. für alle Aufträge, bei denen der Unternehmer die Abwicklung des Transportes mitgestalten kann.

Mit den Leistungssätzen der Kostentabelle III ist bei Lastentfernungen bis 300 km die Leerfahrt abgegolten.

Fracht

Die Fracht hängt ab von:

- dem **Ladungsgewicht**
  - darunter versteht man das tatsächliche Gewicht der Sendung;
  - das tatsächliche Gewicht kann auf volle 100 kg **auf**gerundet werden.

Hinweis: Liegt das maßgebliche Gewicht zwischen 2 Gewichtsstufen, so kann das Gewicht zur nächsten vollen Tonne aufgerundet werden, wenn sich dadurch eine niedrigere Fracht ergibt (alternative Frachtberechnung).

- der **Entfernung**
  - der Berechnung werden lediglich die Lastkilometer zwischen Be- und Entladestelle zugrunde gelegt.

MERKE

Frachtbetrag = Leistungssätze in EUR lt. Tabelle III · Gewicht der Sendung

Gewicht

Der Berechnung wird nicht die Nutzlast des Lkw, sondern das **Ladungsgewicht** (tatsächliches Gewicht der Sendung) zugrunde gelegt.

MUSTERAUFGABE

Auf einer Strecke von 197 km befördert ein Lkw 5650 kg Maschinenteile.
Wie hoch ist das zu zahlende Entgelt, wenn der Lkw auf dem Rückweg leer fährt?

MUSTERLÖSUNG

Alternative Frachtberechnung

Bei dieser Vorgehensweise werden zwei Berechnungen alternativ durchgeführt:

1. 5-t-Satz: 5650 kg = 5700 kg = 5,7 t = tatsächliches Gewicht
   Fracht 5-t-Satz/200 km = 87,33 EUR · 5,7 t = 497,78 EUR
2. 6-t-Satz: 5650 kg = 6000 kg = 6 t = Frachtberechnungsmindestgewicht
   Fracht 6-t-Satz/200 km = 74,64 EUR · 6 t = 447,84 EUR

Ergebnis: Trotz des höheren Frachtberechnungsmindestgewichtes ist die Abrechnung zum 6-t-Satz infolge der niedrigeren Frachtrate günstiger.

Abrechnung:

Fracht 6-t-Satz/200 km = 74,64 EUR · 6 t =	447,84 EUR
+ 19% USt	85,09 EUR
= Frachtbetrag	532,93 EUR

LÖSUNGSSCHRITTE

1. Aufrunden des Frachtgewichtes auf volle 100 kg.
2. Alternative Frachtberechnung für die zugrunde liegende niedrigere und höhere Gewichtsklasse durchführen.
   Hier: 5-t-Satz und 6-t-Satz

3. Ablesen der Leistungssätze in EUR je Tonne.
   a) waagerecht: entsprechende Gewichtsklassen,
      Hier: 5-t und 6-t
   b) senkrecht: 197 km = 200 km
      Schnittpunkt: 5-t/200 km = 87,33 EUR je Tonne
      6-t/200 km = 74,64 EUR je Tonne
4. Errechnung der jeweiligen Fracht.
   Hier: 497,78 EUR bzw. 447,84 EUR
5. Frachtberechnung mit dem günstigeren Ergebnis.
6. Hinzurechnung der Umsatzsteuer, centgenau.

ÜBUNGSAUFGABEN

1. Ein Lkw befördert 13 200 kg Lebensmittel über eine Entfernung von 272 km. Wie hoch ist der Rechnungsbetrag, wenn eine Frachtermäßigung von 15% vereinbart wurde und 200 km auf mautpflichtigen Autobahnabschnitten gefahren wurden? (durchschnittlicher Mautsatz 0,124 EUR/km)

2. Ein Lkw befördert auf der Strecke Mannheim–Hockenheim (32 km) 8150 kg Milchprodukte. Der leer zurückgelegte Heimweg betrug 25 km.
Wie hoch ist die Fracht einschließlich Umsatzsteuer?

3. Über eine Strecke von 378 km, davon 310 km mautpflichtig, befördert ein Lkw 13,5 t Kleineisenteile. Dafür wird ein Margenabschlag von 8% vereinbart.
Wie viel Euro beträgt das zu zahlende Entgelt einschließlich Umsatzsteuer, wenn der durchschnittliche Mautsatz 0,124 EUR/km beträgt?

4. Im Bereich Mannheim–Darmstadt (48 km) transportiert ein Lkw 10370 kg Maschinenteile. Der Rückweg (42 km) erfolgt leer.
Wie hoch ist der dafür zu zahlende Rechnungsbetrag?

5. Auf einer Strecke von 218 km befördert ein Lkw 8,5 t Papier.
Wie hoch ist das zu zahlende Entgelt, wenn er den Rückweg leer fährt?

6. Ein Fahrzeug befördert 11875 kg Kupferdrähte über eine Entfernung von 87 km. Dabei wird eine Frachtermäßigung von 15% vereinbart.
Wie viel Euro beträgt das zu zahlende Entgelt?

Zusammenfassung zur Frachtberechnung

Um sofort herauszufinden, welche Kostentabelle zur Frachtberechnung anzuwenden ist, ist Folgendes zu beachten:

Anwendung der Kostentafel …	bei Angabe der …
Tabelle I	– Nutzlast des Lkw – Entfernung – benötigten Stundenzahl
Tabelle II	– Nutzlast des Lkw – Entfernung – benötigten Stundenzahl **Beachte:** Tafel II findet jedoch nur dann Anwendung, wenn pro Stunde weniger als 10 km gefahren werden!
Tabelle III	– Gewicht der Ladung – Entfernung; meist in Form von Last- und Leerkilometern

VERMISCHTE AUFGABEN

1. Wie hoch ist das zu entrichtende Entgelt inkl. USt, wenn ein 10-t-Lkw 7 Std. im Einsatz ist und dabei 478 km zurücklegt?

2. Auf einer Strecke von 83 km befördert ein Lkw 7358 kg Düngemittel.
Wie viel Euro beträgt die Fracht einschließlich USt?

3. Ein 14-t-Lkw transportiert auf einer Strecke von 67 km Gussteile.
Berechnen Sie die Fracht einschließlich USt, wenn der Lkw 7,5 Std. im Einsatz ist.

4. Ein Lkw befördert auf einer ausschließlich auf Bundes- und Landstraßen zurückgelegten Strecke von 282 km 9415 kg Fracht.
Wie hoch ist die Fracht einschließlich USt, wenn er den Rückweg von 79 km leer fährt?

5. Auf einer Strecke von 199 km befördert ein Lkw 6300 kg Maschinenteile.
Berechnen Sie die zu zahlende Gesamtfracht.

6. Über eine Entfernung von 35 km war ein 6-t-Lkw 2 Std. 10 Minuten im Einsatz.
Wie viel Euro beträgt die Fracht einschließlich USt?

7. Ein 24-t-Lkw war 9 Std. unterwegs. Die dabei zurückgelegte Strecke betrug laut Tacho 475 km, wovon 340 km mautpflichtig waren.
Wie hoch ist die dafür zu entrichtende Gesamtfracht, wenn der Mautsatz 0,124 EUR/km beträgt?

8. Über eine Strecke von 84 km beförderte ein 7-t-Lkw Kunststoffgranulat in 8 Std. 45 Minuten.
Wie hoch ist die dafür zu zahlende Fracht einschließlich USt?

9. Ein 14-t-Lkw ist 6 1/2 Std. im Einsatz.
Berechnen Sie die Bruttofracht, wenn die dabei ausschließlich auf nicht mautpflichtigen Straßen zurückgelegte Strecke
a) 58 km,
b) 192 km beträgt.

PRÜFUNGSAUFGABEN

P

Hinweis: Zur Lösung nachfolgender Aufgaben werden sowohl die Mauttabelle als auch die Entfernungstabelle vom Buchende benötigt.

1. Ein 22-t-Lkw ist von 07:45 bis 13:30 Uhr unterwegs. Die Fahrtstrecke beträgt 125 km, wovon 80 % mautpflichtig sind. Aufgrund verschmutzter Ladung wurde ein Margenaufschlag von 7,5 % vereinbart.
Ermitteln Sie die Bruttofracht, wenn die Maut vereinbarungsgemäß auf den Kunden überwälzt wird.

2. Eine Ladung Ersatzteile wird in einem 38-t-Gliederzug von Berlin nach Stuttgart in 9 Std. transportiert.
Berechnen Sie die Bruttofracht, wenn ein Margenabschlag von 20 % vereinbart wurde und der Kunde eine Übernahme der entstandenen Maut ablehnt.

3. Die Spedition Mario Kajmer OHG befördert mit ihrem 18-t-Lkw eine Ladung Drahtrollen von Mannheim nach Frankfurt.

Ermitteln Sie die Bruttofracht, wenn der Lkw von 07:30 bis 16:45 Uhr unterwegs war und ein Margenabschlag von 8 % vereinbart wurde.

4. Errechnen Sie die Bruttofracht inkl. der Maut, die einem Kunden für einen 24-t-Sattelzug zum Transport von Papierrollen von 68217 Mannheim nach 83024 Rosenheim in Rechnung gestellt wird, wenn aus Termingründen eine optimale Autobahnnutzung angestrebt wurde und der Lkw 6 Std. 20 Min. unterwegs war.

5. 18425 kg Kunststoffgranulat werden von Erfurt nach München befördert. Ermitteln Sie die zu zahlende Bruttofracht, wenn 85 % der zurückgelegten Strecke mautpflichtig sind und die Maut dem Versender in Rechnung gestellt wird. Als Besonderheit des Transportvertrages wurde eine Margenermäßigung von 16 2/3 % vereinbart.

6. Von den Stahlwerken Saarland AG, Saarbrücken, werden 23870 kg Drahtrollen zur Drahtgroßhandlung Morast GmbH nach Mannheim transportiert.

Da die Ware nicht so dringend benötigt wird, entschließt sich die Versandabteilung der Stahlwerke den Transport kostengünstig, d. h. über nicht mautpflichtige Straßen zu befördern.

Berechnen Sie die dafür anfallende Bruttofracht, wenn ein Margenabschlag von 12 % vereinbart wurde.

13.4.3 Frachtberechnung mit den Kalkulationshilfen KALIF und KIS

Nach der Abschaffung der Tarifordnung stellt der BDF – heute BGL – seinen Mitgliedern für die Kalkulation der Frachten im Güterkraftverkehr die beiden auf Kostenbasis ausgerichteten Kalkulationshilfen

- KALIF und
- KIS

zur Verfügung.

- KALIF

  Bei den **K**ALKULATIONSHILFEN **I**M GÜTER**F**ERNVERKEHR (**KALIF**) handelt es sich um ein Software-Programm, das die Kalkulation von Transportaufträgen erleichtern soll.

  Nach der Eingabe der entsprechenden Eckdaten eines Auftrages wie z. B. Lade- und Entladestellen werden die Selbstkosten auf der Basis der diesem Programm zugrunde liegenden Kalkulationshilfen des KIS ermittelt. Darüber hinaus ermöglicht dieses System zu überprüfen, inwieweit ein vom Auftraggeber gebotener Preis kostendeckend ist.

- KIS

  Das **K**OSTEN **I**NFORMATIONS **S**YSTEM (**KIS**) stellt den Transportführern zur Preisermittlung für verschiedene Fahrzeugkombinationen und Aufbauten Kalkulationshilfen in Form von jährlich aktualisierten Durchschnittswerten zur Verfügung, die nach folgendem Schema aufgebaut sind:

Ausführliches Schema zur Frachtermittlung laut KIS

- Fahrzeugeinsatzkosten pro km
- Fahrzeugvorhaltekosten pro
  a) Produktivtag (= 12 Std.)
  b) 1/2 Produktivtag (= 6 Std.)
  c) 1/4 Produktivtag (= 3 Std.)
  d) Produktivstunde (= 1 Std.)
- Fahrereinsatzkosten pro Einsatzstunde
- Fahrerspesen pro Einsatzstunde

MERKE

Bei von den Tagessätzen abweichenden Stunden sollte die Abrechnung immer nach dem Produktivstundensatz erfolgen!

Neben diesen Durchschnittswerten, die die aktuelle Kostenstruktur im Transportgewerbe wiedergeben sollen, sind als Prozentzuschlag die Verwaltungskosten, kalkulatorische Wagnisse sowie die kalkulatorische Eigenkapitalverzinsung zu berücksichtigen.

Kalkulationssätze Sattelkraftfahrzeug (Stand: Dezember 2004)

Aufbauart: Normalaufbau – Offener Kasten mit Plane und Spriegel Anzahl Achsen: 2 + 3 Gesamtgewicht: 40 t	Durchschnittswert
Kalkulationssätze in EUR	**EUR**
Fahrzeugeinsatzkosten pro Lastkilometer **– km-Satz Fahrzeug –**	**0,59**
Fahrzeugvorhaltekosten pro Produktivtag **– Tagessatz Fahrzeug –**	**118,48**
Fahrzeugvorhaltekosten pro 1/2 Produktivtag **– 1/2-Tagessatz Fahrzeug –**	**59,24**
Fahrzeugvorhaltekosten pro 1/4 Produktivtag **– 1/4-Tagessatz Fahrzeug –**	**29,62**
Fahrzeugvorhaltekosten pro Produktivstunde **– Stundensatz Fahrzeug –**	**9,87**
Fahrereinsatzkosten pro Produktivstunde **– Stundensatz Fahrer –**	**21,90**
durchschnittliche Fahrerspesen pro Produktivstunde **– durchschnittlicher Stundensatz Fahrerspesen –**	**2,43**
Zuschlagssätze in Prozent	Prozent
Verwaltungskosten	**18,30**
kalkulatorische Wagnisse	**1,70**
kalkulatorische Eigenkapitalverzinsung	**2,70**

Vereinfachtes Kalkulationsschema

Hierbei fasst man außer den Fahrzeugeinsatzkosten pro Lastkilometer sämtliche übrige Kostenarten inkl. Verwaltungskosten und kalk. Zinsen zu einem Satz pro Produktivstunde zusammen.

Vereinfachte Kalkulationssätze Sattelkraftfahrzeug

Aufbauart:	Normalaufbau – Offener Kasten mit Plane und Spriegel	Durchschnittswerte
Anzahl Achsen:	2 + 3	
Gesamtgewicht:	40 t	
Tourenbezogener Gesamtdeckungsbedarf		EUR
– pro Lastkilometer*		0,59
plus – pro Produktivstunde*		47,92

* Beträge enthalten keinen kalkulatorischen Gewinn.

MUSTERAUFGABE

Im Güterverkehr befördert ein Sattelzug zwischen Saarbrücken und Dortmund über 364 km, davon 298 km mautpflichtig, 24 t Stahlrohre.

a) Wie viel Euro beträgt die dem Kunden in Rechnung gestellte Bruttofracht, wenn der Transportführer mit 1/2 Tagessatz 6 Fahrerstunden und einem Mautsatz von 0,124 EUR/km kalkuliert und darüber hinaus einen Gewinn von 8% erzielen will?

b) Wie hoch wäre die Gesamtfracht, wenn man das vereinfachte Kalkulationsschema zugrunde legen würde?

MUSTERLÖSUNG A)

Fahrzeugeinsatzkosten	364 km · 0,59 EUR	=	214,76 EUR
Fahrzeugvorhaltekosten	1/2 Tagessatz	=	59,24 EUR
Fahrereinsatz	6 Std. · 21,90 EUR	=	131,40 EUR
Fahrerspesen	6 Std. · 2,43 EUR	=	14,58 EUR
		=	419,98 EUR
+ Verwaltungskosten	18,3%	=	76,86 EUR
+ kalk. Wagnisse	1,7%	=	7,14 EUR
+ kalk. Zinsen	2,7%	=	11,34 EUR
		=	515,32 EUR
+ Maut	0,124 EUR · 298 km	=	36,95 EUR
Selbstkosten		=	552,27 EUR
+ Gewinn	8%	=	44,18 EUR
Nettofracht		=	596,45 EUR
+ 19% USt		=	113,33 EUR
Bruttofracht		=	709,78 EUR

MUSTERLÖSUNG B)

Fahrzeugeinsatzkosten	364 km · 0,59 EUR/km	= 214,76 EUR
sonstige Produktivkosten	6 Std. · 47,92 EUR/Std.	= 287,52 EUR
		= 502,28 EUR
+ Maut	0,124 EUR · 298 km	= 36,95 EUR
Selbstkosten		= 539,23 EUR
+ Gewinn	8%	= 43,14 EUR
Nettofracht		= 582,37 EUR
+ 19% USt		= 110,65 EUR
Bruttofracht		= 693,02 EUR

LÖSUNGSSCHRITTE A) UND B)

1. Auswahl der erforderlichen Fahrzeugkombination bzw. des notwendigen Aufbaus. Hier: Sattelzug
2. Überlegung, welches Kalkulationsschema angewandt werden soll.
3. Heraussuchen der entsprechenden KIS-Kalkulationswerte.
4. Aufbau des Kalkulationsschemas unter Beachtung der Mautgebühren und Errechnung der Bruttofracht.

ÜBUNGSAUFGABEN

1. 24300 kg Ersatzteile sollen von Stuttgart nach Erfurt über 455 km mit einem Sattelzug transportiert werden. Die dabei zurückgelegte mautpflichtige Strecke beträgt 378 km.

Zu welcher Bruttofracht kann der Transport angeboten werden, wenn der Transportführer mit einem ganzen Tagessatz und 8 Fahrerstunden auf Basis des „KIS“ kalkuliert, der anzusetztende Mautsatz 0,124 EUR/km beträgt und überdies 12% Gewinn erzielen will?

2. Im Güterkraftverkehr sollen 25 t Konserven über eine Entfernung von 638 km, davon 570 km auf Bundesautobahnen, transportiert werden. (Mautsatz 0,124)

a) Welche Bruttofracht ist dem Versender in Rechnung zu stellen, wenn für die Beförderung mit einem Sattelzug 9 Produktivstunden anfallen und der Transportführer mit einem Gewinn von 6% kalkuliert?

b) Welche Bruttofracht wäre an die DB AG zu zahlen, wenn die Versendung in einem Achsenwaggon erfolgen würde?

c) Wie viel Prozent beträgt die Differenz?

3. Die Motoren Werke Mannheim (MWM) fordern für nachfolgenden Transport ein Angebot:

Zunächst sollen von Mannheim 23 500 kg Motorenteile mit einem Sattelzug nach Duisburg (270 km) transportiert werden. Am gleichen Tag soll der Lkw im Duisburger Hafen 25 t Bleche als Rückfracht zur MWM laden.

Welchen Nettoangebotspreis kann der Transportführer der MWM unterbreiten, wenn er auf Basis des „KIS" mit 10 Produktivstunden und einem Gewinnzuschlag von 12% rechnet und die Maut lt. Vereinbarung nicht abgerechnet werden darf?

4. 21 800 kg Edelstahl sollen in einem Lastzug von Dortmund nach Wolfsburg über 296 km befördert werden. Der mautpflichtige Autobahnanteil beträgt 230 km.

a) Zu welcher Nettofracht wird der Transport angeboten, wenn mit einem halben Tagessatz und 6 Std. Fahrereinsatz auf Basis des KIS kalkuliert wird, der durchschnittliche Mautsatz 0,124 EUR/km beträgt und der Transportführer mit einem Gewinn von 8% rechnet?

b) Welche Nettofracht würde sich mit dem vereinfachten Berechnungsverfahren ergeben?

5. Im Güterverkehr befördert ein Sattelzug zwischen 68213 Mannheim und 84030 Landshut 28 t Kunststoffteile.

a) Ermitteln Sie die zu zahlende Maut, wenn der Lkw die maximal möglichen Autobahnkilometer fährt.

b) Wie viel EUR beträgt die dem Kunden in Rechnung gestellte Bruttofracht, wenn der Transportführer mit 8 Stunden Fahrzeugvorhaltung und 8 Fahrerstunden kalkuliert und darüber hinaus einen Gewinn von 12% erzielen will? Da keine sonstige Vereinbarung getroffen wurde, wird die entstandene Maut dem Kunden ebenfalls belastet.

Hinweis: Die Kalkulationssätze für einen Lastzug sowie die Mauttabelle befinden sich am Ende des Buches!

13.4.4 Frachtberechnung beim Sammelgutverkehr

Eine Sammelladung liegt dann vor, wenn Güter mehrerer Versender von einem Spediteur zusammengefasst und als eine Sendung behandelt werden.

Dabei beginnt der Leistungsbereich des Spediteursammelgutverkehrs mit der Übernahme des Gutes vor dem Haus des Versenders und endet mit der Übergabe des Gutes vor dem Haus des Empfängers (= Haus-Haus-Leistungsbereich).

Die Fracht im Sammelgutverkehr wird grundsätzlich frei ausgehandelt. Orientierungsgröße ist dabei der von der „Vereinigung der Sammelgutspediteure im BSL" zum 01.09.2000 empfohlene Tarif. Dieser besteht aus folgenden drei Bestandteilen:

(1) Bedingungen — Unter den Bedingungen wird u.a. aufgeführt, dass sich die Entfernung nach der „verkehrsüblichen Entfernung" richtet. Diese kann sowohl die GFT-Entfernung als auch die effektive Straßenentfernung sein.
Zur Bestimmung des Frachtberechnungsgewichtes wurde der Sperrigkeitsfaktor auf 200 kg/m³ angehoben.

(2) Haus-Haus-Entgelte — Die neuen Entgeltstafeln enthalten nun ein einheitliches Entgelt;
es gibt nur noch eine Entgeltstafel.

(3) Nebengebühren — Die im neuen Tarif aufgeführten Nebengebühren werden zusätzlich zum Haus-Haus-Entgelt berechnet.

→ Solche Gebühren können sein:

a)	Gebühren für Versendernachnahmen	2%, mindestens	15,34 EUR
b)	Avisgebühren	pro Sendung	5,11 EUR
c)	Zustellung an einem vorgeschriebenen Tag (Fixtag) nach Ablauf der Regellaufzeit		15,34 EUR
d)	Wiegen von Gütern sowie Aufmessen von Sperrgütern nach Zeit und Aufwand	pro Sendung mindestens	2,56 EUR
e)	Lagergeld für Güter normalen Umfangs pro Tag und 100 kg		1,02 EUR
		mindestens	2,05 EUR
f)	Rechnungserstellung für Unfrei-Empfänger, die nicht zur sofortigen Zahlung bereit sind, sowie für Dritte		6,14 EUR
g)	Nachträgliche Verfügungen des Versenders (z.B. Änderung der Frankatur) und Anweisungen des Empfängers	pro Sendung mindestens	5,11 EUR
h)	Beschaffung eines Ablieferungsnachweises	mindestens	6,14 EUR
i)	Palettentauschgebühr für		
	– genormte Flachpaletten*	je Palette	2,56 EUR
	– genormte Gitterboxpaletten*	je Palette	10,23 EUR
	* Die Normen für Abmessungen und Güter richten sich nach DIN.		
j)	Stand- und Wartezeiten von mehr als einer halben Stunde	je halbe Stunde	17,90 EUR

Hinweise zum Palettentausch (zu i):
1. Paletten sind Packmittel, die vom Auftraggeber zu stellen sind.
2. Paletten sind im Stückgutverkehr Zug um Zug zu tauschen.
3. Lt. DIHT und BSL sind Palettentauschgebühren zu zahlen.

Beachte: Palettentauschgebühren sind immer zu zahlen.

MUSTERAUFGABE

Die Becker GmbH, Bruchsal, versendet mit der Transeurop AG drei Gitterboxpaletten Maschinenteile an einen Kunden in das 455 km entfernte Hannover. Ermitteln Sie, welchen Frachtbetrag die Transeurop AG der Becker GmbH berechnet, wenn eine Preisermäßigung von 15% vereinbart wurde und das Bruttogewicht jeder Gitterboxpalette 575 kg beträgt!

Musterlösung

1. Frachtgewicht = 3 · 575 kg = 1725 kg
2. **Abrechnung**

Haus-Haus-Entgelt/1725 kg/455 km	354,79 EUR
– 15% Preisermäßigung	53,22 EUR
	301,57 EUR
+ Palettentauschgebühr 3 · 10,23 EUR	30,69 EUR
Nettofracht	332,26 EUR
19% USt	63,13 EUR
Bruttofracht	395,39 EUR

Lösungsschritte

1. Ermittlung des Frachtgewichtes.
   Hier: 3 Kisten · 575 kg = 1725 kg
2. Ablesen der Fracht aus der „Haus-Haus-Entgelt" Tabelle.
   Hier: 1725 kg/455 km = 354,79 EUR
3. Berücksichtigung der Preisermäßigung.
   Hier: 15% = 53,22 EUR
4. Hinzurechnung der angefallenen Nebengebühren.
   Hier: Palettentauschgebühr für Gitterboxpaletten
   3 Gitterboxpaletten à 10,23 EUR = 30,69 EUR
5. Hinzurechnung der Umsatzsteuer, centgenau.

Übungsaufgaben

1. Eine Euro-Palette im Gesamtgewicht von 798 kg wird im Rahmen des Sammelguttransportes von München nach Hamburg über 679 km transportiert.

Welcher Betrag wird dem Auftraggeber in Rechnung gestellt?

2. Fünf Gitterboxpaletten mit je 278 kg werden durch die Gebr. Lehmann KG, Ludwigshafen, an einen Kunden in das 138 km entfernte Saarbrücken unfrei befördert.

Welchen Betrag muss der Kunde bezahlen, wenn überdies eine Versendernachnahme von je 1100,00 EUR einzubeziehen ist?

Hinweis: Eine weiter gehende Betrachtung und Berechnung des Sammelgutverkehrs ist mehr Sache des Spediteurs und weniger die der Fachkraft für Lagerlogistik.

Aus diesem Grunde werden in diesem und den beiden folgenden Punkten lediglich die wichtigsten theoretischen Kenntnisse dargeboten. Eine Berechnung der einzelnen Frachten ist lt. Lehrplan nicht erforderlich, wird jedoch anhand einiger ausgewählter Musteraufgaben gezeigt.

13.5 Entgeltberechnung bei der Schifffahrt

13.5.1 Frachtberechnung bei der Binnenschifffahrt

Mit dem Inkrafttreten des Tarifaufhebungsgesetzes zum 1. Januar 1994 sind auch die im Bereich der Binnenschifffahrt gültigen Tarife, der **FTB** – Frachten- und Tarifanzeiger Binnenschifffahrer –, entfallen. Dies hatte zur Folge, dass nun sämtliche Frachten und Zuschläge frei vereinbart werden konnten. Die ebenfalls beschlossene Aufhebung des Karbotageverbotes, wonach nun auch Ausländer innerdeutsche Transporte durchführen dürfen, führte zu einem drastischen Preisverfall der Frachtraten.

Um die Gesamtfracht bzw. die Fracht pro Tonne dennoch möglichst kostengerecht ermitteln zu können, sind folgende Kenntnisse unabdingbar:

1. **Bereithaltungskosten je Arbeitstag**
   (abhängig von Abschreibung, Personalkosten, Reparaturkosten, Versicherungen, Zinsen, sonstigen Kosten)
2. **Fortbewegungskosten**
   (abhängig von Schiffstyp, Fahrtgebiet, Motorleistung und -verbrauch)

Die im Auftrag des Bundesministeriums für Verkehr erarbeitete und im „Handbuch Güterverkehr Binnenschifffahrt“ vorgeschlagene Kalkulationshilfe für den Bereich der Binnenschifffahrt* soll nachfolgend anhand eines Beispiels erläutert werden.

MUSTERAUFGABE

Transport von 1000 Tonnen Ladungsgut mit dem 2000 t Binnenschiff „Heidelberg“ von Mannheim nach Duisburg mit vorhergehender Leerfahrt ab Karlsruhe.

Annahmen:

1) Bereithaltungskosten des angegebenen Schiffs	=	750,00 EUR
2) Fortbewegungskosten		
effektive Fahrzeit:		
– Leeranfahrt Karlsruhe–Mannheim		4 Std.
– Ladungsfahrt Mannheim–Duisburg		17 Std.
		21 Std.
Gasölverbrauch in Litern:		
– Gasölverbrauch pro Stunde 50 l = 21 Std. · 50 l	=	1050 l
Fortbewegungskosten:		
– Preis je l Gasöl 0,30 EUR = 1050 l · 0,30 EUR	=	315,00 EUR
– Zuschlag für Schmierstoffe 10%	=	31,50 EUR
		346,50 EUR

MUSTERLÖSUNG

Abrechnung des obigen Transportes

effektive Fahrzeit

1. Leeranfahrt	Karlsruhe–Mannheim	4 Stunden	
2. Ladungsfahrt	Mannheim–Duisburg	17 Stunden	
		21 Stunden	
	21 Std./14 Std. je Tag =		1,5 Tage

* Herausgegeben von der LUB Consulting GmbH (Dresden) und der Dornier SystemConsult GmbH (Friedrichshafen) im Auftrag des Bundesministeriums für Verkehr, 2. Aufl. Sept. 1998.

Zeit für Laden/Löschen, Meldetag		
1/4 gesetzliche Ladezeit für 1000 Tonnen	1,5 Tage	
1/4 gesetzliche Löschzeit für 1000 Tonnen	1,5 Tage	
kein Meldetag beim Laden	–	
1 Meldetag beim Löschen	1,0 Tage	4 Tage
Gesamtdauer des Transports		
effektive Fahrzeit + Zeit für Laden/Löschen + Meldetag		5,5 Tage
Bereithaltungskosten		
Gesamtdauer des Transports · Tagessatz/5,5 Tage · 750 EUR =		4125,00 EUR
Fortbewegungskosten		346,50 EUR
Gesamtkosten des Transports		**4471,50 EUR**
Kosten des Transportes je Tonne/4471,50 EUR : 1000 Tonnen		4,47 EUR

LÖSUNGSSCHRITTE

1. Ermittlung der Bereithaltungskosten je Arbeitstag (unterschiedlich je nach Schiffstyp etc.).
2. Ermittlung der Gesamtdauer des Transportes:
   - Ermittlung der effektiven Fahrzeit,
   - Ermittlung der Lade-/Löschzeiten inkl. Meldetag.
3. Berechnung der Bereithaltungskosten.
4. Ermittlung der Fortbewegungskosten.
5. Berechnung der Gesamtkosten des Transportes.
6. Hinzurechnung der USt, centgenau.

Wie das vorliegende Beispiel verdeutlicht gelten als Grundlage der Frachtberechnung weiterhin:

a) der verwendete Schiffstyp,

b) die Entfernung,

c) das Gewicht der Ladung.

Immer häufiger geben die Auftraggeber für eine bestimmte Fracht, z. B. die Beförderung von Stahlerzeugnissen über 800 km, einen Preis vor, sodass es am Frachtführer bzw. Reeder liegt, ob er den Transport zu diesem Preis durchführen möchte oder nicht.

Aus diesem Grunde erübrigt sich auch eine weitere Betrachtung der Frachtgestaltung für den Bereich der Binnenschifffahrt.

13.5.2 Frachtberechnung bei der Seeschifffahrt

Im Bereich der Seeschifffahrt gibt es ebenfalls keinen verbindlichen Tarif, sodass die Frachtberechnung frei ausgehandelt werden kann.

Häufig werden als Frachtbasis jedoch die Frachtraten herangezogen, die für die Häfen eines bestimmten Konferenzgebietes, z. B. alle nordkontinentalen Häfen (z. B. Hamburg, Bremen, Antwerpen, Rotterdam), festgelegt werden und für ein bestimmtes Gut gewöhnlich gleich hoch sind.

Grundlagen der Frachtbasis können sein:

- **reine Gewichtsfrachten**
  - dabei erfolgt die Angabe der Frachtrate je 1000 kg unabhängig vom Volumen der Ladung;
- **Maß-/Gewichtsfrachten**
  - die Frachtrate gilt je Frachttonne (**frt**), d.h. per **1 m³ oder 1000 kg**, und wird in M/G (Maß/Gewicht) angegeben;
  - je nachdem, welches Abrechnungskriterium dem Verfrachter die höheren Einnahmen erbringt, kommt entweder das Maß oder das Gewicht zur Anwendung;
- **Wertfrachten**
  - diese werden in % des fob-Wertes (**f**ree **o**n **b**oard) angegeben und kommen nur noch sehr selten zur Anwendung.

Beachte: Der Versender berechnet im Seefrachtverkehr stets die höhere Fracht aus Gewicht, Raummaß oder Wert.

13.6 Entgeltberechnung im Luftverkehr

Die im Luftverkehr üblichen Luftfrachtraten werden von der International Air Transport Association (IATA) in gemeinsamen Tarifen veröffentlicht, die dann für alle der IATA angeschlossenen Luftverkehrsgesellschaften als Empfehlungen gelten.
(Ausnahme: Luftverkehr innerhalb Europas; hier bestimmen die einzelnen Fluggesellschaften ihre eigenen Raten.)

Fracht

Die von der IATA festgelegten Frachtraten richten sich nach:

- dem **Gewicht**
  - das tatsächliche Gewicht wird auf volle 500 g aufgerundet, z. B. 53,2 kg = 53,5 kg;
  - sperrige Sendungen werden nach Volumen abgerechnet, wobei üblicherweise gilt: **6 dm³ = 1 kg;**
- der **Entfernung**
  - sie wird durch das Zielgebiet bestimmt und beeinflusst direkt die Höhe der Frachtrate.

Beachte:
- die Frachtraten werden centgenau berechnet;
- die Hinzurechnung der Umsatzsteuer entfällt im internationalen Verkehr.

Besonderheiten

- Die von der IATA herausgegebenen Luftfrachten stellen Transportpreise je kg dar.
- Für Luftfrachtsendungen werden häufig Mindestfrachtsätze festgelegt, die nicht unterschritten werden dürfen.

Die Luftfrachtraten der IATA gliedern sich in drei Hauptratengruppen:

1. Allgemeine Frachtraten,
2. Warenklassenraten,
3. Spezialraten.

13.6.1 Allgemeine Frachtraten (General Cargo Rates)

Die allgemeinen Frachtraten finden immer dann Anwendung, wenn für das zu befördernde Gut weder eine Wertklassenrate noch eine Spezialrate besteht bzw. diese zu hoch wäre.

Die allgemeinen Frachtraten werden unterteilt in:

- **Normalraten**
  - sie gelten für alle Sendungen bis zu einem frachtpflichtigen Gewicht unter 45 kg;
  - bereits ab 34 kg ist jedoch zu überprüfen, ob die Fracht nicht nach der Mengenrabattrate günstiger abgerechnet werden kann.
- **Mengenrabatt-Raten**
  - sie gelten ab einem frachtpflichtigen Gewicht von 45 kg;
  - sie sind i.d.R. etwa 25% niedriger als Normalraten.

Beachte: Mindestfrachtbeträge kommen immer dann zur Anwendung, wenn die Normalrate oder die Mengenrabatt-Rate unter dem festgesetzten Mindestsatz liegt.

Hinweis: Die Mindestfracht für innerdeutsche Transporte beträgt zz. 48,00 EUR.

MUSTERAUFGABE

Eine Sendung im Gewicht von 44,4 kg soll von Stuttgart nach Hamburg geflogen werden. Wie viel EUR beträgt die reine Luftfracht (inkl. USt), wenn die Lokalrate 1,10 EUR je kg beträgt?

MUSTERLÖSUNG

44,4 kg = 44,5 kg (frachtpflichtiges Gewicht)	
Grundfracht 44,5 kg · 1,10 EUR/kg	48,95 EUR
+ 19% USt	9,30 EUR
= reine Luftfracht	58,25 EUR

LÖSUNGSSCHRITTE

1. Aufrunden des Frachtgewichtes auf volle 500 g (Frachtberechnungsgewicht).
   Hier: 44,4 kg = 44,5 kg
2. Ermittlung der Lokalrate aus der entsprechenden Frachtentafel.
   Hier: Lokalrate unter 45 kg (Lokalrate – 45) = 1,10 EUR je kg
3. Errechnung der Grundfracht durch Multiplikation der Lokalrate mit dem Frachtberechnungsgewicht.
   Hier: 1,10 EUR/kg · 44,5 kg
4. Hinzurechnung der Umsatzsteuer centgenau (gilt jedoch nur bei Flügen innerhalb der Bundesrepublik Deutschland)

13.6.2 Warenklassenraten (Class Rates)

Die Warenklassenraten gelten für bestimmte Warengruppen, wie z.B. Zeitungen, Zeitschriften, Kataloge, unbegleitetes Reisegepäck, sterbliche Überreste oder Wertfracht, und werden in Prozentsätzen der Normalrate zugeschlagen oder von ihr abgezogen.

Beachte: Auch hier gelten die bekannten Frachtberechnungsvorschriften sowie die Mindestfrachtkosten.

MUSTERAUFGABE

Zeitschriften im Gesamtgewicht von 29,3 kg sollen von Hamburg nach Tokio befördert werden. Wie hoch ist die reine Luftfracht, wenn die Class Rate für Zeitschriften 60% der Normalrate beträgt?
(Normalrate 15,04 EUR je kg)

MUSTERLÖSUNG

29,3 kg = 29,5 kg (frachtpflichtiges Gewicht)
Class Rate = Normalrate · 60% = 15,04 EUR/kg · 60% = 9,03 EUR/kg
reine Luftfracht = frachtpflichtiges Gewicht · Class Rate
reine Luftfracht = 29,5 kg · 9,03 EUR = 266,39 EUR

LÖSUNGSSCHRITTE

1. Aufrunden des Frachtgewichtes auf volle 500 g (Frachtberechnungsgewicht).
2. Ermittlung der Class Rate (Warenklassenrate) durch Multiplikation der Normalrate mit dem Prozentsatz der Warenklassenrate.
   Hier: 15,04 EUR/kg · 60% = 9,03 EUR/kg
3. Berechnung der reinen Luftfracht durch Multiplikation des frachtpflichtigen Gewichtes mit der Class Rate.
   Hier: 29,5 kg · 9,03 EUR/kg = 266,39 EUR

13.6.3 Spezialraten (Specific Commodity Rates)

Bei den Spezialraten handelt es sich um besonders ermäßigte Raten für ausgewählte Waren bzw. Warengruppen auf dafür festgelegten Strecken.

Die Spezialraten werden dabei einer eigenen Spezialraten-Tabelle entnommen, sie liegen bis zu 80% unter den Normalraten.

Beispiele für Spezialraten sind etwa:

Kennzahl	Warenbeschreibung
2601	Textilien und fertige Textilartikel
7107	Tageszeitungen
7119	Bücher
8203	Musikinstrumente

Beachte: Für den Nord- und Südatlantikverkehr bestehen abweichende Kennzahlen (= Item).

14 Unterlagen für die Frachtberechnung

14.1 Preisliste Express

Haus-Haus-Preise in EUR für nationale Sendungen, exkl. MwSt., SVS

kg \ km	bis 40	bis 75	bis 100	bis 150	bis 200	bis 250	bis 300	bis 350	bis 400	bis 500	bis 600	bis 800	bis 1200
bis 30	22,7	23,7	24,4	25,4	26,3	27,1	27,8	28,3	28,8	29,3	30,0	30,3	30,9
bis 40	25,4	26,8	27,9	29,1	30,4	31,7	32,4	33,2	33,9	34,6	35,5	36,1	36,8
bis 50	27,0	28,8	30,1	31,8	33,5	35,0	36,0	37,0	37,8	38,8	39,9	40,6	41,6
bis 75	32,4	35,2	37,2	39,8	42,4	44,7	46,3	47,9	49,1	50,6	52,3	53,4	54,8
bis 100	37,3	41,0	43,7	47,2	50,6	53,8	55,9	58,1	59,9	61,9	64,1	65,6	67,6
bis 125	45,0	49,8	53,3	57,7	62,3	66,3	68,9	71,7	73,9	76,4	79,4	81,2	83,7
bis 150	48,1	53,5	57,5	62,5	67,8	72,4	75,4	78,6	81,2	84,1	87,4	89,6	92,4
bis 175	50,9	57,1	61,5	67,1	73,1	78,1	81,6	85,1	87,9	91,2	94,8	97,3	100,6
bis 200	53,5	60,7	65,8	72,4	79,4	85,2	89,2	93,3	96,6	100,4	104,8	107,5	111,3
bis 225	61,2	69,3	75,1	82,5	90,3	97,0	101,5	106,2	109,9	114,1	119,1	122,3	126,5
bis 250	64,1	72,8	79,1	87,1	95,5	102,7	107,5	112,5	116,6	121,2	126,5	129,9	134,5
bis 275	66,9	76,3	83,0	91,5	100,6	108,2	113,5	118,8	123,2	128,0	133,8	137,4	142,3
bis 300	71,3	81,6	88,9	98,2	108,0	116,4	122,1	127,9	132,7	138,0	144,2	148,2	153,5
bis 325	76,3	87,3	95,2	105,3	115,9	124,9	131,0	137,3	142,5	148,2	154,9	159,2	165,0
bis 350	78,8	90,4	98,6	109,2	120,3	129,8	136,2	142,7	148,2	154,2	161,2	165,7	171,7
bis 375	81,7	93,7	102,3	113,4	125,0	134,9	141,5	148,5	154,1	160,3	167,7	172,5	178,6
bis 400	86,1	98,9	108,0	119,8	132,1	142,7	149,8	157,1	163,1	169,7	177,5	182,5	189,2
bis 425	90,5	104,0	113,7	126,0	139,0	150,0	157,6	165,3	171,6	178,5	186,8	192,0	199,1
bis 450	93,5	107,5	117,4	130,2	143,6	155,0	162,8	170,8	177,3	184,5	193,0	198,5	205,7
bis 475	96,5	111,0	121,2	134,4	148,2	160,0	168,1	176,2	182,9	190,4	199,2	204,8	212,2
bis 500	103,0	118,4	129,3	143,4	158,0	170,6	179,2	188,0	195,1	203,0	212,4	218,3	226,3
bis 550	107,8	123,9	135,3	150,1	165,6	178,7	187,7	196,8	204,3	212,7	222,5	228,7	237,1
bis 600	113,8	130,9	143,0	158,7	175,0	189,0	198,4	208,1	216,1	225,0	235,3	241,9	250,8
bis 650	119,9	138,0	150,7	167,2	184,5	199,2	209,3	219,5	227,8	237,2	248,1	255,1	264,5
bis 700	125,6	144,5	157,9	175,1	193,2	208,6	219,1	229,8	238,6	248,3	259,8	267,2	276,9
bis 750	131,1	150,8	164,6	182,7	201,4	217,6	228,4	239,5	248,7	258,9	270,8	278,4	288,6
bis 800	136,6	157,0	171,4	190,0	209,4	226,1	237,0	249,1	258,5	269,0	281,4	289,2	299,9
bis 850	143,7	164,5	179,3	198,4	218,2	235,3	246,6	258,8	268,4	279,2	291,8	299,9	310,7
bis 900	150,8	172,0	187,1	206,6	227,0	244,5	256,4	268,4	278,3	289,3	302,3	310,5	321,7
bis 950	158,6	179,9	195,1	214,6	235,0	252,5	264,4	277,2	287,4	298,7	312,1	321,0	333,3
bis 1000	166,4	187,8	202,9	222,5	242,9	260,5	272,4	285,0	295,3	306,6	319,9	328,8	341,1
bis 1100	176,1	197,5	212,6	232,2	252,6	270,1	282,0	294,7	304,9	316,2	329,5	338,4	350,7
bis 1200	183,7	206,5	222,5	243,3	265,1	283,6	296,2	309,2	319,7	331,5	345,2	354,1	365,9
bis 1300	191,3	215,4	232,3	254,0	277,2	296,9	310,3	323,9	335,0	347,5	362,0	371,4	383,9
bis 1400	199,6	224,8	242,7	265,7	289,7	310,3	324,4	338,6	350,3	363,3	378,7	388,4	401,5
bis 1500	204,7	230,8	249,4	273,4	298,4	319,9	334,5	349,4	361,5	375,0	391,0	401,2	414,8
bis 1600	211,2	238,7	258,3	283,4	309,6	332,1	347,5	363,1	375,9	390,0	406,7	417,5	431,7
bis 1700	217,5	246,3	266,7	293,0	320,6	344,2	360,1	376,5	389,8	404,7	422,2	433,4	448,4
bis 1800	223,8	253,9	275,1	302,6	331,3	355,9	372,6	389,7	403,7	419,2	437,5	449,1	464,8
bis 1900	230,1	261,4	283,5	312,1	342,1	367,6	385,1	402,8	417,3	433,5	452,5	464,7	480,9
bis 2000	236,1	268,6	291,7	321,5	352,6	379,2	397,3	415,8	430,9	447,7	467,5	480,1	497,0
bis 2200	248,3	283,3	308,0	340,0	373,3	401,8	421,3	441,2	457,4	475,4	496,7	510,2	528,3
bis 2500	265,9	304,3	331,6	366,7	403,5	435,0	456,3	478,2	496,0	515,8	539,3	554,2	574,2
bis 3000	293,3	337,5	368,7	409,0	451,2	487,3	511,9	536,9	557,3	580,1	607,0	624,0	647,0

14.2 Preisliste Express Plus

Haus-Haus-Preise in EUR für nationale Sendungen, exkl. MwSt., SVS

kg \ km	bis 100	bis 200	bis 300	bis 400	bis 600	bis 1200
bis 10	45	49	51	54	57	61
bis 20	47	50	53	56	60	63
bis 30	49	52	55	58	61	65
bis 40	53	56	59	63	66	71
bis 50	55	58	62	66	70	74
bis 75	64	67	72	76	81	85
bis 100	73	77	82	87	93	98
bis 125	83	92	98	104	110	117
bis 150	87	97	105	111	118	125
bis 175	90	103	111	118	125	132
bis 200	98	111	122	130	140	150
bis 225	106	121	132	143	154	167
bis 250	110	127	139	150	162	175
bis 275	115	132	146	157	170	183
bis 300	122	141	155	168	181	195
bis 325	129	149	165	178	192	207
bis 350	132	154	170	184	199	215
bis 375	137	160	176	190	206	222
bis 400	143	168	185	200	216	233
bis 425	150	175	194	210	226	244
bis 450	154	180	200	216	233	251
bis 475	159	186	205	222	239	259
bis 500	168	196	217	235	254	274
bis 550	174	204	227	244	264	285
bis 600	182	214	238	257	277	300
bis 650	191	224	249	269	290	313
bis 700	198	234	259	280	302	327
bis 750	206	242	269	291	314	339
bis 800	213	251	278	301	325	351
bis 850	221	260	288	311	336	364
bis 900	230	269	299	323	348	376
bis 950	238	278	308	332	358	387
bis 1000	246	286	315	341	368	397
bis 1100	256	296	325	351	379	409
bis 1200	266	308	339	366	396	427
bis 1300	276	320	353	382	412	445
bis 1400	286	333	367	397	428	463
bis 1500	292	342	377	407	440	476
bis 1600	301	353	390	421	455	492
bis 1700	310	364	403	436	470	508
bis 1800	318	374	416	449	485	524
bis 1900	326	385	428	462	500	539
bis 2000	334	396	440	476	514	555
bis 2200	351	416	464	502	541	584
bis 2500	375	447	500	539	582	629
bis 3000	412	494	555	600	650	701

14.3 Preisliste Fracht

Haus-Haus-Preise in EUR für nationale Sendungen, exkl. MwSt., SVS

kg \ km	bis 40	bis 75	bis 100	bis 150	bis 200	bis 250	bis 300	bis 350	bis 400	bis 500	bis 600	bis 800	bis 1200
bis 30	20,6	21,5	22,2	23,0	23,9	24,7	25,3	25,7	26,2	26,7	27,3	27,6	28,1
bis 40	23,0	24,3	25,3	26,5	27,7	28,8	29,5	30,2	30,8	31,5	32,3	32,8	33,4
bis 50	24,5	26,2	27,4	28,9	30,5	31,9	32,8	33,6	34,4	35,3	36,3	36,9	37,7
bis 75	29,5	32,1	33,8	36,1	38,6	40,6	42,1	43,6	44,7	46,0	47,5	48,5	49,8
bis 100	33,9	37,3	39,7	42,9	46,0	49,0	50,9	52,8	54,5	56,2	58,3	59,7	61,4
bis 125	40,9	45,2	48,4	52,4	56,7	60,2	62,6	65,2	67,2	69,5	72,1	73,8	76,1
bis 150	43,7	48,7	52,3	56,9	61,7	65,8	68,6	71,5	73,8	76,4	79,5	81,4	84,1
bis 175	46,3	51,7	55,9	61,0	66,4	71,0	74,1	77,4	79,9	82,9	86,3	88,5	91,4
bis 200	48,7	55,2	59,8	65,8	72,1	77,5	81,1	84,8	87,8	91,3	95,3	97,8	101,2
bis 225	55,6	63,0	68,3	75,0	82,1	88,2	92,3	96,5	100,0	103,8	108,3	111,2	115,0
bis 250	58,2	66,2	71,9	79,1	86,8	93,3	97,8	102,3	106,0	110,2	115,0	118,1	122,2
bis 275	60,8	69,4	75,4	83,2	91,4	98,4	103,2	108,0	111,9	116,4	121,6	124,9	129,3
bis 300	64,8	74,2	80,8	89,3	98,2	105,8	111,0	116,3	120,6	125,4	131,1	134,7	139,5
bis 325	69,4	79,4	86,6	95,7	105,3	113,6	119,2	124,8	129,6	134,8	140,9	144,8	150,0
bis 350	71,7	82,3	89,7	99,3	109,4	118,0	123,8	129,8	134,7	140,2	146,6	150,7	156,1
bis 375	74,2	85,2	93,1	103,1	113,6	122,6	128,6	135,0	140,0	145,8	152,5	156,8	162,4
bis 400	78,2	90,0	98,2	108,9	120,1	129,7	136,2	142,9	148,3	154,3	161,4	166,0	171,9
bis 425	82,3	94,6	103,3	114,6	126,4	136,4	143,3	150,3	155,9	162,3	169,8	174,6	181,0
bis 450	85,0	97,8	106,7	118,4	130,6	140,9	148,1	155,3	161,2	167,7	175,4	180,4	187,0
bis 475	87,8	100,9	110,2	122,2	134,7	145,4	152,7	160,2	166,3	173,1	181,1	186,1	193,0
bis 500	93,6	107,6	117,5	130,3	143,7	155,1	162,9	170,9	177,3	184,6	193,1	198,5	205,7
bis 550	98,0	112,7	123,1	136,5	150,5	162,5	170,7	179,0	185,8	193,3	202,2	207,9	215,6
bis 600	103,4	119,0	130,0	144,2	159,1	171,8	180,4	189,2	196,4	204,5	213,9	220,0	228,0
bis 650	109,1	125,4	137,0	152,1	167,7	181,1	190,2	199,6	207,1	215,6	225,6	231,9	240,5
bis 700	114,2	131,3	143,5	159,2	175,6	189,6	199,2	208,9	216,9	225,7	236,2	242,9	251,7
bis 750	119,2	137,1	149,7	166,1	183,1	197,8	207,6	217,8	226,1	235,3	246,2	253,1	262,3
bis 800	124,2	142,8	155,8	172,8	190,4	205,5	215,4	226,5	235,0	244,6	255,8	263,0	272,6
bis 850	130,6	149,6	163,0	180,3	198,4	213,9	224,3	235,2	244,0	253,8	265,3	272,6	282,5
bis 900	137,1	156,4	170,1	187,8	206,4	222,3	233,0	244,0	253,0	263,0	274,8	282,3	292,4
bis 950	144,1	163,5	177,3	195,1	213,7	229,6	240,4	252,0	261,3	271,6	283,7	291,8	302,9
bis 1000	151,3	170,7	184,5	202,3	220,9	236,8	247,6	259,1	268,4	278,8	290,8	298,9	310,1
bis 1100	160,1	179,5	193,3	211,1	229,7	245,5	256,3	267,9	277,2	287,5	299,5	307,6	318,8
bis 1200	167,0	187,7	202,3	221,2	240,9	257,8	269,3	281,1	290,7	301,4	313,8	321,9	332,6
bis 1300	173,9	195,7	211,2	230,8	252,1	269,9	282,1	294,4	304,6	315,9	329,1	337,6	349,0
bis 1400	181,5	204,3	220,6	241,5	263,4	282,1	294,9	307,9	318,5	330,3	344,3	353,1	365,0
bis 1500	186,1	209,8	226,7	248,5	271,3	290,8	304,1	317,6	328,7	341,0	355,5	364,7	377,1
bis 1600	192,0	217,0	234,7	257,6	281,5	301,9	315,9	330,0	341,6	354,5	369,8	379,5	392,5
bis 1700	197,7	223,9	242,5	266,4	291,4	312,8	327,4	342,3	354,4	367,9	383,9	394,0	407,6
bis 1800	203,5	230,8	250,1	275,1	301,2	323,5	338,8	354,3	367,0	381,1	397,7	408,3	422,5
bis 1900	209,2	237,6	257,7	283,8	311,0	334,2	350,0	366,2	379,3	394,1	411,4	422,4	437,2
bis 2000	214,6	244,2	265,2	292,3	320,6	344,7	361,2	378,0	391,7	407,0	425,0	436,5	451,9
bis 2200	225,7	257,5	280,0	309,0	339,3	365,3	383,0	401,1	415,7	432,2	451,5	463,8	480,3
bis 2500	241,7	276,7	301,4	333,4	366,8	395,4	414,9	434,7	450,9	469,0	490,3	503,8	522,0
bis 3000	266,6	306,8	335,2	371,9	410,2	443,0	465,3	488,1	506,6	527,4	551,8	567,3	588,2

14.4 Wagenladungs-Frachtsätze der Deutschen Bahn AG

14.4.1 Branchen-Preisliste 130 für Eisen und Stahl

(1) Grundfrachten

5.

Preistafel

Grundfrachten für ein Gewicht von 25 t in Wagen mit 2 Achsen					
Entfernung bis km	EUR	Entfernung bis km	EUR	Entfernung bis km	EUR
7	105,84	125	350,23	420	776,14
10	114,02	130	355,35	440	801,19
13	120,15	135	360,97	460	843,12
16	129,36	140	365,57	480	875,33
19	138,05	145	372,73	500	909,59
22	146,74	150	377,33	520	933,17
25	155,94	155	383,47	540	958,16
28	164,64	160	388,07	560	983,21
31	173,84	165	393,18	580	1 008,27
34	182,53	170	400,34	600	1 030,25
37	191,22	175	404,94	620	1 051,22
40	200,43	180	410,57	640	1 072,69
43	207,07	185	415,68	660	1 093,14
46	213,21	190	422,33	680	1 111,55
49	221,39	195	428,97	700	1 132,00
52	229,06	200	434,09	720	1 152,45
55	237,24	210	439,20	740	1 174,44
58	244,91	220	456,07	760	1 194,38
61	253,09	230	471,92	780	1 213,81
64	260,76	240	489,82	800	1 234,77
67	267,41	250	505,16	820	1 250,11
70	274,05	260	523,05	840	1 268,00
73	282,23	270	539,92	860	1 282,32
76	290,41	280	555,77	880	1 297,66
79	298,59	290	573,16	900	1 312,49
82	308,31	300	588,50	920	1 333,45
85	317,51	310	615,08	940	1 351,86
88	326,72	320	631,96	960	1 368,22
91	328,76	330	647,30	980	1 384,07
94	331,32	340	663,15	1 000	1 399,92
97	333,36	350	679,00	1 050	1 435,20
100	334,90	360	694,85	1 100	1 480,70
105	340,01	370	712,23	1 150	1 525,18
110	342,57	380	726,03	1 200	1 569,67
115	345,12	390	743,42	1 250	1 614,15
120	347,68	400	759,27	1 300	1 659,65

Mindestfracht je
- Achsenwagen 153,39 EUR
- Drehgestellwagen sowie Wageneinheiten/Gelenkwagen 214,74 EUR

Stand: 1.6.2001

(2) Koeffiziententabelle

Railion AG, Branchen-Preisliste 130 für Eisen und Stahl

6.

Koeffiziententabelle

Koeffizient				
	unter Verwendung von			unter Verwendung von Wagen mit mehr als zwei Achsen und einer Ladelänge unter 27 m
für Gewichtsstufe in t	Wagen zwei Achsen	Wagen mit mehr als zwei Achsen und einer Ladelänge unter 27 m	für Gewichtsstufe in t	
1	2	3	1	3
15	0,744		48	1,920
16	0,770		49	1,960
17	0,795		50	2,000
18	0,821		51	2,040
19	0,846		52	2,080
20	0,872	1,016	53	2,120
21	0,898	1,042	54	2,160
22	0,923	1,067	55	2,200
23	0,949	1,093	56	2,240
24	0,974	1,118	57	2,280
25	1,000	1,144	58	2,320
26	1,040	1,170	59	2,360
27	1,080	1,195	60	2,400
28	1,120	1,221	61	2,440
29	1,160	1,246	62	2,480
30	1,200	1,272	63	2,520
31		1,298	64	2,560
32		1,323	65	2,600
33		1,349	66	2,640
34		1,374	67	2,680
35		1,400	68	2,720
36		1,440	69	2,760
37		1,480	70	2,800
38		1,520	71	2,840
39		1,560	72	2,880
40		1,600	73	2,920
41		1,640	74	2,960
42		1,680	75	3,000
43		1,720	76	3,040
44		1,760	77	3,080
45		1,800	78	3,120
46		1,840	79	3,160
47		1,880	80	3,200
Für Sendungen über 80 t erhöht sich der Koeffizient um 0,04 je Gewichtsstufe				

Zu Spalte 3: Maßgebend ist die am Güterwagen angeschriebene Ladelänge

14.4.2 Branchen-Preisliste 100 für Kohle

Railion AG, Branchen-Preisliste 100 für Kohle

6.

Preistafel in EUR

Entfernung bis km	Preis je Tonne – nur zur Information –			
	Steinkohle, Braunkohle		Koks, sng; Retortenkohle	
	Einzelwagen Wagen-gruppen	Geschlossene Züge	Einzelwagen Wagen-gruppen	Geschlossene Züge
7	3,35	2,80	4,13	3,15
10	3,64	3,05	4,48	3,42
13	3,93	3,29	4,83	3,70
16	4,21	3,54	5,19	3,97
19	4,50	3,78	5,54	4,25
22	4,79	4,05	5,91	4,52
25	5,07	4,29	6,26	4,81
28	5,36	4,54	6,61	5,07
31	5,67	4,79	6,97	5,36
34	5,95	5,03	7,32	5,62
37	6,24	5,28	7,67	5,91
40	6,52	5,52	8,04	6,18
43	6,81	5,77	8,39	6,46
46	7,10	6,01	8,73	6,75
49	7,38	6,26	9,10	7,01
52	7,67	6,50	9,43	7,30
55	7,96	6,75	9,71	7,57
58	8,24	7,01	10,00	7,85
61	8,53	7,26	10,27	8,12
64	8,84	7,51	10,55	8,41
67	9,12	7,75	10,84	8,67
70	9,41	8,00	11,13	8,96
73	9,69	8,24	11,39	9,22
76	9,98	8,49	11,68	9,51
79	10,27	8,73	11,96	9,78
82	10,55	8,98	12,25	10,06
85	10,84	9,22	12,54	10,33
88	11,13	9,47	12,80	10,61
91	11,41	9,71	13,09	10,88
94	11,70	9,98	13,38	11,17
97	12,01	10,23	13,66	11,45
100	12,29	10,47	13,93	11,72
105	12,66	10,80	14,32	12,09
110	13,11	11,21	14,79	12,56
115	13,58	11,62	15,26	13,01
120	14,03	12,03	15,73	13,48
125	14,44	12,39	16,16	13,87
130	14,81	12,72	16,59	14,23
135	15,18	13,03	17,00	14,60

Der Mindespreis für Einzelwagen und Wagengruppen bis 3 Wagen beträgt für:
– Wagen mit zwei Achsen 133,45 EUR je Wagen
– Wagen mit mehr als zwei Achsen 186,62 EUR je Wagen Stand: 1.6.2001

Railion AG, Branchen-Preisliste 100 für Kohle

6.

Preistafel in EUR

Entfernung bis km	Preis je Tonne – nur zur Information –			
	Steinkohle, Braunkohle		Koks, sng; Retortenkohle	
	Einzelwagen Wagen-gruppen	Geschlossene Züge	Einzelwagen Wagen-gruppen	Geschlossene Züge
140	15,56	13,35	17,40	14,95
145	15,93	13,68	17,83	15,32
150	16,30	14,01	18,24	15,69
155	16,67	14,32	18,67	16,03
160	17,06	14,64	19,08	16,40
165	17,38	14,93	19,47	16,73
170	17,71	15,22	19,82	17,04
175	18,02	15,48	20,19	17,32
180	18,35	15,75	20,53	17,63
185	18,65	16,01	20,88	17,94
190	18,98	16,28	21,25	18,24
195	19,29	16,57	21,60	18,55
200	19,61	16,83	21,97	18,86
210	20,02	17,20	22,42	19,27
220	20,59	17,75	23,07	19,88
230	21,19	18,24	23,72	20,43
240	21,76	18,69	24,36	20,94
250	22,33	19,14	25,01	21,43
260	22,80	19,59	25,52	21,94
270	23,13	19,96	25,91	22,35
280	23,48	20,23	26,28	22,66
290	23,83	20,51	26,67	22,97
300	24,21	20,80	27,10	23,29
310	24,64	21,13	27,59	23,66
320	25,09	21,52	28,08	24,09
330	25,52	21,88	28,57	24,50
340	25,95	22,27	29,08	24,93
350	26,38	22,64	29,53	25,36
360	26,77	23,03	29,98	25,79
370	27,16	23,40	30,41	26,20
380	27,55	23,72	30,86	26,59
390	27,96	24,07	31,29	26,96
400	28,35	24,42	31,74	27,34
420	28,94	24,95	32,40	27,94
440	29,72	25,65	33,27	28,71
460	30,49	26,32	34,15	29,49
480	31,00	26,75	34,71	29,96
500	31,23	26,89	34,95	30,13
520	31,43	27,04	35,20	30,29

Railion AG, Branchen-Preisliste 100 für Kohle

6.

Preistafel in EUR

Entfernung bis km	Preis je Tonne – nur zur Information –			
	Steinkohle, Braunkohle		Koks, sng; Retortenkohle	
	Einzelwagen Wagen-gruppen	Geschlossene Züge	Einzelwagen Wagen-gruppen	Geschlossene Züge
540	31,76	27,30	35,57	30,58
560	32,19	27,65	36,04	30,96
580	32,60	28,00	36,51	31,35
600	33,03	28,35	37,00	31,74
620	33,42	28,69	37,43	32,13
640	33,79	29,00	37,84	32,48
660	34,15	29,33	38,22	32,85
680	34,50	29,65	38,63	33,21
700	34,87	29,98	39,04	33,56
720	35,22	30,31	39,43	33,93
740	35,59	30,62	39,84	34,30
760	35,93	30,94	40,25	34,65
780	36,30	31,27	40,64	35,01
800	36,65	31,60	41,05	35,38
820	37,02	31,93	41,44	35,75
840	37,39	32,23	41,84	36,10
860	37,73	32,56	42,25	36,47
880	38,10	32,89	42,64	36,83
900	38,45	33,21	43,05	37,18
920	38,92	33,60	43,56	37,63
940	39,47	34,09	44,20	38,18
960	40,04	34,58	44,85	38,72
980	40,62	35,05	45,48	39,27
1 000	41,19	35,55	46,12	39,80
1 050	42,17	36,38	47,22	40,76
1 100	43,00	37,61	48,84	42,11
1 150	45,03	38,82	50,43	43,46
1 200	46,47	40,02	52,03	44,83

Stand: 1.6.2001

14.4.3 Allgemeine Preisliste

Railion Deutschland, allgemeine Preisliste – Preistafel 1

Für Transporte in einem Wagen mit zwei Achsen

Sendungsgewicht in t	bis 13,499	13,500 –17,499	17,500 –21,499	21,500 –25,499	25,500 –30,499	jede weitere Tonne kostet
Entfernung bis km	Wagenpreise in EUR					
100	449	449	449	495	554	20
110	458	458	471	525	589	22
120	458	458	496	554	620	23
130	515	515	520	581	650	24
140	515	515	544	607	680	25
150	539	539	567	634	711	26
160	539	539	592	663	741	28
170	551	551	616	689	770	28
180	551	565	641	716	803	29
190	573	587	666	742	831	31
200	573	609	689	769	863	31
220	573	639	724	808	905	34
240	587	677	767	856	959	35
260	620	716	810	905	1014	38
280	652	754	853	954	1068	40
300	686	792	896	1001	1121	42
320	717	828	938	1048	1172	43
340	745	861	977	1091	1222	45
360	776	895	1014	1134	1270	46
380	805	929	1053	1175	1317	48
400	834	963	1092	1218	1365	49
450	879	1014	1148	1283	1437	52
500	938	1082	1226	1369	1533	57
550	993	1146	1298	1450	1625	59
600	1046	1206	1366	1526	1708	63
650	1095	1264	1431	1598	1791	67
700	1144	1320	1495	1670	1870	69
750	1182	1364	1544	1725	1931	71
800	1209	1396	1580	1765	1976	73
850	1236	1426	1616	1805	2021	74
900	1263	1457	1652	1844	2065	75
950	1290	1489	1686	1883	2109	77
1000	1317	1521	1722	1923	2154	79
1100	1359	1568	1775	1983	2221	82
1200	1412	1630	1846	2062	2310	85
1300	1466	1694	1918	2141	2399	87
1400	1521	1755	1989	2221	2487	92
1500	1575	1819	2059	2301	2575	94

Quelle: www.railion.com, Stand: 01.01.2007

Railion Deutschland, allgemeine Preisliste – Preistafel 2

Für Transporte in einem Wagen mit mehr als zwei Achsen und einer Ladelänge bis zu 26,99 m

Sendungsgewicht in t	bis 34,499	34,500 –39,499	39,500 –44,499	44,500 –49,499	49,500 –54,499	54,500 –59,499	59,500 –64,499	64,500 –69,499	69,500 –75,499	jede weitere Tonne kostet
Entfernung bis km	**Wagenpreise in EUR**									
100	684	758	854	949	1047	1143	1239	1336	1413	19
110	729	807	910	1012	1115	1218	1321	1423	1504	20
120	766	850	957	1065	1172	1280	1389	1497	1583	22
130	804	891	1004	1117	1231	1342	1456	1569	1659	23
140	842	933	1051	1169	1287	1406	1525	1642	1739	24
150	879	973	1097	1222	1345	1468	1592	1716	1816	25
160	916	1015	1144	1274	1403	1531	1660	1790	1892	26
170	954	1057	1190	1325	1458	1593	1727	1862	1970	27
180	991	1098	1238	1376	1518	1657	1796	1935	2047	28
190	1029	1140	1284	1428	1574	1719	1863	2009	2125	29
200	1067	1182	1330	1481	1631	1783	1932	2083	2203	30
220	1119	1239	1397	1554	1711	1870	2026	2185	2311	31
240	1187	1314	1481	1649	1816	1981	2149	2315	2450	34
260	1252	1389	1565	1742	1919	2094	2270	2446	2590	36
280	1320	1462	1648	1834	2019	2205	2391	2577	2726	38
300	1388	1537	1732	1927	2123	2317	2513	2708	2865	40
320	1451	1607	1810	2014	2219	2424	2628	2832	2996	41
340	1510	1672	1885	2098	2310	2523	2736	2949	3118	43
360	1569	1739	1958	2179	2400	2621	2843	3064	3241	44
380	1628	1804	2033	2262	2491	2720	2950	3180	3362	46
400	1688	1868	2106	2344	2581	2819	3056	3294	3485	47
450	1777	1968	2218	2468	2718	2970	3219	3469	3670	49
500	1896	2100	2367	2635	2902	3168	3436	3703	3917	53
550	2009	2224	2508	2791	3073	3356	3638	3922	4147	57
600	2113	2340	2638	2936	3232	3531	3828	4126	4364	59
650	2214	2451	2764	3075	3386	3700	4011	4322	4572	63
700	2312	2560	2887	3212	3537	3863	4189	4514	4775	66
750	2389	2645	2981	3319	3655	3991	4326	4664	4933	68
800	2444	2707	3050	3396	3740	4084	4428	4773	5048	69
850	2501	2769	3120	3472	3825	4176	4527	4879	5161	71
900	2554	2828	3189	3548	3908	4267	4627	4987	5275	72
950	2608	2890	3256	3625	3992	4360	4727	5093	5387	73
1000	2664	2950	3325	3696	4077	4451	4825	5201	5502	75
1100	2746	3042	3428	3814	4202	4590	4976	5362	5671	77
1200	2856	3163	3565	3967	4370	4773	5175	5577	5898	81
1300	2965	3285	3702	4120	4538	4955	5374	5791	6125	84
1400	3075	3406	3839	4273	4705	5138	5573	6006	6351	86
1500	3186	3528	3976	4426	4874	5323	5771	6220	6579	90

Quelle: www.railion.com, Stand: 01.01.2007

14.5 Kostentabelle I – Tages- und Kilometersätze und Kostentabelle II – Stundensätze

Kostentabelle I Tages- und Kilometersätze (müssen addiert werden)				**Kostentabelle II** Stundensätze
Nutzlast in t bis einschl.	Tagessatz EUR	1/8-Tg-Satz EUR	km-Satz EUR	Stundensatz EUR
3	303,66	37,96	0,32	41,16
4	307,60	38,45	0,33	41,80
5	311,55	38,95	0,35	42,43
6	315,49	39,44	0,36	43,07
7	319,43	39,93	0,38	43,71
8	323,37	40,42	0,39	44,34
9	327,31	40,91	0,40	44,98
10	331,26	41,40	0,42	45,61
11	335,20	41,90	0,43	46,25
12	337,60	42,20	0,46	46,76
13	339,61	42,45	0,48	47,24
14	341,62	42,70	0,50	47,72
15	343,64	42,95	0,53	48,21
16	346,41	43,30	0,54	48,69
17	349,49	43,68	0,55	49,18
18	352,59	44,07	0,56	49,66
19	355,68	44,46	0,57	50,15
20	358,76	44,85	0,58	50,63
21	361,85	45,23	0,59	51,12
22	364,94	45,62	0,60	51,60
23	368,03	46,01	0,61	52,09
24	371,12	46,39	0,62	52,58
25	374,21	46,78	0,63	53,06
26	377,30	47,16	0,64	53,55
27	380,39	47,55	0,65	54,03
28	383,48	47,93	0,66	54,52
29	386,57	48,32	0,67	55,00
je weitere angefangene t	3,09	0,39	0,01	0,49
				nur anwendbar, wenn nicht mehr als 10 km pro Std. gefahren werden

Überarbeiteter und auf EUR umgestellter Auszug aus: KURT 1998 – Kostenorientierte unverbindliche Richtsatz-Tabelle. Herausgeber: Bundesverband Wirtschaftsverkehr und Entsorgung e.V. (BWE), 60487 Frankfurt am Main, Juli 1998.

14.6 Kostentabelle III – Leistungssätze

Kostentabelle III
Leistungssätze in EUR je Tonne

Lastenentfernung in km bis einschl.	Gewicht der Sendung in t ab								
	3	4	5	6	7	8	9	10	11
5	11,39	9,32	8,06	7,22	6,60	6,13	5,75	5,45	5,18
10	16,05	12,88	10,97	9,68	8,75	8,04	7,48	7,03	6,64
15	20,59	16,35	13,79	12,08	10,84	9,90	9,16	8,56	8,06
20	25,02	19,74	16,55	14,42	12,88	11,72	10,80	10,07	9,45
25	29,34	23,04	19,24	16,70	14,87	13,49	12,41	11,53	10,81
30	33,56	26,26	21,87	18,93	16,82	15,22	13,97	12,97	12,13
35	37,68	29,41	24,43	21,11	18,72	16,92	15,51	14,37	13,43
40	41,70	32,49	26,94	23,23	20,57	18,57	17,01	15,74	14,70
45	45,63	35,49	29,39	25,32	22,39	20,19	18,47	17,08	15,94
50	49,48	38,43	31,79	27,35	24,17	21,78	19,90	18,40	17,16
55	53,25	41,32	34,14	29,35	25,92	23,33	21,31	19,68	18,35
60	56,93	44,13	36,42	31,31	27,63	24,85	22,69	20,95	19,52
65	60,54	46,90	38,70	33,22	29,30	26,35	24,04	22,19	20,66
70	64,08	49,61	40,91	35,10	30,94	27,81	25,37	23,40	21,79
75	67,55	52,26	43,08	36,95	32,55	29,25	26,67	24,60	22,89
80	70,95	54,87	45,21	38,75	34,13	30,66	27,95	25,77	23,97
85	74,29	57,42	47,29	40,53	35,68	32,04	29,20	26,92	25,04
90	77,56	59,93	49,34	42,27	37,21	33,40	30,43	28,05	26,09
95	80,78	62,40	51,36	43,99	38,71	34,74	31,65	29,16	27,12
100	83,94	64,83	53,34	45,67	40,18	36,06	32,84	30,25	28,13
110	90,11	69,55	57,20	48,96	43,06	38,62	35,17	32,39	30,12
120	96,07	74,12	60,94	52,14	45,85	41,11	37,42	34,46	32,03
130	101,85	78,55	64,57	55,23	48,55	43,53	39,61	36,48	33,90
140	107,45	82,85	68,08	58,23	51,18	45,87	41,74	38,43	35,71
150	112,89	87,03	71,50	61,14	53,73	48,16	43,81	40,33	37,48
160	118,19	91,10	74,83	63,98	56,21	50,38	45,83	42,19	39,20
170	123,33	95,05	78,07	66,74	58,63	52,55	47,80	44,00	40,87
180	128,35	98,91	81,23	69,44	61,00	54,66	49,72	45,76	42,51
190	133,25	102,68	84,32	72,07	63,31	56,73	51,60	47,49	44,12
200	138,03	106,35	87,33	74,64	65,56	58,75	53,44	49,18	45,69
225	142,08	109,55	90,03	77,00	67,68	60,68	55,22	50,86	47,27
250	145,04	111,93	92,05	78,79	69,31	62,18	56,63	52,18	48,53
275	158,88	122,56	100,75	86,20	75,79	67,98	61,90	57,02	53,02
300	172,73	133,19	109,45	93,61	82,29	73,78	67,16	61,85	57,50
350	194,98	150,18	123,29	105,35	92,53	82,90	75,41	69,40	64,47
400	208,82	160,81	131,99	112,77	99,02	88,70	80,67	74,23	68,96
450	222,66	171,44	140,69	120,17	105,51	94,51	85,93	79,07	73,45
500	236,51	182,07	149,38	127,58	112,00	100,31	91,20	83,91	77,93
550	250,35	192,69	158,08	134,99	118,49	106,11	96,47	88,74	82,42
600	264,20	203,32	166,78	142,41	124,98	111,91	101,73	93,58	86,90
650	348,46	266,69	217,61	184,88	161,50	143,94	130,28	119,35	110,39
700	368,37	281,86	229,95	195,32	170,58	152,02	137,57	126,00	116,53
750	388,28	297,04	242,28	205,76	179,67	160,10	144,85	132,65	122,67
800	408,18	312,21	254,62	216,21	188,76	168,17	152,14	139,31	128,80
850	428,09	327,39	266,95	226,65	197,85	176,24	159,43	145,96	134,95
900	447,99	342,56	279,28	237,09	206,94	184,32	185,12	152,62	141,08
950	467,90	357,74	291,62	247,53	216,03	192,39	174,00	159,28	147,22
1000	487,81	372,91	303,95	257,97	225,12	200,47	181,28	165,93	153,36

Kostentabelle III
Leistungssätze in EUR je Tonne

Lastenentfernung in km bis einschl.	Gewicht der Sendung in t ab 12	13	14	15	16	17	18	19	20
5	4,95	4,76	4,58	4,42	4,27	4,14	4,01	3,89	3,77
10	6,31	6,03	5,78	5,56	5,35	5,17	5,00	4,84	4,69
15	7,64	7,28	6,95	6,67	6,41	6,18	5,97	5,77	5,58
20	8,93	8,49	8,10	7,75	7,44	7,16	6,91	6,68	6,46
25	10,20	9,67	9,21	8,81	8,45	8,13	7,83	7,56	7,32
30	11,43	10,83	10,31	9,85	9,44	9,07	8,74	8,43	8,16
35	12,64	11,96	11,38	10,86	10,40	10,00	9,62	9,29	8,97
40	13,83	13,07	12,42	11,86	11,35	10,90	10,49	10,12	9,78
45	14,98	14,16	13,45	12,83	12,28	11,79	11,34	10,94	10,56
50	16,12	15,23	14,45	13,78	13,19	12,65	12,17	11,73	11,34
55	17,23	16,27	15,44	14,71	14,08	13,50	12,99	12,52	12,09
60	18,31	17,29	16,41	15,64	14,95	14,34	13,79	13,29	12,84
65	19,38	18,29	17,35	16,54	15,80	15,16	14,58	14,05	13,57
70	20,44	19,28	18,28	17,41	16,65	15,96	15,35	14,79	14,29
75	21,46	20,25	19,20	18,28	17,48	16,76	16,11	15,52	14,99
80	22,48	21,20	20,10	19,14	18,29	17,53	16,85	16,24	15,68
85	23,47	22,13	20,98	19,98	19,09	18,30	17,59	16,95	16,37
90	24,45	23,05	21,85	20,80	19,87	19,05	18,31	17,64	17,04
95	25,41	23,96	22,71	21,61	20,65	19,79	19,02	18,33	17,70
100	26,36	24,85	23,54	22,41	21,41	20,52	19,72	19,00	18,35
110	28,21	26,59	25,19	23,97	22,90	21,94	21,09	20,32	19,62
120	30,00	28,27	26,78	25,49	24,34	23,33	22,42	21,60	20,86
130	31,74	29,91	28,33	26,96	25,75	24,67	23,71	22,85	21,55
140	33,44	31,51	29,84	28,39	27,12	25,99	24,98	24,07	23,24
150	35,08	33,06	31,31	29,79	28,45	27,27	26,20	25,25	24,38
160	36,70	34,57	32,74	31,15	29,76	28,51	27,41	26,41	25,50
170	38,27	36,05	34,14	32,49	31,03	29,74	28,58	27,54	26,59
180	39,80	37,50	35,51	33,79	32,27	30,93	29,73	28,64	27,67
190	41,30	38,91	36,85	35,06	33,49	32,09	30,85	29,73	28,71
200	42,77	40,29	38,16	36,31	34,68	33,24	31,95	30,79	29,74
225	44,28	41,74	39,55	37,65	35,98	34,50	33,17	31,99	30,91
250	45,48	42,90	40,67	38,74	37,04	35,53	34,19	32,98	31,88
275	49,68	46,84	44,41	42,29	40,43	38,78	37,31	35,98	34,79
300	53,87	50,79	48,14	45,84	43,82	42,02	40,43	38,99	37,69
350	60,37	56,88	53,89	51,28	49,00	46,98	45,17	43,55	42,09
400	64,56	60,82	57,62	54,83	52,39	50,22	48,29	46,56	44,99
450	68,75	64,77	61,35	58,38	55,78	53,47	51,41	49,56	47,90
500	72,94	68,71	65,08	61,93	59,16	56,71	54,53	52,57	50,80
550	77,13	72,66	68,81	65,48	62,55	59,96	57,65	55,58	53,71
600	81,33	76,60	72,55	69,02	65,94	63,21	60,77	58,59	56,62
650	102,92	96,59	91,16	86,44	82,31	78,66	75,40	72,49	69,85
700	108,63	101,94	96,19	91,20	86,83	82,97	79,53	76,45	73,67
750	114,34	107,28	101,22	95,96	91,36	87,29	83,66	80,41	77,48
800	120,04	112,62	106,25	100,72	95,88	91,60	87,79	84,37	81,30
850	125,75	117,97	111,28	105,48	100,41	95,92	91,92	88,34	85,11
900	131,46	123,31	116,31	110,25	104,93	100,23	96,05	92,30	88,92
950	137,17	128,65	121,35	115,01	109,46	104,55	100,18	96,27	92,74
1000	142,88	133,99	126,32	119,77	113,98	108,86	104,31	100,23	96,55

Kostentabelle III

Leistungssätze in EUR je Tonne

Lasten-entfernung in km bis einschl.	Gewicht der Sendung in t ab 21	22	23	24	25	26	27	28	29 und mehr
5	3,66	3,55	3,45	3,35	3,25	3,15	3,06	2,97	2,87
10	4,55	4,41	4,28	4,16	4,03	3,92	3,80	3,69	3,58
15	5,41	5,25	5,09	4,94	4,80	4,66	4,54	4,40	4,28
20	6,26	6,06	5,88	5,72	5,55	5,39	5,25	5,10	4,96
25	7,08	6,87	6,66	6,47	6,28	6,11	5,95	5,78	5,63
30	7,89	7,65	7,42	7,21	7,00	6,81	6,63	6,45	6,28
35	8,69	8,42	8,17	7,93	7,71	7,50	7,30	7,10	6,92
40	9,46	9,17	8,90	8,64	8,40	8,17	7,95	7,75	7,55
45	10,22	9,90	9,61	9,34	9,08	8,83	8,59	8,37	8,16
50	10,97	10,63	10,31	10,02	9,74	9,47	9,23	8,99	8,76
55	11,70	11,34	11,00	10,69	10,39	10,11	9,85	9,60	9,36
60	12,42	12,04	11,68	11,35	11,03	10,74	10,46	10,20	9,94
65	13,12	12,72	12,34	11,99	11,66	11,35	11,05	10,78	10,51
70	13,82	13,39	12,99	12,62	12,28	11,95	13,91	11,35	11,07
75	14,50	14,05	13,64	13,25	12,88	12,54	14,45	11,92	11,63
80	15,17	14,70	14,27	13,86	13,48	13,12	14,99	12,48	12,17
85	15,83	15,34	14,89	14,46	14,07	13,70	16,03	13,02	12,71
90	16,48	15,97	15,50	15,06	14,65	14,27	17,06	13,56	13,24
95	17,12	16,59	16,10	15,65	15,22	14,82	18,05	14,10	13,76
100	17,75	17,20	16,69	16,22	15,78	15,37	19,02	14,62	14,28
110	18,98	18,40	17,85	17,35	16,88	16,44	19,97	15,65	15,28
120	20,18	19,56	18,98	18,45	17,95	17,49	20,90	16,65	16,26
130	21,35	20,69	20,08	19,52	18,99	18,51	21,81	17,62	17,22
140	22,48	21,79	21,15	20,56	20,01	19,50	22,70	18,57	18,15
150	23,59	22,86	22,20	21,58	21,01	20,47	23,57	19,50	19,06
160	24,67	23,92	23,22	22,58	21,98	21,42	24,42	20,41	19,95
170	25,73	24,95	24,22	23,55	22,93	22,35	25,46	21,30	20,81
180	26,77	25,95	25,20	24,51	23,86	23,26	26,34	22,16	21,67
190	27,79	26,94	26,16	25,44	24,77	24,15	28,74	23,02	22,51
200	28,78	27,91	27,10	26,36	25,67	25,02	31,15	23,86	23,33
225	29,93	29,03	28,20	27,44	26,73	26,08	34,73	24,88	24,34
250	30,88	29,97	29,13	28,36	27,64	26,97	37,14	25,75	25,20
275	33,70	32,70	31,79	30,94	30,16	29,42	39,54	28,11	27,51
300	36,51	35,43	34,44	33,53	32,68	31,89	41,95	30,46	29,81
350	40,76	39,54	38,42	37,40	36,44	35,56	44,35	33,96	33,23
400	43,57	42,27	41,08	39,98	38,96	38,01	46,75	36,31	35,54
450	46,38	45,00	43,73	42,56	41,48	40,47	56,74	38,66	37,85
500	49,20	47,73	46,38	45,14	44,00	42,93	59,82	41,02	40,15
550	52,01	50,46	49,04	47,73	46,52	45,39	62,90	43,37	42,46
600	54,82	53,19	51,69	50,31	49,04	47,85	65,98	45,72	44,76
650	67,46	65,29	63,29	61,46	59,76	58,20	69,06	55,38	42,46
700	71,14	68,84	66,74	64,80	63,01	61,36	72,13	58,38	44,76
750	74,82	72,40	70,18	68,14	66,26	64,51	75,21	61,39	54,11
800	78,50	75,96	73,63	71,48	69,51	67,67	78,29	64,39	57,04
850	82,18	79,51	77,07	74,82	72,75	70,83	69,06	67,39	59,98
900	85,86	83,07	80,51	78,17	76,00	73,99	72,13	70,40	62,91
950	89,54	86,62	83,96	81,51	79,25	77,15	75,21	73,40	65,84
1000	93,22	90,18	87,40	84,85	82,49	80,31	78,29	76,40	68,78

14.7 KIS – Kalkulationssätze für Lastzüge und Sattelkraftfahrzeuge

Kalkulationssätze Lastzug (1)

Aufbauart:	**Normalaufbau – Offener Kasten mit Plane und Spriegel**[1]	**Durchschnittswert**
Anzahl Achsen:	**2 + 3**	
Gesamtgewicht:	**40 t**	
Kalkulationssätze in EUR		**EUR**
Fahrzeugeinsatzkosten pro Lastkilometer **– km-Satz Fahrzeug –**		**0,59**
Fahrzeugvorhaltekosten pro Produktivtag **– Tagessatz Fahrzeug –**		**118,11**
Fahrzeugvorhaltekosten pro 1/2 Produktivtag **– 1/2-Tagessatz Fahrzeug –**		**59,05**
Fahrzeugvorhaltekosten pro 1/4 Produktivtag **– 1/4-Tagessatz Fahrzeug –**		**29,53**
Fahrzeugvorhaltekosten pro Produktivstunde **– Stundensatz Fahrzeug –**		**9,84**
Fahrereinsatzkosten pro Produktivstunde **– Stundensatz Fahrer –**		**21,90**
durchschnittliche Fahrerspesen pro Produktivstunde **– durchschnittlicher Stundensatz Fahrerspesen –**		**2,43**
Zuschlagsätze in Prozent		**Prozent**
Verwaltungskosten		**17,20**
kalkulatorische Wagnisse		**1,70**
kalkulatorische Eigenkapitalverzinsung		**2,70**

[1] Auszug aus: Kosteninformationssystem für die leistungsorientierte Kalkulation von Straßengütertransporten. Herausgeber: Bundesverband Güterkraftverkehr und Logistik (BGL) e.V., 60487 Frankfurt am Main.

Kalkulationssätze Lastzug (2)

Aufbauart:	**Normalaufbau – Offener Kasten mit Plane und Spriegel**	**Durchschnittswert**
Anzahl Achsen:	**2 + 3**	
Gesamtgewicht:	**40 t**	
Kalkulationssätze in EUR		**EUR**
Fahrzeugeinsatzkosten pro Lastkilometer **– km-Satz Fahrzeug –**		**0,59**
Fahrzeugvorhaltekosten pro Produktivstunde **– Stundensatz Fahrzeug –**		**9,84**
Fahrzeugeinsatzkosten pro Produktivstunde **– Stundensatz Fahrer –**		**21,90**
durchschnittliche Fahrerspesen pro Produktivstunde **– durchschnittlicher Stundensatz Fahrerspesen –**		**2,43**
Verwaltungskosten und kalk. Kosten pro Produktivstunde **– Gemeinkosten ohne kalkulatorischen Gewinn –**		**12,54**

↓

Tourenbezogener Gesamtdeckungsdedarf	**EUR**
– pro Lastkilometer –	**0,59***
plus **– pro Produktivkosten –**	**46,71***

* Beträge enthalten keinen kalkulatorischen Gewinn.

14.8 Preisliste Sammelgutverkehr

Haus-Haus-Entgelte

Entfernung in km / Gewicht in kg	1 – 100	101 – 200	201 – 300	301 – 400	401 – 500	501 – 600	601 – 700	701 – 800	801 – 1000
	EUR	EUR	EUR	EUR	EUR	EUR	EUR	EUR	EUR
1–50	22,09	23,93	24,24	24,39	24,54	24,85	25,46	25,77	26,33
51–100	37,43	41,31	41,98	42,28	42,64	43,31	44,58	45,25	46,53
101–200	52,82	60,64	61,97	62,58	63,25	64,58	67,18	68,46	71,07
201–300	76,69	89,73	91,88	93,00	94,08	96,23	100,57	102,77	107,12
301–400	98,32	116,57	119,64	121,18	122,66	125,73	131,81	134,83	140,91
401–500	117,44	140,91	144,85	146,79	148,73	152,67	160,49	164,38	172,20
501–600	136,82	165,51	170,26	172,66	175,07	179,82	189,38	194,19	203,75
601–700	160,09	193,98	199,66	202,47	205,28	210,96	222,26	227,88	239,18
701–800	183,40	222,51	229,06	232,28	235,55	242,10	255,13	261,63	274,67
801–900	190,81	235,14	242,51	246,24	249,92	257,28	272,06	279,47	294,25
901–1000	212,24	261,78	270,01	274,15	278,30	286,53	303,04	311,33	327,84
1001–1500	256,21	321,40	332,24	337,71	343,13	353,97	375,70	386,59	408,32
1501–2000	258,15	330,65	342,72	348,75	354,79	366,85	391,04	403,10	427,29
2001–2500	258,76	345,02	359,44	366,60	373,81	388,17	416,96	431,33	460,06
2501–3000	259,33	358,01	374,47	382,70	390,93	407,40	440,27	456,74	489,61

14.9 Auszüge aus der Preisliste der Deutschen Post AG (vom 01.01.2007)

Briefe

	Deutschl.	Europa*	Welt*	
Standardbrief**	0,55	0,70	1,70	EUR

Mindestmaße: Länge 140 mm x Breite 90 mm***
Höchstmaße: Länge 235 mm x Breite 125 mm x Höhe 5 mm***
Höchstgewicht: 20 g

	Deutschl.	Europa*	Welt*	
Kompaktbrief**	0,90	1,00	2,00	EUR

Mindestmaße: Länge 100 (EU/W: 140) x Breite 70 (EU/W: 90) mm***
Höchstmaße: Länge 235 mm x Breite 125 mm x Höhe 10 mm***
Höchstgewicht: 50 g

	Deutschl.	Europa*	Welt*	
Großbrief**	1,45	1)	1)	EUR

Mindestmaße: Länge 100 mm x Breite 70 mm
Höchstmaße: Länge 353 mm x Breite 250 mm x Höhe 20 mm (B4)
Höchstgewicht: 500 g (Infopost/Infobrief: 1.000 g)

	Deutschl.	
Maxibrief National**		EUR

Mindestmaße: Länge 100 mm x Breite 70 mm
Höchstmaße: Länge 353 mm x Breite 250 mm x Höhe 50 mm (B4)
Höchstgewicht: 1.000 g

Für nationale Maxibriefe, die das Höchstgewicht und/oder die Höchstmaße überschreiten:****

	Deutschl.	
zusätzliches Entgelt	+ 2,20	EUR

Maxibrief International**

Mindestmaße: Länge 140 mm x Breite 90 mm
Höchstmaße: L + B + H = 900 mm, keine Seite länger als 600 mm
Höchstgewicht: 2.000 g

	Europa*	Welt*	
bis 100 g	2,00	4,00	EUR
über 100 g bis 500 g	4,50	8,00	EUR
über 500 g bis 1.000 g	6,00	12,00	EUR
über 1.000 g bis 2.000 g	14,00	24,00	EUR

1) Siehe hierzu Maxibrief International

14

Büchersendung

Büchersendung

Als Büchersendung können Sie Bücher, Broschüren, Notenblätter und Landkarten versenden, die mittels Zwischenträger gedruckt sind. Die Bücher und Broschüren müssen einen Einband oder Umschlag haben und an der Seite fest zusammengehalten sein. Als Beilage sind ausschließlich erlaubt: Die Rechnung, ein entsprechender Zahlungsverkehrsvordruck, ein Rückantwortumschlag, eine Leih- und/oder Buchlaufkarte. Die Büchersendung darf nicht geschäftlichen Zwecken dienen. Werbung ist nur auf dem Umschlag und auf je zwei aufeinanderfolgenden Seiten am Anfang und Ende des Werkes zugelassen. Grundsätzlich sind offener Versand sowie die Bezeichnung „Büchersendung" oberhalb der Anschrift erforderlich.

	Deutschl.	
Büchersendung Standard (bis 20 g)	0,45	EUR
Büchersendung Kompakt (bis 50 g)	0,60	EUR
Büchersendung Groß (bis 500 g)	0,85	EUR
Büchersendung Maxi (bis 1.000 g)	1,40	EUR

Die zulässigen Maße für Büchersendung Standard entsprechen denen des Standardbriefes (→Seite 14). Die Büchersendungen Kompakt, Groß und Maxi dürfen derzeit folgende Maße haben:

Mindestmaße: Länge 100 mm x Breite 70 mm
Höchstmaße: Länge 353 mm x Breite 300 mm x Höhe 150 mm

Weitere Informationen enthält die Broschüre „Speziallösungen/Leistungen/Handling: Kundenservice wie bestellt." (Bestellnummer 675-201-111).

Für den Versand von Büchern ins Ausland siehe →Seite 55.
Weitere Informationen finden Sie auch unter:
www.deutschepost-globalmail.de

18

Zusatzleistungen

Zusatzleistungen werden zusätzlich zum Beförderungsentgelt der jeweiligen Sendung berechnet.

Bitte beachten Sie die besondere Kennzeichnung von Briefsendungen mit Zusatzleistungen. Weitere Informationen finden Sie in den Broschüren „Einschreiben" (Bestellnummer 675-601-016) und „Nachnahme" (Bestellnummer 675-201-120). Alle Broschüren stehen für Sie zum Download bereit unter: www.deutschepost.de
Einschreiben- oder Nachnahme-Label in größeren Mengen können Sie über das Internet oder über den Geschäftskundenservice bestellen:
- Internet: www.deutschepost.de/zlmaterialien
- Telefon: 0 18 05/55 55*

INTERNATIONAL:
Ausführliche Informationen zu den Zusatzleistungen International finden Sie unter www.deutschepost-globalmail.de

	DEUTSCHL.	INTERNAT.	
Einschreiben	+ 2,05	+ 2,05	EUR

Der Empfänger oder ein anderer Empfangsberechtigter quittiert den Erhalt eines Briefes, einer Postkarte, Blindensendung, Blindensendung Schwer. Beim Versand ins Ausland ist es zudem möglich, Presse und Buch International Sendungen mit einem Einschreiben zu kombinieren.

Wie in allen Briefsendungen sind Geld oder andere Zahlungsmittel, Edelmetalle, Schmuck, Uhren, Edelsteine, Kunstgegenstände, Unikate, Antiquitäten oder andere Kostbarkeiten oder Wertpapiere für die im Schadensfall keine Sperrungen sowie Aufgebots- und Ersatzverfahren durchgeführt werden können (Valoren der Klasse II) vom Versand ausgeschlossen. Zugelassen sind aber Briefmarken und Telefonkarten, jeweils bis zu einem tatsächlichen Wert von 25 EUR (Valoren der Klasse I), sowie einzelne Fahrkarten und einzelne Eintrittskarten.

NATIONAL: Haftung für Verlust und Beschädigung max. 25 EUR.

INTERNATIONAL: Der Versand eines Einschreibens ist in jedes Land möglich. Haftung für Verlust und Beschädigung max. 30 SZR (z. Zt. ca. 35,60 EUR; SZR: Sonderziehungsrechte des Internationalen Währungsfonds,
1 SZR = 1,1853 EUR, Stand 1.1.2007).

TIPP Für das Einschreiben International ist die elektronische Sendungsverfolgung möglich mit: Dänemark, Finnland, Großbritannien, Hongkong, Irland, Island, Kanada, Neuseeland, Portugal, Schweden, Schweiz und Spanien (→ Seite 21 Sendungsstatus).

* 14 ct je angefangene 60 Sek. im Festnetz der Deutschen Telekom

20

Brief | Einzelversand

Zusatzleistungen

	DEUTSCHL.	INTERNAT.	
Eigenhändig	+ 1,80	+ 1,80	EUR

Die Sendung wird nur an den Empfänger persönlich oder an einen besonders Bevollmächtigten übergeben.

NATIONAL: Nur in Verbindung mit Einschreiben.***

INTERNATIONAL: Nur in Verbindung mit Einschreiben oder Wert International (→Seite 22). Nicht in jedes Land zugelassen.
Gerne ist Ihnen auch unser Geschäftskundenservice International behilflich: 0 18 01/ 80 55 55**

	DEUTSCHL.	INTERNAT.	
Rückschein	+ 1,80	+ 1,80	EUR

Der Absender erhält ein vorbereitetes Dokument (Rückschein) mit der Bestätigung durch Unterschrift eines Empfangsberechtigten, dass die Sendung abgeliefert wurde.

NATIONAL: Nur in Verbindung mit Einschreiben.***

INTERNATIONAL: Nur in Verbindung mit Einschreiben oder Wert International (→Seite 22); die Bestätigung auf dem Rückschein kann in einigen Ländern durch den Zusteller erfolgen.

	DEUTSCHL.	INTERNAT.	
Einschreiben Einwurf	+ 1,60	–	EUR

Die Deutsche Post dokumentiert, dass Briefe, Postkarten oder Blindensendungen in Briefkasten oder Postfach des Empfängers eingeworfen wurden.

NATIONAL: Haftung für Verlust und Beschädigung max. 20,00 EUR (siehe u. a. →Seite 20 Einschreiben).

	DEUTSCHL.	INTERNAT.	
Doppel des Auslieferungsbelegs	5,00	–	EUR

Nur in Verbindung mit Einschreiben National auf Anfrage beim Kundenservice Einschreiben und Nachnahme National: 0 18 05/29 06 90*

Sendungsstatus

Informationen zum Sendungsstatus können Sie im Internet oder bei unserem Kundenservice abfragen:
- Internet: www.deutschepost.de/briefstatus
- National: 0 18 05/29 06 90*
- International: 0 18 01/80 55 55**

* 14 ct je angefangene 60 Sek. im Festnetz der Deutschen Telekom
** 3,9 ct je angefangene 60 Sek. im Festnetz der Deutschen Telekom
*** Das Gesamtentgelt setzt sich zusammen aus dem jeweiligen Beförderungsentgelt, dem Entgelt für Einschreiben und dem Zusatzentgelt für Eigenhändig bzw. Rückschein

21

Brief Einzelversand

Zusatzleistungen

	Deutschl.	Internat.	
Nachnahme*	+ 2,00	+ 3,10	EUR

Wenn Sie Waren oder Dokumente verschicken wollen, die der Empfänger bei der Lieferung bezahlen soll, sollten Sie das Produkt Nachnahme wählen. Die mit einem Label versehene Nachnahme können Sie innerhalb Deutschlands wie eine gewöhnliche Briefsendung einliefern, ohne Einlieferungsbeleg und ohne Einlieferungsbestätigung. Ihre Sendung wird nur gegen Zahlung des von Ihnen auf der Sendung angegebenen Nachnahmebetrages ausgeliefert (bei internationaler Nachnahme, abhängig vom Zielland, ggf. zusätzlich ein Rückführungsentgelt). Anschließend überweist die Deutsche Post den eingezogenen Betrag abzüglich des Entgeltes für die Geldübermittlung auf das angegebene Konto.

Übermittlungsentgelt bei Gutschrift auf …	Deutschl.	Eurogiro-Land**	Anderes Land	
Postbankkonto	+ 2,00	0,00	+ 6,00	EUR
Konto eines anderen deutschen Bankinstituts	+ 2,00	+ 5,00	+ 11,00	EUR

Das Nachnahmeentgelt ist von Ihnen auch dann zu bezahlen, wenn der Nachnahmebetrag nicht eingezogen werden kann, z. B. weil der Empfänger die Annahme verweigert. Ein Übermittlungsentgelt müssen Sie in diesem Fall natürlich nicht bezahlen.

DEUTSCHLAND

Nachnahmebetrag bis maximal 1.600 EUR. Nachnahme kann **nicht** mit Einschreiben (→Seite 20) oder Einschreiben Einwurf (→Seite 21) kombiniert werden. Weitere Informationen enthält die Broschüre „Nachnahme" (Bestellnr. 675-201-120). Die Broschüre steht für Sie zum Download bereit unter: www.deutschepost.de
Geringe Mengen an Barcodelabeln erhalten Sie in Ihrer Filiale, größere Mengen können Sie über das Internet oder den Geschäftskundenservice bestellen (→Seite 20).

INTERNATIONAL

Nachnahme International können Sie **nur** in Verbindung mit Einschreiben (→Seite 20) oder Wert International (→Seite 22) nutzen. Nachnahme International ist nicht in allen Ländern zugelassen. Weitere Informationen finden Sie unter www.deutschepost-globalmail.de. Gerne ist Ihnen auch unser Geschäftskundenservice International behilflich: 0 18 01/80 55 55***, Montag bis Freitag 8 bis 18 Uhr, Samstag von 8 bis 14 Uhr.

* Unter www.deutschepost.de/briefstatus oder beim Kundenservice Einschreiben und Nachnahme National (→Seite 21) können Sie den Nachnahme-Betragsstatus abfragen.
** Unter Eurogiro versteht man den elektronischen Austausch der zur Zahlungsabwicklung erforderlichen Daten.
*** 3,9 ct je angefangene 60 Sek. im Festnetz der Deutschen Telekom

23

Brief Mengenversand

Infopost

Infopost (auch Kataloge*): Preise

Infopost Standard (auch Kataloge)**	Deutschland	
Preis je Stück bis 20 g	0,25	EUR

Infopost Kompakt (auch Kataloge)**	Deutschland	
Preis je Stück bis 20 g	0,28	EUR
Preis je Stück über 20 g bis 50 g	0,28 bis 0,39	EUR
– so wird berechnet: (ganze g – 20) x 0,352 ct + 28 ct		

Infopost Groß (auch Kataloge)**	Deutschland	
Preis je Stück bis 20 g	0,36	EUR
Preis je Stück über 20 g bis 100 g	0,36 bis 0,64	EUR
– so wird berechnet: (ganze g – 20) x 0,352 ct + 36 ct		
Preis je Stück über 100 g bis 1.000 g	0,64 bis 1,05	EUR
– so wird berechnet: (ganze g – 100) x 0,046 ct + 64 ct		

Infopost Maxi (auch Kataloge)**	Deutschland	
Preis je Stück bis 20 g	0,73	EUR
Preis je Stück über 20 g bis 100 g	0,73 bis 1,01	EUR
– so wird berechnet: (ganze g – 20) x 0,352 ct + 73 ct		
Preis je Stück über 100 g bis 1.000 g	1,01 bis 1,42	EUR
– so wird berechnet: (ganze g – 100) x 0,046 ct + 101 ct		

Für Sendungen über 1.000 g siehe *INFOPOST* Schwer, →Seite 45.
Zur Rücksendung von *INFOPOST* siehe →Seite 47.

Berechnungsbeispiel***:

Angenommen, Sie wollen 4.000 Kataloge versenden, Format DIN A4 (297 x 210 mm), Höhe 5 mm, Gewicht je Katalog*: 90 g. Sie schlagen bei den zulässigen Maßen nach (→Seite 14) und finden, dass Ihre Kataloge innerhalb der zulässigen Maße für einen Großbrief liegen.

Also benutzen Sie die Berechnungsformel für Infopost Groß, 20 g bis 100 g, siehe oben: (ganze g – 20) x 0,352 ct + 36 ct; für Ihren Katalog also: (90 – 20) x 0,352 ct + 36 ct = 60,64 ct; gerundet*** 61 ct je Katalog. Für den Versand von 4.000 Katalogen à 90 g zahlen Sie also insgesamt: 4.000 x 0,61 EUR = 2.440 EUR.

* Exklusivlizenz der Deutschen Post bis 50 g. Definition Kataloge siehe →Seite 40.
** Die jeweils zulässigen Maße finden Sie auf →Seite 14.
*** Das Ergebnis ist auf volle Cent mathematisch zu runden. Bruchteile von Gramm sind auf ganze Gramm aufzurunden.

41

DHL Päckchen

	DEUTSCHL.	EU*	WELT*	
DHL Päckchen**	3,90	8,60	12,90	EUR

Kleinere, leichte Güter können Sie preiswert als DHL *PÄCKCHEN* versenden. Höchstgewicht: 2 kg

QUADERFORM
Mindestmaße: 15 x 11 x 1 cm
Höchstmaße: Deutschland: 60 x 30 x 15 cm
International: L + B + H = 90, keine Seite länger als 60 cm

ROLLENFORM
Mindestmaße: Länge 15 cm, Durchmesser 5 cm
Höchstmaße: Deutschland: Länge 90 cm, Durchmesser 15 cm
International: Länge + zweifacher Durchmesser 104 cm, Länge maximal 90 cm

Für den Rollenversand ist eine industriell gefertigte quaderförmige Beförderungshilfe notwendig. Beim Versand ohne Beförderungshilfe benötigen Sie eine Rollenservicemarke, die in allen Filialen zum Preis von 1,50 EUR erhältlich ist.

HINWEIS DHL *PÄCKCHEN* müssen auf der Aufschriftseite mit dem Vermerk „Päckchen" oder „Petit paquet" gekennzeichnet sein.

	DEUTSCHL.	EU*	WELT*	
DHL Päckchenmarke 3er-Pack**	11,70	25,80	38,70	EUR

Mit der DHL *PÄCKCHENMARKE* ist Ihr Päckchen bis 2 kg für den Versand innerhalb Deutschlands, innerhalb der Europäischen Union oder weltweit freigemacht.
Zulässige Maße siehe DHL *PÄCKCHEN*.

	DEUTSCHL.	EUROPA*	WELT*	
DHL Pluspäckchen***	5,99	13,50	26,50	EUR

Das DHL *PLUSPÄCKCHEN* besteht aus einer praktischen und stabilen Verpackung (DHL *PACKSET* S, M →Seite 70) plus Porto (Motiv-Wertmarke). Für den internationalen Versand gibt es das DHL *PLUSPÄCKCHEN* in der Größe M, der Service Premium (bisher: Luftpost) ist hier bereits inklusive!
Höchstgewicht: Deutschland: 20 kg
International: 2 kg
Größe S: 25,0 x 17,5 x 10,0 cm
Größe M: 37,5 x 30,0 x 13,5 cm

* Eine Übersicht der Ländergruppe EU für DHL *PÄCKCHEN* finden Sie auf →Seite 70. Eine Übersicht der Ländergruppen EUROPA und WELT für DHL *PLUSPÄCKCHEN* finden Sie auf →Seite 34. Bitte beachten Sie hierzu auch die Ausführungen zu den Einfuhr-/Zollvorschriften und Ausfuhrbestimmungen auf →Seite 59.

60

Paket DHL

DHL Päckchen Services

Premium (nur DHL Päckchen)

Mit dem Service Premium wird Ihr DHL *PÄCKCHEN* stets auf dem schnellsten Beförderungsweg ins Ausland befördert. Bringen Sie bitte den Premium-Aufkleber gut sichtbar links oberhalb des Aufschriftzettels an.

	EU*	WELT*	
Service Premium bis 2 kg	+ 4,30	+ 12,90	EUR

TIPP Bei DHL *PLUSPÄCKCHEN* (→Seite 60) ist der Service Premium bereits inklusive.

	DEUTSCHL.	EU*	WELT*	
Nachsendeservice (nur DHL Päckchen)	3,90	–	–	EUR

Sie können sich DHL *PÄCKCHEN* im Inland (nicht ins Ausland) nachsenden lassen. Zusätzlich zur Grundpauschale für den Nachsendeservice (→Seite 25) fällt für jedes nachgesendete DHL *PÄCKCHEN* das genannte Entgelt an.

Vorausverfügung (DHL Päckchen und DHL Pluspäckchen)

Beim internationalen Versand stellt der Vermerk „Bei Unzustellbarkeit zurück" (eine sogenannte „Vorausverfügung", →Seite 104) sicher, dass ein von Ihnen versandtes DHL *PÄCKCHEN* oder DHL *PLUSPÄCKCHEN* an Sie zurückgeht, wenn es nicht zustellbar ist. Vermerken Sie dies bitte auf der Aufschriftseite der Sendung in einer im Bestimmungsland bekannten Sprache, zum Beispiel:

Deutsch: „Bei Unzustellbarkeit zurück an Absender"

Französisch: „En cas de non-remise renvoyer à l'expéditeur"

Englisch: „If undeliverable return to sender"

Wichtig: Im Ausland unzustellbare Sendungen ohne einen solchen Vermerk werden von der Postgesellschaft des Bestimmungslandes nicht zurückgesandt!

** Ein Produkt der Deutschen Post AG. Kein Sperrgut (→Seite 67), keine adressierten schriftlichen Mitteilungen. Es gelten die AGB der Deutschen Post Brief National (*AGB BRIEF NATIONAL*) bzw. Brief International (*AGB BRIEF INTERNATIONAL*) in der jeweils aktuellen Fassung.

*** Ein Produkt der Deutsche Post AG. Keine Services, kein Sperrgut (→Seite 67), keine adressierten schriftl. Mitteilungen. DHL *PLUSPÄCKCHEN* EUROPA und WELT nicht in jeder Filiale. Sie können sie im Internet bestellen unter: www.dhl-shop.de
Es gelten die AGB der Deutschen Post Brief National bzw. Brief International in der jeweils aktuellen Fassung. Das Überschreiben bzw. Überkleben von Adressdaten ist nicht zulässig.

61

DHL Paket

DHL Paket*

DHL *PAKETE* sind verpackte und adressierte Güter bis 20 kg (für Güter bis 2 kg siehe DHL *PÄCKCHEN* →Seite 60). DHL *PAKETE* können nicht mit Postwertzeichen freigemacht werden. Haftung besteht beim nationalen Versand grundsätzlich bis zur Summe von 500 EUR (höhere Werte: Transportversicherung (National) →Seite 65). Beim internationalen Versand richtet sich die Haftung nach dem Weltpostvertrag. Sendungen mit Service Premium sind bis maximal 500 EUR versichert (bei höheren Werten: Wert international →Seiten 22, 66).

	DEUTSCHL.	ZONE 1**	ZONE 2**	ZONE 3**	ZONE 4**	
bis 5 kg	6,90	17,00	30,00	32,00	37,00	EUR
über 5 kg bis 10 kg	6,90	22,00	35,00	42,00	52,00	EUR
über 10 kg bis 20 kg	9,90	32,00	45,00	62,00	82,00	EUR

QUADERFORM
Mindestmaße: 15 x 11 x 1 cm
Höchstmaße: 120 x 60 x 60 cm
Höchstgewicht: 20 kg***

ROLLENFORM
Mindestmaße: Länge 15 cm, Durchmesser 5 cm
Höchstmaße: Länge 120 cm, Durchmesser 15 cm
Höchstgewicht: 5 kg

Details zum Rollenversand (→Seite 68)

Sperrige DHL *PAKETE* können Sie nur in Kombination mit dem Service Sperrgut versenden (→Seite 67).

SPARTIPP 1 Beim Erwerb Ihrer Pakete online unter www.dhl.de oder über DHL *PACKSTATION* (→Seite 71) zahlen Sie für den nationalen und EU-weiten Paketversand 1,00 EUR weniger.

SPARTIPP 2 Kleinere Güter bis 20 kg (!) können Sie in Deutschland preiswert mit einem DHL *PLUSPÄCKCHEN* (→Seite 60) versenden. Das kostet nur 5,99 EUR. Gegenüber einem DHL *PAKET* (mit z. B. 20 kg) sparen Sie also 3,91 EUR – und die Verpackung ist auch noch inklusive!

TIPP Sendungen, die mehr als 20 kg wiegen, können Sie für nur 12,90 EUR als *ePAKET* (→Seite 63) inkl. Abholung versenden.

62

Paket DHL

DHL ePaket, DHL Call Paket

DHL ePaket, DHL Call Paket**** (inkl Abholung)

Beauftragung für Abholung und deutschlandweiten Versand im Internet oder telefonisch, bis 31,5 kg.

Online:	ePaket	www.dhl-shop.de	12,90	EUR
Telefonisch:	Call Paket	0 18 05/3 45 22 55	15,90	EUR

Maße: bis 120 x 60 x 60 cm

Sie können uns unter der **Servicenummer 0 18 05/3 45 22 55******* oder unter www.dhl-shop.de schnell, sicher und bequem beauftragen. Geben Sie uns die Adresse für Abholung und Zustellung sowie den Abholtag einfach telefonisch oder – für das *ePAKET* – online an. Bei Beauftragung bis 20 Uhr erfolgt die Abholung am nächsten Tag. Den Adressaufkleber bringt Ihr DHL Zusteller mit, wenn er Ihr DHL *PAKET* abholt. Haftung bis 500 EUR und Sendungsverfolgung sind inbegriffen.

* Ein Produkt der Deutschen Post AG. Es gelten die AGB der DHL PAKET/EXPRESS NATIONAL (*AGB PAKET/EXPRESS NATIONAL*) bzw. die AGB der Deutschen Post Paket International (*AGB PAKET INTERNATIONAL*) in der jeweils aktuellen Fassung.

** **Zone 1**: Europäische Union
Zone 2: Rest Europa
Zone 3: Nordamerika, Nordafrika, Naher Osten
Zone 4: Lateinamerika, Asien, Mittel- und Südafrika, Australien, Ozeanien
Die detaillierte Zuordnung aller Länder zu ihrer Entgeltzone finden Sie ab →Seite 74.
Versandmodalitäten wie Haftung, Services, Laufzeiten etc. sind länderspezifisch und können bei Ihrer Filiale erfragt werden.
Die Haftung für bedingungsgerechte DHL PAKETE International ist entsprechend Weltpostvertrag auf 40 Sonderziehungsrechte (SZR) des Internationalen Währungsfonds pro Paket (Stück) zzgl. 4,50 SZR je kg begrenzt. Eine höhere Haftung bietet der Versand mit Service Premium (→Seite 65) oder mit Wert International (→Seite 66).
Ein SZR = 1,1853 EUR (Stand 01.01.2007)

*** Ausnahmen:
Höchstgewicht 15 kg: Jamaika, Bosnien-Herzegowina, Republik Montenegro, Republik Serbien
Höchstgewicht 10 kg: Äquatorialguinea, Anguilla, Gambia, Libanon, Pitcairn, Sri Lanka, St.Vincent und die Grenadinen, Tristan da Cunha, Turks- und Caicosinseln

**** Ein Produkt von Deutsche Post AG. Keine Services. Es gelten die AGB der DHL PAKET/EXPRESS NATIONAL *(AGB PAKET/EXPRESS NATIONAL)* und die AGB eFiliale in der jeweils aktuellen Fassung.

***** 14 ct je angefangene 60 Sek. im Festnetz der Deutschen Telekom

63

DHL Paket Services

Die Services werden zusätzlich zum Beförderungsentgelt der jeweiligen Sendungen berechnet. Sie sind teilweise kombinierbar.

Express Services

Mit den folgenden Services können Sie Ihr DHL *PAKET* innerhalb Deutschlands schneller machen.

Wenn Sie ein DHL *PAKET* mit Express Service verschicken, erhält es der Empfänger in Deutschland am nächsten Werktag (auch Samstag).

	DEUTSCHL.	
Express Service (Montag bis Samstag)	+12,50	EUR
Express vor 12 Uhr (Montag bis Samstag)	+17,00	EUR
Express vor 10 Uhr (Montag bis Samstag)	+23,00	EUR
Express vor 9 Uhr (Montag bis Samstag)	+33,00	EUR

Mit Express Sonn- und Feiertagszustellung liefern wir Ihr DHL *PAKET* deutschlandweit an allen Sonn- und Feiertagen aus.

	DEUTSCHL.	
Express Sonn- und Feiertagszustellung	+57,00	EUR

Bei Wahl des Services Eigenhändig übergeben wir Ihr DHL *PAKET* ausschließlich dem Empfänger persönlich oder einer von ihm besonders bevollmächtigten Person:

	DEUTSCHL.	
Eigenhändig	+12,00	EUR

Dieser Service kann nur in Verbindung mit einem der obigen Express Services genutzt werden.

Den schnellsten Transport ins Ausland bietet *EXPRESS INTERNATIONAL*. Voraussetzungen und Konditionen finden Sie auf →Seite 77.

Paket DHL

DHL Paket Services

Premium*

Der Versand von DHL *PAKETEN* ins Ausland erfolgt normalerweise auf dem Land-/Seeweg. Für eine schnellere Beförderung empfiehlt sich der Versand mit dem Service Premium (bisher Service Luftpost).

Der Inhalt Ihres DHL *PAKETES* mit Service Premium ist bis zur Summe von 500 EUR gegen Verlust und Beschädigung (Güterschäden) versichert. Bringen Sie bitte den Premiumaufkleber gut sichtbar oberhalb des Aufschriftzettels an.

Aufpreis für Premium	ZONE** 1	ZONE** 2	ZONE** 3	ZONE** 4	
bis 5 kg	+7,00	+8,50	+16,00	+21,00	EUR
über 5 kg bis 10 kg	+9,00	+12,00	+32,00	+42,00	EUR
über 10 kg bis 20 kg	+13,00	+19,00	+64,00	+84,00	EUR

TIPP Wenn es noch schneller gehen soll, kommt *EXPRESS INTERNATIONAL* in Frage, siehe →Seite 77.

	DEUTSCHL.	INTERNAT.	
Rückschein	+1,80	+1,80	EUR

Der Absender erhält einen vorbereiteten Rückschein mit der Bestätigung, dass das DHL *PAKET* abgeliefert wurde.

Transportversicherung (National)

Versicherung gegen Verlust und Beschädigung (nur Güterschäden) bis zur Summe von 2.500 oder 25.000 EUR je DHL *PAKET* (Stück). Eine Versiegelung oder ein sonstiger äußerer Hinweis auf den wertvollen Inhalt ist nicht zulässig. Bitte beachten Sie auch die zulässigen Wertgegenstände, →Seiten 72/73.

	DEUTSCHL.	INTERNAT.	
Versicherung bis zur Summe von 2.500 EUR	+3,50	–	EUR
Versicherung bis zur Summe von 25.000 EUR	+15,00	–	EUR

* Der Service Premium entspricht dem bisherigen Service Luftpost.
** Die Entgeltzonen im Überblick: siehe Fußnote auf →Seite 63
Die detaillierte Zuordnung aller Länder zu ihrer Entgeltzone finden Sie ab →Seite 74.

DHL Paket Services

Wert International

Mit dem Service Wert International können Sie für Ihr DHL *PAKET* International eine erhöhte Haftung bis zu einer Wertangabe von maximal 25.000 EUR vereinbaren.* DHL *PAKETE* International mit dem Service Wert International werden gesondert und besonders sicher befördert. Nicht für *EXPRESS INTERNATIONAL* (➔Seite 77) möglich.

	DEUTSCHL.	INTERNAT.	
Grundentgelt für die gesonderte Behandlung bis 500 EUR Wertangabe	–	+ 6,00	EUR
Entgelt je weitere 100 EUR Wertangabe	–	+ 1,50	EUR

Valoren der Klasse II (➔Seite 72) werden nur bis zum Wert von 500 EUR befördert.
Bestimmte wertvolle Güter dürfen nur mit Wert International versandt werden (➔Seite 73). Für einzelne Länder gelten geringere Beträge als 500 EUR für Valoren der Klasse II. Wert International ist nicht in alle Länder möglich. Je nach Zielland muss die Sendung versiegelt werden. Nähere Auskünfte erhalten Sie in jeder Filiale der Deutschen Post.

	DEUTSCHL.	INTERNAT.	
Nachnahme	+ 4,00	+ 4,00	EUR

Nachnahme ist ein Inkassoverfahren. Das heißt: Ihr DHL *PAKET* wird nur an den Empfänger ausgeliefert, wenn er den von Ihnen auf der Sendung angegebenen Nachnahmebetrag zahlt (bei internationaler Nachnahme abhängig vom Zielland ggf. zusätzlich ein Rückführungsentgelt). Der maximale Nachnahmebetrag ist national 3.500 EUR, international abhängig vom Zielland bis 8.400 EUR. Vom angegebenen Nachnahmebetrag behält die Postbank ein Entgelt für die Geldübermittlung ein.

Höhe des Übermittlungsentgelts bei Gutschrift des Nachnahmebetrages auf:

	Versand der Sendung nach: DEUTSCHL.	EUROGIRO-LAND[1]	ANDERES LAND	
Postbankkonto	+ 2,00	–	+ 6,00	EUR
Anderes deutsches Konto	+ 2,00	+ 5,00	+ 11,00	EUR

Das Nachnahmeentgelt in Höhe von 4,00 EUR ist von Ihnen auch dann zu bezahlen, wenn der Nachnahmebetrag aus Gründen nicht eingezogen werden kann, die die Deutsche Post nicht zu vertreten hat (z. B. weil der Empfänger die Annahme verweigert). Ein Übermittlungsentgelt müssen Sie in diesem Fall natürlich nicht bezahlen. Bitte beachten Sie, dass Nachnahme nicht in alle Länder möglich ist. Auskunft erhalten Sie in jeder Postfiliale. Nicht in Kombination mit Express Services (➔Seite 64).

[1] EUROGIRO siehe ➔Seite 23
* Der Höchstbetrag für Wert International ist länderspezifisch und kann in Ihrer Filiale erfragt werden.

DHL Paket Services

	DEUTSCHL.	INTERNAT.	
Sperrgut	+20,00	+20,00	EUR

Bitte beachten Sie, dass für Sperrgut besondere Auslieferungsbestimmungen gelten und dieser Service nicht für alle Länder möglich ist. Auskünfte erhalten Sie in jeder Filiale der Deutschen Post.

Als Sperrgut gelten Pakete, die

- in **Quaderform** die Höchstmaße eines DHL *PAKETES* von 120 x 60 x 60 cm überschreiten (bereits bei Überschreitung eines dieser Maße gilt die Sendung als Sperrgut, z. B. bei 70 x 65 x 30 cm!),
- in **Rollenform** mehr als 5 kg wiegen oder in der Länge 120 cm bzw. im Durchmesser 15 cm überschreiten oder
- aufgrund der **Verpackungsform**, des **Verpackungsmaterials** oder der **Verpackungsbesonderheiten** eine besondere betriebliche Behandlung (z. B. manuelle Bearbeitung, keine Stapelfähigkeit) erfordern.

Verpackungsform: Alle runden Sendungen, Dreiecksendungen – Sendungen mit abstehenden oder herausragenden Teilen – Sendungen mit unebener Auflagefläche oder instabile Sendungen (alle unförmigen Sendungen) – mehrere Pakete zusammengeschnürt (falls das Gebinde nicht durch Paketklebeband fest verbunden oder keine Quaderform hat oder die Höchstmaße für Pakete überschreitet) – alle Säcke – alle Taschen, die nicht unter Reisegepäck (siehe unten) fallen.

Verpackungsmaterial: Alle in Kunststoffe/Folien verpackten Sendungen – Metall – Holz – Holzwerkstoffe (z. B. Verpackungen aus Pressspan) – Stoff – Sendungen mit Gummibändern.

Verpackungsbesonderheiten: Sendungen mit Aufschriftfahnen – Sendungen mit loser/lockerer Umschnürung oder abstehenden Tragegriffen, Tragegurten oder Trageriemen – alle nicht vollständig verpackten bzw. unverpackten Sendungen wie z. B.: Alle Kisten, alle Kanister, Autoteile, Plastikboxen, Käfige, Sendungen auf Paletten, Fässer, Tonnen, Leitern, alle Reifen, alle Eimer, Kannen, Pflanzen, Stühle, Korbwaren, Kinderwagen, alle Möbelstücke, Sportgeräte, Urnen, alle Koffer, die nicht unter Reisegepäck (siehe unten) fallen, z. B. Koffer für Musikinstrumente, Werkzeugkoffer.

Höchstmaße
Quaderform: Länge 200 cm. Gurtmaß (= Länge plus 2 x Breite plus 2 x Höhe) bis 360 cm
Rollenform: Länge 200 cm, Durchmesser 60 cm. Länge plus gemessener Umfang zusammen bis 360 cm

Reisegepäckstücke gelten nur als Sperrgut, wenn sie die Höchstmaße 120 x 60 x 60 cm überschreiten. Verpackungsform/-material/-besonderheiten sind hierbei unerheblich.

Entgeltzonen und Zielländer

Die Entgelte für den internationalen Paketversand (→Seite 62) und für den Service Premium (→Seite 65) richten sich danach, in welcher der vier Entgeltzonen das Zielland liegt.

ZONE		ZONE		ZONE	
4	Afghanistan	4	Burundi	2	Guernsey (GB)
3	Ägypten	2	Ceuta u. Melilla (ES)	4	Guinea
2	Ålandinseln (FI)	4	Chile	4	Guinea-Bissau
2	Albanien	4	China, Taiwan	4	Guyana
3	Algerien	4	Costa Rica	4	Haiti
4	Am. Jungferninseln	4	Côte d'Ivoire	4	Honduras
2	Andorra	1	Dänemark (außer	4	Hongkong
4	Angola		Färöer u. Grönland)	4	Indien
4	Anguilla	4	Dominica	4	Indonesien
4	Antigua u. Barbuda	4	Dominik. Republik	3	Irak
4	Äquatorial-Guinea	4	Dschibuti	3	Iran
4	Argentinien	4	Ecuador	1	Irland
2	Armenien	4	El Salvador	2	Island
4	Aruba	4	Eritrea	3	Israel (inkl. Gaza
4	Ascension	1	Estland		und Khan Yunis)
2	Aserbaidschan	4	Falklandinseln	1	Italien (außer Livigno
4	Äthiopien	2	Färöer (DK)		u. Campione d'Italia)
4	Australien	4	Fidschi	4	Jamaika
1	Azoren (PT)	1	Finnland (außer	4	Japan
4	Bahamas		Ålandinseln)	3	Jemen
3	Bahrain	1	Frankreich (inkl. Mo-	2	Jersey (GB)
1	Balearen (ES)		naco; außer über-	3	Jordanien
4	Bangladesch		seeische Gebiete	4	Kaimaninseln
4	Barbados		und Departements)	4	Kambodscha
2	Belarus (Weißrussl.)	4	Franz.-Guyana	4	Kamerun
1	Belgien	4	Franz.-Polynesien	3	Kanada
4	Belize	4	Gabun	2	Kanalinseln (GB)
4	Benin	4	Gambia	2	Kanar. Inseln (ES)
2	Berg Athos (GR)	2	Georgien	4	Kap Verde
4	Bermuda	4	Ghana	2	Kasachstan
4	Bhutan	2	Gibraltar	3	Katar
4	Bolivien	4	Grenada	4	Kenia
2	Bosnien-Herze-	1	Griechenland (außer	4	Kirgisistan
	gowina		Berg Athos)	4	Kiribati
4	Botsuana	2	Grönland	4	Kolumbien
4	Brasilien	1	Großbritannien	4	Komoren
4	Brit. Jungferninseln		(inkl. Isle of Man;	4	Kongo, Dem. Rep.
4	Brunei Darussalam		außer Kanalinseln)	4	Kongo, Republik
1	Bulgarien	4	Guadeloupe	4	Korea, Nord
4	Burkina Faso	4	Guatemala	4	Korea, Süd

74

Paket DHL

Entgeltzonen und Zielländer

ZONE		ZONE		ZONE	
1	Korsika (F)	1	Niederlande (außer	4	St. Helena
2	Kosovo (serb. Prov.)		außereurop. Gebiete)	4	St. Kitts und Nevis
2	Kroatien	4	Niederl. Antillen	4	St. Lucia
4	Kuba	4	Niger	3	St. Pierre u. Miquelon
3	Kuwait	4	Nigeria	4	St. Vincent
4	Laos	1	Nordirland	4	Südafrika
4	Lesotho	2	Norwegen	4	Sudan
1	Lettland	3	Oman	4	Surinam
3	Libanon	1	Österreich	4	Swasiland
4	Liberia	4	Osttimor	3	Syrien
3	Libyen	4	Pakistan	4	Tadschikistan
2	Liechtenstein	4	Panama	4	Tansania
1	Litauen	4	Papua-Neuguinea	4	Thailand
2	Livigno und Cam-	4	Paraguay	4	Togo
	pione d'Italia (IT)	4	Peru	4	Tonga
1	Luxemburg	4	Philippinen	4	Trinidad u. Tobago
4	Macau	4	Pitcairn	4	Tristan da Cunha
4	Madagaskar	1	Polen	4	Tschad
1	Madeira (PT)	1	Portugal	1	Tschechische Rep.
4	Malawi	4	Réunion	3	Tunesien
4	Malaysia	4	Ruanda	2	Türkei
4	Malediven	1	Rumänien	4	Turkmenistan
4	Mali	2	Russische Föderation	4	Turks- u. Caicosins.
1	Malta	4	Salomonen	4	Tuvalu
3	Marokko	4	Sambia	4	Uganda
4	Martinique	4	Samoa	2	Ukraine
4	Mauretanien	2	San Marino	1	Ungarn
4	Mauritius	4	São Tomé u. Príncipe	4	Uruguay
2	Mazedonien	3	Saudi-Arabien	4	Usbekistan
4	Mexiko	1	Schweden	4	Vanuatu
2	Moldau, Republik	2	Schweiz	2	Vatikanstadt
1	Monaco	4	Senegal	4	Venezuela
4	Mongolei	2	Serbien (Republik)	3	Vereinigte
2	Montenegro (Rep.)	4	Seychellen		Arabische Emirate
4	Montserrat	4	Sierra Leone	3	Vereinigte Staaten
4	Mosambik	4	Simbabwe		von Amerika (USA)
4	Myanmar	4	Singapur	4	Vietnam
4	Namibia	1	Slowakische Rep.	4	Volksrepubilk China
4	Nauru	1	Slowenien	4	Wallis und Futuna
4	Nepal	4	Somalia	2	Weissrussl. (Belarus)
4	Neukaledonien	1	Spanien (auß. Kanar.	4	Zentralafrik. Rep.
4	Neuseeland		Ins., Ceuta + Melilla)	1	Zypern (griech. Teil)
4	Nicaragua	4	Sri Lanka	2	Zypern (türk. Teil)

75

Express DHL

Express

Express Brief

EXPRESS BRIEFE werden in Deutschland am nächsten Werktag zugestellt. Bitte machen Sie *EXPRESS BRIEFE* nicht mit Postwertzeichen frei! Haftung besteht beim nationalen *EXPRESS* Versand grundsätzlich bis zu einer Summe von 500 Euro.

Mindestmaße: Länge 100 mm x Breite 70 mm
Höchstmaße: Länge 353 mm x Breite 250 mm x Höhe 50 mm

	Deutschl.	
bis 50 g	8,00	EUR
über 50 g bis 1.000 g	9,00	EUR
über 1.000 g bis 2.000 g	11,00	EUR

Express Paket (= DHL Paket mit Express Service)

Ihre *EXPRESS PAKETE* können Sie in jeder Filiale der Deutschen Post einliefern (Preise →Seite 64).

Express International

Mit *EXPRESS INTERNATIONAL* erreichen Ihre Dokumente und Waren innerhalb der Europäischen Union (Zustell-ZONE* 1) in der Regel schon am nächsten Tag ihr Ziel. Über die Grenzen der EU hinaus sind Ihre Dokumente nur wenig länger unterwegs (ab →Seite 79).

	Zone* 1	Zone* 2	Zone* 3	
bis 200 g	40,00	51,00	59,00	EUR
über 200 g bis 750 g	51,00	61,00	80,00	EUR
über 750 g bis 4 kg	72,00	85,00	183,00	EUR
über 4 kg bis 8 kg	120,00	138,00	223,00	EUR
über 8 kg bis 12 kg	160,00	191,00	360,00	EUR
über 12 kg bis 20 kg	213,00	253,00	455,00	EUR

Preise bei Filialeinlieferung (nur in ausgewählten größeren Filialen). Für Abholung und bei Sendungen über 20 kg rufen Sie bitte unsere Servicenummer an:

0 18 05/3 45 22 55 (14 ct je angef. 60 Sek. im Festnetz der Deutschen Telekom)

Ob Sie **Fragen** haben oder eine **Express-Sendung abholen** lassen wollen – wir helfen Ihnen gerne weiter: Sie erreichen uns Montag bis Sonntag von 0 bis 24 Uhr. Informationen auch online unter: www.dhl.de

* ZONE 1: Europäische Union; ZONE 2: Rest Europa, Kanada, Mexiko, USA; ZONE 3: Rest Welt – die genaue Länderauflistung je Zustellzone finden Sie ab →Seite 79. Innerhalb der Europäischen Union (ZONE 1) befördern wir Waren und Dokumente, außerhalb nur Dokumente. Preise innerhalb der EU sind mehrwertsteuerpflichtig.

77

Express Services

Die Services werden zusätzlich zum Beförderungsentgelt der jeweiligen Sendungen berechnet.

So machen Sie den *EXPRESS BRIEF* noch schneller:

	Deutschl.	Internat.	
Express vor 12 Uhr (Montag bis Samstag)	+4,50	–	EUR
Express vor 10 Uhr (Montag bis Samstag)	+11,00	–	EUR
Express vor 9 Uhr (Montag bis Samstag)	+21,00	–	EUR
Express Sonn- und Feiertagszustellung	+57,00	–	EUR

	Deutschl.	Internat.	
Eigenhändig	+12,00	–	EUR

Die Sendung wird nur an den Empfänger persönlich oder an einen besonders Bevollmächtigten übergeben.*

	Deutschl.	Internat.	
Rückschein	+ 1,80	–	EUR

Der Absender erhält einen vorbereiteten Rückschein mit der Bestätigung, dass die Sendung abgeliefert wurde.*

	Deutschl.	Internat.	
Zustellung gegen Unterschrift	+ 5,50	–	EUR

Die Sendung wird dem Empfänger gegen Unterschrift ausgehändigt.**

Transportversicherung

Versicherung gegen Verlust und Beschädigung (nur Güterschäden).*** Eine Versiegelung oder sonstiger äußerer Hinweis auf den wertvollen Inhalt ist nicht zulässig. Bitte beachten Sie auch die zulässigen Inhalte im Paketversand auf den →Seiten 72/73.

	Deutschl.	Internat.	
Versicherung bis zur Summe von 2.500 EUR	+3,50	+3,50	EUR
Versicherung bis zur Summe von 25.000 EUR	+15,00	+15,00	EUR

* Dieser Service gilt für *EXPRESS BRIEF* und *EXPRESS PAKET.*
** Dieser Service gilt nur für *EXPRESS BRIEF.*
*** Dieser Service gilt für *EXPRESS BRIEF*, *EXPRESS PAKET* und *EXPRESS INTERNATIONAL.*

78

Postwurfsendung – Maße, Gewichte und Preise

Wichtige und nützliche Informationen – für Sie übersichtlich zusammengestellt

Maße und Gewichte

Um Ihre Werbeaktion mit der Postwurfsendung möglichst reibungslos durchzuführen, beachten Sie bitte Vorgaben zu Maßen, Gewichten und Beschriftung:

Mindestmaße	Höchstmaße (C4)	Zuzustellende Postwurfsendung	Postwurfsendungen an Briefabholer (Postfach)
Länge 14 cm Breite 9 cm	Länge 32,4 cm Breite 22,9 cm Dicke 5,0 cm	250 g	1000 g

Preise und Konditionen

Bei der Postwurfsendung können Sie entscheiden, ob Sie Ihre Sendungen an alle Haushalte, Haushalte mit Tagespost oder an Briefabholer versenden möchten. Die Preise richten sich nach der Art des Versandes. Bei Postwurfsendungen an alle Haushalte und an alle Haushalte mit Tagespost unterscheidet die Deutsche Post zwischen drei Tarifzonen.

Tarifzone A: Ballungszentren, Ballungsräume und Großstädte.
Tarifzone B: Zwischenbereiche.
Tarifzone C: Landbereiche.

Jede Postleitzahl ist einer Tarifzone zugeordnet. Kriterium für die Zuordnung zu den einzelnen Tarifzonen ist die Haushalts- und Bevölkerungsdichte. Informationen dazu finden Sie in der Software **Prospektservice** und über die Abfrage **Haushaltszahlen**.

Postwurfsendungen an alle Haushalte

Der Mindestauftragswert bei Postwurfsendungen an alle Haushalte beträgt 255,65 EUR zuzüglich der gesetzlich gültigen Mehrwertsteuer.

Folgende Preise gelten pro 1000 Stück (Preise zuzüglich der gesetzlich gültigen Mehrwertsteuer):

Gewicht	Tarif A in EUR	Tarif B in EUR	Tarif C in EUR
bis 20 g	80,00	92,00	104,00
bis 30 g	97,00	109,00	121,00
bis 50 g	114,00	126,00	138,00
bis 100 g	154,00	166,00	178,00
bis 150 g	194,00	206,00	218,00
bis 250 g	269,00	281,00	293,00

Postwurfsendungen an Haushalte mit Tagespost

Der Mindestauftragswert bei Postwurfsendungen an Haushalte mit Tagespost beträgt 255,65 EUR zuzüglich der gesetzlich gültigen Mehrwertsteuer. Die Preise pro 1000 Stück betragen (Preise zuzüglich der gesetzlich gültigen Mehrwertsteuer):

Gewicht	Tarif A in EUR	Tarif B in EUR	Tarif C in EUR
bis 20 g	50,00	62,00	68,00
bis 30 g	67,00	79,00	85,00
bis 50 g	84,00	96,00	102,00
bis 100 g	124,00	136,00	142,00
bis 150 g	164,00	176,00	182,00
bis 250 g	239,00	251,00	257,00

14.10 Auszüge aus der Maut-Tabelle

Legende: PLZ 682 ← Ihr Ausgangsort

PLZ ↑ Ihr Zielort

G ↑ gefahrene km

M ↑ mautpflichtige km

Ausgangsort PLZ 010..			…	Ausgangsort PLZ 682..		
PLZ	**G**	**M**		**PLZ**	**G**	**M**
780	619	590		**701**	128	107
785	628	598		**750**	61	31
790	684	664		**763**	69	58
840	385	355		**780**	223	202
850	388	369		**790**	194	180
880	619	573		**820**	358	330
890	604	465		**830**	424	414
930	357	346		**840**	360	328
940	463	447		**854**	373	359
951	186	162		**881**	334	282
960	285	269		**900**	237	222
970	373	350		**922**	274	256
990	218	198		**950**	355	342

Ausgangsort PLZ 011..			…	Ausgangsort PLZ 683..		
PLZ	**G**	**M**		**PLZ**	**G**	**M**
030	107	59		**686**	19	0
080	117	104		**701**	141	115
120	186	166		**708**	130	115
130	181	162		**720**	172	144
155	223	186		**737**	158	138
180	401	311		**750**	75	39
200	491	478		**766**	53	29
259	674	647		**780**	237	210
330	469	427		**803**	353	328
350	408	354		**850**	316	302
402	605	580		**869**	350	283
460	597	568		**950**	369	350
520	645	622		**995**	364	339

Quelle: Praxishandbuch Mauttabellen Huss Verlag, München

14.11 Entfernungstabelle

Internationale Entfernungstabelle

Die Entfernungstabelle Deutschland (gelb) und Europa (blau) können nur wie angegeben miteinander verknüpft werden.

Die rot markierten Städte ermöglichen die Berechnung von Entfernungen zwischen Orten in Deutschland und Europa (siehe Bsp.)	Amsterdam	Athen	Barcelona	Belgrad	Berlin	Bern	Brüssel	Budapest	Bukarest	Dublin	Frankfurt M.	Hamburg	Helsinki	Istanbul	Köln	Kopenhagen	Lissabon	London	Madrid	Minsk	Moskau	München	Oslo	Paris	Prag	Rom	Sofia	Stockholm	Warschau	Wien	Entfernungen Europa (Orte aus Deutschlandtabelle in rot)
Aachen		2950	1600	1800	650	950	200	1400	2220	950	450	450	1700	2700	260	800	2350	500	1800	1800	2500	850	1300	500	900	1700	2100	1450	1200	1150	Amsterdam
Basel	545		3200	1150	2400	2700	2900	1500	1150	3600	2500	2750	3650	1100	2700	2750	4500	3200	3800	2400	2900	2150	3450	2900	2050	900	750	3450	2200	1750	Athen
Berlin	650	875		2050	1900	950	1350	2000	2600	2000	1350	1750	3050	2950	1400	2100	1300	1500	650	2900	3600	1400	2650	1100	1750	1400	2400	2750	2500	1900	Barcelona
Bremen	370	775	400		1300	1450	1750	400	600	2500	1300	1700	2500	950	1500	1700	3350	2050	2670	1400	2200	950	2300	1800	900	1300	400	2300	1100	650	Belgrad
Dortmund	155	555	495	235		950	750	900	1700	1550	550	300	1250	2200	580	350	2900	1050	2350	1150	1850	590	950	1050	400	1550	1650	950	600	650	Berlin
Dresden	645	745	200	490	515		700	1150	1950	1250	400	950	2050	2300	600	1350	2200	1000	1550	2000	2700	450	1800	550	850	1000	1750	1900	1600	1000	Bern
Düsseldorf	90	550	560	285	70	580		1400	2200	800	450	600	1900	2650	250	950	2150	300	1550	1900	2600	800	1550	300	950	1550	2100	1650	1400	1150	Brüssel
Emden	375	845	520	140	305	620	290		800	2150	1000	1200	2250	1350	1150	1200	3300	1700	2600	1200	1900	700	1900	1550	500	1250	800	1900	700	250	Budapest
Erfurt	440	585	300	340	310	215	375	470		3000	1800	2000	2500	700	2000	2050	3950	2500	3200	1300	1800	1500	2850	2300	1350	1950	400	3150	1200	1050	Bukarest
Flensburg	625	980	450	275	490	660	540	400	520		1200	1350	2750	3500	1000	1700	2750	500	2200	2700	3400	1550	2250	900	1700	2350	2950	2500	2100	1900	Dublin
Frankfurt M.	255	335	550	445	225	460	225	520	260	650		500	1600	2250	200	800	2450	700	1900	1650	2350	400	1350	600	500	1300	1700	1500	1050	700	Frankfurt M.
Frankfurt O.	700	940	105	460	560	180	625	590	370	550	610		1050	2600	430	300	2800	900	2200	1450	2200	780	850	950	700	1750	2050	950	850	1100	Hamburg
Garm.-Patenk.	700	370	675	835	700	550	680	930	510	1020	480	740		3250	1600	850	3950	2100	3400	1250	1150	1850	750	2100	1550	2900	2950	200	1500	1850	Helsinki
Görlitz	750	840	220	575	610	105	680	700	320	690	560	170	650		2450	2650	4250	2950	3500	2000	2500	1900	3500	2700	1850	1600	550	3300	1850	1600	Istanbul
Hamburg	480	825	300	130	350	500	400	255	370	160	500	385	860	530		750	2400	550	1800	1550	2250	580	1150	500	700	1500	1900	1300	1150	900	Köln
Hannover	355	680	290	130	215	385	280	260	220	310	350	350	720	470	155		3100	1250	2500	1550	2250	1100	600	1250	750	2050	2100	650	900	1000	Kopenhagen
Kassel	310	525	385	285	165	350	235	390	150	470	200	450	560	450	310	170		2250	650	4000	4700	2700	3650	1850	3000	2700	3700	3800	3550	3050	Lissabon
Koblenz	165	405	600	410	190	510	145	425	310	670	120	660	550	610	520	390	250		1700	2150	2850	1100	1800	400	1200	1800	2400	1900	1650	1450	London
Köln	75	505	580	315	100	570	40	330	370	570	200	640	650	670	430	300	250	105		3500	4200	2050	3100	1250	2350	2050	3000	3200	3000	2450	Madrid
Leipzig	570	710	190	390	440	115	505	520	140	570	385	255	520	215	440	290	280	440	500		700	1600	2000	2150	1200	2450	1700	1400	550	1300	Minsk
Mannheim	290	270	615	515	300	530	280	600	330	725	85	680	410	630	570	430	270	150	250	460		2300	1900	2850	1900	3150	2150	1300	1250	2000	Moskau
München	650	390	590	750	605	460	610	840	420	930	400	650	90	560	780	630	470	490	580	430	350		1600	850	400	950	1350	1600	1050	450	München
Nürnberg	470	450	440	585	440	315	445	675	270	795	230	510	260	420	610	470	310	340	410	280	240	170		1800	1350	2600	2900	550	1400	1950	Oslo
Passau	690	580	630	800	660	465	655	890	460	980	440	700	280	570	820	680	520	550	620	470	440	190	220		1100	1450	2150	1950	1600	1250	Paris
Rostock	650	1000	230	300	515	440	570	425	490	285	740	325	870	470	180	330	560	690	600	380	810	780	630	820		1350	1300	1350	650	300	Prag
Saarbrücken	310	265	725	550	330	640	280	560	440	810	200	790	500	740	660	530	380	180	250	570	140	430	370	570	920		1050	2750	1850	1150	Rom
Salzburg	800	530	735	910	755	605	770	980	580	1080	540	800	180	540	920	780	625	660	720	570	510	150	320	120	940	600		2750	1450	1000	Sofia
Stuttgart	420	270	630	630	420	510	410	710	350	810	210	700	300	610	660	520	360	280	370	470	135	230	210	400	820	220	390		450	1900	Stockholm
Trier	160	325	715	480	260	635	200	500	430	735	190	780	580	730	590	460	340	140	180	560	180	500	420	620	760	100	700	300		700	Warschau
Wiesbaden	230	350	570	430	210	490	200	480	280	680	40	640	500	590	520	380	220	80	170	410	100	430	260	470	760	160	570	220	150		Wien
Entfernungen Deutschland (Orte aus Europatabelle in rot)	Aachen	Basel	Berlin	Bremen	Dortmund	Dresden	Düsseldorf	Emden	Erfurt	Flensburg	Frankfurt M.	Frankfurt O.	Garm.-Patenk.	Görlitz	Hamburg	Hannover	Kassel	Koblenz	Köln	Leipzig	Mannheim	München	Nürnberg	Passau	Rostock	Saarbrücken	Salzburg	Stuttgart	Trier	Wiesbaden	Beispiel: Berlin bis Dresden = 200 km; Berlin bis Prag = 400 km; Dresden bis Prag = 400 km–200 km

Quelle: deutschland-tourist.info/entfernungstabelle.html

Sachwortverzeichnis

Bildquellen

Anhängerprofi Bützow, Bützow
BITO-Lagertechnik Bittmann GmbH, Meisenheim
Deutsche Post AG, Bonn
Emons Transport B. V. Milsbeck/Niederlande
Globus Infografik GmbH, Hamburg
Hans-Joachim Dill, Leinfeld-Echterdingen
META-Regalbau GmbH & Co. KG, Arnsberg
Schmitz Cargobull AG, Horstmar
Still GmbH, Hamburg